Silke-Petra Bergjan

Theodoret von Cyrus und der Neunizänismus

W
DE
G

Arbeiten zur Kirchengeschichte

Begründet von
Karl Holl † und Hans Lietzmann †

Herausgegeben von
Kurt Aland, Joachim Mehlhausen
und Gerhard Müller

Band 60

Walter de Gruyter · Berlin · New York
1994

Silke-Petra Bergjan

Theodoret von Cyrus
und der Neunizänismus

Aspekte der Altkirchlichen Trinitätslehre

Walter de Gruyter · Berlin · New York

1994

♾ Gedruckt auf säurefreiem Papier, das die
US-ANSI-Norm über Haltbarkeit erfüllt.

Die Deutsche Bibliothek — CIP-Einheitsaufnahme

Bergjan, Silke-Petra:
Theodoret von Cyrus und der Neuniziänismus : Aspekte der
altkirchlichen Trinitätslehre / Silke-Petra Bergjan. — Berlin ;
New York : de Gruyter, 1993
   (Arbeiten zur Kirchengeschichte ; Bd. 60)
   Zugl.: München, Univ., Diss., 1992
   ISBN 3-11-013955-3
NE: GT

Printed in Germany
Druckvorlage: B. Hansmann, Nota Bene Software GmbH, Nordhorn
Druck: Werner Hildebrand, Berlin
Buchbinderische Verarbeitung: Lüderitz & Bauer-GmbH, Berlin

"Die Maler oder Bilderschreiber malen die alten Geschichten auf Tafeln und Wände zur Freude derer, die sie betrachten, aber auch um die Ereignisse in einer blühenden Erinnerung zu bewahren. Die Geschichtsschreiber aber oder Wörtermaler benutzen statt der Tafeln Papier und statt der Farben blumige Worte und schaffen so eine beständigere und dauerhaftere Darstellung. Die Zeit nämlich beschädigt die Kunst der Maler. Deswegen will auch ich versuchen, das, was noch nicht in einer Kirchengeschichte festgehalten ist, zusammenzuschreiben."

(Theodoret von Cyrus, Kirchengeschichte, 1,1.5-12)

Vorwort

Die vorliegende Arbeit wurde im Wintersemester 1991/92 von der Evan-
gelisch-Theologischen Fakultät der Ludwig-Maximilians-Universität als Dissertation angenommen.

Mein besonderer Dank gilt Herrn Prof. Dr. Georg Kretschmar, der mir
das Gebiet der Patristik eröffnete und die Arbeit an Theodoret von Cyrus ermöglichte und betreute. Ich danke Herrn Prof. Dr. Reinhard Schwarz für die
Übernahme des Korreferates.

Herrn Prof. D. Kurt Aland, Herrn Prof. Dr. Joachim Mehlhausen und
Herrn Landesbischof Prof. Dr. Gerhard Müller danke ich für die Aufnahme
meiner Dissertation in die Reihe "Arbeiten zur Kirchengeschichte".

Ich danke meinen Münchner Freunden für ihre freundschaftliche und her-
ausfordernde Begleitung und besonders meinen Eltern für ihre Unterstützung
im Studium und ihr Interesse an dieser Arbeit.

Genf, im März 1993   Silke-Petra Bergjan

Inhaltsverzeichnis

X

Einleitung

Die Trinitätslehre ist in der evangelischen Theologie seit zweihundert Jahren umstritten und nicht mehr ein ganz selbstverständlicher Gegenstand der Dogmatik. Zugleich gibt es keine andere antike Idee, die in vergleichbarer Weise wie die altkirchliche Trinitätslehre in der Moderne aufgenommen und diskutiert wurde. Innerhalb weniger Jahrzehnte entstand in der Alten Kirche ein Entwurf, der nicht nur durch den humanistischen Weg zu den Quellen wiederbelebt wurde, sondern als System in die Neuzeit wirkte. Was beinhaltet die altkirchliche Trinitätslehre? Man wird vor allem fragen müssen, was leistet sie?

Den Spannungsbogen erhält die vorliegende Arbeit durch das zweite Element, Antiochien. Das Stichwort Antiochien verweist auf einen theologischen Wirkungsbereich, mit dem man herkömmlich folgende Akzente verbindet: die christologische Realisierung des menschlichen Subjektes Jesu, ethische Ideale, den Biblizismus und einen theologischen Rationalismus. Was bedeutet es, in diesem Umfeld nach einer Trinitätslehre zu fragen?

Der Begriff Antiochien bezeichnet einen theologischen Ansatz und erhält weitgehend seine Bedeutung erst in dem Gegensatz zu Alexandrien. F.Chr. Baur beispielsweise schreibt: " Die alexandrinische Theologie ... hat zu ihrem unmittelbaren Object die Idee Gottes als des Absoluten, und ihr ganzes Streben geht dahin, diese Idee auf ihren adäquaten Begriff und Ausdruck zu bringen."[1] Die nizänische Formel und das trinitarische System, das in der Zeit nach Nizäa entwickelt wurde, haben nach dieser Darstellung in Alexandrien den Anknüpfungspunkt in der theologischen Tradition. In Abgrenzung zur alexandrinischen Position bezeichnet Baur das theologische Interesse Antiochiens darin, "vor allem das dem unmittelbaren Bewußtsein Gegebene, das Concrete, Wirkliche, somit auch das Menschliche in seiner objectiven Realität festzuhalten"[2].

Nach dieser exemplarischen Gegenüberstellung beinhaltet das Thema Trinitätslehre in Antiochien notwendig eine Vermittlung zwischen der abstrakten

---

1 F.Chr. Baur, Die christliche Lehre von der Menschwerdung und Dreieinigkeit Gottes, Bd.1, Leipzig 1841, S.695.

2 A.a.O. S.696.

Reflexion des Transzendenten und dem Interesse am endlichen Subjekt. Läßt sich aber diese Gewichtung des Themas in der Kirchengeschichte Antiochiens verifizieren? Die genannten Sätze zeigen bereits deutlich, daß es sich in den Begriffen Antiochien und Alexandrien um die altkirchliche Verortung von zwei grundsätzlich zu unterscheidenden Zugängen zu theologischem Denken handelt. Es ist die Folge dieses Ansatzes, daß das Thema Trinitätslehre im Bereich Antiochiens aus dem Blickfeld geraten ist.

Die Frage nach der Gestalt der Trinitätslehre in der antiochenischen Tradition hat einen historischen Bezugspunkt in der Verbindung zwischen Antiochien und Kappadokien im 4.Jahrhundert. Diese Verbindung legt den Gegenstand der Trinitätslehre als die spezifische Frage nach dem Neunizänismus nahe. Die hierin bezeichnete Fragestellung bezieht sich im Ansatz kritisch auf den konzeptionellen Gegensatz zwischen Antiochien und Alexandrien. Die Kirchengeschichte Antiochiens ist im Rahmen der genannten Fragestellung aus den Entwicklungen des späten 4.Jahrhunderts zu entfalten.

Gegenstand der vorliegenden Untersuchung ist Theodoret von Cyrus. Die Person Theodorets in den Vordergrund der Untersuchung zu stellen, liegt nahe erstens aufgrund der Überlieferung - im Unterschied zu den Werken der übrigen Theologen aus dem engeren antiochenischen Kreis ist in der griechischen Überlieferung ein erheblicher Teil der Schriften Theodorets erhalten -, zweitens, weil Theodoret sich zur Trinitätslehre äußert, und drittens, weil die Fragestellung für Theodoret spezifisch ist. Es geht darum, die Struktur der theologischen Argumentation Theodorets zu erfassen und seine theologische Arbeitsweise spezifisch zu beschreiben. Welche Bedeutung hat der Neunizänismus für die Theologie Theodorets? In welcher Weise beziehen sich die Theologen des 5.Jahrhunderts auf die theologischen Klärungsprozesse des 4.Jahrhunderts? In welcher Weise werden die Überlegungen der Kappadokier hier relevant? Wie ist die Theologie Theodorets einzuordnen? Und was bedeutet dieses für die Darstellung der Kirchen- und Dogmengeschichte Antiochiens?

Der Titel der vorliegenden Arbeit "Theodoret von Cyrus und der Neunizänismus" führt mit dem Stichwort Neunizänismus einen Begriff ein, dessen Bedeutung zu klären ist.

Der Begriff Neunizänismus ist nicht die Übersetzung antiker Terminologie, sondern liegt erst im späten 19.Jahrhundert vor. Ohne den Begriff selbst zu verwenden, beschreibt erstmals Th.Zahn (1867)[3] in seiner Arbeit zu Marcell von Ancyra den Gegenstand. Zahn beobachtet, daß die Interpretation des Nizänum durch die Kappadokier eine wesentliche Modifikation gegen-

---

3 Th. Zahn, Marcellus von Ancyra, Gotha 1867, S.87.

über dem ursprünglichen Nizänum beinhalte. Eine ursprüngliche, in Nizäa formulierte göttliche "Wesenseinheit" werde durch den Gedanken der trinitarischen "Wesensgleichheit" ersetzt. Zahn unterscheidet sich mit dieser Beobachtung von den Dogmengeschichten seiner Zeit, die zwischen den Nizänern Athanasius, Basilius von Cäsarea, Gregor von Nazianz und Gregor von Nyssa nicht differenzieren. Zu nennen sind beispielsweise das Lehrbuch der Dogmengeschichte von F.Chr. Baur (3.Auflage 1867)[4], Schmid (1860)[5] und die Arbeit von Kahnis (1864)[6].

Die These Zahns wird erst zwanzig Jahre später von Harnack (1887)[7] aufgenommen. Nitzsch (1870)[8] beispielsweise führt eine andere Konzeption vor. G. Thomasius (1876)[9] zitiert die Arbeit Zahns zu Marcell von Ancyra, aber berücksichtigt die genannte These nicht in der Darstellung. Die These Zahns, daß die Trinitätslehre der Kappadokier wesentlich der Theologie der Homöusianer verhaftet sei und sich deshalb vom eigentlichen Nizänum unterscheide, wird erst durch die Dogmengeschichte Harnacks verbreitet. Allerdings führt auch Harnack nicht den Begriff Neunizänismus ein. Harnack setzt sich mit seiner Terminologie von der "neugläubigen Orthodoxie", der "neuen Orthodoxie" bzw. der "Neuorthodoxie"[10] nicht in vergleichbarer Weise durch wie der Begriff, der im Zusammenhang mit der von Harnack neu formulierten These entsteht.

Um die Jahrhundertwende kommt es zu einer Diskussion um die Zahn-Harnacksche These. Der Begriff Neunizänismus - um die Jahrhundertwende spricht man von Jungnizänismus, französisch néonicénisme[11] - entsteht in der Reaktion auf die Dogmengeschichte Harnacks[12]. In den zusammenfassenden Darstellungen dieser Position und den kurzen Bezügen auf die These

---

4 F.Chr. Baur, Lehrbuch der christlichen Dogmengeschichte, Leipzig [3]1867 (ND Darmstadt 1979), S.153.

5 Heinrich Schmid, Lehrbuch der Dogmengeschichte, Nördlingen (1860) [3]1877, S.32-35.

6 K.F.A. Kahnis, Der Kirchenglaube, historisch, genetisch dargestellt, Leipzig 1864, S.64.

7 A.Harnack, Lehrbuch der Dogmengeschichte, Bd.2, Die Entwicklung des kirchlichen Dogmas I, Freiburg 1887, S.251ff.

8 F. Nitzsch, Grundriß der christlichen Dogmengeschichte, Bd.1, Die patristische Periode, Berlin 1870.

9 G. Thomasius, Die christliche Dogmengeschichte, Erlangen 1874, ebenso die überarbeitete Neuauflage von Bonwetsch 1886.

10 A.a.O. S.260ff.

11 F. Cavallera, Le Schisme d'Antioche (IVe-Ve Siècle), Paris 1905, S.303-305.

12 Die kritische Diskussion der These bezieht sich auf Harnack. Dies wird besonders deutlich in: A. Dorner, Grundriß der Dogmengeschichte, Berlin 1899, S.138-161.

liegt der Begriff Jungnizänismus vor, m.W. erstmals in Loofs Leitfaden zum Studium der Dogmengeschichte (1890)[13]. Der Begriff und sein Gegenstand sind um die Jahrhundertwende umstritten. Während Loofs den Begriff Jungnizänismus in seine Dogmengeschichte integriert, setzen sich beispielsweise Dorner[14], Holl[15] und Bardenhewer[16] von dem Begriff und der These ab.

In der Entstehung ist der Begriff Neunizänismus also mit der Harnackschen Konzeption der Dogmengeschichte des 4.Jahrhunderts verbunden. Der Begriff löst sich dann aber zunehmend von der umstrittenen These und kann in der vorliegenden Arbeit nur in Abgrenzung von dieser These benutzt werden. Es geht also in dem Begriff nicht um das Verhältnis des Neunizänismus zu einem als ursprünglich definierten Nizänismus, sondern um das Phänomen, daß am Ende des 4.Jahrhunderts in einem bestimmten Umfeld eine bestimmte Form der Trinitätslehre in Anbindung an das Nizänum entwickelt wurde. Dieses Phänomen wird seit dem Ende des 19.Jahrhunderts als Neunizänismus bezeichnet und üblicherweise mit den Namen der Kappadokier Basilius von Cäsarea, Gregor von Nazianz und Gregor von Nyssa verbunden.

In der vorliegenden Arbeit werden drei Begriffe verwendet: neunizänisch, kappadokisch, nach-kappadokisch. *Kappadokisch* bezieht sich auf die Texte der Kappadokier, Basilius von Cäsarea, Gregor von Nazianz und Gregor von Nyssa, *nach-kappadokisch* auf solche Formulierungen, die sich auf die Kappadokier beziehen, aber zeitlich nach den Kappadokiern entstehen. Der Begriff *neunizänisch* wird deshalb verwendet, weil der Begriff mit dem Textkorpus der Kappadokier verbunden ist, den hier formulierten Gegenstand aber nicht auf die Kappadokier fixiert. Der Begriff *neunizänisch* wird in der vorliegenden Arbeit also mit der These verbunden, daß die kappadokische Idee in ein weiteres Umfeld gehört, d.h., daß es neben den Theologen aus Kappadokien möglicherweise auch andere neben und vor allem nach ihnen gab, welche die neunizänische Formel verarbeiteten.

---

13 F. Loofs, Leitfaden zum Studium der Dogmengeschichte, Halle [2]1890, §34,2,4f., S.139-141. Loofs führt hier die Begriffe "jungnicänisch" und "jungnicänische Partei" ein. Die Terminologie liegt in dieser Weise in der ersten Auflage des Leitfadens nicht vor. Vgl. F. Loofs, Leitfaden für seine Vorlesungen über Dogmengeschichte, Halle 1889, §26, S.73f.

14 A.a.O.

15 K.Holl, Amphilochius von Ikonium in seinem Verhältnis zu den grossen Kappadoziern, Tübingen/Leipzig 1904, S.116-122.

16 O.Bardenhewer, Geschichte der Altkirchlichen Literatur, Bd.3, Das 4.Jahrhundert mit Ausschluß der Schriftsteller syrischer Zunge, Freiburg [3]1912, §13,9, S.158.

1. Antiochien.
Historische Grundlegung

1.1. Profangeschichte

Antiochien wurde von Seleucus I.[1] gegründet (300 v.Chr.) und ist damit eine im ursprünglichen Sinn griechisch-hellenistische Stadt. Diese Aussage ist in zweifacher Weise relevant. Die Stadtgeschichte Antiochiens beginnt erstens nicht isoliert, sondern stellt Antiochien in Beziehung zu anderen hellenistischen Städten wie Edessa und auch Alexandrien. Wie ist zweitens dieser Hellenismus zu beschreiben? Edessa ist ein Beispiel dafür, daß die hellenistischen Anfänge durchaus nicht-hellenistisch fortgesetzt werden konnten. Die syrische Sprache und Kultur werden hier wichtig.[2] Im Unterschied zu Edessa steht Antiochien, die spätere Hauptstadt der römischen Provinz Syrien, wie auch Alexandrien unter einem deutlichen griechischen Einfluß. Wenn sich im römischen Herrscherhaus Julia Domna und später Julia Mamaea bewußt syrisch gaben, so kamen sie nicht aus Antiochien, sondern aus Emesa. Anders als in Edessa oder Emesa kann man in Antiochien von einer griechischen Kontinuität sprechen. Die Quellen aus dem 4.Jahrhundert, die Schriften des Rhetors Libanius und des Kaisers Julian Apostata, vermitteln rückblickend diesen Eindruck.

Libanius verweist auf die griechischen Ursprünge der Stadt[3] und kennzeichnet das gegenwärtige Antiochien, wenn er Julian den $\pi\rho\hat{\omega}\tau o\nu$ $\mu\grave{e}\nu$ Ἕλλην τις εἶ καὶ κρατεῖς Ἑλλήνων[4] nennt, worin zunächst dessen eigenes

---

1 V. Schultze, Altchristliche Städte und Landschaften, III, Antiochia, Gütersloh 1930, S.5ff. Zu den Umständen der Gründung siehe mit Angaben der Quellen: G. Downey, A history of Antioch in Syria from Seleucus to the Arab Conquest, Princeton 1961, K.4, S.54ff.

2 Die Entwicklung einer Stadt hängt von den lokalen Bedingungen ab. Edessa wird in der Zeit nach den Seleukiden nicht römische Provinz, sondern eine einheimische Dynastie übernimmt hier die Herrschaft. Siehe H.J.W. Drijvers, Edessa, in: TRE 9, 1982, S.277-288; E.Kirsten, Edessa, in: RAC 4, 1959, Sp.552-597.

3 Siehe Libanius, or.XV,79,S.152.4-6: ἱκετεύει σε πόλις μέρος Ἀθηναίων ἔχουσα, πόλις Μακεδόνων, πόλις Ἀλεξάνδρου τοῦ τὰ αὐτά σοι δραμόντος...

4 Libanius, or.XV,25,S.128.24.

Selbstverständnis zum Ausdruck kommt.[5] In der programmatischen Abwendung vom Christentum knüpft Julian an den paganen Hellenismus an. Julian residiert - primär aufgrund militärischer Notwendigkeiten - in Antiochien (362-363). Die mangelnde Resonanz, auf die der Kaiser und seine Ideen in Antiochien stießen, ist der Anlaß für die bittere Schrift Julians, dem Misopogon, den Julian in Antiochien gegen die Antiochener schrieb.[6] Julian wendet in dieser Schrift das Thema griechischer Identität gegen die Antiochener. Das bedeutet, daß die Antiochener auf ihre griechische Vergangenheit anzusprechen waren und es nahelag, bestimmte griechische Gegebenheiten, wenn auch nicht in athenischer Vollkommenheit, in Antiochien anzutreffen. Der Konflikt zwischen dem Kaiser und Antiochien, in dem sich Julian mit dem Unverständnis der Antiochener konfrontiert sah, wurzelt nicht in nationalen Gegensätzen, sondern setzt jeweils die griechische Identität voraus, die allerdings verschieden gelebt und verstanden wurde.[7]

Das Griechentum Julians ist in bestimmter Weise philosophisch gewendet.[8] Die philosophische Prägung Julians weist auf den syrischen Neuplato-

---

5 Vgl. hierzu die Ausarbeitungen von Festugière. A.J. Festugière, Antioche paienne et chrétienne. Libanius, Chrysostome et les moines de Syrie, Paris 1959.

6 Julian, Misopogon 18.1-2 (348B-C):ʼΑντιόχῳ μὲν δὴ ταῦτα ἐποιήθη. Τοῖς δὲ ἀπʼ ἐκείνου γενομένοις οὐ νέμεσις ζηλοῦν τὸν οἰκιστὴν ἢ τὸν ὁμώνυμον. Ὥσπερ γὰρ ἐν τοῖς φυτοῖς εἰκός ἐστι διαδίδοσθαι μέχρι πολλοῦ τὰς ποιότητας, ἴσως δὲ καὶ ἐπίπαν ὅμοια τὰ μετὰ ταῦτα τοῖς ἐξ ὧν ἐβλάστησε φύεσθαι, οὕτω καὶ ἐπὶ τῶν ἀνθρώπων εἶναι εἰκὸς παραπλήσια τὰ ἤθη τῶν ἀπογόνων τοῖς προγόνοις. Ἐγώ τοι καὶ αὐτὸς ἔγνων Ἀθηναίους Ἑλλήνων φιλοτιμοτάτους καὶ φιλανθρωποτάτους· καίτοι τοῦτό γε ἐπιεικῶς ἐν πᾶσιν εἶδον τοῖς Ἕλλησιν...

7 Auf den christlich-paganen Konflikt kann hier nur verwiesen werden. Daß er sich im antiochenischen Umfeld als relevant erwies, zeigen Schriften aus dem 5.Jh., vgl. Theodoret, Cur. Am Anfang des 5.Jahrhunderts zeigt die Austattung der reichen Antiochener Häuser (besonders die Mosaike) keinen christlichen Einfluß. Christliche Kunst ist nicht eigentlich entwickelt. Die Lebensweise von Christen und Nicht-Christen unterscheidet sich nicht grundlegend. Ein kirchliches Schulsystem fehlte. Feste und Riten, z.B. Heirat, wurden weitgehend nach paganem Muster vollzogen. Siehe hierzu P. Canivet, Histoire d'une Entreprise Apologétique au Vᵉ Siècle, Paris 1957; R.L. Wilken, John Chrysostom and the Jews. Rhetoric and Reality in the Late 4th Century, (The Transformation of the Classical Heritage 4), London 1983, K.I. John Chrysostom and Christianity in Antioch, S.1ff.; weiter den Grabungsbericht: *Antioch on the Orontes*, publ. by the Department of Art and Archeology of Princeton University, (Publication of the Committee for the Excavation of Antioch and its Vicinity) Princeton 1934-1972.

8 Nach der Beschreibung von Libanius kommt ein athenischer Philosophiestudent auf den Thron. Or.XVII,31, S.248.19-20.

nismus.[9] Jamblichus - selbst aus Chalkis - lehrte bis ca. 330 in Apamea[10] und gründete hier die Schule, aus der der sogenannte syrische Neuplatonismus hervorgeht.[11] Die Bildungsmöglichkeiten in Antiochien sind demgegenüber vergleichsweise begrenzt. Es gab einige Bibliotheken, die aber jeweils nach kurzer Zeit zerstört wurden.[12] Libanius stammt aus Antiochien. Er unterrichtete hier als Rhetor (ab ca. 354) und vermittelte in diesem Rahmen griechische Bildung. Seine Schriften tragen für die Frage nach einer bestimmten philosophischen Tradition in Antiochien nichts aus. Es gibt keine die Stadt in charakteristischer, philosophischer Weise prägende Persönlichkeit. Eine Schule wie in Apamea bestand in Antiochien nicht. Griechentum in Antiochien manifestierte sich offenkundig in anderen Einrichtungen wie Theater, Hippodrom, Olympische Spiele, womit dann Julian, wie später Chrysostomus[13] seine Schwierigkeiten hatte.

Man kann von einer dominierenden griechischen Kultur in Antiochien nur sprechen, wenn man die verschiedenen ethnischen Gruppen in Antiochien und damit das typisch hellenistische Zusammentreffen unterschiedlicher Kulturkreise berücksichtigt.

Die Gründung der Stadt Antiochien war verbunden mit einer Ansiedlung von Athenern und Makedoniern sowie Griechen anderer Herkunft, schließlich anderen Nationalitäten, zu denen vor allem die einheimischen Syrer sowie Juden[14] zu zählen sind.[15] Das Bürgerrecht hatten ursprünglich die

---

9 Dies ist der Liste der Adressaten von Julians Briefen zu entnehmen, von denen einige Namen in den Bereich des syrischen Neuplatonismus gehören. Julian selbst bezieht sich in Nr.12,2,3ff.(Papadopoulos 4) an Priscus auf Jamblichus. Für den philosophischen Werdegang sind aufschlußreich: Nr.14 (Hertlein ep.17), Nr.30 (Papadopoulos 3), Nr.84 (Hertlein ep.49), Nr.190 (Hertlein ep.15) (Dubia). Vgl. Libanius, or.XVIII,18, S.244f.

10 J. Bidez, Le philosophe Jamblique et son école, in: REG 32 (1919), S.29-40; K. Praechter, Richtungen und Schulen im Neuplatonismus, in: Genethliakon für Carl Robert, Berlin 1910, S.105-156.

11 Julian begegnet in seinem Studium in Nikomedien, Ephesus, Athen dem syrischen Neuplatonismus durch Schüler von Jamblichus, vor allem in Ephesus. J. Viteau, Julien l'Apostat, in: DThC 8,2 (1925), Sp.1943f., 1951f.

12 Für die Gründung einer Bibliothek durch Julian siehe Nr. 109 (Hertlein ep.9). Schultze nennt für die seleukidische Zeit zwei weitere Bibliotheken (a.a.O. S.10,17). Zu der durch den Antiochener Maron gestifteten Bibliothek in der Zeit Seleucus IV. Philopator (187-175) - sie wurde verbrannt (23 n.Chr.) - siehe: Downey, a.a.O. S.185.

13 Zu Johannes Chrysostomus in Antiochien siehe: Chr. Baur, Johannes und seine Zeit, Bd.1, Antiochien, München 1929; neuerdings: R.L. Wilken, a.a.O.

14 Zu der Geschichte der Juden in Antiochien siehe: C.H. Kraeling, The Jewish community at Antioch, in: JBL 51 (1932), S.130-160; W.A. Meeks, R.L. Wilken, Jews and Christians in Antioch in the First Four Centuries of the Common

Athener und Makedonier. Die anderen Nationalitäten waren durch quasiauto-
nome politische Strukturen in die Stadt integriert.[16] Für die Folgezeit ist von
Zuzügen von griechischer Seite vor allem durch Veteranen und von der Ein-
wanderung einheimischer Syrer auszugehen.[17] Gegenseitige Einflüsse und
Beziehungen zwischen Griechen und Syrern sind wahrscheinlich.[18] Ihr Umfang aber ist durch die gesellschaftlichen Bedingungen begrenzt. Im 4.Jahr-
hundert gab es nach Wilken in der Stadt Antiochien bereits kein syrisches
Viertel mehr.[19] Eine Aussage über das Verhältnis zwischen Griechen und
Syrern in Antiochien hängt von der sozialen Schichtung der Gesellschaft Antiochiens, sowie von dem Stadt-Land-Gefälle ab. Zu berücksichtigen sind die

---

Era (SBibSt 13), Missoula 1978; R.L. Wilken, a.a.O.
Im 4.Jh. gab es in Antiochien eine große etablierte jüdische Gemeinde, die in
den verschiedenen sozialen Schichten für Kontakte mit Nicht-Juden offen war.
Libanius ist ein Beispiel für einen ausgedehnten Briefwechsel mit jüdischen
Briefpartnern. Die Disputation zwischen R.Tanḥuma bar Abba und einem nicht-
jüdischen Gegner um Genesis 3,5 ist belegt (R.L. Wilken, a.a.O. S.64).
Die Beziehungen zwischen Juden und Christen sind in den Reden Chrysostomus'
vorausgesetzt. Sie werden deutlich in Fakten wie der Übernahme der Makkabäer
als Heilige der Kirche und der Umwandlung der Synagoge, die zum Gedenken
der Makkabäer errichtet wurde. Mit dieser Synagoge war die letzte der beiden
seit alters genannten Synagogen zerstört. Vgl. M.Maas, Die Maccabäer als
christliche Heilige, MGWJ 44 (1900), S.145-156; G. Kretschmar, Die Heiligen
Israels im Gottesdienst der Kirche, in: Heiligenverehrung- ihr Sitz im Leben des
Glaubens und ihre Aktualität im ökumenischen Gespräch, hrsg.v. Gerhard L.
Müller, München/Zürich 1986, S.31-63.
In Antiochien ist ein Einfluß der jüdischen Theologie auf die christliche für das
5.Jh. unwahrscheinlich. Seit dem 5.Jh. kommt es zu massiven Ausschreitungen
bzw. zu Progromen gegen die Juden von Antiochien. Auf die Machenschaften
von Petrus Fulle und die Bedeutung der Zirkusparteien ist hinzuweisen. Nach
Downey bekämpft hier die Partei der Monophysiten die der Juden, während die
Juden der Stadt sich den Nestorianern angeschlossen haben (Downey, a.a.O.
S.485ff.).

15 Downey, a.a.O. S.79.
16 Dieser politischen Struktur entspricht eine Ansiedlung in verschiedenen Vierteln.
   Strabo (16.2.4,750C) kennt zwei Viertel, eines von einer Stadtmauer begrenzt
   und geschützt und von Griechen bewohnt, und ein zweites, so interpretiert Downey, möglicherweise von Syrern besiedelt (Downey, a.a.O. S.115).
17 Zur Kolonisation siehe: G. Haddad, Aspects of Social Life in Antioch in the
   Hellenistic-Roman Period, New York 1949, S.51ff.
18 Haddad, a.a.O. S.74-121.
19 R.L Wilken (a.a.O. S.3f.) schließt dies aus einer Predigt von Johannes Chrysostomus (Homilia de statuis XIX,1, PG49,188).

erheblichen gesellschaftlichen Veränderungen im 4. Jahrhundert.

Wenn Libanius die Annehmlichkeiten der Stadt rühmt, tritt eine internationale Stadt mit blühendem Handel vor Augen.[20] Eine ähnliche Vorstellung legt die Lage Antiochiens im antiken Straßennetz nahe.[21] Fraglich ist, inwieweit Internationalität und Handel eine prägende Wirkung hatten. Liebeschuetz hat diesen Eindruck wesentlich hinterfragt. Kaufleute und Handwerker haben keinen politischen Einfluß, unterliegen der Besteuerung, seien arm und zunehmend abhängig durch das sich entwickelnde Patronatswesen.[22] Das Gesamtsteueraufkommen werde wesentlich durch landwirtschaftliche Erträge aufgebracht, Handel spiele eine relativ untergeordnete Rolle. Wenn es auch Export gab und chinesische Seide ihren Weg über Antiochien nahm, bleibe die Stadt ökonomisch durch Landwirtschaft bestimmt.[23] Die Oberschicht definiere sich durch politischen Einfluß und Landbesitz.[24] Der Sitz im Rat beispielsweise war an Landbesitz gebunden.

Mit der Ablösung der städtischen Selbstverwaltung durch kaiserliche Administration verliert der Rat zunehmend an Bedeutung. Die Zahl der Ratsmitglieder wird reduziert[25], was für die verbleibenden Mitglieder eine immense wirtschaftliche Belastung[26] bedeutet.[27] Gleichzeitig werden die in kai-

---

20 Libanius, or. XV,15-16,S.125f.

21 J. Liebeschuetz, Antioch, Oxford 1972, S.74; G. Tchalenko, Villages antiques de la Syrie du Nord. Le massif du Bélus à l'époque romaine, (Bibliothèque archéologique et historique 50,1.2) Paris 1953, Bd.2, Tafel XXXIX.

22 Liebeschuetz, a.a.O. S.52-61,198.

23 Liebeschuetz, a.a.O. S.77ff.

24 Liebeschuetz, a.a.O. S.48.

25 Einen guten Einblick in die Situation gibt Libanius, or.XLVIII,3,S.429.17-430.6: Ἦν, ὅτ᾽ ἦν ἡμῖν ἡ βουλὴ πολλή τις, ἄνδρες ἑξακόσιοι. οὗτοι μὲν ἐλειτούργουν τοῖς οὖσιν, ἕτεροι δὲ τοσοῦτοι τὸ κελευόμενον ἐποίουν τοῖς σώμασι. τοῦτο τὸ καλὸν μέχρι τῆς τοῦ δεῖνος βασιλείας σῶον ὑπῆρχε τῇ πόλει, μετὰ ταῦτα δὲ οὐκέτι πολλῶν πολλαχόθεν ὀλέθρων τῇ βουλῇ λυμηναμένων. ὥστε ἕκαστον ἔτος ἀεί τι τοῦ πληρώματος ἀφαιρούμενον διήρχετο. καὶ τὰ τούτων ἦν ὁρᾶν ἑτέρους γεωργοῦντας τό τε καταλειπόμενον ἀσθενέστερον ἐγίγνετο διχόθεν, τῷ μήτ᾽ ἀριθμῷ τοσοῦτον ὅσονπερ πρότερον εἶναι καὶ τῷ τὰς οὐσίας αὐτοῖς εἰς ἔλαττον ἰέναι.
Julians Bemühen, den Tendenzen entgegenzuwirken, ist im Misopogon belegt, Misopogon 40.16-22, 367D-368B.

26 Liebeschuetz, a.a.O. S.175-186.

27 Neben wirtschaftlicher Inanspruchnahme ist in einer Zeit, in der es aufgrund der Steuerbelastung durchaus zu Ausschreitungen der Bevölkerung kommen konnte, der Rat an die politische Verantwortung für die Vorgänge in der Stadt gebunden. Vgl. beispielsweise den bekannten Aufruhr 387, der mit der Zerstörung der Statuen endete. Johannes Chrysostomus, De statuis XXI, Libanius, or.XIX und XX.

serlichen Diensten Stehenden von den Steuern und der aufwendigen Ratsmitgliedschaft befreit. Da sie zudem Zutritt zu den entscheidungsbefugten Personen und damit die Möglichkeit der Eimflußnahme haben, entsteht hier, unter den in kaiserlichen Diensten Stehenden, eine neue Aristokratie.[28] Aufgrund der Verarmung der alten Oberschicht bzw. durch die Tatsache, daß einzig Landverkauf die oft mit dem wirtschaftlichen Ruin verbundene Ratsmitgliedschaft verhindern konnte, kommt es zu Landverkauf in großem Umfang.[29] Das Beispiel der Familie von Libanius[30] belegt die Situation.

Die wirtschaftliche Belastung in den Perserkriegen, vor allem aber die grundlegende Degeneration der alten Oberschicht[31] führt zu einer sozialen Umschichtung, von der Stadt und Land betroffen sind.[32] Fragt man hier nach dem Verhältnis der beiden Nationalitäten, ist es unwahrscheinlich, daß es in diesem Prozeß zu einer Stärkung der syrischen Seite kommt. Galt von der alten Oberschicht, daß sie primär griechisch sprach, so ist dies auch von der neuen Aristokratie anzunehmen. Die syrische Bevölkerung bleibt weiter auf dem Land beheimatet.

Auf dem Land entsteht, wie auch in der Stadt, ein ausgeprägtes Patronatswesen.[33] Sowohl landbesitzende Bauern als auch abhängige Bauern, d.h. Pächter, nehmen einen Patron in Anspruch. Der Patron vermittelt zwischen den Forderungen von Steuern oder Pacht und den betroffenen Schuldnern. Er stellt gegen unterschiedliche Formen von Entgelt seinen Einfluß den gesellschaftlich Abhängigen zur Verfügung und schafft somit eine neue Abhängigkeit. Die Entwicklung des Patronatswesens setzt die dargestellte Änderung der Strukturen von Einflußnahme voraus, die durch den Autoritätsverlust der alten Oberschicht, d.h. der alten Landbesitzer, und die Stärkung kaiserlicher Administration bedingt sind, und ist somit zunächst als Reaktion auf Rechtsunsicherheit zu verstehen. Die Situation wird unterschiedlich beurteilt.

---

28 Libanius, or.XLVIII,16,S.435.19ff. vgl. Liebeschuetz, a.a.O. S.186ff.

29 Libanius, or. XLVIII,37,S.446.8-11.

30 Libanius, or.1,2-3,S.95f.

31 Libanius, or. XLVIII,39f.,S.447.5ff., vgl. Or.XLIX,2 S.453.7ff.

32 Analog zu den Entwicklungen in Antiochien läßt sich die Geschichte von Cyrus, dem späteren Bischofssitz Theodorets, darstellen. Cyrus, eine makedonische Gründung, gehört zwar nicht zur Tetrapolis: Antiochia, Seleucia, Apamea, Laodizea, den vier Hauptstädten der Satrapien, wird aber zu den großen Städten zu rechnen sein. Bedeutung hat Cyrus geographisch aus seiner Grenzlage. Aus dieser Lage ergibt sich Cyrus als militärischer Stützpunkt. Mit dem Verlust dieser Rolle im 3.Jh. ist ein gewisser Niedergang der Stadt zu verzeichnen, verbunden mit zugleich zunehmendem syrischen Einfluß. E.Frézouls, Recherches historique et archéologique sur la ville de Cyrrhus, in: AASy IV-V 1954, S.89-128.

33 Libanius, or.47 (oratio de patrociniis).

P. Brown beschreibt das Patronatswesen als ein Element der Demokrati-
sierung, das eine Stärkung der Selbständigkeit der einzelnen landbesitzenden
Bauern und eine damit in Zusammenhang stehende "crisis of leadership" beinhalte.[34] Die Beobachtungen beziehen sich auf das Gebiet des Kalkstein-
Massivs. Die Ablösung der alten Leitungsfunktionen aber steht im Zusammenhang eines umfassenden Umschichtungsprozesses, der als Folge der
Durchsetzung imperialer Macht gegenüber der alten Polis eine Demokratisie-
rung in abhängigen Strukturen nicht wahrscheinlich macht. Daß sich in dieser
Zeit das Mönchtum in Syrien entwickelt und sich einzelne aus den Familien
der Pächter, was Libanius beklagt[35], zu einem Eremitendasein veranlaßt sehen, ist sozialgeschichtlich eher in einem Prozeß zunehmender Abhängigkeit
einzuordnen. Folgt man Liebeschuetz darin, daß das Patronatswesen im Ergebnis die Struktur von Abhängigkeit bedeutet, ist die Beobachtung Browns,
daß auch einzelne Asketen die Funktion von Patronen übernehmen, neu zu
bestimmen. Daß der Patron durch wirksame Autorität, die er anderen zur
Verfügung stellt, definiert ist und daß diese Struktur mit der gesellschaftlichen Einflußnahme von Asketen vergleichbar ist, ist zutreffend.[36]

Festzuhalten ist erstens, daß das Verhältnis der Nationalitäten in ein sozia-
les Gefälle einzuordnen ist, und zweitens, daß die Entstehung des Mönchtums[37] im Zusammenhang mit gesellschaftlichen Änderungen steht, die besonders auf die syrische Landbevölkerung einwirkte.

In welcher Weise spiegelt das in dieser Zeit entstehende Syrische Mönch-
tum die gesellschaftliche Situation Antiochiens? Hieronymus gibt mit seiner
Aussage in ep.7[38], daß alle Mönche syrisch sprächen, einen weitverbreiteten
Eindruck wieder. Wenn damit das Fehlen jeglicher griechischer Bildung im-

---

34 P. Brown, The rise and function of the holy man in late antiquity, in: JRS LXI
(1971), S.85.
35 Libanius, or.XXX,48,S.114.8ff.
36 In diesen Zusammenhang gehört die Beschreibung der Funktionen, die Abraames
in einem Dorf am Libanon übernimmt. Der Asket stellt sich als Bürge der zu
zahlenden Steuern zur Verfügung. Anlaß zur Entstehung des Patronates in diesem Dorf sind gewaltsame Steuereintreibungen, infolgederer ein Vorsteher notwendig und sinnvoll wird. Theodoret, hm.17,3.12f: προστάτην δὲ αὐτῶν
γενέσθαι παρακαλοῦσιν· οὐδὲ γὰρ εἶχεν ἡ κώμη δεσπότην·.
Wenn auch nicht so deutlich in die Situation des Patronates eingezeichnet, ist
dennoch die Fürbitte des Asketen Macedonius im Rahmen der Vorgänge um die
zerstörten Statuen Zeichen öffentlichen Wirkens, hm.13,7.
37 Zur Chronologie und Topographie siehe das entsprechende Kapitel bei Canivet.
P. Canivet, Le Monachisme Syrien selon Théodoret de Cyr, Paris 1976 (=Cani-
vet, Monachisme Syrien), S.147-205.
38 Hieronymus, ep.7,2.4-6.

pliziert ist, wird die spätere Bedeutung der Klöster für die Übersetzung der griechischen Kultur ins Syrische schwer verständlich.[39] Der Befund der Mönchsgeschichte Theodorets ist komplexer. Die Namen der hier genannten Mönche enthalten nur zum Teil einen Hinweis auf syrische Herkunft.[40] Theodoret notiert, daß Thalelaius ihm griechisch antworte[41], und bemerkt ebenso, daß Maesymas auf dem Land aufgewachsen sei und deshalb syrisch spreche.[42] Das Bild scheint nicht einheitlich gewesen zu sein, und infolgedessen sind die Sprachen in der Mönchsgeschichte ein Thema. Theodoret stellt dar, daß Aphraat mit nur wenigen Brocken Griechisch in der Öffentlichkeit wirke[43], und erörtert den Wert gebildeter Sprache. Insofern auch in der Mönchsgeschichte das mit der Sprachendifferenz gegebene Bildungs- und Sozialgefälle zum Ausdruck kommt, bestätigt die Geschichte des Mönchtums die dargestellte Situation am Ende des 4. Jahrhunderts. Während Theodoret über den Syrer Maesymas schreibt, er sei von ländlicher Herkunft, notiert er bei Marcianus, Publius, Theodosius, Zeno, Aphraat deren edle Herkunft. Publius wird ausdrücklich als Mitglied einer Ratsfamilie gekennzeichnet.[44] Wendet man das argumentum e silentio an, gilt dasselbe von den anderen nicht. Mit Ausnahme von Aphraat handelt es sich bei den Genannten nicht um Syrer.[45] Die verschiedenen monastischen Zentren gehen vielfach auf einen Asketen griechischer Herkunft zurück.[46]

Die "syrischen" Mönche setzen sich also aus den verschiedenen gesellschaftlichen Schichten von Stadt- und Landbevölkerung zusammen. Wenn auch die syrische Sprache das Gesamtbild der Mönche prägt, hat es daneben in gewissem Umfang Zweisprachigkeit gegeben.[47]

Damit ist ein Rahmen beschrieben, in den die Person Theodorets deutlich einzuordnen ist. Theodoret stammt aus einer reichen Antiochener Familie. Antiochien und seiner Herkunft entsprechend wird bei Theodoret eine allgemeine, eher unspezifische griechische Bildung vorauszusetzen sein. Die Mönchsgeschichte hat autobiographische Züge. Durch Mutter und Großmutter vermittelt, erhält Theodoret in dem Milieu der Asketen seine religiöse

---

39 Canivet, Monachisme Syrien, a.a.O. S.235f.
40 Canivet, Monachisme Syrien, a.a.O. S.237ff.
41 Theodoret, hm.28,4.5.
42 Hm.14,2.1ff.
43 Hm.8,2.
44 Hm.5,1.4: Οὗτος ἐκ βουλευτικῆς μὲν συμμορίας ὁρμώμενος.
45 Canivet, Monachisme Syrien, a.a.O. S.248.
46 Canivet, Monachisme Syrien, a.a.O. S.250.
47 Siehe besonders die Darstellung der zweisprachigen Gemeinschaft um Publius. Theodoret, hm.5,5.

Prägung. Die Beziehungen zu einzelnen Asketen bestehen bis in die Zeit der Abfassung der Mönchsgeschichte.[48]

Möglicherweise unter ähnlichen biographischen Voraussetzungen findet sich im Umfeld der Asketen eine Gruppe von Männern - Acacius von Beröa,[49] Meletius[50], Flavian[51], Diodor[52], Euseb von Samosata[53], Isidor von Cyrus[54], Theodot von Hierapolis[55] - , die Einfluß auf die Entwicklung der Kirche Antiochiens nahmen. Wenn eine Antwort darauf, worin antiochenische Theologie zu fassen ist, auf diese Gruppe von Theologen und Bischöfen im Umfeld der Asketen verweist, ergibt sich eine ursprüngliche Beziehung von antiochenischer Theologie und Mönchtum. Da das Mönchtum hier bestimmte soziale Umbrüche des 4.Jahrhunderts voraussetzt, ist damit ein zeitlicher Ansatzpunkt gegeben, von dem an von "antiochenisch" zu sprechen ist.

In dem monastischen Umfeld wird zudem eine geographische Verbindung sichtbar. In der Darstellung der zweisprachigen Gemeinschaft des Publius geht Theodoret der griechischen Gruppe nach und nennt die griechischen Nachfolger des Publius. Auf Theotecnus, so Theodoret, folgt Theodot, schließlich Gregor. In Theodot wird die griechische Gemeinschaft von einem Mönch aus Armenien geleitet.[56] In Armenien lernt Basilius von Cäsarea das Mönchtum durch Eustathius von Sebaste kennen. Die Verbindung der griechischen Gemeinschaft des Publius mit Armenien weist möglicherweise auf

---

48 Während die biographischen Notizen Theodorets in den Briefen sich weitgehend auf seine Tätigkeit als Bischof beziehen (ep. 79,80,81,82,94,113,116; Briefe im christologischen Streit: ep. 16,60,92,93,110,111,112) und von dort nur gelegentlich zurückblicken, schildert Theodoret in der Mönchsgeschichte ausführlich den religiösen Hintergrund seiner Familie (hm.9,Petrus, hm.13, Macedonius). Daß Theodorets Entscheidung zum Mönchtum in dieses Umfeld einzuordnen ist, ist dem Bericht um den Vorgang seiner Geburt wie dem Hinweis aus ep.81: καὶ πρὸ αὐτῆς τῆς συλλήψεως ὑπέσχοντό με τῷ Θεῷ προσφέρειν οἱ φύσαντες zu entnehmen (ep.81.II.196.4f). Theodorets eigene Hinweise ergeben lediglich den biographischen Rahmen: die Herkunft aus reichem Hause aus Antiochien, die Namen der Eltern bleiben unbekannt, der Weg ins Kloster, Predigttätigkeit in Antiochien, das Bischofsamt in Cyrus.
49 Theodoret, hm.2,9.9, 15.11ff., 16.19, 16.27, 18.9, hm.3, 11.4, hm.21,10.9.
50 Hm.2,16.8.
51 Ebd., hm.3,11.3, hm.8,6.6, 7.1, hm.13,4.3.
52 Hm.2,16.9, hm.8,6.6.
53 Hm.3,11.5.
54 Hm.3,11.6.
55 Hm.3,11.7.
56 Hm.5,7.7.

Beziehungen zwischen verschiedenen monastischen Zentren hin. Meletius, den Theodoret im Rahmen der Mönchsgeschichte nennt, stammt ebenfalls aus Armenien. Er wird später Bischof von Antiochien. Basilius von Cäsarea wird sich für ihn einsetzen. Auf diese Zusammenhänge ist im folgenden zurückzukommen.[57]

Im Ergebnis wird man sagen müssen, daß Antiochien eine Stadt ist, die anderen Städten durchaus vergleichbar ist. Der Begriff "antiochenisch" beinhaltet in der neuzeitlichen Forschungsgeschichte aber als Hinweis auf prägende Eigenschaften ein sehr viel spezielleres Lokalcholorit, das der Stadtgeschichte nicht zu entnehmen ist. Wenn Theodoret auf besonderen Traditionen fußt, müssen diese also in der spezifischen kirchlichen Situation Antiochiens gesucht werden. "Antiochenisch" als eigentümliches Charakteristikum theologischen Denkens ist somit Ergebnis der kirchlichen Entwicklungen Antiochiens. Festzuhalten ist der Ansatzpunkt, um den Begriff "antiochenisch" zu definieren. Er besteht darin, daß erstens eine bestimmte Gruppe in der Anbindung an das monastische Umfeld beschreibbar ist, und daß zweitens der Begriff "antiochenisch" damit die sozialgeschichtlichen Veränderungen des römischen Reiches im 4.Jahrhundert voraussetzt.

1.2. Die kirchlichen Entwicklungen in Antiochien im 4.Jahrhundert

Die Darstellungen des nachnizänischen 4.Jahrhunderts konzentrieren sich weitgehend darauf, zwischen vier Parteien zu unterscheiden: den Nizänern, den Homöusianern, den Homöern und den Anhomöern. In der Sache geht es um das Verhältnis der göttlichen Personen, Vater und Sohn, und damit um die Gottheit des Sohnes. Die Formel von Nizäa konnte diese Frage nicht abschließend klären, es blieben kontroverse Positionen bestehen. In der Darstellung der nachnizänischen Entwicklungen liegen neue Ansätze vor, die für die Kirchengeschichte Antiochiens relevant sind.

Exemplarisch für die evangelische Dogmengeschichtsschreibung ist die Darstellung der nachnizänischen Entwicklungen durch A.v.Harnack.[1] Harnack unterscheidet die genannten vier Parteien. Bezeichnend ist die Nomenklatur. Harnack benennt die Parteien nicht nur nach den typischen Schlagworten: homousios, homöusios, homöos, anhomöos -, sondern charakterisiert

---

57 Siehe K.1.2., S.30ff.
1 A.v.Harnack, Lehrbuch der Dogmengeschichte, Bd.2, Tübingen [4]1909, S.236-284.

sie als Neuarianer, Arianer, Semiarianer und eben Nizäner.[2] Harnack konzentriert die Debatte damit wesentlich auf den Gegensatz zwischen den Nizänern unter dem Einfluß von Athanasius und den orientalischen Arianern bzw. der antinizänischen Koalition. Die Funktion der Arianer übernehmen die Homöer. Aus den Homöusianern werden die Neunizäner um Basilius von Cäsarea. Harnack schreibt[3]:

"... die einstige Mittelpartei aber hatte in dem ὁμοιούσιος sich eine feste Lehrformel geschaffen. Das ist der entscheidende Umschwung gewesen. Man kann noch mehr sagen: Das 'Homousios' hat schliesslich nicht gesiegt, sondern die homöusianische Lehre, welche mit dem 'Homoousios' capitulirt hat."

Das nizänische ὁμοούσιος geht nach Harnack am Ende des 4. Jahrhunderts der Sache nach in ὅμοιος κατ᾽ οὐσίαν auf und unterliegt somit der homöusianischen Theologie. Harnack bezieht sich hier auf Zahn.[4] Die sogenannte Zahn-Harnacksche These[5] beinhaltet, daß zwischen Nizäa und Konstantinopel (381) keine bruchlose Kontinuität besteht und deshalb zwischen Nizäa und einem Neunizänismus zu unterscheiden sei. Sie interpretiert den Neunizänismus im Gegenüber zu einem ursprünglichen Nizänismus. Hier setzt die moderne Kritik ein. Ritter[6] hat die sachliche Einbindung von Konstantinopel (381) in den Homöusianismus widerlegt und den Neunizänismus an Nizäa zu-

---

2 So bereits: z.B. H. Schmid, Lehrbuch der Dogmengeschichte, Nördlingen (1860) [3]1877, S.25ff., K.F.A. Kahnis, Der Kirchenglaube, historisch, genetisch dargestellt, Leipzig 1864, S.61, G. Thomasius, Die christliche Dogmengeschichte, Erlangen 1874, S.232ff.

3 Harnack, a.a.O. S.259-261.

4 Harnack, a.a.O. S.269, Anm.1. Vgl. Th. Zahn, Marcellus von Ancyra, Gotha 1867, S. 87: "Das milde Auftreten des Athanasius seit der alexandrinischen Synode von 362 hatte Viele gewonnen; aber mehr als dies wirkte die modificirte Fassung des Begriffs der Homousie auf Seiten der jüngeren Nicäner ... Wenn z.B. in Antiochien unter der Führung des Meletius, aber auch unter Zustimmung des Acacius, des Arianers von ehedem, die Formel dahin erklärt wurde, daß damit nur gesagt sei, daß der Sohn aus dem Vater erzeugt und ihm ὅμοιος κατ᾽ οὐσίαν sei, so war zwischen dieser Fassung und der des Basilius von Cäsarea ... kein Unterschied mehr. Bei diesem ist auch die Wesensgleichheit vollständig an die Stelle der Wesenseinheit getreten ..."

5 Vgl. Einleitung, S.2f.

6 A.M. Ritter, Das Konzil von Konstantinopel und sein Symbol, Studien zur Geschichte und Theologie des II. Ökumenischen Konzils, Göttingen 1965, vgl. ders., Dogma und Lehre in der Alten Kirche, in: Handbuch der Dogmen- und Theologiegeschichte, Bd. 1, Die Lehrentwicklung im Rahmen der Katholizität, hrsg.v. C. Andresen, Göttingen 1982, (S.99-283) S.202.

rückgebunden. Brennecke[7] widerlegt in seiner Arbeit zu den Homöern ebenso die historische Herleitung des Neunizänismus aus der Partei der Homöusianer und zeigt am Beispiel von Meletius von Antiochien die Bedeutung der Homöer für die Entstehung des Neunizänismus.

Die neue Beschäftigung mit der Partei der Homöer[8] stellt den Gegensatz Nizäner - Arianer als das Konstitutivum einer Darstellung der nachnizänischen Entwicklungen infrage. Die Homöer lösen das Problem der Zeit dadurch, daß sie auf die umstrittene ontologische Terminologie verzichten. Sie verstehen sich aber als explizite Anti-Arianer und stellen somit nicht die Folie zur Verfügung, auf deren Hintergrund sich die sich konstituierenden Nizäner deutlich absetzen. In welchen Strukturen sind die nachnizänischen Entwicklungen darstellbar? Sieht man von dem Kriterium nizänisch/arianisch ab, tritt der Gegensatz zwischen Osten und Westen scharf hervor. Am Beispiel von Antiochien wird besonders deutlich, daß das dortige Schisma[9] nicht nur die Opposition gegenüber einer arianisierenden Reichskirche beinhaltet, sondern in Eustathianern und Meletianern zwei Positionen benennt, die durch den Ost-West-Gegensatz gekennzeichnet sind. Die Unvereinbarkeiten in Antiochien beziehen sich auf eine westliche Ein-Hypostasen-Lehre der Eustathianer[10] und eine östliche Drei-Hypostasen-Lehre der Meletianer. Daß beide Gruppen sich hier als nizänisch definieren, überwand die Gegensätze in Antiochien nicht.

---

7 H.-C. Brennecke, Studien zur Geschichte der Homöer. Der Osten bis zum Ende der homöischen Reichskirche, (Beiträge zur historischen Theologie 73) Tübingen 1988 (=Brennecke, Homöer). Ders., Erwägungen zu den Anfängen des Neunizänismus, in: Oecumenica et Patristica. FS W. Schneemelcher, hrsg. D. Papandreou u.a., Stuttgart 1989, S.241-257 (=Brennecke, Anfänge des Neunizänismus).

8 Brennecke, a.a.O., W. Löhr, Die Entstehung der homöischen und homöusianischen Kirchenparteien - Studien zur Synodalgeschichte des 4. Jh., (Diss.) Bonn 1986.

9 Das Antiochenische Schisma entsteht, indem sich nach der Absetzung von Eustathius und später von Meletius als Bischöfe von Antiochien deren Gemeinden von der antiochenischen Kirche absondern und mit der Einsetzung von Nachfolgern "Sonderkirchen" etablieren. Neben den Eunomianern stehen sich damit in Antiochien die Ortskirche östlicher Provenienz und zwei nizänische Kirchen, die Eustathianer und Meletianer, gegenüber.
Die einschlägige Darstellung der antiochenischen Entwicklungen ist immer noch F.Cavallera, Le Schisme d' Antioche (IVe-Ve Siècle), Paris 1905. Kürzer gefaßt beschreibt die Arbeit Devreesses einen breiteren Zeitraum. R. Devreesse, Le patriarcat d' Antioche depuis la paix de l' église jusqu' à la conquête Arabe. Études Palestiniennes et Orientales, Paris 1945.

10 Vgl. Hieronymus, ep.15.2-4.

Wenn man die nachnizänische Differenzierung der Positionen in vier Parteien in den Vordergrund einer Darstellung des 4.Jahrhunderts stellt, ist zu berücksichtigen, daß erstens diese Parteien nach (ca.) 360[11] nur für knapp zehn Jahre bestehen und daß es zweitens unmittelbar nach Nizäa keine Nizäner gab. Erst in der zweiten sirmischen Formel (357) wird eine Diskussion um die nizänische Terminologie sichtbar.

Die theologische Arbeit wird nach Nizäa in der Kirchweihsynode in Antiochien (341) wieder aufgenommen. Auf den Text dieser Synode, die sogenannte zweite antiochenische Formel, und damit auf die Euseb-Tradition beziehen sich die späteren östlichen Parteien, die Homöusianer und Homöer. Die Entwicklungen dieser Parteien verlaufen parallel. Mitte der sechziger Jahre nehmen beide Parteien das Nizänum in ihre theologische Argumentation auf. Es entsteht ein östlicher Nizänismus, der bestimmte östliche Theologen ausgrenzt und somit neue Parteiungen schafft. Bekanntes Beispiel ist die Auseinandersetzung zwischen Basilius von Cäsarea und Eustathius von Sebaste. Dieser östliche Nizänismus entsteht nicht als eine Angleichung an die westlichen Nizäner, sondern ist ein paralleles Phänomen.

Die nachnizänischen Entwicklungen im Osten sind wesentlich durch drei Fragestellungen geprägt.

1. Der Gegensatz zwischen Osten und Westen wird sichtbar in dem Schisma der Synode von Serdica (342/43). Hier stehen sich die westliche Ein-Hypostasen-Lehre und die östliche Drei-Hypostasen-Lehre gegenüber. Serdica/Ost bezieht sich auf die sogenannte vierte antiochenische Formel, der Text geht in die Ἔκθεσις μακρόστιχος ein, mit der der Osten seine Position dem Westen vermitteln will. Die sirmischen Synoden reagieren auf das Problem der Zeit, sie überholen sich aber, sofern mit den Texten des Eunomius ein neues Problem gestellt ist.

2. Die Theologie des Ostens ist nach dem Erscheinen des Liber Apologeticus von der eunomianischen Fragestellung wesentlich beeinflußt.

3. In dieser Zeit wird der Text des Nizänum im Osten relevant. Der sogenannte Neunizänismus ist ein östliches Phänomen.

Da in Antiochien sämtliche Positionen des 4.Jahrhunderts zusammentreffen, wirkt sich jede Akzentuierung der Geschichte des 4.Jahrhunderts auf die

---

11 Von Homöern kann man eigentlich erst nach der Synode von Konstantinopel (360) sprechen. Die Synode von Seleukia (359) endet in einem Schisma, das zwar durch Personalfragen veranlaßt ist, aber die Differenzen zwischen Valens von Mursa und Basilius von Ancyra bereits deutlich macht. Zur Vorbereitung von Rimini/Seleukia hatten beide noch gemeinsam die vierte sirmische Formel geschrieben. Seleukia wird neben der Synode von Ancyra (358) die konstitutive Synode der Homöusianer.

Darstellung der Lokalgeschichte Antiochiens aus. Zwei Aspekte sollen hervorgehoben werden: 1. Der Gegensatz zwischen Westen und Osten führt in Antiochien zu der Trennung von den nach ihren Bischöfen genannten Gruppen der Meletianer und Eustathianer. 2. Der Neunizänismus wird greifbar in Kappadokien und Antiochien. Es bestehen Verbindungen zwischen Basilius von Cäsarea und Meletius bzw. den Meletianern. Nur infolgedessen ist es sinnvoll, am Beispiel der Person Theodorets nach der neunizänischen Tradition in Antiochien zu fragen.

Wo wird eine spezifisch antiochenische Tradition faßbar? Wenn Theodoret eine Kirchengeschichte schreibt, zeigt sich darin ein Selbstverständnis, das auf der Kontinuität der Kirche Antiochiens im 4. und 5.Jahrhundert beruht. Die Weise, in der Theodoret die Vorgänge im 4.Jahrhundert entwickelt, ist Position: In den Vordergrund stellt Theodoret mit ihrem Führer Athanasius die nizänische Partei. Theodoret berichtet, daß Eustathius in Nicäa die Ansprache an den Kaiser halte. Später gewinnt in der Darstellung eine Dreiergruppe Kontur: Athanasius, Marcell von Ancyra, Asklepius von Gaza. Den Fortgang der Ereignisse aber bestimmen, so Theodoret, die Machenschaften der Eusebianer, derenzufolge Eustathius verbannt werde und Athanasius sein erstes Exil antrete. Theodoret erwähnt die Synode in Antiochien 341 nicht, von Serdica/West (342/43) zitiert er den Synodaltext. In Antiochien führen Stephanus und Leontius die Gemeinde ihrem Untergang entgegen, Georgius wüte in Alexandrien, so die Darstellung Theodorets. Athanasius bitte, der Gemeinde, die diesen Häretikern nicht folge, in Antiochien eine Kirche zu überlassen. Die Synode in Mailand folge dem Antrag des Kaisers, Athanasius zu verbannen, nicht. Liberius zeige sich standhaft. Die Geschehnisse in Rimini werden dargestellt und durch das Urteil Athanasius' kommentiert.

Theodoret stellt die Ereignisse aus der Perspektive der westlichen Nizäner dar. Der Westen erscheint in der Kirchengeschichte Theodorets als der Ort kontinuierlicher Orthodoxie.[12] In der Aufreihung von Bischöfen in IV,30 nennt Theodoret neben Gregor von Nazianz, Gregor von Nyssa, Petrus, Amphilochius und Optimus von Pisidien aus dem Westen Ambrosius und Damasus. Berücksichtigt man die Auseinandersetzung zwischen Basilius von Cäsarea und Damasus von Rom, in der Basilius sich gegen Damasus für Meletius von Antiochien einsetzte, ist das wiederholte Zitieren der Synodalschreiben des Damasus in der Kirchengeschichte Theodorets ein auffälliger Befund.

Obwohl Theodoret die Partei der Homöusianer durchaus kennt und ihre Entstehung im Sinne einer Ausdifferenzierung der östlichen Position in der Zeit um Seleukia/Rimini darstellt, benutzt er den Begriff ὁμοιούσιος nicht. Da Theodoret nur zwischen ὁμοούσιος und ὅμοιος/ἀνόμοιος differenziert,

---

12 Theodoret, KG V,6.

werden Basilius von Ancyra, Eustathius von Sebaste, Silvanus von Tarsus und Eleusius von Kyzikus zu Streitern für das ὁμοούσιος.[13] Dieses Beispiel zeigt Theodorets Interpretation der historischen Vorgänge im Sinne einer Konfrontation von Homousianern und Homöern mit dem Ergebnis der Durchsetzung des Nizänum.

Im fünften Buch der Kirchengeschichte ist der Beurteilungsmaßstab nicht mehr das nizänische ὁμοούσιος, sondern dessen neunizänische Interpretation. In V,3 berichtet Theodoret, daß Flavian, als die Kirchengebäude denen, die in Gemeinschaft mit Damasus stehen, zurückgegeben werden sollen, sich im Unterschied zu Paulinus durch folgende Interpretation Damasianischer Orthodoxie ausweisen kann:

εἰ τὴν Δαμάσου, ὦ φιλότης, κοινωνίαν ἀσπάζῃ, ἐπίδειξον ἡμῖν τὴν τῶν δογμάτων συγγένειαν· ἐκεῖνος γὰρ μίαν τὴν τῆς τριάδος οὐσίαν ὁμολογῶν τὰς τρεῖς ὑποστάσεις διαρρήδην κηρύττει, σὺ δὲ ἄντικρυς τῶν ὑποστάσεων ἀναιρεῖς τὴν τριάδα.[14]

In diesem Text kommt die neunizänische Grundformel sowie die Differenz zwischen Meletianern und Eustathianern deutlich zum Ausdruck. Wessen Tradition verfolgt Theodoret in seiner Kirchengeschichte zurück? Als Alexander von Antiochien die Gemeinden der Eustathianer und Meletianern vereinigt, lebt Alexanders Gemeinde längst in neunizänischen Denkformen. Die in der Kirchengeschichte Theodorets[15] verarbeiteten Quellen zeigen, daß in An-

---

13 Theodoret, KG II,15-27.

14 Theodoret, KG V,3,281.5-8.

15 Die historischen Abhandlungen von Hilarius von Poitier und Athanasius sind Sammlungen von Synodalakten und Briefen, aus deren Zusammenstellung sich deutlich Intention und historischer Ort bestimmen lassen. Die verschiedenen Parteien veröffentlichten in Sammlungen das ihnen günstige Material. Inwieweit auch Kirchengeschichtsschreibung im 5.Jh. ähnlich verstanden werden muß, ist hier nicht zu entscheiden. Wie Parmentier gezeigt hat, sind gegenseitige Übereinstimmungen zwischen Socrates, Sozomenus und Theodoret auf die Benutzung derartiger Aktensammlungen zurückzuführen. (Siehe die Einleitung Parmentiers in: Theodoret, Kirchengeschichte, in: GCS, ed. L. Parmentier, Leipzig 1911, S.LXXIII-XCVII.) Offen ist, inwieweit sich die einzelnen Texte bestimmten Sammlungen zuordnen lassen und wie die Sammlungen identifiziert werden können. In bezug auf Theodoret ist in diesem Zusammenhang auf die These der Eustathianer-Bibliothek hinzuweisen. Tetz hat im Anschluß an M. Richard die Argumente für die These einer Eustathianer-Bibliothek zusammengestellt. (M. Tetz, Zur Theologie des Marcell von Ancyra I, in: ZKG 75 (1964), S.234ff.) Folgt also Theodoret einer eustathianischen Urkundensammlung? Die Ein- und Überleitungen zu den Quellen in Buch I der Kirchengeschichte Theodorets weisen auf einen antiochenischen Hintergrund hin. Die Nennung von Philogonius von Antiochien ist hier zu berücksichtigen. Die Erwähnung von Eustathius ist in I,3-5 konstitutiv für den Zusammenhang. In diesem Rahmen gehört die Überliefe-

tiochien neben der neunizänischen, d.h. hier neben der meletianischen Tradition die Tradition der westlichen Nizäner bzw. der Eustathianer wirksam ist.

Die antiochenische Tradition wird über einen bestimmten Kreis von Theologen definiert. Exemplarisch sind zu nennen: Euseb von Samosata, Acacius von Beröa, Flavian von Antiochien und Diodor von Tarsus. Es fällt auf, daß Eustathius zwar in den Antiochenischen Kalender aufgenommen wurde und von Chrysostomus eine Predigt zu dessen Gedenktag überliefert ist[16], aber die Antiochener sich in kontinuierlicher Folge auf Meletius zurückbeziehen lassen. Ihre Biographien weisen einen spezifischen Zusammenhang auf.

Euseb von Samosata erscheint einerseits eingebunden in den Freundeskreis des Basilius von Cäsarea, andererseits in das antiochenische Umfeld. Die Darstellung seiner Person in der Kirchengeschichte Theodorets[17] unterliegt einem deutlich hagiographischen Charakter. Seine Verbindung zu den Kappadokiern bleibt hier unerwähnt. In der Person Eusebs wird erstmals der Zusammenhang zwischen Antiochien und Kappadokien sichtbar. Euseb wirkt nach Gregor von Nazianz[18] auf die Ernennung von Basilius zum Bischof von Cäsarea hin. Den Briefen des Basilius ist zu entnehmen, daß Euseb den Ablösungsprozeß des Basilius von Eustathius von Sebaste, die Kontakte Basilius' zu Meletius und die Auseinandersetzung Basilius' mit Rom begleitet.[19] In Antiochien wirkt Euseb im Umfeld des Meletius[20], er nimmt an der Synode 363 in Antiochien teil[21], er setzt eine Reihe von Bischöfen ein. Diese Ordinationen Eusebs[22] stehen im Zusammenhang mit seiner Unterstützung für Basilius und Meletius.

Acacius wird durch Euseb von Samosata als Bischof von Beröa eingesetzt.[23] Acacius kommt aus dem Mönchtum. Er ist nach Theodoret Schüler

---

rung des Textes von Serdica/West durch Theodoret (KG II,8).

16 Johannes Chrysostomus, Laudatio in S.Eustathium Antiochenum.

17 Euseb wird in der Mönchsgeschichte Theodorets nicht erwähnt, Socrates nennt ihn nicht. Vgl. Sozomenus, KG IV,4.

18 Gregor von Nazianz, ep.42, vgl. weiter ep.44, 64-66.

19 Basilius von Cäsarea, ep.27, 30, 34, 48, 95, 98, 100, 127, 128, 136, 138, 141, 145, 162, 198, 237, 239, 241. Basilius setzt sich seinerseits für Euseb in der Situation der Verbannung ein, vgl. ep.168, 177, 181, 183.

20 Vgl. Theodoret, KG II,31f.

21 Socrates, KG III,25.

22 Euseb ordiniert Acacius von Beröa nach Theodoret, KG V,4, weiter Theodot von Hierapolis, Euseb von Chalkis, Isidor von Cyrus, Eulogius von Edessa, Maris von Doliche.

23 Theodoret, KG V,4, vgl. Sozomenus, KG VII,28.

von Asterius und gehört somit zu den Mönchen um Julian Sabas.[24] Über Acacius erhält Theodoret selbst Informationen und Zugänge zu den Asketen.[25] In den Rahmen des Mönchtums gehört die Schilderung Theodorets, daß Acacius sich für die Gemeinde, die Diodor und Flavian nach der Verbannung Meletius leiten, einsetze und sich bei Julian Sabas verwende.[26] Zusammen mit Diodor, so Theodoret, setze Acacius Flavian als Nachfolger von Meletius ein.[27] Als Gesandter in Rom bewirke er dort die Anerkennung Flavians.[28] Festzuhalten ist die Herkunft Acacius' aus dem Mönchtum sowie seine Verbindung mit der meletianischen Gemeinde.[29] Diese Verbindung wird im Zusammenhang mit Diodor und Flavian genannt.

Acacius von Beröa ordiniert *Flavian* als Nachfolger von Meletius. Mit der Person Flavians ist infolgedessen als Nachfolger von Meletius die Fortführung des Antiochenischen Schismas verbunden.[30] Bekannt aus seiner Zeit als Bischof ist allerdings lediglich, daß Flavian nach den Vorfällen um die Zerstörung der Statuen gegenüber Kaiser Theodosius für die Stadt Antiochien eintrat.[31] Chrysostomus gibt seine Rede wieder[32], Johannes von Damaskus zitiert diese.[33] In den Nachrichten aus früherer Zeit erscheint Flavian durchaus in die theologische Auseinandersetzung verwickelt. Zu erwähnen ist hier die Notiz über die Distanzierung zwischen Flavian und Vitalius.[34] In Theodoret, Kirchengeschichte V,3 ist es Flavian, der die Differenzen zwischen den verschiedenen Kirchen Antiochiens zur Sprache bringt. Flavian leitet zusammen mit Diodor während des Exils von Meletius dessen Gemeinde.[35] In die-

---

24 Theodoret, hm.2,9.

25 Theodoret, hm.4,7,vgl. 21,10.

26 Theodoret, KG 4,27, hm. 2.16-18.

27 Sozomenus, KG VII,11.

28 Sozomenus, KG VIII,3; Theodoret, KG V,23.

29 Auf das Problem, welche Bedeutung hier im Blick auf traditionsgeschichtliche Zusammenhänge das Hinwirken Acacius' auf die Absetzung von Chrysostomus hat, sei hingewiesen. Vgl. Socrates, KG VI,18, Sozomenus, KG VIII,20. Daß Epiphanius sein Panarion diesem Acacius widmet, scheint m.E. unter Berücksichtigung der antiochenischen Vorgänge unwahrscheinlich. Während Acacius sich für Flavian einsetzt, begleitet Epiphanius zusammen mit Hieronymus Paulinus nach Rom. Anders: Krüger, Acacius von Beröa, in: ³RE 1 (1896), S.124f.

30 Socrates, KG V,9,10, vgl. V,5,15; Sozomenus, KG VII,11, Theodoret KG V,24.

31 Sozomenus, KG VII,23.

32 Johannes Chrysostomus, De statuis III,47ff.

33 Johannes von Damascus, Oratio pro sacris imaginibus III,1400.

34 Sozomenus, KG VI,25.

35 Theodoret, KG IV,25,27.

sem Zusammenhang werden liturgische Neuerungen genannt.[36] In den Berichten werden monastische Bezüge sichtbar.[37]

Diodor wird durch Meletius in den kirchlichen Dienst aufgenommen.[38] Über das Diakonat Flavians ist nichts bekannt. Die kirchliche Einbindung Flavians und Diodors ist durch die Einbindung in die meletianische Partei bestimmt. Diodor tauscht seine Schriften mit Basilius aus.[39] Chrysostomus schreibt eine laus Diodori und nennt hier Diodor: ὁ σοφὸς οὗτος καὶ γενναῖος διδάσκαλος.[40] Diodor wird monastischer Lehrer von Johannes Chrysostomus und Theodor von Mopsuestia.[41]

Diesen biographischen Notizen ist die meletianische Kontinuität unter den antiochenischen Theologen deutlich zu entnehmen.

Sieht man von Meletius als der integrierenden Persönlichkeit dieser Gruppe ab, ist das Entstehen dieser Gruppe nicht zu klären. Neben den Bezügen auf Meletius, seine Gemeinde, auf die Kappadokier und den asketischen Hintergrund sind nur wenige Nachrichten über die Herkunft dieser Gruppe überliefert. Offen ist die Bedeutung und Einflußnahme der Eustathianer.

Basilius[42] und Barhadbeshabba[43] nennen Silvanus von Tarsus als den Lehrer Diodors. Diodor käme damit, folgt man diesen Kategroien, von der homöusianischen Theologie her. Er schließe sich, so Barhadbeshabba, später Flavian an. Nur durch Philostorgius[44] sind Nachrichten über die Frühzeit Flavians überliefert. Nach Philostorgius führen Differenzen zwischen Leontius und Flavian bzw. Paulinus zu der Absetzung von Flavian und Paulinus. Beide erscheinen als Anhänger von Eustathius. Wie ist die Eustathius-Anhängerschaft zu bewerten? Weitere Bezüge auf Eustathius schimmern einzig in der Person des Chrysostomus durch. Socrates berichtet von der Einsetzung Chrysostomus' zum Diakon durch Meletius, zuvor habe Chrysostomus sich Diodor angeschlossen. Diese Reihe wirkt wahrscheinlich. Nach Socrates

---

36 Theodoret, KG II,24.
37 Theodoret, hm.2,16, 3,11, 8,6-8, 13,4.
38 Socrates, KG VI,3, Theodoret, KG V,3.
39 Basilius, ep.135.
40 Johannes Chrysostomus, laus diodori episcopi, 761. Weitere biographische Hinweise enthält die Rede nicht. Barhadbeshabba zitiert aus dieser Rede. Er benutzt insgesamt Quellen, die auch heute zur Verfügung stehen, z.B. Basilius, ep.135.
41 Socrates, KG VI,3; Theodoret, KG IV,41.
42 Basilius, ep.244.
43 Der Ausschnitt aus der Kirchengeschichte Barhadbeshabbas, der die Vita Diodors enthält, ist zitiert und übersetzt in: R. Abramowski, Untersuchungen zu Diodor von Tarsus, in: ZNW 30 (1931), S.234-287.
44 Philostorgius, KG III,18 (48.9-14).

kommt es dann aber zu einer zunehmenden Distanzierung, so daß schließlich Euagrius, der Nachfolger von Paulinus, Chrysostomus zum Presbyter einsetzt. Nach Palladius hatte dieses Amt Flavian.[45] Die Homilie Chrysostomus *sermo cum presbyter fuit ordinatus*[46] führt hier nicht weiter. Socrates bietet in diesem Fall die lectio difficilior.

Aber auch wenn Chrysostomus der einzige antiochenische Theologe mit einer Verbindung zu den Eustathianern wäre, würde dies den Befund nicht wesentlich verändern. Die Quellen aus dem 5.Jahrhundert vermitteln noch deutlich den Eindruck, daß es sich in den Antiochenern ausschließlich um Meletianer handelt. Im 5.Jahrhundert nahm man, wie die Laudatio des Chrysostomus auf Eustathius zeigt[47], die eustathianische Tradition nicht mehr als eine Sondertradition wahr. Wenn aber keiner der Antiochener aus der Gruppe der Eustathianer kommt, kann es sich nicht um eine bruchlose Kontinuität gehandelt haben. Wie verhalten sich die Gruppen der Eustathianer und Meletianer zueinander?

Die eustathianische Tradition. Zu der Person des Eustathius sind nur wenige biographische Daten überliefert. Eustathius war Bischof von Beröa.[48] Er nimmt an der Synode in Nicäa 325[49] teil und ist zu dieser Zeit Bischof in Antiochien. Kurze Zeit später wird er abgesetzt.[50] Er stirbt in der Verbannung[51] in Thrakien[52]. Die Wirksamkeit Eustathius' in Antiochien umfaßt somit nur wenige Jahre.

---

45 Palladius, Dialogus de vita S.Joannes Chrysostomi, V.18,19, vgl. Vita S. Chrysostomi nunc prima ordinata,100.

46 PG48, 693-700, Johannes Chrysostomus nennt keine Namen, die Zuschreibung der Ordination bleibt unsicher. Anders Loofs in: Flavianus von Antiochien, in: ³RE 6 (1899), (S.93-95) S.93.

47 Chrysostomus interpretiert in diesem Text das Verhältnis zwischen Eustathius und Meletius als ein solches von ausgesprochener Kontinuität. Er verwendet das Bild von Mose und Aaron und notiert, Eustathius habe seine Gemeinde nicht eher verlassen, als daß in Meletius deren neuer Hirte aufgetreten war. Chrysostomus, Laudatio in S.Eustathium Antiochenum, 605.

48 Sozomenus, KG I,3, Hieronymus, vir.ill. 85,692.

49 Theodoret, KG I,7, Sozomenus, KG I,18.

50 Theodoret, KG I,21, Sozomenus, KG II,19, Socrates, KG I,24, Philostorgius KG II,6. In den genannten Belegen wird der Hinweis, daß durchaus äußere Gründe diese Absetzung veranlaßten, deutlich ausgesprochen. Vgl. hierzu: H. Chadwick, The Fall of Eustathius of Antioch, in: JThS 49 (1948), S.27-35.

51 Sokrates, KG IV,14.

52 Johannes Chrysostomus, Laudatio in S.Eustathium Antiochenum, 600; Hieronymus, vir.ill. 85,692. Man hat lange angenommen, Eustathius sei um 337 gestorben. Sicherheit ist hier nicht zu gewinnen. Immer wieder führt allerdings der Versuch, bestimmte Texte Eustathius zuzuschreiben (Sermo maior de fide, Fragmente aus der Schrift gegen Photin), zu einer entsprechend späteren Ansetzung

Über die Theologie des Eustathius bieten die antiken Historiker folgende Nachrichten. 1. In der Auseinandersetzung mit Euseb von Cäsarea falle Eustathius in den Verdacht des Sabellianismus.[53] 2. Eustathius gehöre zu den Gegnern des Origenes.[54] 3. Er sei einer der "Makedonier".[55] Der letzte Vorwurf ist anachronistisch, wenn man von einer Wirksamkeit Eustathius' in den Jahren um Nicäa ausgeht. Athanasius beispielsweise formuliert 362 im Tomos ad Antiochenos die Suffizienz des Nicänum unter der ausdrücklichen Einbeziehung des Geistes. In Nicäa selbst war der Geist kein Thema. Die Fragmente von Eustathius zeigen deutlich, daß die Bestimmung des Geistes noch ungeklärt ist und fügen sich somit in die Zeit um Nicäa ein.

Der Begriff Pneuma ist nach Eustathius Ausdruck der göttlichen Natur: σύνθρονος ἀποδέδεικται τῷ θειοτάτῳ Πνεύματι διὰ τὸν οἰκοῦντα Θεὸν ἐν αὐτῷ διηνεκῶς.[56] Bezeichnend ist die Redeweise vom Geist Christi.[57] Während Eustathius in Fr.27 durchaus über die Gottheit des Sohnes spricht, hat der Begriff des Geistes seinen systematischen Ort an der Stelle, wo Eustathius die Gottheit des Sohnes als Pneuma Christi in die Relation zum Menschen in Christus setzt. Die Begrifflichkeit des Geistes erscheint als ein Zwischenglied, das es ermöglicht, Gottheit in Beziehung zu Menschheit unter Beibehaltung der Naturendifferenz in Christus auszusagen. Eustathius macht sich dabei die sprachlichen Mittel des Bedeutungsfeldes πνεῦμα, σοφία, δύναμις zueigen. Ζῇ γὰρ ἐκ δυνάμεως Θεοῦ, τῷ θείῳ Πνεύματι δηλονότι συνδιαιτώμενος ὁ ἄνθρωπος.[58] Eustathius kann den Geist als innere Größe im menschgewordenen Christus darstellen. Τὸ μὲν σῶμα μετάρσιον ἐσταυροῦτο, τὸ δὲ Θεῖον τῆς Σοφίας Πνεῦμα καὶ τοῦ σώματος εἴσω διῃτᾶτο.[59] Der damit in den Fragmenten zum Ausdruck kommende Versuch des Eustathius, die Einheit von Gottheit und Menschheit in Christus als pneumatische Einheit zu beschreiben, wäre weiter zu interpretieren.

Der Origenismus-Hinweis führt ebensowenig zu einer Bestimmung der Position des Eustathius wie die Makedonier-Deutung. Es bleibt der Hinweis auf einen Sabellianismus des Eustathius. Die Identifikation des Gegners mit

---

seines Todes. R. Lorenz, Die Eustathius von Antiochien zugeschriebene Schrift gegen Photin, in: ZNW 71 (1980), S.108-128; F. Scheidweiler, Ein Glaubensbekenntnis des Eustathius von Antiochien, in: ZNW 44 (1952/53), S.237-249; E. Schwartz, Der s. g. Sermo maior de fide des Athanasius, (SBAW 1924/6) München 1925.

53 Sozomenus, KG II,18, Socrates, I,24.
54 Socrates, KG VI,13.
55 Socrates, KG III,10.
56 Eustathius, Fr.9, S.98.29f.
57 Eustathius, Fr.27, S.103.28: ἀπαθὲς δέδεικται τὸ Θεῖον τοῦ Χριστοῦ Πνεῦμα.
58 Eustathius, Fr.29, S.104.3f.
59 Eustathius, Fr.30, S.104.9f.

einem Häretiker par excellence ist ein bekanntes Mittel der Auseinandersetzung. Mit dem Prädikat Sabellianer belegt wird zunächst Marcell von Ancyra, und zwar durch Euseb von Cäsarea, später wird in dengleichen Zusammenhang der Begriff ὁμοούσιος in der Bedeutung der Ein-Hypostasen-Lehre eingeordnet. Auf der Kirchweihsynode in Antiochien 341 werden Paul von Samosata, Sabellius und Marcell in einen Zusammenhang gestellt. Die Ἔκθεσις μακρόστιχος spricht im 7. Anathematismus die Verurteilung der Sabellianer aus. Sie richtet sich gegen solche, die die Selbigkeit von Vater, Sohn und Geist behaupten. Die Synode von Ancyra (358) nennt zwar nicht mehr Sabellius, aber lehnt das ὁμοούσιος, verstanden als ταυτοούσιος, ab (XIX.). Sabellianismus wird in den östlichen Synoden mit einer Identifikationstheologie gleichgesetzt. Seine Verurteilung gehört in die sich konstituierende Theologie des Ostens der 40er Jahre, die gegenüber dem Westen die hypostatische Eigenständigkeit der zweiten Person entwickelt.

Der Sabellianismus-Vorwurf ist Element der Auseinandersetzung um die Ein- bzw. Drei-Hypostasen-Lehre und ordnet somit Eustathius als Vertreter einer Identifikationstheologie bzw. als Rezipient des ὁμοούσιος im Sinne der μία ὑπόστασις in die Debatte in Antiochien ein. Es liegen hier deutliche Übertragungen der eustathianischen Position auf Eustathius vor.

Die Wirksamkeit des Eustathius in Antiochien in der Zeit um Nicäa steht fest. Daß der Begriff ὁμοούσιος in den Fragmenten nicht auftaucht, ist kein Zufall, da man erst in den 50er Jahren auf den Begriff zurückgreift. Daß Theodoret Athanasius einen Mitstreiter von Eustathius nennt[60], gehört in die Kirchengeschichtsschreibung des 5.Jahrhunderts. Hieronymus kennzeichnet das Wirken des Eustathius mit κατὰ τοῦ δόγματος τῶν Ἀρειανῶν πολλὰ συντάξας.[61] Chrysostomus spricht von einem Arzt, der eine Krankheit heilt.[62] Eustathius steht in Auseinandersetzung mit arianischem Denken, wie den überlieferten Fragmenten zu entnehmen ist. Die Unterscheidung der Naturen[63] - Eustathius benutzt den Begriff nicht - in der Christologie ist antiarianisch gewendet[64] und formuliert gegenüber den Arianern die Bedingung, unter der die Beibehaltung der Gottesprädikation bezogen auf den Logos bzw. den Sohn möglich ist.[65] Der Sohn sei gemäß der φύσις Gott, er sei aus Gott gezeugt.[66]

---

60 Theodoret, KG I,8.
61 Hieronymus, vir.ill. 85,692.
62 Chrysostomus, Laudatio in S.Eustathium Antiochenum, 602.
63 Vgl. Eustathius, Fr. 24,25,28,50,57.
64 Eustathius, Fr.41, S.108,15ff.
65 Siehe besonders: Eustathius, Fr.18,19.
66 Eustathius, Fr.19,33,35.

In Fr.38 fällt der Begriff der *una hypostasis*. Dies bedeutet nicht, daß Eustathius die Unterscheidung bzw. Gleichsetzung von οὐσία und ὑπόστασις kennt. Wie in Fr.27 leitet Eustathius auch in Fr.38 das göttliche Wesen des Sohnes in der Darstellung der Wirkeinheit von Vater und Sohn ab. Während in Fr.27 bestimmte göttliche Prädikate des Logos Thema sind, formuliert Eustathius in Fr.38 das eine Wesen von Vater und Sohn. Entsprechungen finden sich in Fr.87: μιᾶς οὔσης τῆς τῶν ἀμφοτέρων προσώπων θεότητος.[67]

Eustathius reflektiert somit nicht die hypostatische Selbständigkeit des Sohnes. Er bezieht sich weder zustimmend noch ablehnend auf dieses Thema. Eustathius geht von dem Begriff göttlicher Natur[68] aus und wendet ihn auf die Christologie an. Es handelt sich um einen in bestimmter Weise qualifizierten φύσις-Begriff, den Eustathius aber nicht im Sinne einer trinitarischen Verhältnisbestimmung weiterführt. Fr.38 und 87 können als Ansätze auf diesem Weg interpretiert werden. Daneben beschreibt Eustathius das Verhältnis von Vater und Sohn weiterhin mit dem Begriff des "Bildes". Der Logos ist *imago divinae substantiae*.[69] Eustathius greift auf Bekanntes zurück.

Der damit in den Fragmenten des Eustathius sichtbar gewordene Stand der Diskussion[70] macht eine Unterscheidung zwischen Eustathius und den Eustathianern unumgänglich.[71] Der Bericht des Philostorgius von einer Verbindung Flavians mit Eustathius ist unter dieser Voraussetzung möglich und zu verstehen. Die Auseinandersetzung des Eustathius mit den Arianern konnte auf unterschiedliche Weise weitergeführt werden.

Die Eustathianer um Paulinus stehen in Gemeinschaft mit Athanasius, Hieronymus, Epiphanius und Damasus, d.h. sie haben Kontakte zu den westlichen Nizänern. Die Position der Eustathianer ist im *Tomos ad Antiochenos*[72] belegt. Der Tomos ad Antiochenos ist das Schreiben der Synode, die

---

67 Eustathius, Fr.87, S.129.25f.
68 Eustathius, Fr.1.
69 Eustathius, Fr.44, S.109.8.
70 Das aus den Fragmenten gewonnene Bild macht gegen Lorenz (a.a.O.) eine Zuschreibung der Fragmente aus der Schrift gegen Photin unwahrscheinlich. Hält man sich die Differenzierung innerhalb der kappadokischen Trinitätslehre vor Augen, sind die Übereinstimmungen mit Gregor von Nyssa allzu auffällig und wären weiter zu untersuchen. Ginge man von der Verfasserschaft des Eustathius für die Fragmente aus, hätte dies erhebliche Konsequenzen für das Problem der Anfänge des Neunizänismus.
71 Man kann überlegen, aus diesem Grund den Terminus "Paulinianer" einzuführen und die Eustathianer nach dem Nachfolger von Eustathius - Paulinus - , mit dem das Schisma begann, zu benennen.
72 Tom.Ant.796-809.

Athanasius 362 nach Alexandrien einberief. In diesem Schreiben geht es um die kirchliche Gemeinschaft von zwei Gruppen in Antiochien. Die eine Gruppe (die Meletianer) wünsche, so das Schreiben, mit einer anderen Gruppe (den Eustathianern) in Gemeinschaft zu treten. Nur mit der letzteren hat Athanasius Gemeinschaft, sie wird im Tomos unmittelbar angesprochen. Athanasius formuliert die Friedensbedingungen: Anathematisierung der Arianer, Anerkennung des Nizänum und der Gottheit des Heiligen Geistes. Wenn der Tomos damit zunächst Beleg dafür ist, wie sich das Bild von Orthodoxie und Häresie verfestigt und wie dieses auf die kirchliche Kontroverse angewendet werden kann, so ist deutlich, daß die genannten Punkte nicht zur Debatte stehen. Das Problem ist ihre Suffizienz bzw. ihre systematische Interpretation auf beiden Seiten.

In Absatz 5[73] arbeitet Athanasius mit einer eigenen Interpretation von Serdica/West, die den Verzicht auf Serdica als Präzision gegenüber Nicäa bedeutet. Die Eustathianer beziehen sich auf Serdica[74]. Sie sehen gerade in dem Begriff der $\mu i\alpha$ $\dot{\nu}\pi\dot{o}\sigma\tau\alpha\sigma\iota\varsigma$[75] ihre Intention gewährleistet, die Selbigkeit der Natur von Vater und Sohn bzw. die $\mu i\alpha$ $\theta\epsilon\dot{o}\tau\eta\varsigma$ zum Ausdruck zu bringen. Die Eustathianer grenzen sich hierin von einer Drei-Hypostasen-Lehre ab. Die Stärke der Ein-Hypostasen-Lehre, in der Selbigkeit der Natur ($\tau\alpha\upsilon\tau\dot{o}\tau\eta\varsigma$ $\tau\hat{\eta}\varsigma$ $\phi\dot{\upsilon}\sigma\epsilon\omega\varsigma$) die Gottheit von Vater, Sohn, Geist zu begründen, entspricht der Grundintention des Eustathius. Die Anerkennung des Nizänum sowie dessen Interpretation im Sinne der Ein-Hypostasen-Lehre sind die Weiterführungen der paulinianischen Gemeinde.

Die Absonderung der paulinianischen Gemeinde erfolgte sehr viel früher als die der meletianischen Gemeinde, zu einer Zeit, in der Bischof Leontius durchaus die verschiedenen Strömungen der antiochenischen Kirche zusammenhalten konnte. Die genauen Umstände bleiben im dunkeln. Macht man theologische Gegensätze verantwortlich, so ist auf die genannten Punkte zu verweisen: die Aufnahme des Nizänum im Sinne der Ein-Hypostasen-Lehre verbunden mit einer Unterscheidungschristologie. Wenn es sich hier um Entwicklungen handelt, die sicher vor 362 (Tomos ad Antiochenos) abgeschlossen sind, bleibt der genaue Zeitpunkt der Absonderung wie der ausdrücklichen Rückbeziehung auf das Nizänum unklar. Das Skandalon des Antiochenischen Schismas wird üblicherweise in der Spaltung der nizänischen, d.h. orthodoxen Gemeinde gesehen. Historisch ist damit die Suffizienz des Nizänum bestritten. Die Differenzen bestehen in der Ein- bzw. Drei-Hypostasen-

---

73 Tom.Ant.800C.
74 Theodoret, KG II,8.37-52.
75 Tom.Ant.801C.

Lehre. Daß beide Ansätze nicht vereinbar waren, zeigt die Person des Paulinus, des Nachfolgers von Eustathius.

Die meletianische bzw. neunizänische Tradition in Antiochien. Die Eustathianer sehen sich mit einer zweiten nizänischen Partei konfrontiert. Mit dieser Partei, den Meletianern, entsteht in Antiochien eine Konstellation, welche die theologische Situation nachhaltig kennzeichnet. Antiochien steht jetzt in Verbindung mit Athanasius, den westlichen Nizänern und den Kappadokiern. Die theologische Debatte beinhaltet nichts anderes als das Grundproblem der Zeit: Die westlichen Nizäner treffen auf den östlichen Nizänismus bzw. den entstehenden Neunizänismus. Der Tomos ad Antiochenos ist 362 die erste Reaktion auf die Partei der Meletianer. Die Empfehlungen des Athanasius beziehen sich auf eine noch junge und sich etablierende Partei. Meletius wird 360 ordiniert und wenig später abgesetzt.[76] Die Anfänge der meletianischen Partei können somit frühestens in das Jahr 360 datiert werden.

Der Tomos ad Antiochenos ist also ein Dokument aus der Frühzeit der meletianischen Partei. Er protokolliert die Zustimmung der Meletianer zum Nizänum sowie ihre Drei-Hypostasen-Lehre. Nach der Abgrenzung von einem möglicherweise mit der Drei-Hypostasen-Lehre implizierten Polytheismus bzw. einer arianischen Subordination werden nacheinander die Dreiheit und Einheit von Vater, Sohn und Geist dargestellt:

ἀλλ' εἰδέναι ἁγίαν μὲν Τριάδα, μίαν δὲ θεότητα, καὶ μίαν ἀρχήν, καὶ Ὑιὸν μὲν ὁμοούσιον τῷ Πατρὶ, ὡς εἶπον οἱ Πατέρες, τὸ δὲ ἅγιον Πνεῦμα, οὐ κτίσμα, οὐδὲ ξένον, ἀλλ' ἴδιον καὶ ἀδιαίρετον τῆς οὐσίας τοῦ Ὑιοῦ καὶ τοῦ Πατρός[77].

Den drei Hypostasen werden die μία θεότης, die μία ἀρχή, das ὁμοούσιος des Sohnes mit dem Vater gegenübergestellt. Der Begriff οὐσία wird erst im Zusammenhang mit der Zuordnung des Geistes zu Vater und Sohn eingeführt. Brennecke[78] identifiziert genau diese Aussagen mit dem Ansatz neunizänischer Trinitätslehre.[79] Entstand also in Antiochien der Neunizänismus? Basilius von Cäsarea beispielsweise kennt um diese Zeit die neunizänische Unterscheidung zwischen Usie und Hypostase nicht. Bereits antike Autoren verbinden deutlich die neunizänische Terminologie mit Meletius bzw. den

---

76 Theodoret, KG II,31, Socrates, KG II,44, Sozomenus, KG IV,28, Philostorgius, KG V,1 (67.2ff),4.
77 Tom.Ant.801B.
78 H.C. Brennecke, Anfänge des Neunizänismus, a.a.O.
79 Brennecke fußt dabei auf: L.Abramowski, Trinitarische und christologische Hypostasenformeln, in: ThPh 54 (1970), S.41ff.

Meletianern - z.B. Epiphanius und Theodoret.[80] Diese Einordnung ist an den meletianischen Quellen zu verifizieren.
Die Herkunft Meletius' aus homöischen Kreisen kann als gesichert gelten.[81] 1. Nach Socrates[82] nimmt Meletius an der Synode in Seleukia (359) teil und unterschreibt die acacianischen Beschlüsse.[83] 2. Seine Ernennung zum Bischof von Antiochien steht - Philostorgius berichtet dies[84]- im Zusammenhang mit Amtsenthebungen und Neuernennungen durch die Homöer. Opfer waren die Homöusianer, zu denen Meletius sicher nicht gehörte. 3. Die bei Epiphanius[85] überlieferte Predigt des Meletius geht über die homöische Position nicht hinaus: Dem Sohn komme selbständige Existenz zu,

---

80 Theodoret nennt die Gemeinde um Meletius οἱ τὴν μίαν τῆς τριάδος θείαν οὐσίαν πρεσβεύοντες, hm.II,15, I,228,14f. Vgl. die Darlegung Flavians in KG V,3.
Epiphanius zitiert die Antrittspredigt von Meletius, seine eigenen Ausführungen in diesem Rahmen sind von einem späteren Bild geprägt. Er schreibt: καὶ ἀφ᾽ ὧν νυνὶ οἱ ὑπ᾽ αὐτὸν ἐν Ἀντιοχείᾳ ὁμολογοῦσιν, οὐκέτι ὅλως οὔτε ἐν παραδρομῇ μεμνημένοι κτίσματος ὀνόματος, ἀλλ᾽ ὁμοούσιος ὁμολογοῦντες Πατέρα, καὶ Υἱὸν, καὶ ἅγιον Πνεῦμα, τρεῖς ὑποστάσεις, μίαν οὐσίαν, μίαν θεότητα. Adv. Haer. LXXIII,35,PG42,467A.
81 Siehe hierzu neuerdings: Brennecke, Homöer, a.a.O. S.66-81. Von einer homöischen Herkunft geht bereits F. Loofs aus: F. Loofs, Meletius von Antiochien, in: ³RE 12, 1905, 552-558. Siehe auch: É. Amann, Mélece d' Antioche, in: DThC 10,1 (1928), Sp.520-531. Anders z.B. L. Abramowski, a.a.O., S.41ff.
82 Socrates, KG II,44,356C-357A: Γενόμενος δὲ ἐν τῇ κατὰ Σελεύκειαν συνόδῳ, καὶ τῇ πίστει τῶν περὶ Ἀκάκιον ὑπογράψας, ὡς εἶχεν ἐπὶ τὴν Βέροιαν ἀνεχώρησε.
83 So bereits Loofs, a.a.O. S.553.21-26.
Brennecke schreibt: "Eine Beurteilung des theologischen Standortes des Meletius im Jahre 360 kann nur von folgenden als sicher geltenden Fakten ausgehen: a) Seine Unterschrift zu den Beschlüssen von Konstantinopel ist ebenso bezeugt wie seine Gegnerschaft zu den Homöusianern." (Brennecke, Homöer, a.a.O. S.71), ohne allerdings eine Quelle anzugeben. Das Chronicon Paschale notiert zu dem Jahr 360 und der Synode von Konstantinopel eine Liste von Namen, Meletius wird hier nicht genannt. (Chronicon paschale 736f.)
Zu interpretieren ist in diesem Zusammenhang der Satz des Philostorgius: ὁ δὲ Μελέτιος τὰ μὲν πρῶτα τῇ τοῦ βασιλέως ῥοπῇ θεραπεύων τὸ ἑτεροούσιον ὑπεκρίνετο καὶ τῷ τόμῳ τῶν Ἑσπερίων ὑπέγραψεν· (Philostorgius, KG V,1, 67.3-5). Loofs bezieht diesen Satz auf eine Unterschrift des Meletius unter den Text von Nike, den allerdings auch die Homöusianer unterschrieben.
84 Philostorgius KG V.1
85 Epiphanius, Adv.Haeres. LXXIII,29-32,PG42,457-465.

er sei γέννημα ὅμοιος τε τοῦ Πατρός, bzw. ὅμοιός ἐστιν ὁ Υἱὸς τῷ Πατρί.[86] Der Weg zum neunizänischen Ansatz ist hier nicht angedeutet.

Nachdem Kaiser Julian Meletius die Rückkehr ermöglichte, beruft Meletius 363 eine Synode in Antiochien ein. Das Synodalschreiben an Kaiser Jovian ist erhalten.[87] Es enthält die Anerkennung des Nizänum und eine Erläuterung des Begriffs ὁμοούσιος: σημαινούσης ὅτι ἐκ τῆς οὐσίας τοῦ Πατρὸς ὁ Υἱὸς ἐγεννήθη, καὶ ὅτι ὅμοιος κατ᾽ οὐσίαν τῷ Πατρί.[88] Die neunizänische Terminologie liegt auch hier nicht vor. Es handelt sich um eine homöusianische Erklärung des Nizänum (ὅμοιος κατ᾽ οὐσίαν) in einem homöisch dominierten Kreis von Theologen. Die homöische Herkunft des Meletius, die homöusianische Erklärung des Homousios sowie die Verbindungen des Meletianers Diodor mit Homöusianern legen es nahe, die Zuordnung zu den östlichen Parteien nicht überzubewerten. Die Differenzierung zwischen verschiedenen Parteien ist ein historisches Modell, das die Vorgänge des 4.Jahrhunderts erklären will. Sind die Meletianer in diesem Sinn eine einheitliche Partei? Wenn man sich gegen eine solche Beschreibung entscheidet, bedeutet das nicht, daß in diesem Kreis homöische, homöusianische und schließlich homousische Erklärungen austauschbar sind, sicher aber, daß die Einordnung in eine der in den sechziger Jahren sich konstituierenden Parteien allein den meletianischen Kreis nicht erklärt.

Der Synodalbrief an Kaiser Jovian ist der Beleg für die Aufnahme des Nizänum in einem bestimmten Kreis von Homöern. Die Entwicklungen in den verschiedenen östlichen Parteien[89] verlaufen parallel. Was von der Ein- bzw. Drei-Hypostasen-Lehre in keiner Weise gilt, nämlich daß aufgrund einer Grundübereinstimmung geprägte Terminologie wechselseitig benutzbar wird, zeigt eine prinzipielle Nähe zwischen Homöern und Homöusianern. Wie die homöische Synode 363 in Antiochien erkennt auch die homöusianische Delegation in Rom das Nizänum an. In den frühen sechziger Jahren wird der Text des Nizänum im Osten relevant. Es kommt zu einer Ausdifferenzierung der Positionen an der Frage der Anerkennung des Nizänum.

Zu Meletius und den Meletianern liegen drei Quellen vor: 1. die Predigt des Meletius über Prov.8,22, 2. der Tomos ad Antiochenos, 3. das Synodalschreiben an Kaiser Jovian. Die bisher aufgezeigte Entwicklung macht es wahrscheinlich, daß auch im Tomos ad Antiochenos die Meletianer als ein homöischer Kreis erscheinen, der unter Beibehaltung der Drei-Hypostasen-Lehre den Begriff ὁμοούσιος zur Beschreibung der trinitarischen Einheit hin-

---

86 Epiphanius, Adv.Haeres. LXXIII,30,PG42,461A,D.
87 Sozomenus, KG VI.4,1304; Socrates, KG III,25,452-56.
88 Socrates, KG III,25,453B.
89 W. Löhr, a.a.O. S.156f.

zuzieht. Dann aber beinhaltet auch der Text des Tomos ad Antiochenos keinen Beleg für die neunizänische Theologie der Meletianer. Die Entscheidung, ob es sich in diesem Text der Sache nach um neunizänische Formulierungen handelt, hängt an der Definition von neunizänischen Grundkonstanten. Zu nennen ist hier erstens die Differenzierung zwischen οὐσία und ὑπόστασις und zweitens die aufgrund dieser Unterscheidung gewonnene Möglichkeit, die Hypostasen nicht mehr subordinatianisch zu verstehen. Auf diesen beiden Grundelementen basiert die spätere Trinitätslehre von Basilius von Cäsarea.

Der Tomos ad Antiochenos formuliert nicht die unmittelbare Gegenüberstellung von Usie und Hypostasen. Die systematische Verarbeitung dieser Struktur ist dem Tomos nicht explizit zu entnehmen. Die Verwendung von ὁμοούσιος macht vielmehr evident, daß zwei Argumentationen zusammengearbeitet sind: die Drei-Hypostasen-Lehre und der Begriff ὁμοούσιος. Trotzdem benutzt der Tomos die Begriffe οὐσία und ὑπόστασις nicht identisch. Der Geist wird der οὐσία von Vater und Sohn zugeordnet. Daß mit οὐσία hier keine ὑπόστασις gemeint ist, ist deutlich. Der Vergleich mit den bei Epiphanius[90] erhaltenen homöusianischen Quellen aber zeigt, daß das Neue in dem im Tomos überlieferten meletianischen Abschnitt in der Zusammenstellung der Drei-Hypostasen-Lehre mit dem nizänischen ὁμοούσιος liegt. Auch die homöusianische Begrifflichkeit kennt letztlich eine Unterscheidung zwischen οὐσία/ὑπόστασις. Ὅμοιος κατ᾽ οὐσίαν ist nicht im Sinne hypostatischer Ähnlichkeit zu verstehen. Der Tomos stellt den entscheidenden Schritt auf den Neunizänismus nur insofern dar, als der Neunizänismus die hier vollzogene östliche Rezeption des Nizänum notwendig voraussetzt.

Der Beleg für den Neunizänismus in Antiochien sind die Briefe des Basilius von Cäsarea. In den frühen sechziger Jahren kennt Basilius die Differenzierung zwischen οὐσία/ὑπόστασις nicht. In Contra Eunomium argumentiert er mithilfe sprachtheoretischer Überlegungen. Den Begriff der Hypostase benutzt Basilius hier nicht, offensichtlich steht ihm die genannte Unterscheidung nicht zur Verfügung. Wenige Jahre später findet sich die ausformulierte neunizänische Trinitätslehre bei Basilius.[91] In dieser Zeit steht Basilius mit Meletius in Kontakt und Briefwechsel. Die Fülle der Briefe an Euseb von Samosata wie an Meletius sind Dokumente eines Austausches, in dem aber die Mitteilung eigener theologischer Grundansichten überflüssig bzw. als bekannt vorauszusetzen ist.

Anlaß zu Klärungsbedarf besteht demgegenüber in den vielfältigen Auseinandersetzungen, in die Basilius verwickelt ist. Unter den Mönchen am Ölberg in Jerusalem herrscht Dissens, Basilius wird angegriffen, so ep. 258.

---

90 Epiphanius, Adv. Haer. LXXIII, PG 42, 417, 420, 441.
91 Vgl. z. B. ep. 236, 6.

Aus Stellungnahmen von Basilius in diesem und anderem Zusammenhang gelingt der Nachweis von Meletius als neunizänischem Theologen und der Präsenz neunizänischer Trinitätslehre in Antiochien. Nach ep.258 ist in Antiochien die orthodoxe Kirche gespalten. Basilius unterstützt Meletius, τὸ τρεῖς ἀναγκαῖον εἶναι τὰς ὑποστάσεις ὁμολογεῖν. Diese Notiz bestätigt nicht mehr als die in Antiochien bestehende Grunddifferenz. Angegriffen wird Basilius von Gelehrten aus NeoCäsarea, ep.210. Sie haben bereits an Meletius geschrieben und die entsprechende Antwort erhalten. Basilius' Gegner scheinen den Eustathianern nicht fern zu stehen. Punkt der Kontroverse sind die trinitarische Hypostasenlehre und die soteriologischen Implikationen der Zwei-Naturen-Lehre.

Direkt auf die antiochenische Situation bezieht sich ep.214 an Terentius. Eine Unterredung Terentius' mit den Paulinianern ist vorangegangen. Briefe aus dem Westen scheinen ihre Wirkung nicht verfehlt zu haben. Basilius erklärt die in Antiochien bestehende Differenz, er tut dies mit der Darstellung der für ihn so bezeichnenden Trinitätslehre.[92] Ob Antiochien lediglich als Übungsfeld zur Durchsetzung basilianischer Theologie fungierte oder ob sich Basilius aus anderem Anlaß die antiochenische Kontroverse zueigen machte, sei dahingestellt. Die Verbindung zwischen Basilius und Meletius ist deutlich ausgesprochen.[93] Sie gehört in die siebziger Jahre. Basilius wie Meletius sind zu dieser Zeit umstrittene Vertreter der neunizänischen Theologie. Die Zeit des Suchens, Entwickelns und Entdeckens ist abgeschlossen, die Zeit der Anfänge neunizänischer Theologie liegt im dunkeln. Sollte der unter ep.125 des Basilius tradierte Text von Meletius, Theodot und Diodor mitverfaßt sein, dürfte er in diesem Sinn zu interpretieren sein.[94] Die Nachrichten

---

92 Basilius, ep.214,4.1-15: Περὶ δὲ τοῦ ὅτι ὑπόστασις καὶ οὐσία οὐ ταὐτόν ἐστι ...
   ἐκεῖνο ἐροῦμεν ὅτι ὃν ἔχει λόγον τὸ κοινὸν πρὸς τὸ ἴδιον, τοῦτον ἔχει ἡ οὐσία
   πρὸς τὴν ὑπόστασιν. Ἕκαστος γὰρ ἡμῶν καὶ τῷ κοινῷ τῆς οὐσίας λόγῳ τοῦ
   εἶναι μετέχει καὶ τοῖς περὶ αὐτὸν ἐδιώμασιν ὁ δεῖνά ἐστι καὶ ὁ δεῖνα. Οὕτω
   κἀκεῖ ὁ μὲν τῆς οὐσίας λόγος κοινός, οἷον ἡ ἀγαθότης, ἡ θεότης, ἢ εἴ τι ἄλλο
   νοοῖτο· ἡ δὲ ὑπόστασις ἐν τῷ ἰδιώματι τῆς πατρότητος ἢ τῆς υἱότητος ἢ τῆς
   ἁγιαστικῆς δυνάμεως θεωρεῖται.
93 Basilius, ep.214,2.6f.: ἡμᾶς δὲ λέγω τοὺς τῆς μερίδος τοῦ ἀνθρώπου τοῦ Θεοῦ,
   Μελετίου τοῦ ἐπισκόπου.
94 Das Bekenntnis Eustathius' von Sebaste wurde durch Meletius und Theodot veranlaßt. Basilius berichtet über die Vorgänge in ep.244 und 99. Während im Kreis um Theodot Basilius selbst durch die Verbindung mit Eustathius in Verdacht gerät, versucht Basilius die Parteien zu versöhnen. Nach einer ersten mündlichen Übereinkunft mit Eustathius plant Basilius, sich von einer Synode Theodots einen Text geben zu lassen, den dann Eustathius zu unterschreiben hat. Das Vorhaben gelingt nicht geradlinig, zumindest nicht sofort. Bei einer späteren Reise trifft Basilius in Getasa Meletius, Theodot und Diodor. Sie stimmen dem Vorhaben zu. Daß jetzt Basilius, den die Vorwürfe der Unzuverlässigkeit Eustathius' treffen, den Text selbst aufsetzt, vermerkt Basilius nicht, soweit ep.99.

über einen Neunizänismus des Meletius erschöpfen sich damit. Meletius und Basilius finden aus einer jeweils anderen Ausgangslage ähnliche systematische Lösungen des trinitarischen Problems. Die Richtung von Einflußnahme läßt sich nicht mehr bestimmen.

Den Briefen des Basilius ist seine eigene Umstrittenheit sowie die Vielschichtigkeit der nizänischen Kontroverse zu entnehmen. Eine Konstante bildet die Diskussion um die christologischen Implikationen. Während die Eustathianer, bzw. die westlichen Nizäner neben ihren trinitarischen Ansätzen eine Art Unterscheidungschristologie per definitionem teilen, ist die Gruppe der Neunizäner nicht so einheitlich zu beschreiben. Es hat hier eine ausgesprochene Zwei-Naturen-Lehre gegeben, daneben aber auch die apollinaristische Position. Eine gemeinsame Motivation des neunizänischen Denkens ist insgesamt sehr viel schwieriger zu eruieren, insofern hier die Diskussionen innerhalb des Neunizänismus geführt wurden.

Die Auseinandersetzung zwischen Diodor und Apollinaris zeigt, daß die trinitarischen Klärungsprozesse von einer christologischen Kontroverse begleitet waren. Die historisch gegebene gegenseitige Bedingtheit von Trinitätslehre und Christologie erhebt die Rückfrage nach den trinitarischen Voraussetzungen des christologischen Streites im 5.Jahrhundert. Die traditionsgeschichtliche Frage nach der Trinitätslehre und ihrer Relevanz kann in der spezifisch antiochenischen Situation nur als Frage nach der Rezeption von eustathianischen und meletianischen Ansätzen begriffen werden. Theodorets Kirchengeschichte bestätigt dies.

Das Grundproblem der neunizänischen Theologie ist damit in Antiochien in besonderem Maße gestellt. Die Frage nach der Rezeption der neunizänischen Trinitätslehre liegt in Antiochien nahe und soll am Beispiel Theodorets von Cyrus erarbeitet werden.

Auch in ep. 244 bleibt die Verfasserfrage offen.

2. Kontinuität und Entwicklung in der kappadokischen Trinitätslehre

2.1. Basilius von Cäsarea. Die Entstehung des Hypostasenmodells

Das prägnante Wirken des Basilius bezieht sich auf drei Bereiche: Askese, Kirchenpolitik und Theologie. Es ist infolgedessen ein verbreiteter Ansatz[1], die Theologie des Basilius als Ertrag praktischer Frömmigkeit oder religiöser Erfahrung zu werten, zumal Basilius selbst als den Anlaß für die Abfassung von De spiritu sancto - einem seiner theologischen Hauptwerke - die liturgische Neuerung nennt, die in Cäsarea aufgrund des Streites um eine angemessene Doxologie notwendig geworden war[2]. Sind aber die Ausführungen "Über den Heiligen Geist" der theoretische Nachvollzug einer liturgischen Praxis, oder ist umgekehrt die liturgische Neuerung die Umsetzung einer theologischen Erkenntnis? Eine unterschiedliche Gewichtung ist möglich. Mit den folgenden Ausführungen wird ein explizit theologischer Ansatzpunkt gewählt.

Die neunizänische Trinitätslehre entsteht in der Auseinandersetzung mit dem Anhomöer Eunomius, d.h., Basilius reagiert mit der Entfaltung seiner Trinitätslehre auf ein programmatisches System. Der Entwurf des Eunomius ist der historische Bezugspunkt der Trinitätslehre des Basilius und bietet sich als systematischer Maßstab einer Darstellung an. Die Trinitätslehre des Basilius wird somit als Ergebnis einer theologischen Debatte erfaßt. Die Leistung des Basilius besteht in seiner konstruktiven theologischen Reflexion.

Es gehört zum theologischen Grundwissen, daß das Neue des Neunizänismus die Unterscheidung der Begriffe οὐσία und ὑπόστασις im Rahmen der Trinitätslehre ist. Bisher nicht geklärt werden konnte die Herkunft dieser Unterscheidung. Offen ist, ob die Unterscheidung zwischen Usie und Hypostase die genuine Leistung christlicher Theologie ist oder ob hier andere

---

1 So z.B.: W.-D. Hauschild, Basilius von Cäsarea, in: TRE 5 (1980), S.301-313, A.M. Ritter, Dogma und Lehre in der Alten Kirche, in: Handbuch der Dogmen- und Theologiegeschichte, Bd. 1, Die Lehrentwicklung im Rahmen der Katholizität, hrsg.v. C. Andresen, Göttingen 1982, S.203f.
2 DSS I.2,S.256.55ff.

Einflüsse wirksam wurden. Man kann das terminologische Vorkommen der Begriffe vor Basilius registrieren. Abramowski und Brennecke[3] haben in diesem Zusammenhang auf Marius Victorinus, den Tomus ad Antiochenos und Meletius von Antiochien[4] hingewiesen. Der erste ausformulierte Entwurf der neunizänischen Trinitätslehre liegt in den Schriften des Basilius[5] vor.

Basilius faßt die Grundzüge der Trinitätslehre in den Briefen 125, 214, 236,6 zusammen. In ep.125, dem Schreiben, das Basilius Eustathius von Sebaste zur Unterschrift vorlegte, erscheint die Unterscheidung zwischen Usie und Hypostase neben dem Hinweis auf das Nizänum und den Anmerkungen über die Gottheit des Geistes als Zeichen der Orthodoxie. Nach ep. 125 sind Vater, Sohn und Geist jeweils selbständig wahrzunehmen, sie haben je für sich eine eigene Hypostase. Usie und Hypostase seien nicht dasselbe.[6] Basilius versteht die Unterscheidung zwischen Usie und Hypostase[7] als eine Unterscheidung zwischen dem Allgemeinen und dem Besonderen, wie sie beispielsweise in der Zuordnung von Lebewesen und Individuum Mensch zum Ausdruck kommt. Das Allgemeine entspricht hier einem allgemeinen Begriff des Wesens, dem Basilius die spezifischen Eigenschaften gegenüberstellt. Basilius schreibt an Terentius, ep.214[8]:

---

3 L. Abramowski, Trinitarische und christologische Hypostasenformeln, in: ThPh 54 (1979), S.38-49. H.-C. Brennecke, Erwägungen zu den Anfängen des Neunizänismus, in: Oecumenica et Patristica. FS W. Schneemelcher, hrsg.v. D. Papandreou u.a., Stuttgart 1989, S.241-257.

4 Die Bedeutung von Meletius wurde in K.1.2 diskutiert. Zu berücksichtigen ist hier, daß in bezug auf Meletius keine Quellen vorliegen, die die Unterscheidung zwischen Usie und Hypostase explizit nennen. Vgl. besonders den Brief der Meletianer-Synode an Kaiser Jovian: Socrates, KG, III,25, vgl. Basilius, ep.214.

5 Zur Trinitätslehre nach Basilius siehe: M. Simonetti, Genesi e sviluppo della dottrina trinitaria di Basilio di Cesarea, in: Basilio di Cesarea la sua età, la sua opera e il basilianiesimo in Sicillia. Atti del Congresso internazionale (Messina 3.-6. XCII 1979), Bd.1, Messina 1983, S.169-198. Vgl. insgesamt die ältere, aber immer noch einschlägige Darstellung in: K. Holl, Amphilochius von Ikonium in seinem Verhältnis zu den grossen Kappadoziern, Tübingen/Leipzig 1904, S.122-158.

6 Ep.125,1.32,43.

7 Ep.236,6.1ff.

8 Ep.214,4.7-22: ἐκεῖνο ἐροῦμεν ὅτι ὃν ἔχει λόγον τὸ κοινὸν πρὸς τὸ ἴδιον, τοῦτον ἔχει ἡ οὐσία πρὸς τὴν ὑπόστασιν. Ἕκαστος γὰρ ἡμῶν καὶ τῷ κοινῷ τῆς οὐσίας λόγῳ τοῦ εἶναι μετέχει καὶ τοῖς περὶ αὐτὸν ἰδιώμασιν ὁ δεῖνά ἐστι καὶ ὁ δεῖνα. Οὕτω κἀκεῖ ὁ μὲν τῆς οὐσίας λόγος κοινός, οἷον ἡ ἀγαθότης, ἡ θεότης, ἢ εἴ τι ἄλλο νοοῖτο· ἡ δὲ ὑπόστασις ἐν τῷ ἰδιώματι τῆς πατρότητος ἢ τῆς υἱότητος ἢ τῆς ἁγιαστικῆς δυνάμεως θεωρεῖται. Εἰ μὲν οὖν ἀνυπόστατα λέγουσι τὰ πρόσωπα, αὐτόθεν ἔχει ὁ λόγος τὴν ἀτοπίαν· εἰ δὲ ἐν ὑποστάσει αὐτὰ εἶναι ἀληθινῇ συγχωροῦσιν, ὃ ὁμολογοῦσι, καὶ ἀριθμείτωσαν, ἵνα καὶ ὁ τοῦ ὁμοουσίου λόγος διαφυλαχθῇ ἐν τῇ ἑνότητι τῆς θεότητος καὶ ἡ τῆς εὐσεβείας ἐπίγνωσις

"Wir sagen: wie sich das Allgemeine (κοινόν) zu dem Besonderen (ἴδιον) verhält, so verhält sich das Wesen (οὐσία) zu der Hypostase (ὑπόστασις). Jeder von uns nämlich hat durch den allgemeinen Begriff des Wesens (τῷ κοινῷ τῆς οὐσίας λόγῳ) Anteil am Sein und ist durch die Eigenschaften an ihm (τοῖς περὶ αὐτὸν ἰδιώμασιν) der und der. So ist auch dort der Begriff des Wesens allgemein wie die Güte oder die Gottheit ... Die Hypostase aber wird in den Eigentümlichkeiten der Vaterschaft (τῆς πατρότητος) und der Sohnschaft (υἱότητος) und der heiligenden Kraft (ἁγιαστικῆς δυνάμεως) gesehen. Wenn sie nun die Personen ohne Bestand (ἀνυπόστατα) nennen, dann ist die Rede sinnlos. Wenn die aber einräumen, daß sie in wahrer Hypostase bestehen, was sie zugeben, mögen sie auch (entsprechend) zählen, damit der Begriff des Wesensgleichen (ὁ τοῦ ὁμοουσίου λόγος) in der Einheit der Gottheit gewahrt und die fromme Wahrnehmung von Vater, Sohn und Heiligem Geist in der vollkommenen Hypostase jeder einzelnen der genannten (Personen) verkündet werde."

Basilius entwickelt die Unterscheidung zwischen Usie und Hypostase, Allgemeinem und Besonderem, zwischen Wesen und Eigentümlichkeit, um Einheit und Differenz in Gott zu beschreiben. Während Basilius mit Usie die Einheit Gottes bezeichnet, bezieht er den Begriff der Hypostase auf die göttliche Dreiheit. Basilius formuliert hier eine Strukturähnlichkeit, man kann von einem Modell sprechen. Die Zuordnung von Gattung und Individuen ist nach Basilius der Struktur nach auf die Zuordnung von Einheit und Unterschiedenheit in Gott übertragbar. Das Hypostasenmodell - mit diesem Terminus soll im folgenden die Bezogenheit der Hypostasen auf ein gemeinsames Wesen bezeichnet werden - ist das Konzept, mit dem Basilius Einheit und Differenz in Gott aussagt. Die Leistung dieses Modells besteht darin, daß die spezifischen Differenzen zwischen den trinitarischen Personen nicht notwendig auf die Definition des Wesens zu beziehen sind und daß so der Begriff der Wesensgleichheit gewährleistet werden kann.

Das Hypostasenmodell, das Basilius in ep.125 als orthodoxen Bezugspunkt bezeichnen kann, ist erst der Ertrag der theologischen Arbeit Basilius'. Es liegt in den frühen Ausführungen Basilius' zur Trinitätslehre nicht vor. Das heißt, daß die Bedeutung einer Entwicklung für die Entfaltung der Trinitätslehre Basilius' erheblich ist. Diese Entwicklung läßt sich in den Veränderungen seiner grundlegenden sprachtheoretischen Überlegungen belegen. Das Hypostasenmodell ist ein Konzept, das nicht mit einer hierarchischen Zuordnung, einer Stufung oder mit Emanationen arbeitet, sondern die Gleichheit der trinitarischen Personen ungestuft formuliert. Infolgedessen erscheint die

---

Πατρὸς καὶ Υἱοῦ καὶ Ἁγίου Πνεύματος ἐν τῇ ἀπηρτισμένῃ καὶ ὁλοτελεῖ ἑκάστου τῶν ὀνομαζομένων ὑποστάσει κηρύσσηται.

Frage nach einem Platonismus für die Entfaltung dieser Struktur durch Basilius nicht hilfreich und soll in diesem Zusammenhang nicht gestellt werden.[9]

2.1.1. Die Trinitätslehre in der Auseinandersetzung mit Eunomius

Basilius entwickelt wesentliche Elemente seiner Trinitätslehre in den Büchern gegen Eunomius[10]. Er schreibt die Bücher als einen durchgehenden Kommentar zu der Apologie des sogenannten "Neuarianers" Eunomius. Allerdings zeigen die einzelnen Bücher untereinander sachlich und terminologisch erhebliche Differenzen, die möglicherweise auf einen zeitlichen Abstand zwischen den einzelnen Büchern hinweisen.[11]

Das System des Eunomius ist grundlegend mit dem Begriff "ungezeugt" verbunden.[12] Alles, was ins Sein gekommen ist, sei, so Eunomius, sofern ihm eine Ursache vorausgehe, geschaffen. Von Gott gelte aufgrund seiner Ursprungslosigkeit,- Gott ist ungeschaffen und geht als Schöpfer jeder Schö-

---

9 Siehe K.2.2.3., S.67ff.

10 Eine ausführliche Darstellung des Textes findet sich in: M.V. Anastos, Basil's Κατὰ Εὐνομίου. A Critical Analysis, in: Basil of Caesarea. Christian, Humanist, Ascetic, Anniversary Symposium, hrsg.v. P.J. Fedwick, Toronto 1981, S.67-136

11 Terminus post quem der Abfassung von Contra Eunomium ist das Erscheinen der Apologie Eunomius'. Vaggione entscheidet sich für 360/61, ebenso Sesboué. R.P. Vaggione, Eunomius. The Extant Works, (Oxford Early Christian Texts) Oxford 1987, S.4-9. B. Sesboué, Basile de Césarée. Contre Eunome, SC 299, Paris 1982, S.34. Vgl. L.R. Wickham, The Date of Eunomius' Apology: A Reconsideration, in: JThS 20 (1969), S.238f. Anders: Spanneut, Eunomius, in: DHGE 15 (1963), Sp.1400.
Unsicherer ist der Terminus ante quem bzw. der Abschluß der Arbeit an Contra Eunomium. Üblicherweise wird mit der äußeren Bezeugung argumentiert. Nach ep. 20 sendet Basilius ein Schreiben an Leontius den Sophisten, der Brief und das Verschicken werden in das Jahr 364 datiert. Offen ist aber, welchen Text Basilius mit dem Schreiben verschickte. Diekamp verweist zur Datierung auf Gregor von Nyssa. Gregor reagiert auf die zweite Apologie des Eunomius und notiert, daß Eunomios mehr Zeit als die Dauer des trojanischen Krieges mit diesem Werk verbracht habe. Diese Angabe ist als Argument der Polemik zu bewerten und kann nicht für eine Rückrechnung auf den Abschluß der ersten Apologie dienen. F. Diekamp, Literargeschichtliches zur Eunomianischen Kontroverse, in: BZ 18 (1909), S.1-13. Sesboué spricht sich für den Zeitraum 363-64 aus und verweist auf die Probleme des 3. Buches. M.E. betreffen diese Probleme einen weit größeren Teil des Werkes.

12 Eunomius, Apol.7.

pfung voraus -, daß sein Wesen ungezeugt, er ungezeugtes Wesen, genauer Ungezeugtheit sei. Die Gleichsetzung von Gott und Ungezeugtheit wird sprachtheoretisch im Sinn der Kratylos-These ὀνόματα ὀρθότητα εἶναι ἑκάστῳ τῶν ὄντων φύσει πεφυκυῖαν[13] grundgelegt. Eunomius kann aufgrund der Identifikation von Begriff und bezeichneter Wirklichkeit "ungezeugt" als Wesen Gottes aussagen.[14] Ungezeugtheit schließt als solche die Mitteilbarkeit des Wesens aus, sofern der Mitteilungsvorgang das Verursachtsein als Herkommen von einem zu unterscheidenden Subjekt beinhaltet. Nach Eunomius sind keine zwei ungezeugten Wesen denkbar, kann kein zweites ungezeugtes Wesen entstehen[15] und kann somit der Sohn nicht Gott sein.

Die Aufgabe Basilius' war es, die Gleichsetzung von Ungezeugtheit mit dem Wesen Gottes zu überwinden. Mit der Forderung, in den Entwürfen zur Trinitätslehre den Bedingungen des Gottesbegriffs zu genügen, und der Einbeziehung sprachtheoretischer Überlegungen setzt Eunomius die Vorgaben für die weitere Entwicklung der Trinitätslehre.

In dem ersten Argumentationsgang gegen Eunomius führt Basilius die Differenz zwischen Wesen und "ungezeugt" als die Unterscheidung zwischen dem Wesen und etwas dem Wesen von außen Zukommendem, das vom Wesen selbst unterschieden bleibt und dieses nicht konstituiert, ein.[16] Diese Unterscheidung wird in dem Bezug der verschiedenen Namen auf ein gemeinsames Referenzobjekt aufgenommen. Basilius interpretiert damit die von Eunomius selbst formulierte Gegenthese: Namen entsprechen menschlichen Vorstellungen[17], d.h., die erste ontologische Differenzierung wird sprachtheoretisch verifiziert.

Wenn sich nach Basilius die Namen auf die vielfältigen Vorstellungen von einem Gegenstand beziehen, muß es notwendig viele Namen einer bezeichneten Sache geben. Die Beispiele zeigen deutlich, daß Basilius auf einer anderen Ebene als in den späteren Texten argumentiert. Einem Körper kommen, so Basilius, verschiedene Attribute zu.[18] Jesus spreche von sich als Brot, Weinstock, Hirte und Licht.[19] Es geht in diesem Zusammenhang um das ein-

---

13 Platon, Kratylos, 383a.
14 Eunomius, Apol.8. Die direkte Bezogenheit von Bezeichnung und Bezeichnetem durch die Eunomianer ist auch durch andere Texte der eunomianischen Kontroverse belegt. Vgl. DSS 2,5, ep.234.
15 Vgl. Eunomius, Apol.10,11ff.
16 CE I,5.89-91(517C): εἰ γὰρ ἀκολουθεῖ τῷ Θεῷ τὸ ἀγέννητον, ἔξωθεν αὐτῷ παρέπεται δηλονότι. Τὸ δὲ ἔξωθεν τοῦ Θεοῦ οὐκ οὐσία ἐστιν αὐτοῦ.
17 CE I,5.124ff.(520C).
18 CE I,6.25ff.(524A).
19 CE I,7.8f.(525A).

fache ὑποκείμενον, auf das sich verschiedene Namen als Referenzobjekt beziehen.

Die Klärung der Bedeutungfrage ist die erste Lösung Basilius' zum Problem Vielheit und Einheit. Kann sich Vielheit auf Einheit beziehen? Hat Vielheit Bestand? Die Vielfalt der Vorstellungen in bezug auf eine zugrundeliegende Sache ist, so Basilius, Teil der Urteilsbildung. Entspricht aber auf dem Weg der Erkenntnis die Funktion der Vorstellungen derselben bei der Produktion von Phantasiegemälden[20], insofern das zugrundeliegende Eine de facto nicht Vieles ist? Eine einfache Sache erscheine bei genauer Betrachtung differenziert.[21] Ἐπίνοια, so Basilius, beziehe sich insofern auf die Vielheit der Phänomene, als ἐπίνοια die Reflexion auf eine erste durch sinnliche Wahrnehmung vermittelte Anschauung sei.[22] Durch Reflexion werde eine Sache erkannt, als erkannte aber habe sie im Denkenden Bestand.[23]

Basilius führt das eunomianische Axiom: Namen sind Wiedergabe der Sache selbst - nach zwei Seiten in den Widerspruch. Die Tatsache, daß es viele Namen bezogen auf dieselbe Sache gebe, beinhalte notwendig, wenn man den eunomianischen Bezug der Bezeichnung auf die Sache zugrundelegt, ihre synonyme Bedeutung.[24] Diesem Schluß widersprechen, so Basilius, die jeweils besonderen Bedeutungen der Namen. Ebenso widerspräche es der Erfahrung, daß Namen, wenn es nun verschiedene Namen mit je besonderer Bedeutung gebe, notwendig unterschiedliche Gegenstände bezeichnen. Basilius entgeht selbst diesen Widersprüchen, indem er die Prämisse des Eunomius nicht teilt. Dies bedeutet, bezogen auf den diskutierten Gegenstand, daß Basilius im Unterschied zu Eunomius nicht die Erkennbarkeit Gottes zugrundelegt.[25] Gottes Wesen, so Basilius, sei unbegreiflich, und es gebe infolgedessen keinen Begriff, der sein Wesen fassen könne, sehr wohl aber Vorstellungen mit jeweiligen Bedeutungen, die dem Menschen im Blick auf Gotteserkenntnis genügen.[26] Die sprachtheoretische Grundlegung des Eunomius geht auf eine erkenntnistheoretische zurück und wird von Basilius so verstanden.

---

20 CE I,6.25ff.(524A).

21 CE I,6.21ff.(522C).

22 CE I,6.41-44(524B): ὥστε μετὰ τὸ πρῶτον ἡμῖν ἀπὸ τῆς αἰσθήσεως ἐγγινόμενον νόημα τὴν λεπτοτέραν καὶ ἀκριβεστέραν τοῦ νοηθέντος ἐπενθύμησιν ἐπίνοια ὀνομάζεται.

23 Siehe S.68ff.

24 CE I,8.25ff.(528C).

25 CE I,13.31ff.(541D-544A). Daß in der theologischen Diskussion um die Bedeutung der Namen auch im weiteren die Frage der Erkennbarkeit des göttlichen Wesens eine Rolle spielt, zeigt ep.234,2.12ff.

26 CE I,10.1ff.(533C).

Die Ergebnisse dieser Argumentation überträgt Basilius nicht auf das trinitarische Problem. Die Dreiheit der trinitarischen Personen entsteht nach Basilius nicht dadurch, daß sich verschiedene Namen auf ein gemeinsames Referenzobjekt beziehen. Vielmehr hat die Konzentration auf das ὑποκείμενον als Bezugspunkt der Namen zufolge, daß die Begriffe Vater und Sohn nicht aus der Wesensdiskussion herausgenommen werden. Basilius löst die Identifikation von Wesen Gottes mit Ungezeugtheit durch den Hinweis auf das unerkennbare Wesen Gottes, auf das sich in letztlich nicht zu klärender Weise Namen, Vorstellungen und Prädikate beziehen. Er stellt somit hier nicht Kategorien zur Verfügung, welche die am Gottesbegriff gewonnene Differenzierung auf das trinitarische Problem anwenden lassen. Dieser Ansatz wurde von Basilius selbst nicht weitergeführt. Seine Anwendung führt zu genau dem Typus von Trinitätslehre, gegenüber dem Basilius seine weitere Trinitätslehre entfaltet. In Homilie 16 schreibt Basilius:

Πονηρὰ γὰρ κἀκείνη ἡ βλασφημία τῶν φύρειν τὰ πάντα ἐπιχειρούντων, καὶ ἓν τὸ ὑποκείμενον λεγόντων, Πατέρα καὶ Υἱὸν καὶ ἅγιον Πνεῦμα, προσηγορίας δὲ διαφερούσας τῷ ἑνὶ πράγματι ἐπιφημίζεσται.²⁷

Deutlich ist, daß Basilius einen anderen Ansatz finden mußte. Basilius widerlegt die Eunomius-These formal, er kann ihren christologischen Konsequenzen aber nur inhaltlich begegnen. Basilius spricht von der Selbigkeit²⁸ und Ähnlichkeit des Sohnes mit dem Wesen des Vaters. Der Duktus der Argumentation steht noch ganz in dem Bemühen, die Nähe von Vater und Sohn aufzuzeigen.²⁹ Eine Lösung der trinitarischen Frage wird hier noch nicht sichtbar.

Die eunomianische Kritik an den nachnizänischen Ansätzen bewirkte, daß man forthin die Gleichwesentlichkeit von Vater und Sohn nur unter Einbezie-

---

27 Hom.16,480C.

28 CE I,17.32-34(552B): δι᾽ ἡ εἰκόνος δὲ γνῶσις τοῦ ἀρχετύπου γίνεται, συγκρινόντων ἡμῶν δηλονότι τὴν ἐν ἑκατέρῳ ταὐτότητα.

29 Im Unterschied zu dieser Argumentation arbeitet Basilius im ersten Buch gegen Eunomius K.19 mit der sonst in CE I noch fehlenden trinitarischen Differenzierung. Dieses Kapitel macht auch terminologisch einen isolierten Eindruck. Nur hier spricht Basilius von der μία θεότης, von der Einheit der Gottheit, dergegenüber es eine Unterscheidung gemäß Zahl und Eigenschaft gebe. Basilius entwickelt den Gedanken des κοινὸν τῆς οὐσίας am Bild des Lichtes, bleibt aber nicht bei den Begriffen Licht und Abglanz stehen, sondern markiert den Bereich der Differenz von Vater und Sohn: Κατὰ τοῦτο γὰρ καὶ θεότης μία· δηλονότι κατὰ τὸν τῆς οὐσίας λόγον τῆς ἑνότητος νοουμένης, ὥστε ἀριθμῷ μὲν τὴν διαφορὰν ὑπάρχειν καὶ ταῖς ἰδιότησι ταῖς χαρακτηριζούσαις ἑκάτερον· ἐν δὲ τῷ λόγῳ τῆς θεότητος, τὴν ἑνότητα θεωρεῖσθαι (CE I,19.40-44 (556B)).

hung ihrer Unterschiedenheit aussagen konnte. Veranlaßt durch die direkte Bezogenheit von Begriff und Sache bei Eunomius, entwickelt Basilius die Kategorien von Einheit und Differenz im Zusammenhang mit sprachtheoretischen Überlegungen. Aus seiner Beschäftigung mit der sprachtheoretischen Alternative zu Eunomius - Namen sind menschliche Setzung[30] - resultiert der Begriff der Eigenschaften, wie ihn Basilius in seiner Trinitätslehre verwendet. In Buch II Contra Eunomium brechen die Ausführungen zu ἐπίνοια ab. Namen bezeichnen nicht mehr wie in Buch I verschiedene Vorstellungen einer Sache, sondern im Unterschied zu einer allgemeinen Sache die konkrete Existenz bzw. ihre konstituierende Eigenschaft. Im Vergleich stehen sich nicht die verschiedenen Bezeichnungen der einen Person - Simon, Petrus, Kaiphas - gegenüber, sondern Petrus und Paulus als Glieder der Gattung, genauer der Art Menschheit.

In CE II führt Basilius den Vergleich mit Art und Individuum Mensch ein. Alle Menschen seien gleichwesentlich (ὁμοούσιος)[31], sie haben teil an einer κοινὴ φύσις[32], der οὐσία δὲ πάντων μία[33], und werden individuell durch Eigenschaften gekennzeichnet, unterschieden und entsprechend benannt.[34] Die Eigenschaften seien somit: γνωριστικὰς ἰδιότητας.[35] Basilius definiert sie:

Αἱ γάρ τοι ἰδιότητες, οἱονεὶ χαρακτῆρές τινες καὶ μορφαὶ ἐπιθεωρούμεναι τῇ οὐσίᾳ, διαιροῦσι μὲν τὸ κοινὸν τοῖς ἰδιάζουσι χαρακτῆρσι· τὸ δὲ ὁμοφυὲς τῆς οὐσίας οὐ διακόπτουσιν.[36]

Die Eigenschaften unterscheiden ein gemeinsames Wesen, sie beschreiben Differenz, aber in ihrer Zuordnung keine Trennung. Der Begriff der Eigenschaften steht nach Basilius in der Spannung von Selbigkeit und Differenz: Αὕτη γὰρ τῶν ἰδιωμάτων ἡ φύσις, ἐν τῇ τῆς οὐσίας ταυτότητι δεικνύναι τὴν ἑτερότητα.[37]
Selbigkeit und Andersheit beschreiben die Differenzierung innerhalb einer κοινὴ φύσις. Das κοινόν ist allgemein, sofern es von einer Mehrzahl von Gegenständen ausgesagt wird. Die Mehrzahl der unter das κοινόν subsumier-

---

30 CE II,4.35ff.(580B).
31 CE II,4.33(580B).
32 CE II,4.31(580B).
33 CE II,4.4f.(577C).
34 Vgl. CE II,9.24-28(589A): ὅτι καὶ τὰ ἀπολελυμένα τῶν ὀνομάτων, κἂν τὰ μάλιστα δοκῇ ὑποκείμενόν τι δηλοῦν, οὐκ αὐτὴν παρίστησι τὴν οὐσίαν, ἰδιώματα δὲ τινα περὶ αὐτὴν ἀφορίζει.
35 CE II,28.27(637B).
36 CE II,28.31-35(637B).
37 CE II,28.43f.(637C).

ten Gegenstände unterscheidet sich entweder der Zahl nach oder durch eine spezifische Differenz. Das κοινόν kann also sowohl artgleiche Individuen zusammenfassen, deren Differenz lediglich der Zahl nach besteht, als auch verschiedene Arten, womit dann das κοινόν selbst als Gattung beschrieben ist.

Beziehen sich also bei Basilius Eigenschaften deshalb nicht auf das Wesen, weil die Gattung durch die spezifische Differenz, bzw. durch das eine Art konstituierende Proprium nicht bezeichnet ist? Basilius schreibt: ἐκ δὲ τῆς ἑκατέρου συμπλοκῆς, τοῦ τε κοινοῦ καὶ τοῦ ἰδίου, ἡ κατάληψις ἡμῖν τῆς ἀληθείας ἐγγίνεται.[38] Der Satz beschreibt den Vorgang der Individuation, wie er für die verschiedenen Ebenen einer Dihairese kennzeichnend ist. Offen ist der Ansatzpunkt.

Der Gedankengang konzentriert sich auf die Darstellung der Unterscheidung zwischen dem Allgemeinen und Besonderen. Während Basilius in CE II,4 den Vergleich mit Art und Individuum Mensch verwendet, stellt er in CE II,28 das Allgemeine als das gemeinsame Wesen der fliegenden und der gehenden Tiere, der Wassertiere, der Landtiere, der vernünftigen und unvernünftigen Geschöpfe dar.[39] In DSS 17[40] setzt sich Basilius mit der Position des "Unterzählens" auseinander[41] und nennt in diesem Zusammenhang ein Beispiel, in dem er wie in CE II,28 das Allgemeine mit dem Begriff des Lebewesens als Oberbegriff für Vernünftiges und Unvernünftiges beschreibt. In DSS geht Basilius hinter den Begriff des Lebewesens weiter zurück. Das Lebewesen verhalte sich selbst wiederum als das Besondere gegenüber einem Allgemeinen und sei auf den Begriff des Wesens zurückzubeziehen, der Belebtes und Unbelebtes umfasse. In DSS erscheint das Allgemeine als ein abstrakt Seiendes. Das ὑποκείμενον als Referenzobjekt der Namen in CE I hat deutlich andere ontologische Voraussetzungen.

Das dihairetische Material in CE II,28 und DSS 17 ist in Hinblick auf den Wesensbegriff bei Basilius untersucht worden.[42] Es geht Basilius hier um die Darstellung der Unterscheidung von Allgemeinem und Besonderem bzw. von Wesen und spezifischem Kennzeichen.

---

38 CE II,28.36f.(637B).
39 CE II,28.47f.(637C).
40 DSS XVII.41,S.392.6-394.15.
41 Siehe K.3.2.5., S.142f.
42 Siehe: R. Hübner, Gregor von Nyssa als Verfasser der sog. ep.38 des Basilius. Zum unterschiedlichen Verständnis der οὐσία bei den kappadokischen Brüdern, in: Epektasis. Mélanges patristiques offert au Cardinal Jean Daniélou, hrsg.v. J. Fontaine, C. Kannengiesser, Paris 1972, S.463-490 (= Hübner, ep.38), vgl. K.2.1.2., S.46ff.

Diese Differenzierung eröffnet in CE II die Möglichkeit einer trinitarischen Anwendung.[43] Basilius führt in CE II.28 aus: die Gottheit sei als das gemeinsame Wesen zu verstehen; die Eigenschaften, die ihr zugeordnet seien, seien Vaterschaft und Sohnschaft. Οἶον, κοινὴ μὲν ἡ θεότης, ἰδιώματα δέ τινα πατρότης καὶ υἰότης.[44] Die Argumentation läuft auf eine hier noch nicht vollzogene ontologische Differenzierung hinaus. Während in CE I die Vorstellung des göttlichen Wesens Thema war, geht es in CE II um Vater und Sohn in ihrer jeweils besonderen Kennzeichnung. Bezeichnen die Namen damit im Ergebnis doch wieder Wesen, und zwar verstanden als besondere Wesenheiten? Mit der Einführung des Begriffs der Eigenschaften erklärt Basilius das Problem von Einheit und Differenz. Der Begriff der Eigenschaften resultiert aus sprachtheoretischen Überlegungen.

Im Vergleich zu den Briefen aus der Zeit um 375 fehlt in CE II der Begriff der Hypostase, während weiterhin deutliche Übereinstimmungen zwischen CE II und ep.210, 214, 236.6 vorliegen. Nur hier ist von Vaterschaft und Sohnschaft die Rede, während De fide von der Eigenschaft des Vaters[45] spricht, aber beispielsweise den Begriff der Vaterschaft nicht kennt. In Homilie 15 De fide wird sowohl der Begriff der Eigenschaften als auch die Unterscheidung zwischen κοινόν zwischen ἴδιον anders, eher unspezifisch verwendet.[46] In De spiritu sancto ist ἴδιον einmal belegt[47], nicht im Gegenüber zu κοινόν, sondern als Kurzform für ἰδιότης.

Die Texte des Basilius zur Trinitätslehre zeigen eine Entwicklung der Fragestellung. Sprachtheoretisch entfernt sich Basilius von der Bedeutung der Namen bezogen auf menschliche Vorstellung und nimmt den Weg über die Beziehung der Namen auf Eigenschaften schließlich zu Namen als Bezeichnung von Einzelexistenz. Ontologisch argumentiert er entsprechend und macht zunächst das Wesen zum Thema, dann Wesen und Eigenschaft, schließlich Usie und Hypostase. Die Einführung des Begriffs Hypostase ist das Ergebnis der zunehmenden Wahrnehmung der Selbständigkeit der trinitarischen Personen sowie des ontologischen Ausgangspunktes in den Einzelexistenzen. Die sprachtheoretischen Ausführungen bestätigen diese Entwicklung.

Die Argumentation in CE II, sieht man von K.28 ab, beinhaltet, daß Namen Eigenschaften benennen, d.h., daß die Begriffe Vater und Sohn Eigen-

---

43 CE II.5.1-3(580C): Φανερὸν τοίνυν ἐκ τῶν εἰρημένων ὅτι καὶ ἐπὶ 'Πατρὸς' καὶ 'Ὑἰοῦ' οὐχὶ οὐσίαν παρίστησι τὰ ὀνόματα, ἀλλὰ τῶν ἰδιωμάτων ἐστὶ δηλωτικά.
44 CE II,28.35f.(637B).
45 De fide 4,688A.
46 Hom.15.2,468A.
47 DSS XXV.59,S.460.38.

schaften und nicht das Wesen Gottes selbst bezeichnen.[48] Dazu, was die Eigenschaften in Hinblick auf Vater und Sohn darstellen, äußert sich Basilius nicht. Der Gedankengang entspricht dem Text De fide, der Einleitung zu den Moralia (ca.370). Sachlich werden hier CE I und II zusammengefaßt. In De fide 2-3 werden die Namen Gottes in ihrer Vielheit der Unerkennbarkeit Gottes gegenübergestellt.[49] Erst in den Ausführungen zu Vater, Sohn, Geist bezeichnen die Namen Eigenschaften[50], aber der Begriff der Eigenschaft trägt noch nicht hinreichend zur Klärung von Einheit und Differenz bei.

In Homilie 24[51] tritt der Begriff der Eigenschaften zurück. Wie in Homilie 16 ist es nach Homilie 24 nicht zulässig, eine Sache mit mehreren Namen zu bezeichnen. Namen haben, so Basilius, eine jeweils besondere Bedeutung. Eine Sache könne nur uneigentlich mit verschiedenen Namen bezeichnet werden. In der Anwendung auf die Darstellung der trinitarischen Personen fällt hier das Argument weg, daß die Vielheit der göttlichen Namen sich auf die grundsätzliche Unerkennbarkeit Gottes bezieht. Basilius geht es um die besondere Bedeutung göttlicher Namen. Der Gedankengang zielt darauf, in den Namen Vater und Sohn ihre ἰδίαν ἔννοιαν zu erkennen. Schließlich ist es nicht mehr möglich, von den besonderen Eigenschaften und der jeweiligen Bedeutung der Namen zu reden, ohne das Subjekt des Bezeichneten ontologisch zu bestimmen. Basilius führt jetzt, wie ep. 210 zeigt, den Begriff der Hypostase ein.

Man kann überlegen, inwieweit Basilius und Eunomius sich in ihren sprachtheoretischen Vorgaben angenähert haben. Bei Basilius liegen in den sprachtheoretischen Überlegungen erhebliche Veränderungen vor. Während Basilius sich in CE I gegen die These von Eunomius, daß Namen in ihren eigentümlichen Bedeutungen verschiedene Gegenstände benennen, wendet, formuliert er in ep.210, daß die Namen eine jeweils eigene Bedeutung haben und zwar insofern, als sie Bezeichnungen von Gegenständen sind:

ἑκάστῳ ὀνόματι ἴδιον ὑποβεβλῆσθαι τὸ σημαινόμενον ἐκδιδάσκων, διότι πραγμάτων ἐστι σημαντικὰ τὰ ὀνόματα. Τὰ δὲ πράγματα ἰδιάζουσαν καὶ αὐτοτελῆ τὴν ὕπαρξιν ἔχειν οὐδεὶς ... ἀμφιβάλλει.[52]

---

48 CE II,4-5.
49 De fide 2,681A, vgl. CE I,10.1ff.(533C). Die sachliche Nähe zu De fide geht nicht auf eine literarische Abhängigkeit zurück.
50 De fide,685C-688A.
51 Die im folgenden berücksichtigten Textabschnitte betreffen nicht die literarische Abhängigkeit der Hom.24 von dem Text: Ps.-Athanasius, Contra Sabellianos (PG28, 96-121), der von Hübner Apollinarius zugeschrieben wurde. Siehe: R.M. Hübner, Die Schrift des Apolinarius von Laodicea gegen Photin (Pseudo-Athanasius, Contra Sabellianos) und Basilius von Cäsarea, (PTS 30) Berlin 1989 (=Hübner, Apolinarius).
52 Ep. 210,4.24-27.

Namen benennen Gegenstände, und diese haben nach Basilius eine eigene, selbständige Existenz (ὕπαρξις). Angewendet auf die Trinitätslehre bedeutet das, daß die Namen Vater, Sohn und Geist deren selbständige Seinsweise implizieren. Der Name Vater bezeichnet, so Basilius, die Vaterschaft eines bestimmten Subjektes. Die Aufzählung der Eigentümlichkeiten ist nicht mehr hinreichend, die trinitarischen Personen müssen nach Basilius als Hypostasen begriffen und als solche unterschieden werden.

Von hier erhalten die Unterscheidung κοινόν/ἴδιον, die Begriffe Vaterschaft und Sohnschaft, die ἀσύγχυτος ἔννοια beispielsweise in ep. 236.6 ihren Sinn, insofern sie auf eine ontologische Differenz bezogen werden. Fragt man, was unter der Voraussetzung von Einzelexistenzen ein allgemeines Wesen sein kann, sind die Zuordnungen zueinander zu vergleichen. Die ersten Aussagen zum Problem Vielheit und Einheit hatten ein ungeteiltes, einfaches, aber spezifisches Wesen zur Voraussetzung, gegenüber dem die Vielfalt der Bezeichnungen nur begrifflich bestand. Am Ende - auf die Bedeutung der sprachtheoretischen Überlegungen wurde hingewiesen - versteht Basilius in ep.214, 236 οὐσία als ein Seiendes. Die Zuordnung der Hypostasen zu einem gemeinsamen Wesen entspricht hier formal einer Gattungsaussage, wobei diese als Seinsaussage definiert wird und das allgemeinste Genos, d.h. die Spitze der Dihairese, beinhaltet. Daß hierin kein Rückgriff auf das aristotelische erste und zweite Wesen vorliegt, ist evident. Die aristotelische οὐσία πρώτη kann nicht, wie es hier geschieht, von einem Subjekt ausgesagt werden[53], das Seiende ist nach Aristoteles nicht Gattung.[54] Die οὐσία δευτέρα beinhaltet das Wesenswas, das weitere Abstraktionen ausschließt. Das Prinzip, daß sich das Individuum aus dem Allgemeinen und Besonderen zusammensetzt, findet sich bei Aristoteles wie auch bei Basilius. Die wesentliche Differenz besteht in den Gliedern der Addition und ihrer Zahl. In CE II.28 findet sich mit den drei Ebenen - das Wesen als Lebewesen, die Art und das Individuum - nur ein Ausschnitt von DSS 17. Die Dihairese in DSS 17 ist weiter gefächert: Wesen - Lebewesen/Unbelebtes - Vernünftiges bzw. Mensch/Unvernünftiges - Mann - Einzelner. Basilius setzt eine letzte Abstraktion des Allgemeinen und Weiterführung des Besonderen voraus. Diogenes Laertius schreibt in seinem Bericht über Zenon in VII.61. 7-9:

"Das Allgemeinste (γενικώτατον) ist das, was Gattung ist, sich aber selbst nicht auf eine Gattung bezieht, wie z.B. das Seiende.

---

53   Aristoteles, cat.5, met.VII.3.1028.36ff.
54   Met.III B.3.998.22: οὔτε τὸ ὂν εἶναι γένος.

Das Speziellste (εἰδικώτατον) ist das, was Art ist, aber nicht mehr eine Art unter sich hat, wie z.B. Sokrates."[55]

Die sachlichen Übereinstimmungen in den Dihairesen bei Basilius und im Zenon-Bericht nach Diogenes Laertius sind deutlich. Sie legen eine Klärung der Unterscheidung zwischen Allgemeinem und Besonderem, bzw. zwischen Usie und Hypostase auf dem Hintergrund des stoischen Materials nahe.

2.1.2. Der Beitrag der stoischen Tradition

Die Stoiker kennen nach Diogenes das Seiende als Allgemeinstes und deduzieren das Individuum als ein letztes Besonderes. Hübner leitet von hier - hinzukommen Ausführungen zum ὑλικὸν ὑποκείμενον[56] - einen spezifisch stoischen Hintergrund der Trinitätslehre des Basilius ab. Man wird Seneca ep.58.8-14 hinzunehmen müssen, wobei sich bereits hier die Frage nach dem Charakter der von Seneca tradierten Überlieferung stellt. Worin bestehen, vergleicht man Diogenes mit Porphyrius, Eisagoge 2, das spezifisch Stoische des Diogenes-Berichtes und die besondere Nähe zwischen Basilius und Diogenes im Unterschied zu Porphyrius?

Auch Porphyrius kennt ein γενικώτατον und εἰδικώτατον. Er identifiziert letzteres mit einer nicht mehr weiter abzuleitenden Art - Beispiel Menschheit - , sofern das εἰδικώτατον ein εἶδος voraussetze und das Individuum nicht als εἶδος bezeichnet werden könne, da das Individuum nicht wiederum selbst von der Zahl nach zu unterscheidenden Gegenständen ausgesagt werde. Die Argumentation zielt auch nach Porphyrius auf das Individuum. Wenn Diogenes im Unterschied zu Porphyrius εἶδος als Individuum bezeichnet, liegt die Differenz lediglich in einem exakten Gebrauch des Begriffes εἶδος durch Porphyrius' und in seiner gegenüber Diogenes ausgeführten Darstellung. Wenn nun die Nähe zwischen Basilius und Diogenes in der Ableitung des Individuums besteht[57], ist darauf hinzuweisen, daß die Parallele zu Basilius' Aufschlüsselung Mensch - Mann - Einzelner (DSS17) nicht bei Diogenes, sondern bei Philo belegt ist.[58]

Hübner erarbeitet seine Ausführung zur Trinitätslehre in dem Gegensatz zwischen Stoa und Aristoteles. Offen bleibt die Abgrenzung zum Bereich des

---

55   Diogenes Laertius, Vitae philosophorum, VII,61.7-9: γενικώτατον δὲ ἐστιν ὃ γένος ὂν γένος οὐκ ἔχει, οἷον τὸ ὄν· εἰδικώτατον δὲ ἐστιν ὃ εἶδος ὂν εἶδος οὐκ ἔχει, ὥσπερ ὁ Σωκράτης.

56   Hübner, ep.38, a.a.O. S.474ff.

57   So Hübner, ep.38, a.a.O. S.477.

58   Philo, De agricultura 139.

Platonismus, die bei Hübner lediglich in einer Anmerkung zu den beiden Arbeiten von Ritter und Lebon erscheint.[59] Basilius fußt auf einer breiten Tradition der Dihairese, die bei Diogenes Laertius, Porphyrius, Albinus[60], Plotin[61] und Philo belegt ist. Es geht jeweils um Individuation und Differenzierung. Die Abstraktion zum γενικώτατον bzw. dem Seienden als dem allgemeinen Oberbegriff findet sich neben Diogenes und Porphyrius bei Plotin.[62] Die spezifisch stoische Diskussion um ein das allgemeine Seiende transzendierende Etwas kennt Basilius nicht. In welcher Weise es ein allgemein bekanntes Schema der Dihairese gab und welche Traditionen hier zusammenfließen, führt über das Thema dieses Kapitels hinaus.[63] Als bekannt wird man Dihairesen in Stoa und Platonismus voraussetzen müssen, vermittelt auch in platonisch/neuplatonischen Aristoteles-Kommentaren. Wenn Basilius in DSS17 und CE II,28 auf Dihairesen zurückgreift, ist kritisch zu fragen, was dieses für den basilianischen Begriff von οὐσία bedeutet. Inwieweit besteht bei Basilius eine gewisse Ungeklärtheit, was das Allgemeine im Gegenüber zum Besonderen oder Individuum beinhaltet? Basilius spricht vom Gegenüber konkreter Mensch/Menschheit, Lebewesen/Individuum, Seiendes/Einzelner. Sicher aber begreift Basilius Usie und Hypostase nicht in vergleichbarer Konsequenz wie Gregor von Nazianz und Gregor von Nyssa in der Differenz Art/Individuum.

Die Erarbeitung des stoischen Hintergrundes und dessen Ertrages für Basilius mit der Untersuchung der Dihairesen nicht erschöpft. Die Bedeutung von sprachtheoretischen Beobachtungen in der eunomianischen Kontroverse legt es nahe, nach deren Hintergrund zu fragen. Gregor von Nyssa verurteilt die aristotelischen Syllogismen von Eunomius, Basilius verbindet Eunomius mit Aristoteles und Chrysipp. Ist mit dem Aristotelismus eine neue Schablone zur Häretikerbeschreibung gefunden? Vandenbussche[64] entfaltet demgegenüber in Eunomius den neuplatonischen Metaphysiker; Daniélou[65] erarbeitet für die

---

59 A.-M. Ritter, Exkurs IV, in: Das Konzil von Konstantinopel und sein Symbol, S.270-293; J. Lebon, Le sort du "consubstantiel" nicéen II, in: RHE 48 (1953), 633-682. Die Stellungnahme von Hübner findet sich in: Hübner, ep.38, a.a.O. S.474.

60 Albinus, Did.V,157.1ff.

61 Plotin, III.3.1.12ff., VI.1.2.

62 II.3.1.12ff. in spezifisch plotinischer Wendung und Zuspitzung, sowie in VI.1.2 in einer kritischen Diskussion.

63 Vgl. hierzu: W. Theiler, Die Vorbereitung des Neuplatonismus, Teil 1: Die vorneuplatonische Schultradition, Berlin ²1964 (1934), S.1-60.

64 E. Vandenbussche, La Part de la Dialectique dans la Théologie d'Eunomius "Le Technologue", in: RHE 40 (1944/ 1945), S.47-72.

65 J. Daniélou, Eunome l'Arien et l'Exégèse Néo-Platonicienne du Cratyle, in: REG 69 (1956), S.412-432.

eunomianischen Sprachregelungen einen neuplatonischen Hintergrund jambli-
chianischer Couleur. Rist[66] und Wickham mahnen hier zur Vorsicht, Wickham[67] mit der Berufung auf die Stoa. Bewahrheitet sich damit der Aristoteli-
ker, der, so Vandenbussche[68], lange Zeit nichts anderes als ein stoischer Lo-
giker sein konnte?

Es geht um die seit Platons Kratylos bekannte Alternative in der Bezeichnung der semantischen Funktion von Sprache, beschrieben entweder durch
Setzung bzw. aristotelische Konvention[69] oder durch die den Sprachen natürlich anhaftenden Bedeutungen. Seit Aristoteles ist die Bedeutungsfrage von
der Aussagenproblematik[70] zumindest überlagert, d.h. formal logisch gefaßt.[71] Weder Eunomius noch Basilius beziehen sich auf die Aussagenstruk-
tur. Welche Tradition steht hinter der Diskussion zwischen Basilius und Eunomius um das Problem der Bedeutung? Wer sprach in der Tat damals von
einer Identität von Bezeichnung und Bezeichnetem? Das ausgewogene Urteil
in Albinus, Did.6 zeigt, daß man diese Identität nicht im Zusammenhang der
Kratylos-Auslegung formulierte. Schon in der Antike standen aber die
Stoiker in dem Ruf, die Identität von Bezeichnung mit Bezeichnetem zu behaupten. Origenes[72] beispielsweise verbindet die Rückführung der Sprache
auf Setzung oder Natur mit dem Gegensatz zwischen Aristoteles und der
Stoa.[73]

Die stoischen Fragmente belegen die Vorstellung von natürlichen Begrif-
fen ($\phi\upsilon\sigma\iota\kappa\grave{\alpha}\varsigma$ $\grave{\epsilon}\nu\nu o\acute{\iota}\alpha\varsigma$)[74], d.h. von einem natürlichen Ursprung der Worte.
Die Stoiker leiten die natürlichen Begriffe ethymologisch ab.[75] Wenn sich

---

66   J. M. Rist, Basil's Neoplatonism. Its Background and Nature, in: Basil of
     Caesarea. Christian, Humanist, Ascetic. Anniversary Symposium, hrsg.v. P.J.
     Fedwick, Toronto 1981, S.185-188.
67   L.R. Wickham, The Syntagmation of Aetios the Anhomoean, in: JThS.NS.19
     (1969), S.558 Anm.1, S.561 Anm.1.
68   Vandenbussche, a.a.O. S.53f.
69   Z.B. Aristoteles, Liber de interpretatione, K.2.(16a. 19ff.).
70   A.a.O. K.4ff.
71   Siehe hierzu die Arbeiten zur Logik: I.M. Bochenski, Formale Logik, Freiburg
     1956; M. Frede, Die stoische Logik, (AAWG Phil.-hist. Kl.3.88) Göttingen
     1974; B. Mates, Stoic Logic, Berkeley/Los Angeles 1953.
72   Origenes, Contra Celsum I 24, p. 74 Koetschau, FDS 643, 3ff: $\pi\acute{o}\tau\epsilon\rho o\nu$, $\grave{\omega}\varsigma$
     $o\acute{\iota}\epsilon\tau\alpha\iota$ $\mathrm{'}A\rho\iota\sigma\tau o\tau\acute{\epsilon}\lambda\eta\varsigma$, $\theta\acute{\epsilon}\sigma\epsilon\iota$ $\epsilon\grave{\iota}\sigma\grave{\iota}$ $\tau\grave{\alpha}$ $\grave{o}\nu\acute{o}\mu\alpha\tau\alpha$ $\mathring{\eta}$, $\grave{\omega}\varsigma$ $\nu o\mu\acute{\iota}\zeta o\upsilon\sigma\iota\nu$ $o\acute{\iota}$ $\grave{\alpha}\pi\grave{o}$ $\tau\mathring{\eta}\varsigma$
     $\Sigma\tau o\mathring{\alpha}\varsigma$, $\phi\acute{\upsilon}\sigma\epsilon\iota$, $\mu\iota\mu o\upsilon\mu\acute{\epsilon}\nu\omega\nu$ $\tau\mathring{\omega}\nu$ $\pi\rho\acute{\omega}\tau\omega\nu$ $\phi\omega\nu\mathring{\omega}\nu$ $\tau\grave{\alpha}$ $\pi\rho\acute{\alpha}\gamma\mu\alpha\tau\alpha$, $\kappa\alpha\theta'$ $\mathring{\omega}\nu$ $\tau\grave{\alpha}$
     $\grave{o}\nu\acute{o}\mu\alpha\tau\alpha$,...
73   Vgl. Gellius, Noctae Atticae X 4,1-4, FDS 562.
74   Plutarchus, Moralia fragm.215f Sandbach, FDS 304,13; Arrianus, Epict. Dis-
     sert. II 17,5-9, p.159sq., FDS 305,7.
75   Von diesem Ansatz der Beurteilung der Stoa geht beispielsweise Schmidt aus.
     R.T. Schmidt, Die Grammatik der Stoiker (1838), übers. und hrsg.v. K.

von dem Konzept der natürlichen Begriffe die grundlegende stoische Unterscheidung zwischen Stimme bzw. Bezeichnung, Bedeutung und Sache abhebt, ist deutlich, daß sich auch in der Stoa die seit dem Kratylos formulierte Aufgabe, den Gegensatz zwischen Setzung und Natur zu überwinden, stellte. Auch die natürlichen Begriffe setzen voraus, daß den natürlichen Begriffen eine erkennende Vorstellung vorausgeht, die, da sie die Sache selbst erkenne, ihr einen adäquaten Begriff geben könne. Wenn Basilius diese Prämisse nicht teilt, ist das ein Beleg für eine innerstoische Debatte zwischen Basilius und Eunomius?

Rede[76] entsteht nach den Stoikern erst in ihrem Bezug zur Sache.[77] Der Bezug zur Sache, d.h. die Bedeutung, unterscheidet die Rede vom bedeutungslosen Lexem wie von einer nur äußeren Rede. Nach den Stoikern sind die beiden Aspekte Stimme und Bedeutung oder äußere und innere Rede[78] konstitutiv für Sprache. λόγος ἐνδιάθετος, σημαινόμενον, λεκτὸν sind Ausdruck der intellektuellen Tätigkeit, die der Mitteilungs- und Verstehensprozeß voraussetzt. Der Verstand habe, so die Stoiker, eine Disposition zum Aussprechen. Er äußere Vorstellungen[79], die eingedrückt in die Seele[80], dort ihren Ort haben.[81] Die Bedeutung der Worte basiert nach den Stoikern auf den Vorstellungen. Formal bezeichnen Begriffe also Vorstellungen, die die Stoiker sowohl von der Bezeichnung als auch der Sache unterscheiden.[82]

Nichts anderes beschreibt Basilius, wenn er von Wörtern spricht, die Vorstellungen hervorrufen und die, während sie sich physikalisch als Schall und Lufthauch auflösen, als Vorstellungen in der Seele bleiben[83] - ob durch

---

Hülser, Braunschweig 1979.

76 Einen Einblick in die gegenwärtige linguistisch dominierte Diskussion um die Stoiker gibt: H.E. Brekle, Sprachtheorie und Grammatik bei den Stoikern, in: Ders., Einführung in die Geschichte der Sprachwissenschaft, Darmstadt 1985, S. 44-67. Siehe weiter: K. Barwick, Probleme der stoischen Sprachlehre und Rhetorik, (ASAW Phil.-Hist. Kl. 49,3) Berlin 1957.

77 Suda, s.v. logos, vol.III.p.281 Adler, FDS 475.

78 Galenus, In Hippocr. De med. off. comm. I.3, Vol.XVIII B p.649sq. Kühn, FDS 528; Sextus Empiricus, Adv. Math. VIII 275sq., FDS 529; Philo, De Abrahamo §83, Vol.4 p.29 C-W, FDS 534.

79 Diocles, ap. Diogenem Laertium VII.49, FDS 255,6ff. Eine Zusammenstellung der Diocles-Fragmente findet sich in: U. Egli, Zur stoischen Dialektik, Basel 1967, S.7ff. Siehe weiter: Aetius, Placita IV 11 = (Plutarchus), De plac.philos. 900A-D, FDS 277.

80 Aus der Vielzahl der Belege zu diesem Thema sind zu nennen: Diocles, ap. Diogenem laertium VII 50, FDS 255,14ff.; Sextus Empiricus, Adv. Math. VIII 400, FDS 257,24ff., VII 372-76, FDS 260;, Pyrrh.Hypot II 70, FDS 261.

81 Plutarch, De comm. not. 47, 1084F-1085B, FDS 281.

82 Diocles, ap. Diogenem Laertium VII 61, FDS 315.

Eindruck oder Veränderung, bleibt bei Basilius ungeklärt. Wie die Stoiker setzt Basilius in seiner Argumentation die drei konstitutiven Elemente von Sprache voraus: Bezeichnung, Bedeutung und Sache oder σημαινόμενον, σημαῖνον, τυγχάνον.[84] Ax[85] sieht, wie auch schon Gentinetta[86] in der Formulierung dieser drei Aspekte von Sprache die entscheidende Neuerung der Stoiker. Ein Stoiker aber konnte sicher nicht, wie Basilius es tut, das Wesen von Vorstellungen mit dem Begriff der Einbildung erklären. Wenn die Stoiker von φαντασία sprechen, verwendet Basilius den Begriff ἐπίνοια. Wenn Basilius von φαντασία redet, unterscheidet sich dieses nicht von φάντασμα.[87] Hier zeigen sich die Grenzen eines stoischen Einflusses auf Basilius.[88]

Der stoische Hintergrund bezieht sich nicht isoliert auf die bei Basilius vorliegenden sprachtheoretischen Beobachtungen. Die Entwicklung der Trinitätslehre durch Basilius ist durch vier Elemente beschrieben: 1. die Bezogenheit der Namen auf Vorstellungen, 2. Namen als Bezeichnungen von Eigenschaften, 3. die Unterscheidung von Allgemeinem und Besonderem, 4. die Einführung des Hypostasen-Begriffs. Es ist möglich, alle vier Schritte mit stoischem Material zu kommentieren, und zwar im Rahmen der Ausführungen zu Sprache und Grammatik. Dies geht über zufällige Übereinstimmungen hinaus.

Wenn Namen Vorstellungen bezeichnen und die Vorstellungen die charakteristischen Eigentümlichkeiten des erkannten Gegenstandes erfassen, ist der von Basilius formulierte Bezug der Namen auf die Eigenschaften möglich. Dieser Bezug ist stoisch in der grammatischen Definition des Nomens belegt. Der Begriff der Eigenschaft ist fester Bestandteil der Definition des Nomens, und zwar in der Unterscheidung zwischen allgemeiner und besonderer Eigenschaft. *'Nomen est pars orationis cum casu corpus aut rem proprie communicative significans'. habemus in Aristotelicis et in Stoicis praeceptis et fere*

---

84 Sextus Empiricus, Adv.Math.VIII 11sq, FDS 67,5f; vgl. Origenes, Comm. in Ioannem IV 1,p.98,1-4 Preuschen, FDS 68: ὁ διαιρῶν ... φωνὴν καὶ σημαινόμενα καὶ πράγματα.

85 W. Ax, Laut, Stimme und Sprache. Studien zu drei Grundbegriffen der antiken Sprachtheorie, Göttingen 1986, S.154f.

86 P.M. Gentinetta, Zur Sprachbetrachtung bei den Sophisten und in der stoisch-hellenistischen Zeit, (Diss.) Winterthur 1961, S.107.

87 Vgl. hierzu: Suda s.v. *Phantasia kai phantasma diapherei*, Vol.IV p.698 Adler, FDS 267.

88 Vor allem erklärt ein stoischer Ansatz nicht den in der Argumentation Basilius' wichtigen Gedanken der Vielheit der Vorstellungen, die gerade in ihrer Vielheit eine Funktion im Erkenntnisprozeß haben und als solche zur Klärung der Gottesprädikate herangezogen werden.

omnium ....[89] Die Kennzeichnung des Nomens durch individuelle und allgemeine Eigenschaften wirkt auf die Definition des Nomens zurück. Die Stoiker ergänzen die Definition des Nomens durch die Differenzierung zwischen Allgemeinbegriff und Eigenname. Diocles schreibt: Ἔστι δὲ προσηγορία μὲν κατὰ τὸν Διογένην μέρος λόγου σημεῖον κοινὴν ποιότητα. οἷον ἄνθρωπος, ἵππος· ὄνομα δὲ ἐστι μέρος λόγου δηλοῦν ἰδίαν ποιότητα, οἷον Διογένης, Σωκράτης.[90] Diesem Text ist zu entnehmen, daß Name, Eigenschaft, Allgemeines und Besonderes, Individuum und Art hier in einen Zusammenhang gehören.

Im Kontext der grammatischen Ausführungen findet sich bei den Stoikern das dihairetische Material. Wie bei Basilius steht die ontologische Differenzierung im Zusammenhang mit der Definition von Namen als Bezeichnungen von Eigenschaft und Gattung. Dionysius Thrax spricht von einer ἰδία οὐσία sowie einer κοινὴ οὐσία als Gegenstand der Bezeichnung.[91] Was heißt es, wenn Stobaeus eine Unterscheidung zwischen eigenschaftlich indiviuell Bestimmtem und Usie kennt?[92] Hinzuweisen ist auf die Diskussion, inwieweit der Eigenschaft eine Hypostase zukommt.[93] Vor allem ist ein stoisches Simplicius-Fragment zu interpretieren, in dem, eingebunden in die Auslegung der Kategorien, die Zusammenstellung von Usie und Hypostase belegt ist.[94]

Bezeichnend ist im Vergleich zu Basilius die Einbindung der ontologischen Aussagen und ihre Differenzierung. Wird man sagen können, wenn Basilius im Gegenüber zu Eunomius im Zusammenhang sprachlicher Definitionen und Gattungsaussagen bzw. Dihairesen die ontologische Kategorie der Einzelexistenz entwickelt, daß dies in Anlehnung an das sprachtheoretische oder grammatische Material der Stoiker geschah? Die Frage soll hiermit gestellt werden.

2.1.3. Die Konzeption des Geistes

Basilius entwickelt die ontologische Differenzierung zwischen Usie und Hypostasen am Gegenstand von Vater und Sohn. In welcher Weise wendet Basilius die Ergebnisse auf den Geist an?

---

89 (Sergius), Explan. in Artem Diónati, lib.I,p.489, FDS 565,1ff.
90 Diocles, ap. Diogenem Laertium VII 58, FDS 536,5ff.
91 Dionysius Thrax, Ars gramm. §12, p.33,6-34,2, FDS 564.
92 Stobaeus, Eclogae I 20,7,p.177,21-179,17 = Arius Didymus, Fragm. phys.27,p.462sq.Diels, FDS 844.
93 Simplicius, In Arist.Categ.p.222,30.223,11, FDS 857.
94 Simplicius, In Arist.Categ.p.55,2-5, FDS 848A: Ἀλλὰ τῷ μὲν εἴδει διαφέρει, ὅσα τῷ λόγῳ τῆς οὐσίας ἀλλήλων κεχώρισται· τῷ δὲ ἀριθμῷ διέστηκεν, ὅσα

Basilius wendet die Aussagen auf den Geist zunächst nicht an. Die Art der Argumentation bezogen auf den Geist ist eine grundsätzlich andere. Die Grundzüge der Argumentation finden sich in Homilie 15 de fide, Homilie 24, Contra Eunomium III, De spiritu sancto.[95] Das Ziel der Argumentation ist es, die Gemeinschaft von Vater, Sohn und Geist bzw. ihre Einheit im Wesen darzustellen. Basilius führt in diesem Zusammenhang den Dualismus zwischen Gott und Schöpfung ein. Wesen sei, so Basilius, grundsätzlich zweifach entweder als göttlich oder als geschaffen definiert. Der Geist kann also nur einer der beiden Naturen zugeordnet werden. Für Basilius macht bereits diese Alternative evident, daß man von der göttlichen Natur des Geistes sprechen muß: Μὴ τοίνυν ζήτει ἐν τῇ κτίσει τὸ ὑπὲρ τὴν κτίσιν.[96] Der Geist gehöre, so Basilius, zu der Natur von Vater und Sohn[97] und werde nicht zur Schöpfung[98] gezählt.[99]

Basilius nennt ein doppeltes Vorgehen, um die Gottheit des Geistes zu verifizieren: den Rückgriff auf die Namen, d.h. die biblischen Attribute des Geistes, und das Wirken des Geistes, τῶν ἐνεργειῶν αὐτοῦ μεγέθη.[100]

Das Wirken des Geistes stellt in besonderer Weise die Frage nach einer Vermittlung Gottes zur Welt. Basilius nimmt dieses Thema auf. Der Geist teile sich der Schöpfung auf mannigfache Weise mit, ohne selbst durch diese Mitteilung Substanz zu verlieren[101], also in sich bleibend aufgrund der Unveränderlichkeit und Unteilbarkeit Gottes. In Homilie de fide formuliert Basilius das grundsätzliche Problem des Hinneigens Gottes zur Welt. Der Geist erscheint hier als eine Mittlerinstanz, sachlich werden platonisch/neuplatonische Aussagen der dritten Größe Seele aufgenommen.

    συνδρομῇ συμβεβηκότων τὴν ἰδιότητα τῆς οἰκείας ὑποστάσεως ἀφωρίσατο.

95 Vgl. hierzu: H. Dörries, De spiritu sancto. Der Beitrag des Basilius zum Abschluß des trinitarischen Dogmas, Göttingen 1956. Dörries leistet vor allem die Einbindung von DSS in die Gesprächssituation von Sebaste; Dörries spricht von einem "Protokoll von Sebaste". Damit steht die Auseinandersetzung zwischen Basilius und Eustathius von Sebaste und ihre Rekonstruktion im Mittelpunkt.

96 Hom.15,469A, vgl. CE III,2.18ff.(660A), Hom.24,6,612C. Auch die in der Zuschreibung unsichere Homilie De spiritu sancto arbeitet mit dieser Gegenüberstellung, 1429Aff.

97 CE III,2.25ff.(660A).

98 DSS XXIV,55,S.450.37ff.

99 Zur Terminologie siehe K.3.2.4., S.138ff

100 DSS XIX.48,S.416.8, vgl. CE III,4.1ff.(661B), vgl. DSS XXII.53,S.440.1ff.

101 Hom.15,3,469B: Τοῦτο εἰς πᾶσαν κτίσιν μεριζόμενον, καὶ ἄλλως ὑπ᾽ ἄλλου μετεχόμενον, οὐδὲν ἐλαττοῦτο παρὰ τῶν μετεχόντων.

Τοῦτο καὶ ἐν οὐρανῷ ἔστηκε, καὶ τὴν γῆν πεπλήρωκε, καὶ πανταχοῦ πάρεστι, καὶ οὐδαμοῦ περιέχεται. Ὅλον ἑκάστῳ ἐνοικεῖ, καὶ ὅλον ἐστὶ μετὰ τοῦ Θεοῦ.[102]

Sofern der Geist hier die Spannung des in die Welt Kommens und bei Gott Bleibens darstellt[103], geht Basilius von einem besonderen Wirken des Geistes aus, das notwendig emanatianische Vorstellungen beinhaltet.[104] Der Text bildet hierin eine Ausnahme. Nicht geklärt werden kann in diesem Gedankengang die Position des Geistes. Das Wirken des Geistes weist auf dessen Gottheit nur in der Einbindung in das einheitliche trinitarische Wirken. Die Identität des Wesens hat auch nach Basilius die Identität der Energien zur Folge.[105] Diese aber sind nicht zu unterscheiden und können infolgedessen nicht dem Geist als besonderem Subjekt innerhalb der Trinität zugeschrieben werden. Die Gottheit des Geistes ist aber aus den Wirkungen nur so abzuleiten, daß die besondere Wirkung des Geistes mit dem trinitarischen Wirken identifiziert wird.[106] Das aber setzt die Kenntnis eines besonderen Wirkens voraus, das der Einheit der ökonomischen Trinität widerspricht.

Der Geist heilige, so Basilius, er befähige zur Schau, es gebe eine Ordnung der intelligiblen Welt, der Geist leite sie, wie auch die Menschwerdung Gottes nicht ohne den Geist denkbar sei. Wenn Basilius in DSS das Wirken des Geistes in dieser Art beschreibt[107], versteht er es im Rahmen eines trinitarischen Wirkens.[108] Er nimmt das genannte Problem, das mit dem spezifischen Wirken des Geistes und dem gemeinsamen ökonomischen Handeln der Trias gegeben ist, wahr. Bereits in CE II bemüht sich Basilius um eine Ein- und Zuordnung des Wirkens des Geistes. Er leistet sie aber noch dadurch, daß das jeweilige Wirken von Vater, Sohn und Geist nebeneinandergestellt und identifiziert wird. Es gebe ein Wirken des Geistes, und dieses werde auch von Vater und Sohn ausgesagt: Ὁρᾷς πῶς καὶ ἐνταῦθα ἡ τοῦ ἁγίου Πνεύματος ἐνέργεια συντεταγμένη ἐστι τῇ Πατρὸς καὶ Υἱοῦ ἐνεργείᾳ.[109]

Die systematische Weiterführung von Contra Eunomium findet sich in De spiritu sancto.[110] Basilius formuliert hier die These, daß der Geist völlig un-

---

102 Hom.15,3,472A.
103 DSS XVIII.47,S.412.17-19, vgl. CE I,18.17f.(553A).
104 Vgl. CE II,21.30-33(619C-620A).
105 DSS VIII.19,S.316.60f.
106 Vgl. CE II,32.
107 DSS XVI.37,S.92,1-3.
108 Vgl. De fide 4,688A.
109 CE III,4.36f.(664B).
110 Gegen Dörries (a.a.O. S.99) zeigt der Gedankengang in DSS eine erhebliche Differenz zu Hom.15, die kaum eine zeitliche Nähe bedingt. Dörries zeigt die Parallelen lediglich für K.IX (DSS), das systematisch in der Tat einem anderen Duktus folgt, damit aber auch isoliert in DSS steht. Aus diesem Grund wird auf weitere Ausführungen zu DSS IX verzichtet. Vgl. H. Dehnhard, Das Problem der Abhängigkeit des Basilius von Plotin, Berlin 1964.

getrennt von Vater und Sohn ist[111], und führt dies bezogen auf das göttliche Wirken durch: Καὶ οὕτω δ᾽ ἂν τὸ συναφὲς καὶ ἀδιαίρετον κατὰ πᾶσαν ἐνέργειαν, ἀπὸ Πατρὸς καὶ Υἱοῦ, τοῦ Πνεύματος διδαχθείης.[112] Das ungetrennte einheitliche Wirken Gottes bedeutet, daß Basilius das göttliche Wirken auf die drei Personen bezieht, ohne daß er eine besondere Zuständigkeit der dritten Person für eine Vermittlung zur Welt formuliert. Beispielsweise sei Prophetie, so Basilius, zwar eine Gabe des Geistes, Propheten aber seien Propheten, sofern Gott in ihnen präsent werde. Wenn Basilius sich in diesem Zusammenhang mit dem Zitat des Prophyrius-Titels von Enneade V.1 von τρεῖς ἀρχικὰς ὑποστάσεις[113] abgrenzt, beinhaltet dies eine Ablehnung emanatianischer Vorstellungen. Das Zitat des Titels ist an diesem Ort nicht zufällig, sondern belegt die Beschäftigung mit der Sache.

In DSS geht es Basilius um das einheitliche und ungetrennte Wirken der Trias. Die Mittel der Darstellung sind zu interpretieren. Basilius beschreibt das gemeinsame Wirken, indem er es als gemeinsames Wirken den drei Personen zuschreibt, allerdings auf je spezifische Weise als Ursprung, Schöpfer und Vollender: Ἀρχὴ γὰρ τῶν ὄντων μία, δι᾽ Υἱοῦ δημιουργοῦσα, καὶ τελειοῦσα ἐν Πνεύματι.[114] Basilius leistet hiermit ein Doppeltes. Durch die Unterscheidung einer Handlung in drei Schritte bleibt die Handlung eine gemeinsame, beschreibt aber dennoch den Raum des einzelnen tätigen Subjektes.

Die spezifische Tätigkeit des Geistes ist nach Basilius Vollendung bzw. Heiligung.[115] Heiligung beschreibt Basilius in dem Bestandgeben als Beharren im Guten, in der Festigung des Im-Guten-Gegründet-Sein oder im Vertraut-Sein mit Gott.[116] Heiligung gebe der Schöpfung durch Vollendung Bestand. Heiligung setzt damit die schöpferische Tätigkeit von Vater und Sohn voraus und unterscheidet das Wirken des Geistes von der Tätigkeit des Sohnes.

Der Ertrag der Erörterungen zum Wirken des Geistes liegt in dem Rückschluß auf Natur und Eigenschaften des handelnden Subjektes.[117] Heiligung, so Basilius, setze ein wesentlich heiliges Subjekt voraus, das im Unter-

---

111 DSS XVI.37,S.374,1-3: ὅπως ἐν πᾶσιν ἀχώριστόν ἐστι καὶ ἀδιάστατον παντελῶς Πατρὸς καὶ Υἱοῦ τὸ ἅγιον Πνεῦμα.
112 DSS XVI,37,S.374.18-20.
113 DSS XVI.38,S.378,20f.
114 DSS XVI.38,S.378.21-23, vgl. CE II,21.30-33(619C-620A).
115 DSS XVI.38,S.380.38-40.
116 DSS XIX.49,S.418.12.
117 DSS XXIII.54,S.444.13ff.

schied zu einer durch Teilhabe[118] erworbenen Heiligkeit selbst der Natur nach heilig sei.[119] Anteilgeben und Teilhaben[120], Herrschen und Dienen[121], Gottheit und Schöpfung sind Ausdruck für zwei alternative Naturen. Der Geist, so Basilius, ist göttlich. Er sei von Natur gut, er kenne Gott, er mache lebendig, während Geschaffensein in Gutsein durch Teilhabe und in Gotteserkenntnis durch Offenbarung bestehe.[122] Basilius schließt: der Geist kann nicht zur Schöpfung gezählt werden. Der Gedankengang ist damit geschlossen.

Die eunomianischen Anfragen bestritten die Gottheit sowohl des Sohnes als auch des Geistes, allerdings mit einem unterschiedlichen Ansatzpunkt. Die Grundlegung der Gottheit von Sohn und Geist sieht dementsprechend verschieden aus. Bezogen auf den Sohn bestimmt die in der Differenz zwischen Gezeugt und Ungezeugt formulierte Ungleichheit von Vater und Sohn die Widerlegung der eunomianischen These. Im Unterschied dazu ist die Gottheit des Geistes durch Eunomius und durch den Kreis um Eustathius von Sebaste auf grundsätzlichere Weise bestritten, d.h., der Streit läßt sich nicht auf ein Prädikat fixieren. Die Bedeutung der Genese der Fragestellung zeigt sich darin, daß erst spät ein Prädikat zur Benennung der Hypostase des Geistes gefunden wurde. "Hervorgegangen" war nie der Begriff, gegenüber dem die Gottheit des Geistes durchgefochten werden mußte. Hieraus resultiert, daß die Frage nach der Gottheit des Geistes nicht als das Problem von Einheit und Differenz in Gott begriffen wurde. Wenn in Homilie 24.6 die Hervorgehensweisen von Sohn und Geist zur Sprache kommen, so beinhalten diese nicht die individuellen Eigentümlichkeiten, sondern sie verweisen auf die Zuordnung zum Vater und die Zugehörigkeit zur göttlichen Natur.[123] Das grundsätzliche Problem bezogen auf den Geist besteht darin, daß die ökonomische Beschreibung des Geistes in seiner spezifischen Bedeutung immer die Möglichkeit einer abgeleiteten Betrachtung beinhaltet. Das bedeutet, daß Gotteserkenntnis als Schau durch den Geist ermöglicht wird und über die Schau des Bildes hinaus auf das Urbild zielt.[124] Als weltzugewandt aber ist der Geist je nach Blickrichtung die erste oder dritte Größe, nicht aber das Urbild selbst.

Basilius geht zunächst in der Tat davon aus, daß es eine bestimmte Ordnung ($τάξις$) unter den trinitarischen Personen gibt. Das bedeutet für den

---

118 CE III.2.41ff.(660C).
119 Hom.24,6,413B; vgl. Hom.15,2,468f.
120 CE III,2.18ff.(660A).
121 CE II,31.16ff.(644C).
122 DSS XXIV.56,S.452.2ff.
123 Hom.24,6,612C.
124 DSS XVIII.47,S.412.17ff.

Geist: τὸ τρίτον εἶναι καὶ τῇ τάξει καὶ τῷ ἀξιώματι.[125] Basilius folgt in CE III Eunomius, der auch hier den breiten Konsens formuliert, aus dem Eunomius dann allerdings Schlüsse zieht, denen Basilius widerspricht. Basilius entzieht sich den ontologischen Implikationen einer Nachstellung des Geistes, indem er bereits in CE III den Dualismus zwischen Gott und Schöpfung einführt. Es gebe nur Gottheit und Schöpfung, so Basilius, und keine dritte Natur, welcher der Geist entsprechend seiner Stellung zugeordnet werden könne.[126] Ordnung und Natur seien in ihrer Struktur nicht voneinander abhängig.[127] Die Leistung des Gedankengangs besteht darin, daß Basilius den Geist in der Alternative zwischen Gott und Schöpfung ontologisch aus seiner dritten Stellung heraushebt.

Es ist eine Folge dieser Argumentation, daß Basilius die Vorstellung einer Stufung oder Nachordnung unter den trinitarischen Personen aufgibt. Die Diskussion um die Doxologie und das "Unterzählen" von Sohn und Geist, die DSS wiedergibt, erhält von hier ihre Prägnanz.[128] Die τάξις ist durch die σύνταξις von Vater, Sohn, Geist ersetzt.[129] Die Zuordnung setzt die natürliche Gemeinschaft voraus[130], wobei jetzt auch das Umgekehrte gilt: Die Natur fordert eine Ordnung der zu ihr gezählten Gegenstände.

Welche Differenzierungsmöglichkeiten eröffnet die Zusammenordnung von Vater, Sohn und Geist? Die Zuordnung zu einer natürlichen Gemeinschaft nimmt Basilius in dem Begriff συνάφεια auf. Verbindet συνάφεια zu verbindende, d.h. zu unterscheidende Gegenstände? Die Rede von συνάφεια zielt in diesem Zusammenhang auf nichts anderes als auf Zuordnung, Zusammenordnung[131] und ungetrennte Existenz.[132] Daß Basilius hier die Selbstän-

---

125 CE III,1.20(653B), vgl.: CE III,2.9ff.(657B): οὕτω δηλονότι καὶ τὸ Πνεῦμα τὸ ἅγιον, εἰ καὶ ἀξιώματι καὶ τάξει ὑποβέβηκεν, ὡς λέγουσι. Παρειλήφαμεν γὰρ αὐτό, φησί, τρίτον ἀπὸ Πατρὸς καὶ Υἱοῦ ἀριθμούμενον, αὐτοῦ τοῦ Κυρίου ἐν τῇ παραδόσει τοῦ σωτηρίου βαπτίσματος παραδεδωκότος τὴν τάξιν.

126 CE III,2.18ff.(660A).

127 CE III,1,24f.(656A): Τίς γὰρ ἀνάγκη, εἰ τῷ ἀξιώματι καὶ τῇ τάξει τρίτον ὑπάρχει τὸ Πνεῦμα, τρίτον εἶναι αὐτὸ καὶ τῇ φύσει;

128 DSS VI.13,S.286.13ff.

129 DSS X.25,S.334.17-19: Εἰ γὰρ ὁ μὲν Κύριος ὡς ἀναγκαῖον καὶ σωτήριον δόγμα τὴν μετὰ Πατρὸς σύνταξιν τοῦ ἁγίου Πνεύματος παραδέδωκε.

130 DSS XIII.30,S.352.30f., vgl. CE I,17.28ff.(552B), CE II,24.21f.(625C), CE II,30.17ff.(641B).

131 DSS X.24,S.332.12ff.

132 DSS XXVI.63,S.472.6ff.:Ἡ δὲ προαιώνιος ὕπαρξις, καὶ ἄπαυστος διαμονὴ μεθ᾽ Υἱοῦ καὶ Πατρὸς θεωρουμένη, τὰς τῆς ἀιδίου συναφείας προσηγορίας ἐπιζητεῖ. Τὸ γὰρ κυρίως καὶ ἀληθῶς συνυπάρχειν ἐπὶ τῶν ἀχωρίστων ἀλλήλοις συνόντων λέγεται. Vgl. DSS VI.14, S.288.5: οὐδενὸς διαστήματος μεσιτεύοντος τῇ φυσικῇ πρὸς τὸν Πατέρα τοῦ Υἱοῦ συναφείᾳ, vgl. DSS X.26, S.338.27.

digkeit der trinitarischen Personen nicht zum Thema macht, ist typisch für die Darstellung des Geistes. Der in dem Dualismus zwischen Gott und Schöpfung und in der Terminologie des Zusammenzählens und Zuordnens angelegte Gedankengang führt nicht unmittelbar zu der hypostatischen Existenz des Geistes.

In ep.125, 214, 236.6 nennt Basilius den Geist eine der Hypostasen. Wie ep.210 zeigt, reagiert Basilius hiermit auf das sogenannte sabellianische Problem. Auf dieses bezieht sich Basilius in DSS, wenn es heißt: Εἷς Θεὸς καὶ Πατὴρ καὶ εἷς μονογενὴς Υἱὸς καὶ ἓν Πνεῦμα ἅγιον. Ἑκάστην τῶν ὑποστάσεων μοναχῶς ἐξαγγέλλομεν.[133] In K.XXV[134] ist der Begriff der Hypostase durch die Abgrenzung von Sabellius bestimmt, und es ist davon auszugehen, daß alle fünf Belege von ὑπόστασις in DSS[135] diesen Zusammenhang implizieren, zumal sich von diesen drei in K.XVIII finden und K.XVIII die Homilie contra Sabellianos und möglicherweise auch Basilius, Homilie 24 Contra Sabellianos et Arium et Anomoeos voraussetzt.[136] In Hom. 24 verwendet Basilius den Begriff der Person, um die eigenständige Existenz von Vater, Sohn und Geist zu bezeichnen. Übertragen werden hier die aus dem Verhältnis Vater/Sohn gewonnenen Kategorien auf den Geist, und zwar in der Zuordnung des Geistes zum Sohn. Ἃ τοίνυν ἐλέγομεν περὶ

---

133 DSS XVIII.44,S.404.20ff.

134 DSS XXV.59,S.460.36

135 DSS V.7,S.272.9; XVIII.44,S.404.21, 45,S.404.6, 47,S.412.22, XXV.59, S.460.38,42.

136 Hübner hat einen literarischen Zusammenhang zwischen Ps.Athanasius, Homilie contra Sabellianos (H.c.S.) und Hom.24 gezeigt. Dieser Befund läßt sich nicht ohne weiteres auf DSS XVIII übertragen. DSS XVIII zeigt aber, daß Basilius zur Zeit der Abfassung H.c.S. gekannt und wahrscheinlich bereits Hom.24 geschrieben hat. Sicher ist K.XVIII keine Zusammenfassung von Hom.24 und H.c.S. Die Schriften stehen in einem Zusammenhang, das Verhältnis der drei Schriften aber im Sinne literarischer Abhängigkeit zu beschreiben ist schwierig. Hier gilt der Satz Hübners: "So häufig man auch in einigen Kapiteln des Buches über den hl. Geist die Gedanken und auch Worte des Traktates c. Sabellianos durchzuhören meint, so schwierig ist es im einzelnen Fall, eine förmliche Anlehnung oder Anregung zu beweisen." (Hübner, Apolinarius, a.a.O. S.264). Die Parallelen zwischen DSS XVIII und H.c.S. betreffen 1. den Vergleich mit dem König (H.c.S.6,108B) - bereits Dörries hat darauf hingewiesen (a.a.O. S.96) - , 2. die Rede von einer μορφή in Vater und Sohn (DSS XVIII.45, 406. 8f.), die einem einzigen Beleg in dieser Bedeutung in H.c.S. (116B) nahesteht. Daß in κατὰ δὲ τὸ κοινὸν τῆς φύσεως (DSS XVIII.45,S.406.13f.) eine Übersetzung von εἶδος vorliegt, letzteres ist nur in H.c.S.109B-C belegt, ist m.E. nicht überzeugend.

Υἱοῦ, ὅτι δεῖ ὁμολογεῖν ἴδιον αὐτοῦ πρόσωπον, ταῦτ᾽ ἔχομεν λέγειν καὶ περὶ τοῦ Πνεύματος τοῦ ἁγίου.[137] Wenn Basilius sich in diesem Zusammenhang auf eine Verbindung von Vater, Sohn und Geist bezieht, setzt der Begriff συνάφεία[138] deren selbständige Existenz voraus und ist infolgedessen selbst eine Form, um Einheit und Differenz auszusagen. Basilius spricht von der ungetrennten Verbindung, steht damit aber sachlich einer unvermischten Verbindung nahe.

Basilius ist in seiner Argumentation weitgehend von der Position der Gegner bestimmt. Die Unterscheidung zwischen Usie und Hypostase ist nicht denkbar ohne die eunomianische Kritik, wird aber in diesem Kontext nicht geleistet. In DSS setzt der Begriff der Hypostase das sabellianische Problem voraus. Hom. 24 bestätigt die systematische Bedeutung des Sabellianismus-Problemes für die Entwicklung der Trinitätslehre.

2.2. Gregor von Nazianz. Weiterführung und Veränderung

Daß Gregor von Nazianz die Arbeit des Basilius in irgendeiner Form weiterführte, gehört zu den selbstverständlichen Vorgaben der Redeweise von den "drei Kappadokiern". Die besondere Bedeutung Gregors von Nazianz für das Fortwirken der Trinitätslehre aber besteht darin, daß bei Gregor eine veränderte trinitarische Fragestellung vorliegt.

Die Kontinuität in der kappadokischen Trinitätslehre kann man darin beschreiben, daß es sich jeweils um eine nizänische Trinitätslehre handelt, die das Konzept der drei Hypostasen integriert und die trinitarischen Aspekte von Einheit und Dreiheit in vergleichbarer Weise zuordnet. Die Veränderung gegenüber Basilius ist bei Gregor von Nazianz und Gregor von Nyssa auf zwei Ebenen festzumachen: Gregor von Nazianz und Gregor von Nyssa stellen erstens die Zuordnung der Aspekte von Einheit und Dreiheit im Hypostasenmodell mit veränderten ontologischen Vorgaben dar. Beide reagieren zweitens mit einer unterschiedlichen Darlegung der Einheit Gottes auf eine gegenüber Basilius neue Fragestellung.

Die Gewichtung dieser beiden Aspekte von Veränderung ist Interpretation. Wirkungsgeschichtlich werden nicht verschiedene Formen des Hypostasenmodells relevant, sondern die im Vergleich zu Basilius umgekehrte Fragerichtung innerhalb der Trinitätslehre, daß nicht mehr die Einzelexistenz der trinitarischen Personen im Vordergrund steht und ein hilfreicher Gedanke ist,

---

137 Hom.24,4,609A.

138 Hom.24,4, 609B: Καὶ συνῆπται μὲν ὁ Υἱὸς τῷ Πατρὶ ἀδιαστάτως· συνῆπται δὲ τῷ Υἱῷ τὸ Πνεῦμα.

sondern das Thema der Einheit Gottes. Weder bei Gregor von Nazianz noch bei Gregor von Nyssa wird eine bewußte Abgrenzung von einer bestimmten Form des Hypostasenmodells oder überhaupt eine Diskussion um den Bestand und die Veränderung dieses Modells sichtbar. Diskutiert wird vielmehr die Darstellung der Einheit Gottes innerhalb der kappadokischen Trinitätslehre. Gregor von Nazianz reagiert hier auf einen umstrittenen Gegenstand.

Gregor von Nazianz markiert einen Umbruch innerhalb der kappadokischen Trinitätslehre, der für die Wirkungsgeschichte der kappadokischen Trinitätslehre wichtig wird. Sein Konzept der Einheit Gottes legt es nahe, die Frage nach dem Ertrag des Platonismus für die Entfaltung der kappadokischen Trinitätslehre im Rahmen der Erörterungen zu Gregor von Nazianz zu stellen.

2.2.1. Weiterführung: die Entfaltung des Hypostasenmodells

Ep.101[1] gehört zu den bekannten Texten Gregors von Nazianz, die bereits in der Alten Kirche zitiert wurden. Der Text hat eine besondere Wirkungsgeschichte, insofern Gregor hier Trinitätslehre und Christologie in Beziehung setzt. Nach Gregor spricht man in der Christologie von zwei Naturen, Gott und Mensch, ἄλλο καὶ ἄλλο[2], aber nur von einem Sohn, in der Trinitätslehre von zwei Hypostasen, ἄλλος καὶ ἄλλος[3], aber von einer Natur der Gottheit. Gregor formuliert völlig analog, sofern das Problem von Einheit und Differenz hier und dort berührt wird, ohne daß aber eine sachliche Entsprechung vorliegt. Was vom Sohn gelte, ἄλλο καὶ ἄλλο, sei von der Trinität nicht zu sagen. Die Natur ist hier einheitsstiftend, es gebe gerade keine zwei Naturen. Umgekehrt würde das trinitarische ἄλλος καὶ ἄλλος, auf die Christologie angewendet, zwei Söhne ergeben und gelte hier somit nicht.[4]

Die Zusammenstellung markiert verschiedene Ebenen. Intention ist nicht, unter Berücksichtigung dieser Ebenen Entsprechungen aufzuzeigen, sondern die Differenz zwischen ἄλλος und ἄλλο, zwischen Hypostase und Natur zu belegen. In dieser Einbindung muß die Trinitätslehre die Gegenüberstellung von Hypostase und Usie beinhalten und steht somit in Kontinuität zu der basilianischen Definition: Ἐκεῖ μὲν γὰρ ἄλλος καὶ ἄλλος, ἵνα μὴ τὰς

---

1 Zu ep.101 vgl.: Enzo Bellini, Struttura letteraria e teologia nella lettera CI di Gregorio Nazianzeno, in: ScC 103 (1975), S.464-474.
2 Ep.101.20,S.44.
3 Vgl. Carmina I.1, Poemata Dogmatica 400A.29f.
4 Ep.101,19-21,S.44-46.

ὑποστάσεις συγχέωμεν· οὐκ ἄλλο δὲ καὶ ἄλλο, ἓν γὰρ τὰ τρία καὶ ταὐτὸν τῇ θεότητι.[5] Der systematische Ertrag der Gegenüberstellung von Hypostasen und einheitlichem Subjekt liegt ausschließlich darin, daß Selbigkeit und Differenz der Struktur nach verschieden ausgesagt werden. Nur infolgedessen kann Differenz die selbständige Wahrnehmung der Hypostasen beinhalten, ohne ihre Gleichheit auszuschließen.

Gregor setzt die Grundzüge des Hypostasenmodells voraus und faßt das trinitarische Problem in der Gegenüberstellung von Einheit und Dreiheit zusammen: ἐπειδή γε ἀναγκαῖον καὶ τὸν ἕνα Θεὸν τηρεῖν καὶ τὰς τρεῖς ὑποστάσεις ὁμολογεῖν, καὶ ἑκάστην μετὰ τῆς ἰδιότητος.[6] Neben ὑπόστασις[7] beschreibt auch ἰδιότης die Seite der Dreiheit.[8] Überblickt man die oft kurzen trinitarischen Abschnitte in den Reden, tritt der Begriff ὑπόστασις zurück. Im Unterschied zu Basilius sind bei Gregor in diesem Zusammenhang nicht die ontologischen Begriffe οὐσία/ὑπόστασις bestimmend. Gregor verwendet zunächst die Begriffe θεότης[9]/ἰδιότης: Ἐν τὰ τρία τῇ θεότητι, καὶ τὸ ἓν τρία ταῖς ἰδιότησιν.[10] Holl hat darauf hingewiesen, daß Gregor weitgehend ὑπόστασις durch ἰδιότης ersetze, und interpretiert dies als eine Verwischung der Konturen gegenüber Basilius.[11] Diese Beobachtung ist auf die sprachliche Form zu beziehen. Gregor schreibt kurze prägnante Texte, in denen die genannten Begriffe schließlich völlig fehlen können. Die trinitarischen Formeln sind bei Gregor nicht durch die Entfaltung eines bestimmten ontologischen Begriffs geprägt, sondern durch die Aussage von Einheit und Dreiheit. Εἷς οὖν Θεὸς ἐν τρισὶ, καὶ τὰ τρία ἕν.[12]

Gregor wählt bestimmte sprachliche Mittel, in den Reden entstehen prägnante kurze trinitarische Formeln. Sachlich hingegen gehen diese Sätze nicht über die Dialektik von Einheit und Dreiheit hinaus. Die trinitarische Einheit,

---

5 Ep.101,21,S.44-46.
6 Or.2,38,S.140.13ff., vgl. or.20,6,S.70.25ff.
7 Or.42,16,477A: Δίδασκε προσκυνεῖν Θεὸν τὸν Πατέρα, Θεὸν τὸν Υἱὸν, Θεὸν τὸ Πνεῦμα τὸ ἅγιον, ἐν τρισὶν ὑποστάσεσιν, ἐν μιᾷ δόξῃ τε καὶ λαμπρότητι, or.13.4,356C: τὸ μὲν ἓν , τῇ οὐσίᾳ γινώσκοντες, καὶ τῷ ἀμερίστῳ τῆς προσκυνήσεως· τὰ δὲ τρία, ταῖς ὑποστάσεσιν, εἴτουν προσώποις, ὅ τισι φίλον.
8 Or.26,19,S.270.9f.: μία φύσις, τρεῖς ἰδιότητες.
9 Or.22,12,S.242-244.2f.: τὴν μίαν ἐν τοῖς τρισὶ θεότητά τε καὶ δύναμιν, vgl. or.32,21,S.130.12, or.40,41,S.292.6f.: τὴν μίαν θεότητά τε καὶ δύναμιν ἐν τοῖς τρισὶν εὑρισκομένην ἑνικῶς, vgl. or.18,16,1005A; or.41,8,S.330.1ff.
10 Or.31,9,S.292.17f., vgl. or.43,537B: τρία μὲν ταῖς ἰδιότησιν, ἓν δὲ τῇ θεότητι.
11 K. Holl, Amphilochius von Ikonium in seinem Verhältnis zu den grossen Kappadoziern, Tübingen/Leipzig 1904, S.171f.
12 Or.39,12,S.176.27f.

so Gregor, habe Sabellius formuliert, die trinitarische Dreiheit Arius.[13] Jetzt
stehe die sabellianische Einheit gegen Arius, die arianische Dreiheit gegen
Sabellius.[14] Sabellius ziehe die Gottheit zusammen, verbinde, vermenge und
löse sie so auf, Arius trenne in ungleiche Verschiedenheit.[15] Sabellius denke
Einheit durch Auflösung der Differenz, Arius Differenz auf Kosten der Einheit, so Gregors Darstellung.[16] Beide, Arius und Sabellius, markieren eine
Grenze, beide werden in dem Punkt der Grenzüberschreitung korrigiert. Einheit darf nach Gregor nicht Differenz, Differenz nicht Einheit aufheben,
wobei Einheit nicht ohne Differenz denkbar ist. Der "königliche Weg der
Mitte[17]" zeigt die Bedeutung, die Gregor systematisch der doppelten Abgrenzung beimißt. Stärker als Basilius sieht Gregor das trinitarische Problem in
der Spannung von zugleich Einheit und Dreiheit.[18] Im Ergebnis sind die Pole
Einheit und Differenz in ein dialektisches Verhältnis gebracht. Die in diesen
Formulierungen zum Ausdruck kommende Trinitätslehre arbeitet mit einer
Differenzierung zwischen den Kategorien für Einheit und Dreiheit. Ontolo-
gisch gewendet ist dies das Vorgehen von Basilius.

Gregor setzt den Begriff ὑπόστασις, wie er von Basilius entwickelt ist,
voraus. Die trinitarischen Personen seien selbstexistierend, nicht ἀνυπόστατα[19], sie seien für sich betrachtet Gott.[20] Infolgedessen gebe es keine
hypostatische[21], sondern eine wesentliche Einheit, κατὰ τὸν τῆς οὐσίας
λόγον.[22] Gregor spricht hier von φύσις[23], μία φύσις, τρεῖς ἰδιότητες[24].

---

13 Or.20,5,S.66.21-S.68.1: καὶ οὔτε εἰς ἓν τὰ τρία συναλείφομεν, ἵνα μὴ τὴν
Σαβελλίου νόσον νοσήσωμεν, οὔτε διαιροῦμεν εἰς τρία ἔκφυλα καὶ ἀλλότρια,
ἵνα μὴ τὰ Ἀρείου μανῶμεν.

14 Or.43,30,537A.

15 Or.2,37,S.138.12ff.

16 Or.42,16,476C: οὔτε τῷ ἑνὶ Σαβελλίζοντες κατὰ τῶν τριῶν, καὶ συναιρέσει
κακῇ τὴν διαίρεσιν λύοντες· οὔτε τοῖς τρισὶν Ἀρειανίζοντες κατὰ τοῦ ἑνός, καὶ
πονηρᾷ διαιρέσει τὶ ἓν ἀνατρέποντες, vgl. or.18,16,1005A: οὔτε τῷ ἑνὶ
Σαβελλίζων, οὔτε τοῖς τρισὶν Ἀρειανίζων, ἢ τῷ συστέλλειν θεότητα καὶ
ἀναλύειν ἀθέως, ἢ τῷ κατατέμνειν ἀνίσοις ἀλλοτριότησιν, ἢ μεγέθους, ἢ
φύσεως. Zusammenfassend spricht Gregor von συναίρεσις und διαίρεσις:
or.22.12,S.246.18f.: ἡ Σαβελλίου συναίρεσις, καὶ ἡ Ἀρείου διαίρεσις.

17 Or. 20,6,S.68.1, or. 42,16,476C.

18 Vgl. or.6,22,749C: πρὶν συνάψαι διαιροῦντες, καὶ πρὶν διαιρεῖν συνάπτοντες,
or.39,11,S.171.2f.: Διαιρεῖται γὰρ ἀδιαιρέτως, ἵν᾽ οὕτως εἴπω, καὶ
συνάπτεται διῃρημένως.

19 Or.6,22,749C.

20 Or.40,41,S.294.2: θεὸν ἕκαστον καθ᾽ ἑαυτὸ θεωρούμενον.

21 Or.6,22,749C.

22 Or.39,11,S.170.13-172.2: τρισὶ μὲν κατὰ τὰς ἰδιότητας, ἤ γ᾽ οὖν ὑποστάσεις,
εἴ τινι φίλον καλεῖν, εἴτε πρόσωπα ..., ἑνὶ δὲ κατὰ τὸν τῆς οὐσίας λόγον,
εἴτουν θεότητος.

23 Or.41,8,S.330.1f.

Göttlich seiend, bewahren die trinitarischen Personen ihre Eigentümlichkeiten[25]: τὸ ἀγέννητον, τὸ γεννητὸν, τὸ προϊόν.[26]

Basilius kann die Hypostasen insofern von einem allgemeinen Wesen absetzen, als die Hypostasen durch bestimmte Eigentümlichkeiten beschrieben sind und Eigentümlichkeiten oder Qualitäten als solche eine Differenz zum Wesen bezeichnen, weil das Wesen nicht qualifiziert ist. Eigenschaften beziehen sich nach Basilius nicht auf das Wesen, sondern nur auf die Hypostasen. Dieses ist die systematische Voraussetzung, um das trinitarische Problem in der Gegenüberstellung von Eigentümlichkeiten und Wesen zusammenzufassen.

Gregor hingegen bezeichnet die verschiedenen ontologischen Ebenen in der gleichen Begrifflichkeit. Sofern die Begriffe für die verschiedenen ontologischen Ebenen in Anspruch genommen werden, gibt es in den Ausführungen Gregors nicht Begriffe, denen als solche bestimmte ontologische Implikationen inhärent sind. Die Ursache liegt in einem anderen Wesensbegriff.

Gregor interpretiert die Prädikate göttlichen Wesens in der Rückfrage nach dem Subjekt als Wesenswas. Prädikate sind Aussagen über einen Gegenstand und bedingen den Verweis auf das ὑποκείμενον.[27] Entspricht, wenn Gregor Eigenschaft und ὑποκείμενον in dem bezeichneten Gegenstand zusammenzieht, dieses Vorgehen der Darstellung des Individuum, oder ist der Bezug von Proprium auf Art ausgesagt? Formal entsprechen sich beide Aussageformen. Festzuhalten ist zunächst der Bezug auf das Wesenswas, οὐδεμία γὰρ φύσις ὅ τι μὴ τόδε ἐστὶν, ἀλλ᾽ ὅ τι τόδε.[28] Gregor stellt den negativen göttlichen Prädikaten, unkörperlich und ungezeugt, ihre positiven Äquivalente gegenüber und beschreibt die Aussage: Körper beispielsweise werde von einem Gegenstand ausgesagt nicht ohne sein ὑποκείμενον.[29] Das In-Körper-, Gezeugt-, Vergänglichsein werde Mensch, Rind und Pferd zugeschrieben,[30] d.h., Eigenschaften beziehen sich auf die Art als qualifiziertes Wesen. Die basilianische Abstraktion auf ein letztes Seiendes hin liegt bei Gregor in diesem Zusammenhang nicht vor.

Diese Definition ist als Argument in der eunomianischen Kontroverse wenig geeignet. Der Sache, daß göttliches Wesen qualifiziert ist, würde Eunomius zustimmen, allerdings mit der Qualifikation "ungezeugt". Gregor führt

---

24 Or.26,19,S.270.9f.
25 Or.40,41,417B.
26 Or.26,19,S.270.9.
27 Or.28,9,S.118.
28 Or.42,15,476A.
29 Or.28,9,S.118.13ff.
30 Or.28,9,118.17f.

die Diskussion nicht mit einem grundsätzlich anderen Wesensbegriff als Eunomius, sondern bringt verschieden qualifiziertes Wesen - Art und Individuum - und entsprechende Qualitäten oder Eigenschaften ein, und diese gelte es, so Gregor, zu unterscheiden. Angewendet auf die Trinitätslehre seien Eigenschaften die Eigentümlichkeiten der trinitarischen Individuen. Die Eigenschaften bezeichnen die jeweilige Hervorgehensweise, ohne daß, wie Gregor an dem unterschiedlichen Entstehen von Adam, Eva, Seth bei gleichem Menschsein festmacht[31], die Hervorgehensweise Naturendifferenz beinhalte. Sofern Eigenschaften als solche Gattung, Art, Individuum bezeichnen können, entscheidet nur der Inhalt über den bezeichneten Gegenstand.

Gregor geht ontologisch nicht hinter den Artbegriff zurück. Gottes Wesen, verstanden als Art, ist ein qualifiziertes. Sofern die göttliche Natur hier prinzipiell spezifisch bestimmbar ist, gibt es ein ἴδιον der göttlichen Natur. Gottes Wesen sei nur Gott eigentümlich und könne nur von ihm ausgesagt werden, ὃ δὲ μόνου θεοῦ καὶ ἴδιον, τοῦτο οὐσία[32]. Was Gott eigentümlich sei, könne von Gott eigentlich ausgesagt werden. Was von Gott eigentlich ausgesagt werden könne, das sei Gott. Die Vorstellung eines qualifizierten göttlichen Wesens führt zu der Aussagbarkeit und Bestimmbarkeit Gottes und steht damit im Widerspruch zu dem Gottesbegriff, den Gregor weitgehend voraussetzt.[33]

Festzuhalten ist, daß Gregor das Hypostasenmodell von einer anderen ontologischen Grundlegung her entfaltet als Basilius und daß sich zweitens aus dieser - anders als im Rahmen der formalen Argumentationsstruktur bei Basilius - eine neue, stärker inhaltliche Diskussion ergibt.

2.2.2. - und Veränderung: Die Darstellung der Einheit Gottes

Gregor schreibt einen wesentlichen Teil seiner Reden während seiner Zeit in Konstantinopel[34], d.h. nach dem Tod von Basilius. Bereits die Gegenüberstellung von Sabellius und Arius, d.h. von Vermischung und Trennung der trinitarischen Personen, und die Beschreibung der eigenen Position als die der Mitte bezeichnen eine neue Situation gegenüber Basilius. In welcher Weise gewinnt neben dem Sabellianismus, der neben Marcell und Photin pauschal die Altnizäner mitbetraf, Arius Aktualität? Der "Neuarianer" Eunomius

---

31 Or.31,11,294f.
32 Or.29,11,198.1f.
33 Siehe S.67.
34 Siehe: Jean Bernadi, La prédication des Pères Cappadociens. Le prèdicateur et son auditoire, Montpellier 1968, S.140ff.

schreibt in dieser Zeit seine Apologia Apologiae. Arianisch bedeutet die Trennung der trinitarischen Personen. Gregor spricht in or. 31,9 von τὰ τρία τῆς πονηρᾶς νῦν διαιρέσεως[35] und beschreibt hierin eine gegenwärtige Position, die er aber nicht mit Arius identifiziert und von der er sich selbst abgrenzt. In or. 2,37 kennzeichnet Gregor die theologische Lage durch die drei Häresien: Atheismus, Judaismus, Polytheismus. Arius wird hier - anders als oft - dem Judaismus zugeordnet, Sabellius dem Atheismus, für den Polytheismus bleiben τινες τῶν ἄγαν παρ᾽ ἡμῖν ὀρθοδόξων.[36] Dieses kann nur so interpretiert werden, daß Basilius selbst Gegenstand der Auseinandersetzung geworden ist. Der Vorwurf der Trennung der trinitarischen Personen trifft jetzt neben Eunomius auch Basilius.

Die Entdeckung des Basilius, daß Einheit und Differenz in Gott in Analogie zu Individuum/Gattung aussagbar sind, verbunden mit seiner Konzentration auf die Einzelexistenz, bietet den Anstoß. Bereits Gregor kennt den sich hier anschließenden Vorwurf der drei Götter[37]: Wenn in der gleichen Weise, wie es nur eine Menschheit gibt, auch nur eine Gottheit sei, dann gebe es entsprechend den vielen Menschen viele Götter. Auf dem Hintergrund dieser Aussage wird die Einheit Gottes notwendig zum Thema. Bei Gregor liegt die neue Fragestellung und damit ein neuer Schwerpunkt in der Trinitätslehre vor. Wie löst er diese Aufgabe?

Nach Gregor ist das Beispiel der Menschheit deshalb nicht auf Gott übertragbar, weil die Einheit der Menschen nur ἐπινοίᾳ besteht, während die göttliche Einheit eine grundsätzlich andere ist.[38] Gregor muß systematisch hier einsetzen. Seine negative Grundlegung der göttlichen Einheit besteht darin, daß es in Gott keine Gegensätze und keine Differenzen gebe, die eine Einheit ausschließen. Positiv belegt Gregor Einheit dreifach, er nennt 1. θεότητα, 2. μοναρχίαν, 3. πρωτὴν αἰτίαν[39]. Die Unterschiedenheit in Gott besteht erstens rein zahlenmäßig, d.h., sie bezieht sich nicht auf das Wesen (θεότης).[40] Hier dominiert die wesentliche, als Art gefaßte Einheit. Die Struktur der Aussage bleibt im Rahmen der Unterscheidung zwischen Usie und Hypostase. Gregor nennt zweitens die ökonomische Einheit Gottes. Die Mischung des Lichts von drei Sonnen[41] stellt im Vergleich das einheitliche

---

35 Or.31,9,S.292.18f.
36 Or.2,37,S.136.4. Auch in or.22,12 nennt Gregor eine dritte Position: or.22,12, S.246.19f.: καὶ ἡ τῶν νῦν σοφιστῶν ἐντεῦθεν ὑποδιαίρεσις.
37 Or.40,43,S.298.11f.
38 Or.31,15,S.304.4f.: ἀλλ᾽ ἐκεῖ μὲν ἡ κοινότης τὸ ἓν μόνον ἐπινοίᾳ θεωρητόν᾽, vgl. or.42,15,476B.
39 Or.31,14,S.302.10f.
40 Or.29,2,S.178.12.
41 Or.31,14,S.302.8f.

ökonomische Wirken, d.h. die ökonomische Einheit dar. Grundlegend ist dann drittens die Rückführung der Dreiheit auf ein Prinzip der Einheit. Gregor argumentiert mit dem Herkommen aus der ersten Ursache, das identisch ist mit der Herkunft aus dem ἕν. Das ἕν ist nach Gregor insofern erste Ursache, als es sich selbst entfaltet, sich von sich selbst entfernt und vielfältig wird, in anderer Terminologie: "die Monas wird zur Duas bewegt, bis sie Trias ist"[42]. Die Entfaltungen, so Gregor, seien rückbezüglich. Das, was aus dem ἕν komme, neige sich zu dem ἕν hin.[43] Die Vorstellung der Selbstentfaltung des ἕν in ihrer trinitarischen Anwendung führt zu einem Begriff der ersten Person als einheitsstiftendes Prinzip, somit zu der Vorordnung des Vaters und beinhaltet eine Grundlegung von Einheit und Differenz innerhalb der Beschreibung der trinitarischen Personen und ihrer Verhältnisbestimmung.

Wenn Gregor schreibt, Ἕνωσις δὲ, ὁ Πατὴρ, ἐξ οὗ, καὶ πρὸς ὃν ἀνάγεται τὰ ἐξῆς[44], entspricht die Person des Vaters dem ἕν in or.31,14, πρὸς ἕν τὰ ἐξ αὐτοῦ τὴν ἀναφορὰν ἔχει[45], wobei ἕν als vorausgehende Ursache begriffen wird. Göttliche Einheit wird gewährleistet dadurch, daß Sohn und Geist sich auf den Vater als durch diesen verursacht beziehen. Τηροῖτο δ' ἄν, ὡς ὁ ἐμὸς λόγος, εἷς μὲν Θεός, εἰς ἓν αἴτιον καὶ Υἱοῦ καὶ Πνεύματος ἀναφερομένων.[46] Gott ist in dieser Darstellung einer, indem Sohn und Geist vom Vater als Ursache abgeleitet werden, und nicht, insofern Sohnschaft wie auch Vaterschaft Konkretionen im Gegenüber zum göttlichen Wesen darstellen.

Gregor wendet sich damit gegen jede Drei-Prinzipien-Lehre[47], führt aber mit der gegenseitigen Ableitung der trinitarischen Personen von neuem sämtliche Probleme der Emanation[48] wieder ein. Der Vater ist als allein ursprungslos ontologisch höherwertig, und Gregor möchte den Vater größer nennen.[49] Er kann dies nur tun, indem er den Vater als Ursprung von Gleichen, von dem die Gleichen ihr Gleichsein haben, versteht und somit die ontologische Implikation des Gedankens vom Ursprung nicht teilt.

---

42 Or.29,2,S.180.13ff.

43 Or.31,14,S.302.2f.

44 Or.42,15,476B.

45 Or.31,14,S.302.2f., vgl. or.29,2,S.178.10f.: πρὸς τὸ ἕν τῶν ἐξ αὐτοῦ σύννευσις.

46 Or.20,7,S.70.1f.

47 Or.31,30,S.338.16f.

48 Insofern Gregor selbst sich gegen die Vorstellung des Ausfließens wendet, kann der Begriff Emanation hier und im Folgenden nicht im engen Sinne gebraucht werden. Zu Emanation vgl.: J. Ratzinger, Emanation, in: RAC 4 (1957), Sp.1219-1228.

49 Or.40,43,S.298.1f.

Entgegen den Eunomianern bezeichnet Ursprung bei Gregor keine spezifische Natur, sondern σχέσις - eine Beziehung - wobei diese aber wiederum als Hinweis auf eine gemeinsame Natur verstanden wird.[50] Die göttliche Einheit wird im Vater als Ableitungsgrund für Sohn und Geist grundgelegt. Ursprungslosigkeit und Seinsgrund im Vater werden dann aber von ihren ontologischen Implikationen gelöst und unter der Voraussetzung der Naturengleichheit von Vater, Sohn und Geist ausgesagt. Unter der Prämisse der Naturgleichheit zieht Gregor den Gedanken der Ableitung von Sohn und Geist vom Vater zum Erweis der Natureneinheit heran. Damit sind die Probleme, unter Voraussetzung des Usie/Hypostasen-Modells die Einheit Gottes zu beschreiben, skizziert. Gregor leistet systematisch nichts anderes, als in das Usie/Hypostasen-Modell den Komplex emanatianischer Vorstellungen einzufügen.

In or.20,7[51] faßt Gregor zusammen, indem er 1. den einen Gott als Ursache von Sohn und Geist bestimmt, 2. die Hypostasen als unvermischte Eigentümlichkeiten definiert und 3. die Eigentümlichkeiten als das ἄναρχος des Vaters und das von einer ἀρχή Abgeleitetsein des Sohnes beschreibt. In eine Trinitätslehre, die ganz mit der Ableitung des Sohnes vom Vater arbeitet, wird hier die Hypostasenlehre eingefügt. Die Hypostasen gewährleisten, daß die emanatianischen Vorstellungen nicht dahin führen, daß göttliche Entfaltungen zu aktuellen Wandlungen Gottes werden und daß auf der anderen Seite der Vater nicht die Priorität gewinnt, so daß für Sohn und Geist nur noch die Kategorie göttlicher Kräfte bleibt.[52] Wenn Gregor in diesem Sinn mögliche Gefahren emanatianischer Bilder wie Sonne, Strahl, Licht oder Quelle, Fluß, Strom beschreibt, ist dieses Beleg für eine Diskussion um christlich rezipierte Emanationsvorstellungen, nicht aber für eine grundsätzlich kritische Auseinandersetzung Gregors mit platonischen Systemen, Emanation zu denken.[53] Auf die auch in diesem Kontext wiederholte Abgren-

---

50 Or.29,16,S.210.14ff., vgl. die Ausführungen Gregors von Nyssa, hierzu: K.2.3., S.84ff, S.99ff

51 Or.20,7,S.70/72.

52 Or.31,31ff.,S.338ff.

53 Vgl. insgesamt die Charakterisierung Gregors durch Moreschini. C. Moreschini, Il platonismo cristiano di Gregorio Nazianzeno, in: ANSP IV,4 (1974), S.1347-1392 (=Moreschini, platonismo). Moreschini schreibt: "Gregorio, quindi, esegue, per così dire, una ricostruzione cristiana del processo emanatistico di Plotino" (a.a.O. S.1389). Inwieweit es sich hier um einen christlichen Platonismus handelt, der durch Alexandrien, d.h. durch Origenes vermittelt wurde, kann wie die weitere Bedeutung Origenes für Gregor nicht weiterverfolgt werden. Hierher gehört die durch Holl angeregte Diskussion um Gregor Thaumaturgus. Siehe: C. Moreschini, Influenze di Origene su Gregorio di Nazianzeno, in: Atti e Memorie. Dell' Accademia Toscana di scienze e lettere. La Colombaria, 44 (1979), S.35-57.

zung von einem "Ausfluß Gottes" ist zurückzukommen. Die Intention des erneuten Rückgriffs auf emanatianische Vorstellungen ist deutlich, fraglich ist nur, inwieweit Gregor sein Vorhaben, die Einheit Gottes nach dem Zutagetreten der Grenzen des Hypostasenmodells durch die Ableitung der zweiten und dritten Person neu zu bestimmen, systematisch lösen kann. Daß es in Gott keine Über- oder Unterordnung gibt, bleibt bei Gregor Postulat.[54]

2.2.3. Der Ertrag der mittel- und neuplatonischen Terminologie für die Entfaltung der Trinitätslehre

Gregor beschreibt eine Schau Gottes, aber was hat er gesehen? - die Rückseite, das Ende Gottes, Schatten, aber eben nicht die erste, unvermischte Natur.[55] Die Erkenntnis Gottes übersteige menschliche Fassungskraft. In dem Moment, in dem die verschiedenen Vorstellungen sich zusammenfügen, löse das Bild sich auf. Bevor es ergriffen ist, entweiche es[56], und was nicht ergriffen werden kann, könne auch nicht ausgesprochen werden.[57] Für Gott gebe es keinen Namen.[58] Es müsse ein Name für eine in sich stehende, bei sich seiende, autarke Natur, mit keiner anderen verbundene, also transzendente Natur sein.[59] Es bleibe Gott als Seiendes zu bezeichnen[60], wenn man ihn nicht noch über das Sein hinausheben müsse, $\dot{v}\pi\grave{\epsilon}\rho$ $\tau\grave{\eta}\nu$ $o\dot{v}\sigma\acute{\iota}\alpha\nu$ $\ddot{\alpha}\gamma\epsilon\iota\nu$ $\alpha\dot{v}\tau\acute{o}\nu$.[61] Während die Definition göttlicher Natur als qualifiziertes Wesen zu seiner grundsätzlichen Aussagbarkeit führte, korrespondiert der Transzendierung des göttlichen Wesens keine Art von Sprachlichkeit. Die jeweiligen Zusammenhänge bedingen völlig verschiedene Implikationen.

Bedeutet der Rückgriff auf die Negation die Vorstellung einer letzten Einheit im Sinne des Absoluten, die nur als Überseiendes begreifbar ist? Or. 6,12 bleibt einziger Beleg für eine Überschreitung des Seienden. Der Zusammenhang zeigt, daß Gregor das Problem kennt und die Frage aufwirft, ohne

---

54 Or.26,19,S.270.10ff.: Εἷς Θεός, ὁ ἐπὶ πάντων καὶ διὰ πάντων καὶ ἐν πᾶσιν· οὔτε ὑπερτιθέμενος οὔτε μετατιθέμενος οὔτε μειούμενος οὔτε τεμνόμενος. Vgl.or.36,10,S.264.12f.
55 Or.28,3,S.104.7f.
56 Or.38,7,S.114.5ff = or.45,3,625C.
57 Or.28,4,S.104/106.
58 Or.30,17,S.260.1: Τὸ θεῖον ἀκατονόμαστον.
59 Or.30,18,264.14f.:῾Ημεῖς δὲ φύσιν ἐπιζητοῦμεν, ᾗ τὸ εἶναι καθ᾽ ἑαυτό, καὶ οὐκ ἄλλῳ συνδεδεμένον.
60 Or.38,7,S.114.hvv. or.30,11,S.246.9, or.30,18,S.262.1.
61 Or.6,12,737B.

sie zu beantworten, sie aber sicher nicht systematisch in sein Konzept integriert. Gott sei das Höchste und Schönste des Seienden, wenn nicht noch jenseits des Seins, er habe das Sein ganz in sich, der, von dem alles andere das Sein erhalte, so der Gedankengang. Gott sei reines Sein[62], τὸ δὲ ὂν ἴδιον ὄντως θεόν, ist eigentlich ἕν.[63] Faßt man die Aussagen zusammen, wird das ὂν gerade nicht vom ἕν getrennt. Dieses spricht deutlich gegen die Aufnahme plotinischer Transzendenzvorstellungen[64], hält man an einer systematischen Differenz zwischen Plotin und seinen platonischen Vorgängern in der Transzendierung des ἕν zum Absoluten fest.[65]

Krämer[66] hat gezeigt, daß sowohl der Mittel- wie auch der Neuplatonismus - basierend auf innerakademischer Lehrtradition - als Interpretationen der pythagoreischen Monas zu begreifen seien. Wie ordnet sich Gregor hier ein? Die Zusammenbindung von Monas und Trias in den Texten Gregors[67]

---

62 Or.30,18.15f.

63 Or.42,15,476B.

64 F.P. Hager, Der Geist und das Eine: Untersuchungen zum Problem der Wesensbestimmungen des höchsten Prinzips als Geist oder als Eines in der griechischen Philosophie, (Noctes Romanae 12) Bern 1970; D.J. O'Meara, Being in Numenius and Plotinus. Some Points of Comparison, in: Phron.21 (1976), S.120-129.

65 Vgl. H. Dörrie, Die Frage nach dem Transzendenten im Mittelplatonismus, in: Entretiens sur l'Antiquité Classique 5 (1957), S.193-223; C.J. de Vogel, On the Neoplatonic Character of Platonism and the Platonic Character of Neoplatonism, in: Mind.N.S. 62 (1953), S.43-64; J. Whittaker, Neopythagoreism and the Transzendent Absolute, in: SO 48 (1973), S.77-86.

66 H.J. Krämer, Der Ursprung der Geistmetaphysik. Untersuchungen zur Geschichte des Platonismus zwischen Platon und Plotin, Amsterdam 1964. Krämer zeigt, daß das neuplatonische System nicht eine Weiterbildung aus dem Mittelplatonismus ist, sondern beide, Neu- und Mittelplatonismus, auf älterer akademischer Tradition fußen. Krämer verweist auf Speusipp und Xenokrates und verfolgt die jeweilige Tradition. Die Herkunft der mittel- und neuplatonischen Vorstellungen kann hier nicht diskutiert werden. Auf den Einfluß Aristoteles' auf Plotin bzw. auf die Auseinandersetzung Plotins mit der aristotelischen Nuslehre und Psychologie ist hinzuweisen. Vgl. hierzu: A.H. Armstrong, The architecture of the Intelligible Universe in the Philosophy of Plotinus. An Analytical and Historical Study, Cambridge 1940; J. Bussanich, The One and its Relation to Intellect in Plotinus: a Commentary on Selected Texts, (Philosophia antiqua 49) Leiden 1988; T.A. Slezák, Platon und Aristoteles in der Nuslehre Plotins, Basel/Stuttgart 1979; vgl. weiter: Ph. Merlan, From Platonismus to Neoplatonism, The Hague ³1968; W. Theiler, Die Vorbereitung des Neuplatonismus, Berlin 1930. Zur Kritik an Krämer vgl. Slezák, S.115ff.

67 Gregor von Nazianz, or.26,19,S.270.7: πῶς ἡ αὐτὴ, καὶ μονὰς νοῆ καὶ τριὰς εὑρίσκη.

legt ein komplexes Verständnis der Monas im Unterschied zu einer Differenzierung, welche die Monas als Überseiendes heraushebt, nahe. Gregor kann das ἕν beschreiben, er identifiziert Gott mit ὄν, καλόν und wohl auch ἀγαθόν, vergleicht man mit Albinus Did.X[68]. Gregor nennt πνεῦμα, πῦρ, φῶς, ἀγάπη, σοφία, δικαιοσύνη, νοῦς, λόγος, wenn auch unter Vorbehalt als προσηγορίαι τῆς πρώτης οὐσίας[69], die die Vorstellung eines schlechthin Überseienden nicht nahelegen.[70]

Wie Numenius und Albinus[71] zeigen, bedeutet der Gedanke der Autarkie Gottes sowie der Rückgriff auf negative Begrifflichkeit[72] nicht notwendig die schlechthinnige Transzendierung des ersten Prinzips. Den Fragmenten aus Περὶ τἀγαθοῦ ist zu entnehmen, daß Numenius den ersten Gott In-sich- und Einfachseiend nennt.[73] Die dem ersten Gott zukommende στάσις[74] beinhalte das περὶ τὰ νοητά[75] im Unterschied zu einer κίνησις, die νοητά und αἰσθητά einschließt[76] und als solche den zweiten Gott beschreibe. Im Unterschied zum

---

68 Albinus, Did. X,164.31-34.

69 Or.28,13.1-4.

70 Die Bewegung der Monas (or.29,2) ist ein weiterer Beleg dafür, daß Gregor das erste Prinzip nicht als das neuplatonisch Absolute begreift. Während Dräseke (Neuplatonisches in Gregorios von Nazianz Trinitätslehre, in: BZ 15 [1906], S.141-160) die Aussage der Bewegung Gottes im Rahmen des Neuplatonismus verhandelt, macht Moreschini hier die Differenz zu Plotin fest (Moreschini, platonismo, a.a.O. S.1390f.). Der Gedanke einer Bewegung des ἕν ist im System Plotins nicht angelegt. Vgl. z.B. Plotin, Enneade V.1.6.17ff. Siehe hierzu Bussanich, a.a.O. S.25, 59f, 211ff. Vgl. die von Dräseke genannten neuplatonischen Kommentierungen des gregorianischen Satzes: Μονὰς εἰς δυάδα κινηθεῖσα μέχρι τριάδος ἔστη. Dräseke (a.a.O. S.144) weist auf Maximus Confessor hin, der den Gedanken der Bewegung Gottes in einer Form von Denken aufnimmt. Der Gedanke ist durch die Mittelplatoniker vorgeprägt. Während bei Numenius (Fr.15) κίνησις den zweiten Gott in dem doppelten Bezug auf νοητά und αἰσθητά beschreibt, beinhaltet bei Albinus der Begriff der Bewegung die Setzung des νοῦς durch den ersten νοῦς. Der erste νοῦς bewegt den νοῦς des Himmels. Daß Bewegung hier in das Wortfeld des Denkens gehört und so eine Verhältnisbestimmung zwischen erstem und zweitem Gott werden kann, zeigt Chaldäische Orakel, Fr. 77: Gedanken Gottes denken, und zwar bewegen sie sich, um zu denken.

71 Albinus, Did.X,165,5ff.

72 Zur negativen Theologie Gregors siehe Moreschini, platonismo, a.a.O.S.1374-78; vgl. J. Whittaker, Neoplatonism and Negative Theology, in: SO 44 (1969), S.109-125.

73 Numenius, Fr.11, S.53.11f.

74 Numenius, Fr.15, S.56.8.

75 Numenius, Fr.15, S.56.4f.

76 Numenius, Fr.15, S.56.5,7.

Demiourgen sei der erste Gott untätig[77], sei aber als νοῦς Ursache des Intelligiblen, d.h. Ursache von Usie und Ideen.[78] Der erste Gott sei δημιουργὸς θεὸς τῆς οὐσίας und somit σύμφυτον τῇ οὐσίᾳ.[79] Auf die weitere Differenzierung ist hier nicht einzugehen. Festzuhalten ist, daß Numenius den Gedanken der Autarkie Gottes und die Vorstellung Gottes als νοῦς zusammenstellt. Durch die Bezeichnung Gottes als νοῦς[80] ist Gott in den Zusammenhang mit Sein und Intelligiblem gestellt. Nur der erste Gott kann die Ursache des Intelligiblen sein; Gott als νοῦς ist nicht außerhalb des Denkens der Ideen - letztere sind nach Albinus die Tätigkeit des ersten Gottes[81] - zu denken. Diese beiden Aussagehälften bezeichnen die Spannung, durch welche die mittelplatonische Komplexität der Monas beschrieben ist. Inwieweit diese und ähnliche Aussagen für Gregor vorauszusetzen sind, ist zu zeigen.[82]

Zunächst ist davon auszugehen, daß Gregor ὄν und οὐσία nicht von dem Bereich des Göttlichen ausschließt. Gott ist nach Gregor als Seiendes seinsetzend. Wenn Gregor hier mit der Urbild-Abbild Relation arbeitet, zeigt dies, daß sich das Problem eines ersten Hervorganges aus der reinen Einheit in Gregors System nicht stellt. Dies ist nur insofern möglich, als die Ideen oder Urbilder in Gott als Sein umfaßt sind. Die Monas enthält in sich die Möglichkeit der Vielheit, oder die Monas impliziert, sofern Gott νοῦς ist, als denkend die Duplizität von Denkendem und Gedachtem. Entscheidend für eine Einordnung Gregors ist die Verknüpfung der Beschreibung des ersten Prinzips mit der Vorstellung von Urbild-Abbildern. Der Begriff des Absoluten beinhaltet grundsätzlich das Problem des ersten Hervorgangs. Wie kann das Absolute, das Erste unberührt bleiben von dem Werden des Zweiten? Wenn auch der erste Hervorgang als das Abbilden eines Urbildes verstanden wird,

---

77 Numenius, Fr.12, S.54.13.
78 Numenius, Fr.16, S.57.
79 Numenius, Fr.16, S.57.9f.
80 Vgl.: A.H. Armstrong, The Background of the Doctrine "That the Intelligibles are not Outside the Intellect", in: Entretiens sur l'Antiquité 5 (1957), S.393-413.
81 Albinus, Did.X,164.29f.
82 Die Frage des Platonismus bei Gregor von Nazianz ist bereits mehrfach verhandelt. Siehe neuerdings: Moreschini, platonismo a.a.O.. Moreschini zieht allerdings ausschließlich Platon und Plotin heran und geht die verschiedenen platonischen Themen durch. Seine Ergebnisse beziehen sich daher vor allem auf das Verhältnis Gregors zu Plotin. Zur trinitarischen Thematik vgl. S.1388-90. Weiter ist zu nennen: R. Gottwald, De Gregorio Nazianzeno Platonico, (Diss.) Breslau 1906, C. Gronau, De Basilio, Gregorio Nazianzeni Nyssenoque Platonis imitatoribus, (Diss.) Göttingen 1908, H. Pinault, Le platonisme de Saint Grégoire de Nazianze. Essai sur les rélations du christianisme et de l'hellenisme dans son oeuvre théologique, La Roche-sur-Yon 1925.

ist damit kein Rückgang hinter die Urbilder mehr möglich, d.h., das erste Prinzip schließt die Urbilder und den Übergang zur Vielfalt ein.

Genau dieser Gedanke wird in dem System der Mittelplatoniker formuliert, indem sie Gott als *νοῦς* beschreiben.[83] Der väterliche *νοῦς* denke die Ideen nach den chaldäischen Orakeln.[84] Ideen[85] seien im Blick auf Gott sein Denken, im Blick auf das Enstehen die vorausgehenden Urbilder.[86] Gott sei erster *νοῦς*, er denke ständig sich selbst und seine Gedanken[87], soweit Albinus. Der Demiourg, so Numenius, schaffe den Kosmos durch Nachahmung des ersten Gottes.[88] Der Demiourg sei selbst gut, wie alles, was gut ist, durch Teilhabe an dem Ersten, das allein *αὐτοάγαθον* sei.[89] Teilhabe gebe es nur an dem, was durch das Denken des ersten Gottes beschrieben ist.[90]

Gregor kennt den Begriff *νοῦς* für eine erste Wesenheit, er führt diesen aber nicht weiter aus. Systematisch setzen seine Ausführungen die mittelplatonische Entfaltung des *νοῦς* voraus. Während für Plotin das Überfließen aus der Fülle systematisch die einzige Möglichkeit ist, einen ersten Hervorgang aus dem *ἕν* darzustellen[91], lehnt Gregor mehrfach jedes Ausfließen ab. Der Gedanke vom Ausfluß beschreibt für Gregor eine Art von Notwendigkeit, die Gott als einzigem Seinsgrund widerspricht. Gregor kann aber diesen Gedanken nur ablehnen, weil er in seinem System nicht notwendig ist. Der Satz: Οὐ γὰρ δὴ ὑπέρχρυσιν ἀγαθότητος εἰπεῖν θαρρήσομεν, ὅ τῶν παρ' Ἕλλησι φιλοσοφησάντων εἰπεῖν τις ἐτόλμησεν, οἷον κρατήρ τις ὑπερερρύη, σαφῶς οὕτωσὶ λέγων, ἐν οἷς περὶ πρώτου αἰτίου καὶ δευτέρου φιλοσοφεῖ· [92] - enthält somit in der Tat eine Abgrenzung von Plotin.[93]

---

83 Auf die Bedeutung der aristotelischen Nuslehre in diesem Zusammenhang und auf das Problem der Zusammenarbeitung des aristotelischen und platonischen ersten Prinzips ist hinzuweisen. Gerade im Hinblick auf den Aristoteles-Einfluß unterscheiden sich die Systeme der Mittelplatoniker, vgl. z.B. Numenius und Albinus mit Atticus. Siehe hierzu die in Anm. 66 angegebene Literatur.

84 Fr.37, S.75f., vgl. Fr.11, 36, 38.

85 Vgl. Albinus, Did.IX,163.30-34: εἶναι γὰρ τὰς ἰδέας νοήσεις θεοῦ αἰωνίους τε καὶ αὐτοτελεῖς. ὅτι δὲ εἰσὶν αἱ ἰδέας, καὶ οὕτω παραμυθοῦνται. εἴτε γὰρ νοῦς ὁ θεὸς ὑπάρχει εἴτε νοερόν, ἔστιν αὐτῷ νοήματα, καὶ ταῦτα αἰώνιά τε καὶ ἄτρεπτα, εἰ δὲ τοῦτο. εἰσὶν αἱ ἰδέαι·

86 Ebd.

87 Albinus, Did.X,164.29f.

88 Numenius, Fr.16.

89 Numenius, Fr.19, 20.

90 Numenius, Fr.19.

91 Siehe S.77.

92 Or.29,2.18-22.

93 Vgl. hierzu: Dräseke, a.a.O.

Ausgangspunkt war der dargestellte Zusammenhang zwischen den trinitarisch emanatianischen Vorstellungen und der Beschreibung menschlicher Gotteserkenntnis. Erkennendes Subjekt im Menschen ist nach Gregor der νοῦς. Aber da körperliche Wesen nicht ohne Körper zur Erkenntnis des Geistigen fähig seien, könne der νοῦς sich nicht völlig vom Sichtbaren trennen. Wie die Fische nicht außerhalb des Wassers schwimmen, so Gregor, könne es kein menschliches Erkennen außerhalb menschlicher Existenz geben.[94] Menschliche Erkenntnis des Intelligiblen bedinge, daß etwas Menschliches dazu- oder dazwischenkomme. Positiv gewendet bleibt festzuhalten, daß der menschliche νοῦς die erkennende Instanz ist. Als göttlich gestaltetes Abbild im Menschen strebe er zu einer Vereinigung mit dem Urbild, dem eigentlichen, göttlichen νοῦς.[95]

Mit dieser Aussage ist Gott als νοῦς, der in sich Urbilder hat, bestimmt. Zwischen Transzendenz und Kosmos vermittelt die Instanz der Urbilder. Ist aber der νοῦς der erste νοῦς, der in sich ganz Monas bleibt und die transzendenten Urbilder dann einem zweiten νοῦς überantwortet[96], der in der Spannung zwischen Selbstbezug und Weltgerichtetheit die Dualität zwischen Subjekt und Objekt beinhaltet[97] und somit erstes Element der Vielheit wird?

Die Aussage der Vereinigung des menschlichen νοῦς mit seinem Urbild macht erneut deutlich, daß Gregor sich im Rahmen der mittelplatonischen Vorbilder bewegt, und belegt das bereits Ausgeführte. Albinus, Did.27 sei zur Kommentierung der Aussage Gregors herangezogen. Numenius[98] und Albinus beschreiben das Gute als Teilhabe an der Idee des Guten, bzw. des ersten Guten. Albinus, Did.27 definiert entsprechend auch das menschliche Gute als das, was an dem ersten Guten, Gott bzw. νοῦς, Anteil hat. Fähig zur Teilhabe aufgrund von Ähnlichkeit sei im Menschen der νοῦς. Nichts anderes enthält die Aussage Gregors, nämlich, daß der göttliche νοῦς, mittelplatonisch gesprochen, der erste Gott und dieser der Ort der Ideen sei, zu dem sich der menschliche νοῦς wendet. Damit sind die Eckdaten menschlicher und göttlicher νοῦς genannt, die Gregor in der Tat in Beziehung bringen kann.

Mit den Anleihen an emanatianische Systeme steht in der trinitarischen Anwendung das Verständnis der zweiten und dritten Person zur Diskussion. Numenius beschreibt den zweiten Gott als Demiourg in der Nachahmung des

---

94 Or.28,12,S.126.25ff.
95 Or.28,17,S.134.4ff.
96 Vgl. chaldäische Orakel, Fr.7.
97 Vgl. die Beschreibung der Duas in chaldäische Orakel, Fr.8: ἀμφότερον γὰρ ἔχει, νῷ μὲν κατέχειν τὰ νοητά, αἴσθησιν δ' ἐπάγειν κόσμοις.
98 Numenius, Fr.16,19,20.

ersten Gottes. Inwieweit kann die Urbild-Abbild-Relation in der Trinitätslehre Gregors relevant werden? Inwiefern stellt gerade die Komplexität der mittelplatonischen Monas Kategorien für eine trinitarische Anwendung bereit?

Wenn Gregor von Monas, Duas und Trias spricht, sind die Grenzen einer mittelplatonischen Interpretation erreicht. Der Mittelplatonismus kennt keine transzendente Trias[99], sondern ist eine Aufschlüsselung des platonischen Zwei-Welten-Modells. Indem Gott als $νοῦς$ verstanden wird, werden aus den drei Prinzipien des Timaios - $θεός$-$ὑλή$-$παράδειγμα$[100] - die $παραδείγματα$ in den Begriff Gottes hineingeholt[101] mit dem Ergebnis, daß sich jetzt Gott und Kosmos gegenüberstehen.[102] Nach Gregor liegt die Einheit im Vater, von dem Sohn und Geist ausgehen, ohne aber viele zu werden. Sie haben eine einfache Natur, dasselbe Sein, sind eigentlich $ἕν$ und schaffen den Kosmos in seiner Vielheit.[103] Die monadische Komplexität in ihrer Gegenüberstellung zum Kosmos kommt deutlich zum Ausdruck und bestätigt die Bedeutung des Mittelplatonismus für Gregor.[104]

Eine mittelplatonische Interpretation des Satzes von der Monas, die sich zur Duas bewegt, bis sie Trias ist, kann aber eine dritte Größe nur als kosmisches Prinzip verstehen, sofern der zweite $νοῦς$ in Selbstbezug und Weltgerichtetheit ausdifferenziert in den Blick kommt und Weltgerichtetheit Kosmos heißt. Mittelplatonisch beschränkt sich Transzendenz auf den ersten Gott. Die Frage nach einer christlichen Plotinrezeption richtet sich somit darauf, inwiefern eine triadische Entfaltung des Transzendenten überhaupt ohne Plotin

---

99 Das geht am deutlichsten aus Numenius, Fr.21 hervor. Nach Proclus verehrt Numenius drei Götter, $τὸν$ $πρῶτον$ den Vater, $τὸν$ $δεύτερον$ als $ποιητὴν$, als $ποίημα$ $τὸν$ $τρίτον$. Letzteres wird ausgeführt: $ὁ$ $γὰρ$ $κόσμος$ $κατ'$ $αὐτὸν$ $ὁ$ $τρίτος$ $ἐστὶ$ $θεός$.

100 Die Bedeutung der drei Prinzipien für die Mittelplatoniker ist dem Aufbau von Albinus' Didaskalikon (8-10) zu entnehmen, vgl. Apuleius, De Platone et eius dogmate I.5.

101 Siehe besonders Albinus, Did.IX-X.

102 Vgl. chaldäische Orakel, Fr.18.

103 Or.42.15,476B.

104 Damit liegen die Ergebnisse aus der Untersuchung des Materials für Gregor von Nazianz auf der Linie dessen, was Rist nach der Darlegung des Um- bzw. Vorfeldes von Basilius zusammenfaßt in: "to suggest that the kind of Platonism to be found in the schools which Basil attend at that period was largely of the Middle Platonic type, and that the importance of the philosophical work of Plotinus and Porphyry was minimal". J.M. Rist, Basil's "Neoplatonism", its Background and Nature, in: Basil of Caesarea. Christian, Humanist, Ascetic. Anniversary Symposium, hrsg.v. P.J. Fedwick, Bd.1, Toronto 1981, S.190.

denkbar ist.[105] M.E. ist nur hier der Punkt gegeben, der sich nicht durch mittelplatonisches Gedankengut erklären läßt und die Frage nach einem Rückgriff Gregors auf die plotinische Tradition sinnvoll macht.[106] Gregor fixiert emanatianische Vorstellungen nicht im Blick auf die einzelnen trinitarischen Personen. Infolgedessen kann über die Identifikation der zweiten Person mit dem plotinischen νοῦς oder dem zweiten νοῦς bei Numenius nichts ausgesagt werden.

Sofern bei Basilius die Trias nicht emanatianisch eingebunden ist, entfällt bei Basilius auch hier ein möglicher plotinischer Einfluß. Er ist im basilianischen System nicht angelegt. Wenn aber insgesamt von einer Plotin-Rezeption zu sprechen ist und diese nicht von der plotinischen Transzendierung des ἕν ausgeht, sondern von der triadischen Struktur des Transzendenten unter Beibehaltung einer Beschreibung des ersten Prinzips in mittelplatonischen Entsprechungen, erklärt dies, daß es möglich war, in der Beschreibung der trinitarischen Personen auf Plotin zurückzugreifen, ohne daß das plotinische System als solches relevant wurde. Nur in dieser Weise ist das Auftauchen plotinischer Reminiszenzen bei Basilius in der Darstellung des Geistes nachvollziehbar. Daß es gerade die dritte Hypostase war, welche die Integration von Gedanken dieser Art nahelegte, bedingt, wie dargestellt, der Gang der Auseinandersetzung.

Der Bedeutung Plotins für Basilius entspricht die Allgemeinheit der basilianischen Wendungen und die Schwierigkeit, Parallelen als solche zu fixieren. Bei Rist[107] findet sich die kritische Sichtung der seit Henry für Basilius in Anspruch genommenen plotinischen Belege. Sie soll hier nicht wiederholt

---

105 Genauer einzugehen wäre hier auf Albinus. Er kennt in Did.X nebem dem ersten νοῦς einen himmlischen νοῦς, der von dem ersten unterschieden ist, und eine vom ersten νοῦς erweckte Weltseele. Wie sind die beiden letzteren im Verhältnis zueinander und im Blick auf eine transzendente Trias zu interpretieren? Hinzuweisen ist weiter auf die Ausführungen zur Trias in den Chaldäischen Orakeln (Fr.23, 26, 27, 31, 48). Aber kann hier die Trias, der eine Monas vorausgeht, nachdem in Fr.8 die Duas beschrieben ist, über Numenius hinausgehend anderes als ein kosmisches Prinzip meinen? (vgl.fr.27)

106 Zu berücksichtigen ist hier weiter, inwieweit or.29,2 den Gedanken der Selbstentfaltung der Monas in dem Sinne enthält, daß er über die Urbild-Abbild-Relation hinausgeht. Die Terminologie von or.29,2 erklärt sich nicht im Rückgriff auf Mittelplatoniker, aber auch Plotin ist hier keine Hilfe. Auf die Sätze in or.29,2 geht Dräseke, a.a.O., ein. Dräsekes Auflistung der Kommentierungen dieses Textes aus späterer Zeit zeigen Bedeutung und Wirkungsgeschichte gerade von or.29,2.

107 Rist, a.a.O. S.195ff.

werden. Einzuordnen ist hier die Arbeit Dehnhards[108], der die Aussagen über die plotinische Weltseele in der Darstellung der Pneumatologie Basilius' untersucht. Dehnhard charakterisiert nach literarkritischen Erwägungen den Plotinismus Basilius' als vermittelt und zwar im engeren Sinn durch De spiritu (DS), weiter durch Origenes und Gregor Thaumaturgos. Der Ausgangspunkt Dehnhards, daß es sich in DS um eine Frühschrift Basilius' handele, auf die er später zurückgreifen konnte, ist seit Gribomont[109] bestritten. Wenn weiter nach Rist[110] die Vermittlung durch DS als solche nicht gesichert werden kann, fällt die Dehnhardsche Grundthese. Worin aber besteht der basilianische Plotinismus? Das Vorgehen, einzelne Phrasen und plotinische Parallelen mit literarkritischen Optionen nebeneinanderzustellen, birgt die Gefahr, platonische Allgemeinplätze plotinisch zu verifizieren. Daß Basilius isoliert verschiedene Plotinschriften heranzog, beschreibt m.E. nicht den Weg plotinischer Einflußnahme, zumal auch bei Dehnhard das sachliche Problem der Weltseele von den literarkritischen Erwägungen kaum betroffen ist.

Die systematischen Voraussetzungen, plotinische Einflußnahme zu begreifen, wurden skizziert. Henry selbst hat im Index der Plotinausgabe Henry/Schwyzer Basilius-Belege, die auf Plotin verweisen, zurückgenommen. Nach Henry sind lediglich folgende Belege für einen Plotin-Bezug aufrechtzuerhalten: DSS9, Hom.de fide (15) und die Erwähnung des Titels von Enneade V.1. Daß letztere in der Tat eine Auseinandersetzung mit Plotin impliziert, wurde dargelegt. Der Ertrag der Bedeutung Plotins für Basilius bleibt somit gering.

Schließlich ist die Prämisse zu hinterfragen, daß das basilianische System selbst von Plotin untangiert ist. Plotin und Basilius kennen eine transzendente Trias, beide sprechen von Hypostasen, und der Titel von Enneade V.1 scheint seine eigene Wirkungsgeschichte gehabt zu haben, so daß Enneade V.1 in altkirchlichen Kreisen eine vielgelesene Schrift wurde und schließlich Findlay unter dem Titel: "The Three Hypostases of Plotinism"[111] plotinische Grundgedanken zusammenfassen kann. De facto spricht Plotin selbst an keiner Stelle von drei Hypostasen, legt man die Auflistung der Belege von

---

108 H. Dehnhard, Das Problem der Abhängigkeit des Basilius von Plotin, Berlin 1964.
109 J. Gribomont, Rezension von: H. Dehnhard, Das Problem der Abhängigkeit des Basilius von Plotin, Berlin 1964, in: RevSR 53 (1965), S.161.
110 Rist, a.a.O. S.202.
111 J.N. Findlay, The Three Hypostases of Plotinism, in: RMet 28 (1975), S.660-680. Auf das Problem des Hypostasenbegriffs und die Bedeutung des porphyrianischen Titels von Enneade V.1 geht Findlay nicht ein.

Sleeman/Pollet[112] zugrunde. Die Anwendung des Begriffs *hypostasis* auf das ἕν ist umstritten.[113]

Exkurs: Die drei Hypostasen Plotins

Hypostasis[114] bezeichnet bei Plotin eine Form des Seins und kann infolgedessen nur von Seiendem ausgesagt werden. Damit ergibt sich das Problem, in welcher Weise die Prädikation des ἕν als das Überseiende mit *hypostasis* möglich ist.

Was ist Gegenstand der Bezeichnung von *hypostasis*? Plotin bezieht *hypostasis* auf σοφία[115], εὐδαιμονία[116], Zeit[117], Luft[118], auf ἐπιστήμη im Blick auf ihren Gegenstand[119] und auf die Kategorien πρός τι und πῶς ἐστιν. Im Unterschied zu diesen Objekten sagt Plotin in Hinblick auf den Kosmos *hypostasis* nicht aus; der Kosmos sei leer von *hypostasis*.[120] Allerdings neige sich die Seele, ohne im Intelligiblen zu bleiben, hinab, um hier αἴσθησιν τὴν ἐν ὑποστάσει[121] hervorzubringen. Ist der Begriff *hypostasis* auf den Kosmos anwendbar, weil *hypostasis* eine Art Hervorgebrachtwerden beinhaltet, und kann vom Kosmos ausgesagt werden, insofern dieses im Urbild-Abbild-Prozeß gedacht wird[122]? Der Hypostasenbegriff ist von dem Seinsbegriff her zu klären. Deutlich aber ist, daß der Begriff *hypostasis* nicht in einem Seinsbegriff aufgeht.

Hypostasis wird in die Reihe ὑπόστασις, παρουσία, οὐσία, τι τῶν ὄντων[123] gestellt. ἡ δὲ οὖσα νόησις μετ᾽ οὐσίας καὶ ὑποστήσασα τὴν οὐσίαν[124] bezeichnet dann

---

112 J.H. Sleeman, G. Pollet, Lexicon Plotininum, Leiden 1980.

113 Vgl. die Diskussion zwischen Anton und Deck: J.P. Anton, Some Logical Aspects of the Concept of Hypostasis in Plotinus, in: Studies in Neoplatonism, hrsg.v. I. Harris, 1982, S.24-33; J.N. Deck, The One, or God, is Not Properly "hypostasis": A Replay to Professor John P. Anton, a.a.O. S.34-39.

114 Die Voraussetzungen in der Geschichte des Begriffs *hypostasis*, die zu einer Verwendung des Begriffs zur Beschreibung des Transzendenten führte, klärt Dörrie. Siehe grundlegend: H. Dörrie, Ὑπόστασις. Wort- und Bedeutungsgeschichte, in: NAWG phil.-hist.Klasse 1955, Nr.3, S.35-92; Ders., Zum Ursprung der neuplatonischen Hypostasenlehre, in: Hermes 82 (1954), S.331-342.

115 Plotin, Enneade I.4.9.19

116 I.4.11.10.

117 IV.4.15.3.

118 IV.5.6.5.

119 VI.1.6.3.

120 III.6.12.11.

121 III.4.1.1-3, vgl. V.2.1.26.

122 III.2.1.26.

123 VI.6.13.55f., vgl die Nebenordnung von ὑπόστασις und οὐσία in: III.5.4.2; VI.6.4.21.

124 VI.7.40.10f.

aber eine Präzision gegenüber dem Begriff οὐσία. Plotin versteht die Begriffe Hypostase und Usie nicht in der basilianischen Differenzierung zwischen κοινόν und ἴδιον. *Hypostasis* bedeutet nach Plotin die Realisierung oder Aktualisierung der Usie unter der Prämisse, daß der Gegenstand von dem *hypostasis* ausgesagt ist, sich nicht selbst Realität geben kann.[125] *Hypostasis* definiert damit eine abgeleitete Seinsweise.[126] Dem Begriff *hypostasis* ist inhärent das Herkommen bzw. das Hervorgebracht-Sein von etwas anderem[127], das Abbild-Sein[128] und Ausgerichtet-Sein auf ein anderes hin.[129] *Hypostasis* bezeichnet nicht einen autarken Gegenstand und beinhaltet eine abgeleitete ontologische Stufe.[130]

Plotin verwendet *hypostasis* spezifisch im Zusammenhang mit der Entstehung der Seele aus dem Geist. Im plotinischen System hat die Seele *hypostasis*, und zwar aus dem Geist.[131] Die Seele sei der ausgesprochene Gedanke des Geistes, und der Geist habe die Fähigkeit, die Wirksamkeit oder die Energie diesen Gedanken auszusprechen und zu Bestand und Selbstand zu bringen. Plotin erklärt die Entstehung der Seele mit dem Konzept der doppelten, d.h. der äußeren und inneren Energie. Die Energie des Geistes wirke nach außen und aktualisiere die Seele. Von dieser Energie unterscheidet Plotin die innere Energie, die im Geist bleibe und dessen Wesen ausmache.[132]

Wie kann der Prozeß des Aktualisierens einer ontologisch niedrigeren Seinsweise bzw. des Aktualisiert-werdens von einem ontologisch höheren Subjekt zuende gedacht werden? Denkbar wäre, daß die Entstehung der Hypostasen auf ein tätiges Prinzip zurückführt, das entweder seine Selbstrealisierung einschließt oder zwar *hypostasis*, d.h. abgeleitetes Sein, setzen kann, selbst aber nicht mehr Hypostase ist. Nach Plotin kann das Eine nicht eigentlich als Hypostase bezeichnet werden.[133] Kann das Eine *hypostasis* setzen? Plotin erklärt das Entstehen eines Zweiten aus dem Ersten, von dem Plotin weder Bewegung noch Denken noch Selbstbewußtsein oder irgendeine Form von Dualität aussagt, zunächst mit der Theorie von der doppelten Energie. Wie das Feuer von Natur warm ist, Wärme abgibt, aber dadurch nicht seine Natur verliere, so gebe es auch beim Einen eine Energie, die im Einen bleibe, und eine Energie oder Wirkungskraft, die nach außen trete.[134] Die äußere

---

125 VI.8.7.26.
126 VI.4.9.41.
127 V.3.12.17f., VI.6.15.34.
128 III.8.7.8; V.1.6.34; V.1.7.42; besonders VI.4.9.41.
129 III.5.2.36-38.
130 III.5.3.1.
131 V.1.3.16, vgl. III.5.9.20; V.1.7.42.
132 V.1.3.7ff. Vgl. hierzu den Kommentar von Atkinson. Atkinson versteht den Begriff der Hypostase wesentlich auf dem Hintergrund der Theorie von der doppelten Energie. M. Atkinson, Plotinus: Ennead V.1. On the Three Principal Hypostases. A Commentary with Translation, Oxford 1983, S.54ff., siehe weiter Bussanich, a.a.O., S.28ff, vgl. II.9.8.22ff.
133 VI.8.10.35ff.
134 V.4.2.27ff.(7).

Wirkkraft des Einen bringt nach Plotin den Nus hervor, der sich im eigentlichen Wesen, seiner inneren Energie, darin realisiert, daß er sich zum Einen zurückwendet.[135] Diese Ausführungen sind mit den folgenden Aussagen zur Energie des Einen zu vergleichen.

In V.6 (24) definiert Plotin νόησις als ἐνέργεια;[136] in VI.7 (38) spricht er von der ersten Energie und dem ersten Denken.[137] Daraus folgt, daß das Eine, da es nicht denkt, auch keine Energie, keine Wirkkraft oder Wirksamkeit habe.[138] ἀνενέργητον οὖν.[139] Wenn man von dem Einen eine Energie aussagen will, dann darf diese Wirksamkeit keinen Moment von Dualität und Denken implizieren und in keiner Weise die Aktualisierung von Potentialität meinen. Diese Energie des Einen ist nach Plotin nur auf das Eine selbst gerichtet.[140] Kann es hier neben Selbstbezug überhaupt ein Wirken nach außen geben? Hat sich Plotin von seinen Ausführungen in V.4 distanziert? Plotin spricht von der äußeren Energie des Einen, die den Geist zu *hypostasis* bringt, von der Selbstbezogenheit der Energie des Einen, von dem Einen jenseits von Energie oder Wirksamkeit[141] und von dem Geist als der ersten Energie, die *hypostasis* setzt.[142]

Die Tätigkeit des Geistes ist Denken. Die Fähigkeit zu denken realisiert sich im Vollzug des Denkens in dem Hinwenden zu seinem Gegenstand.[143] Da der Geist sich dem Gedachten nähert, insofern er selbst dem Gedachten ähnlich sei, denke er immer auch sich selbst.[144] Versteht also Plotin bereits das Entstehen des Geistes nicht mehr als die Setzung einer Hypostase, sondern den Geist als das tätige Prinzip, das sich selbst realisiert?[145] Das würde der Intention Plotins widersprechen. Das Eine geht nach Plotin dem Denken nicht als Gegenstand des Denkens voraus, sondern als das schlechthin erste Prinzip.[146]

Der Begriff ὑπόστασις setzt die zwei Größen Ursache und Verursachtes voraus und kann deshalb das Erste nicht eigentlich bezeichnen. Die Frage, wie aus dem Einen ein Zweites hervorgehen kann, läßt sich mit der *hypostasis*-setzenden Tätigkeit nicht hinreichend beantworten. Der Nus faßt die mit dem Begriff ὑπόστασις gegebenen Prinzipien, energetische Setzung und realisiertes Sein, eigentümlich zusammen.

---

135 V.4.2.4f.
136 V.6.5.17f.
137 VI.7.40.22f.
138 I.7.1.13ff.; VI.7.40.22ff.
139 V.6.6.3., vgl. hierzu Bussanich, a.a.O. S.66ff.
140 VI.8.16.27ff.
141 VI.7.17.9f.; V.6.6.
142 V.7.40.18ff.
143 V.3.11.12ff.; V.1.7.5-6; V.4.2.9ff.; vgl. III.8.11.1ff.
144 V.6.5.15f.
145 Vgl. V.3.11.12ff.; VI.7.2.26f.
146 Siehe hier die Diskussion zwischen Bussanich und Lloyd, Bussanich, a.a.O., S.13f., 60ff. und öfter. A.C. Lloyd, Plontinus on the Genesis of Thought and Existence, in: Oxford Studies in Ancient Philosophy 5 (1987), S.155-186.

Der Hypostasis-Begriff Plotins ist in sein System integriert. Basilius verwendet den Begriff Hypostasis nicht in der plotinischen Grundbedeutung, d.h., die Rede von den drei Hypostasen bei Basilius geht nicht auf eine plotinische Sprachregelung zurück.

Vergleicht man Gregor von Nazianz und Basilius, ist in ihren Werken der Umfang der Aufnahme des Platonismus ein jeweils anderer, vor allem aber dessen Funktion unterschiedlich. Wenn Rist[147] mit den siebziger Jahren des vierten Jahrhunderte einen zunehmenden Plotinismus annimmt, bestätigt sich dies für Basilius im Rahmen seiner Trinitätslehre nicht. Für Gregor von Nazianz ist es, spricht man offener von Platonismus, eine mögliche Interpretation.

2.3. Gregor von Nyssa. Die neue Grundlegung der Trinitätslehre

Die Trinitätslehre Gregors von Nyssa[1] liegt in den kleinen trinitarischen Schriften[2], die als Antwort auf die Anfragen an das von Basilius formulierte trinitarische Hypostasenmodell zu verstehen sind, sowie in den breiten Ausführungen gegen Eunomius vor. Diese Texte werden in die frühen achtziger Jahre des 4.Jahrhunderts datiert.[3] Von einem gewissen zeitlichen Abstand zu den Texten des Basilius ist damit auszugehen. Das basilianische Hypostasenmodell ist bereits Teil rezipierter und tradierter Orthodoxie, wobei die Leistung des Gedankens, durch formal-ontologische Unterscheidung Einheit und Dreiheit in Gott in Beziehung zu setzen, durch neue inhaltliche Anfragen verloren geht. Für Gregor bleibt die Wiederholung des Gedankens sowie das ungelöste Problem der Trinitätslehre, an dem schon Gregor von Nazianz sich

---

147 Rist, a.a.O. S.217.

1 Den Ausführungen liegen folgende Quellen zugrunde: Gregor von Nyssa: **CE**= *Contra Eunomium libri I-III*, GNO I, II, entspricht: lib.I dem lib.I PG 45, 248-464, lib.II dem lib.XIIB PG45, 909-1121, lib.III den lib. III-XII PG45, 572-908; **ref.Eun.**= *Refutatio confessionis Eunomii*, GNO II; **trin.**= *Ad Eustathium de sancta trinitate*, GNO III,I; **comm.not.**= *Ad Graecos ex communibus notionibus*, GNO III,I; **tres dei**= *Ad Ablabium quod non sint tres dei*, GNO III,I; **fid.**= *Ad Simplicius de fide*, GNO III,I; **Maced.**= *Adversus Macedonianos de spiritu sancto*, GNO III,I; **or.cat.**= *Oratio catechetica magna*, PG45; **De vita Moysis**, GNO VII,I; **ep.38** (Basilius), PG32.

2 Vor allem: tres dei, comm.not.

3 J. Daniélou, La chronologie des oeuvres de Grégoire de Nysse, in: StPatr VII, 1966 (TU 92), S.159-169, G. May, Die Chronologie des Lebens und der Werke des Gregor von Nyssa, in: Écriture et culture philosophique dans la pensée de Grégoire de Nysse. Actes du colloque Chevtogne (22.-26.9.1969), hrsg.v. M. Harl, Leiden 1971, S.51-66.

dialektisch vorbeibewegte, nämlich zugleich Identität und Dreiheit in Gott zu formulieren. Inwieweit entwickelt Gregor von Nyssa eigene Kategorien?

Die Eunomianische Kontroverse zur Zeit Gregors zeigt, daß die Argumente ausgetauscht sind. Die Kritik des Eunomius hatte die Bestreitung der Gottheit des Sohnes zufolge. Wie auch für Basilius ist für Gregor die Gottheit des Sohnes eine fraglose Prämisse, die, durch Eunomius bestritten, es erneut darzustellen gilt. Die Argumentation mit den Konsequenzen eunomianischer Theologie, gemessen an den eigenen Voraussetzungen, gehört zu einer der Möglichkeiten einer reductio ad absurdum, die eine Auseinandersetzung mit der Anfrage erübrigt.[4] Gregor führt die Thesen Eunomius' ad absurdum, legt Widersprüche im System Eunomius' dar und nennt die einschlägigen biblischen Belege. Die Eunomius-Schriften Gregors bestehen aus einer Aneinanderreihung der Einzelargumente des Eunomius und ihrer Widerlegung mit einer entsprechenden Fülle von Wiederholungen. Wenn sich deshalb hier der Eindruck aufdrängt, daß der systematische Entwurf Gregors Sache des Interpreten bleibt, wird das Schattendasein, das Gregor in der älteren Forschung führte, verständlich.

Es gehört in dieses Bild, daß der Anstoß zu einer neuen Erarbeitung der Schriften Gregors[5] von drei Arbeiten um 1940[6] zur sogenannten "mystischen Theologie" ausging. Im Kontext der "mystischen Theologie" wurde vor allem durch J. Daniélou[7] die Frage nach dem Verhältnis Gregors zum Platonismus, d.h. zum Neuplatonismus, gestellt. Die "mystische Theologie" sowie die Frage nach dem Platonismus sollen nicht weiter verfolgt werden. Wenn auch möglicherweise die "mystische Theologie" und die Aussagen in der eunomianisch-trinitarischen Kontroverse ein gemeinsames Grundinteresse tei-

---

4 Vgl. z.B. Ref.Eun.327.24ff.

5 Zur neueren Literatur siehe: M. Altenburger, F. Mann, Bibliographie zu Gregor von Nyssa. Editionen - Übersetzungen - Literatur, Leiden 1988.

6 H.-U.v. Balthasar, Présence et pensée. Essai sur la philosophie religieuse de Grégoire de Nysse, Paris 1942; J. Daniélou, Platonisme et théologie mystique. Doctrine spirituelle de Saint Grégoire de Nysse, Paris 1944 (=Daniélou, Platonisme); weiter: W. Völker, Gregor von Nyssa als Mystiker, Wiesbaden 1955.

7 Daniélou, Platonisme a.a.O. sowie Einzeluntersuchungen aus dem weiteren Umfeld: J. Daniélou, Grégoire de Nysse et la philosophie, in: Gregor von Nyssa und die Philosophie, Zweites internationales Kolloqium über Gregor von Nyssa (18.-23.9.1972), hrsg.v. H. Dörrie u.a., Leiden 1976, S.3-18; Ders., Grégoire de Nysse et le néo-platonisme de l'école d'Athènes, in: REG 80 (1967), S. 395-401 (=Daniélou, néo-platonisme). Zu der Frage nach Porphyrius vgl. auch: P. Courcelle, Grégoire de Nysse lecteur de Porphyre, in: REG 80 (1967), S.402-406; J. Daniélou, Grégoire de Nysse et Plotin, in: Association G. Budé. Actes du congrès de Tours et Poitiers 1953, Paris 1954, S.159-162.

len, geht auf diesem Weg die "mystische Theologie" nicht in die Formulierungen der Trinitätslehre Gregors ein. Die Erörterungen zum Platonismus werden erst durch präzis vergleichbare Aussagen sinnvoll. Vergleichbarkeit ist im Blick auf die trinitarische Frage in den Ausformulierungen der Hypostasen gegeben. Eine ausformulierte Hypostasenlehre liegt jedoch nicht im Interesse Gregors. Eine Einordnung der Gotteslehre Gregors[8] erscheint aufgrund der Allgemeinheit dieser Frage nicht sinnvoll. Die dezidierte Ablehnung der Vorstellung einer Stufung im Bereich des Ungeschaffenen sowie die Aussage, daß der überseiende Grund nicht außerhalb des Seins liegt, zeigen - wie bereits für Basilius und Gregor von Nazianz ausgeführt[9] - eine grundlegende Differenz zum neuplatonischen System. Die Ergebnisse von H. Dörrie und E. Mühlenberg[10] werden in diesem Sinn für das folgende vorausgesetzt.

2.3.1. *Die Grundzüge der Trinitätslehre Gregors von Nyssa*

Gregor erarbeitet die Grundlegung der Trinitätslehre mit den Aussagen der Gotteslehre.[11] Sein Ansatzpunkt ist, daß er bei Eunomius[12] und ebenso bei den Makedoniern gestufte Systeme vorfindet. Sohn und Geist werden hier in qualitativer und quantitativer Differenz vom Vater als der reinen und eigentlichen Gottheit abgesetzt. Wenn Gregor Eunomius einen ungestuften Gottesbegriff entgegenhält, ist dessen trinitarische Anwendung bereits inbegriffen. Darauf ist zurückzukommen.[13] In Gott gebe es, so Gregor, keine Stufung, insofern in Gott keine Form von Differenz gedacht werden könne.[14] Differenz wäre notwendig, um eine quantitative Stufung im Sinne eines Mehr oder

---

8 F. Diekamp, Die Gotteslehre des heiligen Gregor von Nyssa. Ein Beitrag zur Dogmengeschichte der patristischen Zeit. 1. Theil, (Diss.) Münster 1895; W. Meyer, Die Gotteslehre des Gregor von Nyssa. Eine philosophische Studie aus patristischer Zeit, Halle 1894; E. Mühlenberg, Die Unendlichkeit Gottes bei Gregor von Nyssa, Göttingen 1966 (=Mühlenberg, Unendlichkeit); W. Völker, Zur Gotteslehre Gregors von Nyssa, VigChr 9 (1959), S.103-128.
9 Siehe K.2.2.3., S.67ff.
10 H. Dörrie, Gregors Theologie auf dem Hintergrund der neuplatonischen Metaphysik, in: Ders.(Hrsg.), Gregor von Nyssa und die Philosophie. Zweites internationales Kolloqium über Gregor von Nyssa (18.-23.9.1972), Leiden 1976, S.21-42; E. Mühlenberg, Die philosophische Bildung Gregors in den Büchern Contra Eunomium, in: Écriture et culture philosophique dans la pensée de Grégoire de Nyssa, hrsg.v. M. Harl, Leiden 1971, S.230-244.
11 Die Funktion der Gotteslehre geht aus or.cat. und Maced. hervor.
12 CE I,91.20ff.
13 Siehe S.88f.
14 Maced.89.21f.,90.27ff.

Weniger[15] von zu unterscheidenden und sich so konstituierenden Objekten zu behaupten. Damit ist die Gegenposition formuliert. Gregor legt sie grund in dem Begriff der Vollkommenheit Gottes,[16] weil gerade dieser Begriff deutlich macht, daß keine Differenzierungsmöglichkeit innerhalb des ausgesagten Gegenstandes besteht.

Gregor führt den Begriff der Vollkommenheit in zweifacher Weise ein: Vollkommenheit Gottes meint erstens die Vollständigkeit der göttlichen Natur und führt so zu der Aussage göttlicher Identität und Selbigkeit.[17] Vorausgesetzt, daß göttliche Natur in Eigenschaften zu fassen ist, ist nach Gregor zweitens von diesen Eigenschaften Vollkommenheit auszusagen.[18] Gott sei in allem, was Gott ausmacht, vollkommen.[19] Differenz ist nach Gregor nur als Begrenzung zu denken. Begrenztes ist vergleichbar und damit unterscheidbar. Gott ist, so Gregor, unbegrenzt, sofern er vollkommen ist. Es gebe keine begrenzte Vollkommenheit. Der Begriff der Vollkommenheit schließt Begrenzung aus. Das Unbegrenzte ist notwendig einfach[20] und infolgedessen ungestuft. Ausgeführt in zeitlich-räumlichen Kategorien[21] heißt dies, daß es in Gott weder räumlichen noch zeitlichen Abstand gebe. Abstand impliziere Differenz und Differenz wiederum Begrenzung. Für zeitliche Unbegrenztheit steht üblicherweise der Begriff der Ewigkeit Gottes[22] bzw. der in diesem Zusammenhang diskutierte Begriff der Unendlichkeit Gottes[23] als Übersetzung für den zeitlichen Aspekt von ἄπειρον. Vollkommenheit, Unbegrenztheit und Einfachheit stehen in dem Begründungszusammenhang des ungestuften Seins Gottes.[24] Gott ist nach Gregor einfach, weil in dem un-

---

15 Or.cat.12C; CE I,95.1ff.

16 Or.cat.12Bff., Maced.94.26f.

17 Vgl. Maced.91,14ff.

18 CE I,77.4ff.

19 Or.cat.12B: τὸ διὰ πάντων αὐτὸν ἐνθεωρουμένων τῇ θεότητι τέλειον.

20 CE I,94.26ff.

21 Vgl. CE I,78.4ff.

22 Diese Thematik legt einen Vergleich mit Augustin nahe. Zu verweisen ist auf folgende Arbeiten: R. Mortley, From Word to Silence II. The way of negation, Christian and Greek, Bonn 1986, S.172ff., siehe weiter: M.-B. von Strizky, Beobachtungen zur Verbindung zwischen Gregor von Nyssa und Augustin, VigChr 28 (1974), S.176-185.

23 Vor allem: Mühlenberg, Unendlichkeit a.a.O. Mühlenberg führt den Begriff der Unendlichkeit in genau diesem Zusammenhang ein (S.110), um ihn dann allerdings in einem sehr viel umfassenderen Sinn zu verwenden.

24 Der Argumentationszusammenhang ist damit anders bestimmt als bei: Mühlenberg, Unendlichkeit a.a.O.. Mühlenberg entwickelt aus Gregor eine dreifache Grundlegung der Unendlichkeit aus Ewigkeit, Einfachheit und Unveränderlichkeit Gottes. "Unendlichkeit" steht systematisch in diesem Kontext, ohne daß allerdings die Ausführungen zu Ewigkeit, Einfachheit und Unveränderlichkeit als Hinführung auf "Unendlichkeit" begriffen werden müssen.

begrenzten Gott keine Unterschiede ausgesagt werden können, sofern Gott vollkommen ist. Vollkommenheit ist nichts anderes als das positive Äquivalent für Unbegrenztheit oder, anders übersetzt, Unendlichkeit. Die Rede von der "Unendlichkeit Gottes" bei Gregor hat ihren Ort in der Argumentation um das ungestufte Sein Gottes.

Gregor führt den Gedankengang am Gut-Sein Gottes aus.[25] Das Gute ist nach Gregor vollkommen oder unbegrenzt gut. Es könne nur durch sein Gegenteil begrenzt werden.[26] Das Gute an sich aber sei nicht veränderlich. Neben dem Guten an sich, das aus sich selbst gut ist, gebe es, so Gregor, das Gute, das durch Teilhabe[27] gut ist. Im Unterschied zu dem ersten Guten[28] ist dieses auf je begrenzte, d.h. eigentümlich bestimmte Weise gut. Begrenzung bedeute die Vergleichbarkeit des durch Teilhabe jeweils spezifisch definierten Guten. In diesem Bereich gebe es infolgedessen in der Tat Unterscheidung und somit Stufung. Dieser Bereich ist nach Gregor Schöpfung.[29] Das ungeschaffene Gute sei unbegrenzt, unbestimmt, unvergleichbar und unendlich gut.[30] In dem Begriff des Unbegrenzten kann Gregor einen ungestuften Gottesbegriff grundlegen sowie die Trennung zwischen Geschaffenem und Ungeschaffenem explizieren.

Das systematische Problem besteht darin, daß Gregor die trinitarischen Personen voraussetzt, dann aber Gottheit so definiert, daß keine Differenzierungsmöglichkeit in Gott benannt werden kann. Gregors Intention ist es, die Gleichheit der trinitarischen Personen zu belegen. In der eunomianischen Kontroverse geht es noch einmal in grundsätzlicher Weise um die Gottheit des Sohnes. Umstritten ist die Interpretation des Begriffs "Zeugung". Nach Eunomius beinhaltet Zeugung ein Verursacht-Sein, das dem Wesen Gottes als

---

25 Vgl. die Ausführungen zum ὄντως ὄν. De vita Moysis 41.1., 115.8ff.: τὸ γὰρ ὄντως ὄν ἡ ἀληθής ἐστι ζωή. τοῦτο δὲ εἰς ἐπίγνωσιν ἀνέφικτον.

26 CE I,77.9.

27 Vgl. CE I,95.19ff.

28 CE I,106,18ff., vgl. De vita Moysis 4.5f.: τὸ πρώτως καὶ κυρίως ἀγαθὸν οὗ ἡ φύσις ἀγαθότης ἐστίν, αὐτὸ τὸ θεῖον...

29 CE I,107.

30 Zu dem Verhältnis der Begriffe ἀόριστος und ἄπειρον siehe S.129ff. In CE I,77.19f. und Maced. 94,20f. und 31ff. verwendet Gregor die Begriffe analog. CE I,77.19f.: ἀόριστος πάντως ἐν τῷ ἀγαθῷ θεωρεῖται, τὸ δὲ ἀόριστον τῷ ἀπείρῳ ταὐτόν ἐστιν. Maced 94,19ff.: ταῦτα δὲ οὐκ ἀτελῶς προσεῖναι τῷ πνεύματι οὐδὲ περιωρισμένην ἔχοντα τοῦ καλοῦ τὴν ποσότητα, ἀλλ᾽ ἐπὶ τὸ ἄπειρον ταῖς κλήσεσι συμβαίνοντα·... 94,31ff.: καλῶς ἔχει πάντως ἀόριστον αὐτῷ καὶ ἀπερίγραπτον καὶ κατ᾽ οὐδὲν μέρος ἠλαττωμένην προσμαρτυρεῖν τὴν ἐν τοῖς ἀγαθοῖς τελειότητα.

erstem Grund widerspreche und deshalb das Wesen des Sohnes notwendig
beschreibe. Basilius verhindert die Einbindung des Begriffs Zeugung in die
Definition des Wesens des Sohnes, indem er den Begriff als individuelle
Beschreibung der Hypostase versteht, von der die Darstellung des Wesens
unterschieden sei.

Gregor definiert Zeugung neu.[31] Die Sache der Zeugung ist nach Gregor
für die Definition eines Gegenstandes nicht hinreichend. Der Begriff "gezeugt" sei nicht eindeutig, sofern die Aussage, daß der Sohn Gottes gezeug-
tes Wesen ist, nicht umkehrbar ist.[32] Es gebe verschiedene gezeugte Existen-
zen, vernünftige und unvernünftige Lebewesen. Zeugung entspreche also der
jeweiligen Seinsweise, d.h. von göttlicher Zeugung könne nur unter den Bedingungen göttlicher Natur gesprochen werden. Göttliche Zeugung hebt sich
infolgedessen nach Gregor von jeder materiellen und körperlichen Vorstellung ab.[33] Nur im Bereich körperlich materieller Existenz beinhalte der
Begriff Zeugung einen zeitlichen Abstand. Ein Früher oder Später von Ursache und Verursachtem in Gott würde Gott unter die Bedingungen der Zeit
stellen. Gott aber sei nur vor- oder überzeitlich zu denken, sofern Zeit nur
durch zeitliche Differenz meßbar und aussagbar ist, von Gott aber, so Gregor, auch in diesem Zusammenhang seine Unbegrenztheit gelte. In Gott gebe
es keinen Abstand, keine Begrenzung, keine zeitliche Begrenzung, keinen
zeitlichen Abstand.[34]

In gleicher Weise schließt Gregor die von Eunomius formulierte Verbindung von Zeugung und Leiden bzw. Leidenschaft aus.[35] Während Eunomius
die Leidlosigkeit Gottes dadurch gewährleistet, daß er Gott von einer leidvol-
len Zeugung trennt - die Grenze zwischen Gott und Schöpfung verläuft hier
zwischen Gott und Gezeugt- bzw. Geschaffen-Sein - sichert Gregor die Aussage der Apathie durch eine entsprechende Interpretation von Zeugung. Zeugung im Bereich des Ungeschaffenen muß nach Gregor frei von Leiden,
Zeitlichkeit und Materialität ausgesagt werden.[36]

Was bedeutet die Rede von der Zeugung? Zur Diskussion steht, in welcher Weise die trinitarischen Personen ausgesagt werden können. Gregor
ersetzt wie auch Basilius die Begriffe Ungezeugt/Gezeugt durch Vater/Sohn.
Bereits Basilius weist in Contra Eunomium auf Vater und Sohn als Relations-
begriffe hin.[37] An den Implikationen des Sohn-Seins aber, daß die Beziehung

---

31 Vgl. die Argumentation von Cyrill von Alexandrien, K.4.1.1., S.174ff.
32 CE I,157.15ff.
33 Ref.Eun. 348ff.
34 CE I,210.5ff.
35 CE III.II (IV),55.32f., 71.22f.
36 Ref.Eun.351.10.
37 Basilius, CE II,9.

zum Vater das Verursacht-Sein aus dem Vater bedeutet, entzündete sich der Arianische Streit. Der Gedanke gehört bei Basilius in den Rahmen sprachlicher Beobachtungen. Basilius verfolgt ihn nicht weiter. Gregor muß auf die Frage, wie Zeugung unter den Bedingungen der göttlichen Natur zu verstehen ist, antworten. Er bestimmt Zeugung negativ, insofern Zeugung keinen begrenzten Teil in Gott aussagt und Gottes Unbegrenztheit in keiner Weise z.B. zeitlich begrenzt. Gregor führt positiv Zeugung als Relationsbegriff ein.[38]

Gregor kann sich auf das allgemeine Sprachempfinden berufen, das die Begriffe Vater und Sohn mit einer wechselseitigen Bezogenheit verbindet. Gregor spricht von: τὴν οἰκείαν αὐτῶν καὶ φυσικὴν πρὸς ἄλληλα σχέσιν.[39] Der Begriff Vater impliziere die Vorstellung eines Sohnes.[40] Entsprechend setze der Begriff Sohn den des Vaters voraus. Gregor führt dies in or.cat. für den Logos aus. Der Logos unterscheide sich von dem, dessen Logos er ist, zugleich werde dieser, der Vater, in dem Begriff Logos als Relationsbegriff mitgedacht[41]. Der hier diskutierte Begriff σχέσις ist nicht identisch mit dem lateinischen *relatio*. Er gehört aber in die Kategorie der Relativa. Aristoteles spricht hier von ἕξις,[42] Gregor selbst führt in diesem Zusammenhang das πρὸς τι ein. Das Konzept, mit dem Gregor trinitarische Differenz hier darstellt, soll deshalb mit dem Begriff "Relation" wiedergegeben werden.

Gregors Ausführungen zum Thema Relation erscheinen in zwei Zusammenhängen. Relation bezeichnet erstens infolge der Unbegrenztheit Gottes keine Beziehung zwischen autarken Gegenständen, d.h., der Begriff der Relation setzt keine Form von Distanz voraus und eignet sich gerade deshalb zur Darstellung der innergöttlichen Differenz.

Im Unterschied zu Eunomius spricht Gregor zweitens von natürlichen Relationen. Während Eunomius in der Gregor vorliegenden Apologia Apologiae den Begriff σχέσις zur Bezeichnung einer gegenseitigen Bezogenheit verwendet, die das Verhältnis von Vater und Sohn gerade insofern beschreibt, als der Sohn durch das Gezeugt-Sein aus der göttlichen Natur ausgegrenzt ist[43], bezieht Gregor Relation auf Naturgemeinschaft. Der Begriff σχέσις ist nicht

---

38 Ref.Eun.350.22-351.1: πάσης δὲ τῆς τοιαύτης < ἐννοίας > ὑλικῆς τε καὶ διαστηματικῆς μὴ συμπαραληφθείσης ἐν τῇ τοῦ υἱοῦ σημασίᾳ, μόνη ὑπελείφθη ἡ φύσις, καὶ διὰ τοῦτο τῇ τοῦ υἱοῦ φωνῇ τὸ οἰκεῖον καὶ γνήσιον τῆς ἐκ τοῦ πατρὸς ἀναδείξεως ἐπὶ τοῦ μονογενοῦς ἑρμηνεύεται. Der Sachverhalt geht ebenso deutlich aus CE III.I (III),31.7ff. hervor.
39 CE I,75.4f.
40 Ref.Eun.315.3ff.
41 Or.cat.16B, vgl. CE III.I (III),41.24ff.
42 Cat.6b.
43 CE III.II (IV),87.1ff, vgl. CE I,145.10f., CE III.I, 6.6ff.

eindeutig. Nach Gregor kann eine Sache nicht in mehrere Relationen gespalten werden.[44] Jeder Gegenstand sei durch eine spezifische Relation gekennzeichnet. Dieser Satz ist grundlegend für Gregors Rede von natürlichen Relationen. In CE III.I knüpft Gregor an die sprachtheoretischen Prämissen von Eunomius an. Relation ist nach Gregor Hinweis auf eine gemeinsame wesentliche Beschaffenheit der beiden Subjekte, von denen die Relation ausgesagt wird.[45] Gregor verweist auf den allgemeinen Sprachgebrauch, der mit σχέσις die jeweils eigentümlich verbindende Verwandtschaft und nicht eine zu überbrückende Distanz assoziiert. Einung im Wesen ist nach Gregor die Voraussetzung für die Rede von σχέσις.[46]

Nach Gregor kann Zeugung unter den Bedingungen des Gottesbegriffs nur Relation bedeuten. Mit dem Konzept der Relation, verstanden als natürliche Relation, verbindet Gregor die Gemeinschaft und Identität im Wesen.

Die Gegenthese ist von Eunomius belegt. Eunomius bestreitet die Bindung von Relation an Naturgemeinschaft: Die Beziehung des Sohnes zu dem, der ihn gezeugt hat, bestehe ohne Gemeinschaft im Wesen: μόνος δὲ ὁ υἱός, φησί, τῇ τοῦ πατρὸς ἐνεργείᾳ συστὰς ἀκοινώνητον ἔχει τήν τε φύσιν καὶ τὴν πρὸς τὸν γεγεννηκότα σχέσιν.[47] Gregor hat im Gegensatz dazu seine These formuliert. Eine Überwindung des Gegensatzes ist innerhalb des bisher dargestellten Systems nicht möglich. Die Naturgemeinschaft des Sohnes mit dem Vater ist nach Gregor eine Prämisse. Genau diese ist erneut hinterfragt. Gregors System gestaltet sich als Interpretation und Vermittlung eines theologischen Problems unter definierten Voraussetzungen.

Wenn nach Eunomius die Begriffe "gezeugt" und "ungezeugt" gegensätzliche Naturen beschreiben, muß sich nach Gregor dieser Gegensatz bestätigen. Jeder Gegenstand habe Kennzeichen. Die Kennzeichen der einzelnen trinitarischen Personen aber weisen nach Gregor auf Naturidentität hin.[48] Vater und Sohn haben teil an der Bezeichnung Gott. Ihre Natur sei mit Ausnahme von Gezeugt bzw. Ungezeugt durch dieselben göttlichen Eigentümlichkeiten gekennzeichnet. Der Rede Eunomius' von συμφυΐα[49] ist nach Gregor Naturgemeinschaft entgegenzuhalten. Was Naturgemeinschaft heißt, entfaltet Gregor im Rahmen des Hypostasenmodells.

---

44 CE III.II (IV),88.25f.
45 CE III.I (III),41.29-42.3: οὐκέτ᾽ ἄν τις ἀμφιβάλλοι τὴν ἐκ φύσεως συνισταμένην τῶν ὀνομάτων πρὸς ἄλληλα σχέσιν ἀπόδειξιν τῆς κατ᾽ οὐσίαν αὐτῶν οἰκειότητος, μᾶλλον δὲ ταυτότητος γίνεσθαι.
46 CE I,146.27ff.
47 CE III.II (IV),76.13ff.
48 CE III.V (VII),175.17ff.
49 CE III.II (IV),61.11.

Die Diskussion ist durch Gegensätze bestimmt. Der Zusammenhang von Relation und Naturgemeinschaft wird behauptet und bestritten. Naturgemeinschaft findet Ausdruck in der trinitarischen Verwendung der Gottesprädikate. Diese expliziert Gregor im Rückgriff auf das Hypostasenmodell, dessen Sinn Eunomius bereits bestritten hat.

Nach Eunomius hat das basilianische Hypostasenmodell zwei Schwächen, sofern es entweder als eine Zwei-Prinzipien-Lehre zu verstehen ist oder in der Sache sich in die Selbigkeit des Wesens auflöst.[50] Der Hinweis auf spezifische Differenzen bedeute, so Eunomius, eine Teilung und führe zu der Vorstellung eines zusammengesetzten Wesens.[51] Gott aber sei im Wesen nicht geteilt, er sei absolut einfach. Nach Eunomius kann man bei Vater, Sohn und Geist nur von drei Wesen reden. Jedes einzelne Seiende sei einfach[52], wobei offen bleibt, inwieweit man beim Gezeugten überhaupt von Sein sprechen könne.[53] Gott im eigentlichen Sinn ist nach Eunomius der Ungezeugte.

Gregor kann nur eine Fehlinterpretation feststellen. Er formuliert die Grundzüge erneut: Was im Wesen identisch ist, muß es nicht in den Hypostasen sein. Abgesehen von den Eigentümlichkeiten der Personen sei in Gott keine Unterscheidung möglich.[54] Die Eigentümlichkeiten der Hypostasen seien zu bewahren, ihre Einheit nicht in Gegensätze, d.h. in Dualität zu spalten.[55] Gregor schreibt: κοινωνεῖν κατὰ τὴν οὐσίαν καὶ διῃρῆσθαι κατὰ τὸν τῆς ὑποστάσεως λόγον.[56] Und dieser Satz sei δόγμα τῆς ἀληθείας. Gregor greift auf Bekanntes zurück und faßt prägnant zusammen. Er formuliert ebenfalls παρὰ τῆς ἀληθείας folgenden Satz: Πατέρα καὶ υἱὸν παρὰ τῆς ἀληθείας ἀκούσαντες ἐν δύο τοῖς ὑποκειμένοις τὴν ἑνότητα τῆς φύσεως ἐδιδάχθημεν, ὑπό τε τῶν ὀνομάτων φυσικῶς [διὰ] τῆς πρὸς ἄλληλα σχέσεως σημεινουμένης.[57] Das bedeutet, daß Gregor die Bezeichnung der trinitarischen Personen erstens als Hypostasen und zweitens durch Relationen nicht als Widerspruch empfunden hat.

---

50 CE I,165.10ff.
51 CE III.X (XII),307.17ff.
52 CE I,91.20ff.
53 CE III.VIII (X),251.4ff.
54 CE I,107.17ff.
55 CE I,171.25- 172.5: τὸ κατὰ τὴν φύσιν ἀπαράλλακτον τοῦ υἱοῦ καὶ τοῦ πατρὸς ἐκ τῆς φωνῆς ἐπαιδεύθημεν, οὐκ εἰς μίαν ὑπόστασιν τὴν περὶ αὐτῶν ἔννοιαν συναλείφοντες, ἀλλὰ φυλάσσοντες μὲν διῃρημένην τὴν τῶν ὑποστάσεων ἰδιότητα, οὐ συνδιαιροῦντες δὲ τοῖς προσώποις τὴν τῆς οὐσίας ἑνότητα, ὡς ἂν μὴ δύο ἑτερογενῆ πράγματα ἐν τῷ τῆς ἀρχῆς λόγῳ ὑπολαμβάνοιτο καὶ διὰ τοῦτο πάροδον λάβοι τῶν Μανιχαίων τὸ δόγμα.
56 CE I,147.9ff.
57 CE I,170.13ff.

Sowohl in dem Begriff der Relation als auch in dem Konzept der Hypostase kommt eine Zuordnung von trinitarischer Einheit und Differenz zum Ausdruck. Zu fragen ist, inwieweit sich Relation bei Gregor der Struktur nach von einer Ableitung des Sohnes aus dem Vater unterscheidet. Eine emanatianische Tendenz der Aussage würde dann vorliegen, wenn in der Bezogenheit auf den Ursprung Wesenseinheit und -differenz zugleich darstellbar sind. Genau in dieser Funktion aber verwendet Gregor das Konzept der Relation nicht. Gregor konzipiert die göttliche Einheit aus dem Gottesbegriff und nicht im Rückgriff auf die Ursprungsbeziehungen. Die Relationen haben damit in der Tat eine den Hypostasen vergleichbare Funktion. D.h., die Entfaltung des Gedankens der Relationen in Contra Eunomium entspricht dem systematischen Ort, der bei Basilius der Entwicklung des Hypostasenmodells zukommt.

Die Hypostasen werden definiert durch eine individuelle Eigentümlichkeit. Basilius legt sich nicht fest, wie diese Eigentümlichkeit zu bestimmen ist. Relation ist nicht Qualität oder Quantität, sondern eine andere vergleichbare Kategorie. Gregor äußert sich aber nicht, inwieweit die Relationen Hypostasen konstituieren. Das Konzept der Relation beinhaltet keine Präzision des Hypostasenmodells, sondern eine Alternative. Während die Hypostasen auch nach Gregor eine Individuation der Art sind, beinhalten die Relationen mit der Aussage einer unterschiedlichen Selbstbezogenheit Gottes die Möglichkeit bzw. den Anspruch, in dem unbegrenzten Gott Differenz auszusagen. In dieser Aussage sind die Relationen nicht durch die Hypostasen ersetzbar, d.h., die hier versuchte Aussage kann der Begriff der Hypostase nicht leisten. Hypostase und Relation sind auseinanderzuhalten. Darin zeigt sich eines der Grundprobleme der Trinitätslehre Gregors, nämlich die Schwierigkeit, die ontologische Differenzierung des Hypostasenmodells an den Gottesbegriff Gregors anzubinden, bzw. das Hypostasenmodell in das System Gregors zu integrieren.

Nach Eunomius ist Gott einzig und absolut einfach. Die Einfachheit Gottes schließt hier jede triadische Aussage aus.[58] Zur Diskussion stehen bestimmte Prädikate, die Einfachheit und Ewigkeit Gottes sowie die besondere Gottheit des Vaters.[59] Aufgrund dieser Fragestellung muß Gregor von Nyssa anders als Gregor von Nazianz auf jeden Gedanken, der die Implikationen einer Stufung unter den trinitarischen Personen enthält, verzichten. Wie Basilius begründet auch Gregor die absolute Gleichheit der Personen. Gregor widerspricht einer besonderen Gottheit des Vaters. Der Vater sei nicht als Vater Gott, sondern als Gott Gott.[60] Göttliches Wesen bleibt unter-

58 Ref.Eun.325.6ff.
59 CE III.VII (IX)215.6ff.
60 Comm.not.20.13f.

schieden von den Hypostasen. Sofern aber Vater, Sohn und Geist Gott sind und die göttliche Natur konstituieren[61], gilt nach Gregor, daß göttliches Wesen nicht außerhalb von Vater, Sohn, Geist gedacht werden kann.[62] Grundlegend ist hier ein Gottesbegriff, der unmittelbar trinitarisch bezogen wird.

Die sachliche Distanz zu Basilius kommt gerade hierin zum Ausdruck. Gregor formuliert die göttliche Einheit nicht in der Bezogenheit der Hypostasen auf ein gemeinsames Wesen, sondern entwickelt sie aus dem Gottesbegriff heraus. Die Schwierigkeiten, in Gott Differenz auszusagen, sind in der Vorordnung des Gottesbegriffs begründet. Gregor von Nyssa und Basilius unterscheiden sich nicht darin, daß Ewigkeit, Selbigkeit, Einfachheit, Güte, Weisheit als Kennzeichen göttlichen Wesens von Vater, Sohn, Geist als Gott ausgesagt werden. Während aber Basilius in der Formulierung des Hypostasenmodells voraussetzt, daß Namen Eigenschaften bezeichnen und diese auch im Blick auf die göttliche Natur benennbar sind, hält Gregor an der Negativen Theologie fest.

2.3.2. Das Konzept der Unbegrenztheit Gottes im Rahmen der Negativen Theologie

Sprache, Gestaltung von Sprache und Wortschöpfung sind nach Gregor eine spezifisch menschliche Tätigkeit.[63] Worte werden erfunden und erdacht.[64] Sie seien menschliche Setzung und werden menschliche Konvention, mittels derer ein Sachverhalt vermittelt werden könne. Gregor geht wie Basilius- anders als Eunomius - nicht von einer unmittelbaren Bindung von Sprache und Sache aus. Sprache beziehe sich erst durch die menschliche Vorstellung (ἐπίνοια) auf ihren Gegenstand.[65] Sprachschöpfung gehöre zu den schöpfungsmäßig gegebenen rationalen Fähigkeiten des Menschen.[66] Der Benennung eines Gegenstandes geht also nach Gregor dessen Erkennntnis voraus. Dies wird bei Gregor insbesondere in bezug auf seinen Gottesbegriff relevant. Gregor geht hier über den Gedanken von Sprache als reiner Setzung

---

61 Ref.Eun.333.17f.
62 Ref.Eun.327.11ff., 321.25ff., 332.16ff. Die Struktur der Argumentation geht aus der Kommentierung von Joh. 1 in CE III.VI hervor (CE III.VI (VIII), 189.3ff.).
63 CE II (XIII),343.20ff.
64 CE II (XIII),310.1f., 316.28ff.
65 CE II (XIII),239.7ff.
66 CE II (XIII),282.20ff.

hinaus. Jeder Begriff von Gott habe seine eigene Bedeutung, diese aber nicht in der unmittelbaren Bindung an die Sache, sondern sofern Gottesprädikate die Tätigkeit Gottes beschreiben, die in der geschaffenen Welt erkennbar und benennbar ist.[67]

Der Anknüpfungspunkt für Sprache ist nach Gregor das menschliche Umfeld.[68] Es gebe nur menschliche Sprache. Damit steht nach Gregor kein Begriff zur Verfügung, der das göttliche Wesen fassen könnte. Die Gottesbezeichnungen bilden menschliche Vorstellungen ab, die sich um den göttlichen Gegenstand bewegen.[69] Sie bezeichnen den Gegenstand, aber es ist nach Gregor nicht denkbar, daß sie dessen Wesen aussagen. Gott sei unaussprechlich und unfaßbar. In Ermangelung des einen Begriffs gebe es viele Namen Gottes, aber diese können nicht mehr als eine Annäherung an ihren Gegenstand bzw. als ein Ausdruck der vielfältigen Wirkweisen Gottes sein.

Die Korrektheit von Sprache wird gemessen an dem erfaßten Gedanken und der Präzision in seiner sprachlichen Entsprechung. Menschliche Sprache kann nach Gregor dem transzendenten Gegenstand nicht entsprechen. Wenn auch Vorstellungen intellektuelles Instrumentarium zum Erfassen nicht unmittelbar, d.h. nicht sinnlich vorfindlicher Gegenstände und Wirklichkeitszusammenhänge sind und Vorstellungen infolgedessen ihren notwendigen Ort in der Gotteserkenntnis haben, kann nach Gregor die Trennung zwischen Geschaffen und Ungeschaffen nicht überwunden und Gott letztlich nicht erkannt werden.

Abgesehen von den empirischen Hinweisen, daß die Begrenztheit des Menschen sich bereits in der Erforschung der Sinnendinge deutlich zeige und für den göttlichen Gegenstand nur in gesteigertem Maße gelte, legt Gregor die Unfähigkeit des Menschen zur Gotteserkenntnis zweifach grund. Erstens nennt Gregor den Abstand zwischen Gott und Mensch, der in der Trennung zwischen Ungeschaffen und Geschaffen zum Ausdruck kommt.[70] Die Trennung zwischen Ungeschaffen und Geschaffen ist eine Weiterführung des Zwei-Welten-Modells.[71] Gregor unterscheidet zunächst Sinnenwelt und intelligible Welt, körperlich und unkörperlich, materiell und immateriell[72] und differenziert dann wiederum innerhalb des Intelligiblen zwischen Geschaffen und Ungeschaffen.

Gregor formuliert zweitens eine Entsprechung zwischen der Erkenntnis Gottes und dem göttlichen Gegenstand. Das Streben des Menschen nach

---

67 CE II (XIII),268.24ff.
68 CE II (XIII),257.2ff.
69 CE II (XIII),393.14ff.
70 CE III.VI (VIII),209.19f., vgl. CE III.II (IV),63.3ff.
71 CE I, 105.19ff., vgl. Daniélou, Néo-Platonisme, a.a.O.
72 CE I,113.20ff., CE III.II (IV),53.8ff.

Vollkommenheit kann nach Gregor deshalb nicht zum Ziel kommen, weil Vollkommenheit unbegrenzt ist und unbegrenzte Vollkommenheit allein von Gott ausgesagt werde. Das Streben nach Vollkommenheit sei, so Gregor, unbegrenzt, weil Vollkommenheit unbegrenzt ist. Der Mensch werde in seiner Begrenztheit das Unbegrenzte nicht fassen. Die Teilhabe an Gott sei unendlich, weil Gott unendlich ist.[73] Diese Aussage geht über die Trennung von Geschaffen und Ungeschaffen hinaus.

Erfaßt werden kann nur ein faßbarer Gegenstand. Begreifen äußert sich darin, daß der Sachverhalt in einen Satz oder eine Definition gefaßt wird. Die Definition bestimmt ihren Gegenstand und setzt damit Grenzen, sofern sie ihren Gegenstand immer nur in seiner Begrenzung und Abgrenzung fassen kann. Jede begriffliche Bestimmung setzt also die Begrenztheit ihres Gegenstandes voraus. Die Unbegrenztheit Gottes ist infolgedessen identisch mit seiner Unbestimmtheit, diese beinhaltet notwendig seine Unerkennbarkeit. Gregor verwendet für diesen Sachverhalt zwei Begriffe: ἀόριστον und ἄπειρον. Sie sollen zunächst mit "unbestimmt" und "unbegrenzt" übersetzt werden. Die Begriffe stehen in einem engem Zusammenhang. Gregor kann formulieren: τὸ δὲ ἀόριστον τῷ ἀπείρῳ ταυτόν ἐστιν.[74]

Vom ἀόριστον gilt, daß es keinen ὅρος hat und somit nicht bestimmt werden kann. Das Unbestimmte (ἀόριστον) ist infolgedessen nicht beschreibbar (ἀπερίγραπτον)[75] und kann, so Gregor, nicht durch einen Namen bezeichnet werden: οὐκοῦν τὸ ἐκτὸς ὅρου οὐδὲ ὀνόματι πάντως ὁρίζεται.[76] Ebenso definiert Gregor auch ἄπειρον darin, daß es nicht bestimmt und nicht in bestimmter Weise fixiert werden könne. ἀόριστον und ἄπειρον sagen also das Nicht-Vorhandensein von Grenze, d.h. von Definition aus. Ist damit nach Gregor das Unbegrenzte durch Nicht-Anfang und Nicht-Ende begrenzt, wenn es heißt, daß unbegrenztes Sein keinen Anfang und kein Ende hat?[77] Das ἄπειρον ist nach Gregor jenseits jeder Bestimmung: ἐκφεύγει τὸν ὅρον ἡ ἀπειρία.[78] Entsprechend heißt es auch von ἀόριστον: ἡ δὲ θεία φύσις κατ' οὐδὲν μέρος περατουμένη, ἀλλὰ πανταχόθεν [ἐν] τῷ ἀορίστῳ πάντα περασμὸν διαβαίνουσα.[79] Das Unbegrenzte ist hier nur in der Überschreitung jeder Bestimmung als schlechthinnige Unbegrenztheit denkbar.

---

73 De vita Moysis 4.3ff.
74 CE I,77.20.
75 Maced.94.32.
76 Tres dei 52.20f.
77 CE III.VI (VIII),188.15ff.: Ἡσαίας δὲ τὸ πανταχόθεν ἀόριστον τοῦ ὄντος βοᾷ τῷ κηρύγματι, μήτε δι' ἀρχῆς μήτε διὰ τέλους βλέπων τὸ ὂν ἐπὶ θεοῦ ὁριζόμενον.
78 Tres dei 52.20, vgl. CE I,95.26-96.2.
79 CE III.VI (VIII),210.9ff.

Hier ergeben sich Rückfragen. Bevor auf diese einzugehen ist, soll der hier einschlägige Text auf seinen Argumentationsgang befragt werden.

ἡμεῖς μὲν γὰρ ἀόριστον καὶ ἀπερίληπτον τὴν θείαν φύσιν εἶναι πιστεύοντες οὐδεμίαν αὐτῆς ἐπινοοῦμεν περίληψιν, ἀλλὰ κατὰ πάντα τρόπον ἐν ἀπειρίᾳ νοεῖσθαι τὴν φύσιν διοριζόμεθα. τὸ δὲ καθόλου ἄπειρον οὐ τινὶ μὲν ὁρίζεται, τινὶ δὲ οὐχί· ἀλλὰ κατὰ πάντα λόγον ἐκφεύγει τὸν ὅρον ἡ ἀπειρία.[80]

Die göttliche Natur ist nach diesen Sätzen unbestimmt und infolgedessen unfaßbar. Als unbegrenzt ist die göttliche Natur notwendig schlechthin unbegrenzt. Gregor spricht hier von ἀπειρία, d.h. das Unbegrenzte ist nach Gregor nur als Unbegrenztheit zu denken. Gregor formuliert hierin das Überschreiten jeder Grenze, Definition und Bestimmung im Grenzenlosen. Der Satz Gregors - Gott ist unbestimmt - geht in die Bestimmung Gottes als Unbestimmtheit ein.

Versteht man den Begriff der Unendlichkeit als Ausdruck absoluter Transzendenz und definiert diese als das alles Überschreitende, das der Begriff der Unbegrenztheit beinhaltet, kann man den Begriff der Unendlichkeit hier einsetzen. Der Begriff darf nicht zu falschen Erwartungen führen. Bereits Meyer verwendet den Begriff und entwickelt an dem Begriff der Unendlichkeit die "spekulative Fassung der Gottesidee" bei Gregor.[81] Eine Formulierung der wahrhaften Unendlichkeit im Hegelschen Sinne ist in der Zeit Gregors nicht angelegt. Gregor behauptet das Überschreiten jeder Begrenzung in Gott. Drei Anfragen sind zu formulieren.

1. ἄπειρον und ἀόριστον sind negative Begriffe. Wenngleich sie einen Bruch zur platonisch-aristotelischen Tradition[82] beinhalten, müssen sie zunächst formal im Rahmen der Aussagemöglichkeiten der Negativen Theologie verstanden werden. Gregor kennt die Begriffe: ἀπόφασις, στέρησις, ἀφαίρεσις. Damit ist die Kenntnis über die verschiedenen Aussageformen der Negation vorauszusetzen. Die beiden Sätze - Gott ist nicht begrenzt, und Gott ist unbegrenzt - sind zu unterscheiden. Der erste enthält eine Vernei-

---

80 Tres dei 52.15-20.
81 W. Meyer, a.a.O. S.14.
82 Unbestimmt gehört platonisch in den Bereich der Veränderung bzw. zu der Vielfalt der Erscheinungen. Zu erinnern ist an den Begriff der ἀόριστος δυάς. Aristoteles lehnt mit der Bestreitung eines regressus in infinitum den Begriff des Unendlichen als Beschreibung des Transzendenten ab. Die Aufnahme des Begriffs der Unendlichkeit bedeutet einen Bruch mit einer breiten griechischen Tradition. E. Mühlenberg hat diesen Sachverhalt in seiner Arbeit "Die Unendlichkeit Gottes bei Gregor von Nyssa" deutlich herausgearbeitet.

nung bzw. die Aussage des Nicht-Seins von Begrenzung. Gregor geht über eine Verneinung, eine ἀπόφασις oder στέρησις[83] hinaus. "Unbestimmt" wird bei Gregor die positive Bestimmung Gottes, so daß die Aussage des Nicht-Seins von Grenze in der Aussage der Überschreitung jeder Grenze überwunden wird.

Ordnet man ἀφαίρεσις unter die negativen Prinzipien, ist damit ein mögliches Umfeld, um die Verwendung der negativen Prädikate zu verstehen, bezeichnet.[84] ἀφαίρεσις beinhaltet die Möglichkeit, durch Abstraktion einen Begriff von Gott zu erhalten.[85] Wenn dieses Vorgehen der Bestimmung der Gattungen des Seienden entspricht, in denen positive und negative Eigenschaften die spezifische Differenz bezeichnen[86], bleibt immer noch die Frage, inwieweit die Negation einer Eigenschaft die Affirmation ihres Gegensatzes impliziert. Daß Gregor genau dieses intendiert, geht aus seiner Zusammenstellung von Negation und dem entsprechend positiven Äquivalent hervor. Zwischen der Negation und ihrer positiven Formulierung besteht hier nur ein formaler Unterschied.[87]

Wenn man Gregors Gottesbegriff in dem Prädikat ἄπειρον zusammenfaßt, sind die Möglichkeiten einer positiven Affirmation im Rahmen der Negativen Theologie[88] abzuwägen. Dazu ist hier nicht der Ort. Fraglich ist, inwieweit die affirmative Verwendung negativer Eigenschaften zu einer Wesensbestimmung Gottes führt. Im Ergebnis würde Gregor damit genau das behaupten, was Eunomius für sich in Anspruch nimmt, nämlich daß eine Negation in ihrer unbedingten Form, Ungezeugtheit, im Unterschied zu στέρησις (Verneinung) Wesen Gottes aussagt.[89]

Gregors Ausführungen zu ἄπειρον sind nicht ohne die von ihm selbst formulierte affirmative Verwendung des Begriffs denkbar. Es kann nur einen Widerspruch bedeuten, wenn Gregor gegenüber Eunomius die negative Begrifflichkeit nur als Verneinung (στέρησις) verstehen kann und damit dessen

---

83 Vgl. hierzu einschlägig: Aristoteles, met Δ 22, 1022,22ff.

84 Vgl. hier die Diskussion zwischen Wolfson und Whittaker. J. Whittaker, Neoplatonism and Negative Theology, in: SO 44 (1969), S.109-125. H.A. Wolfson, Negative Attributes in the Church Fathers and the Gnostic Basilides, in: HThR 50 (1957), S.145-156.

85 Albinus, Did. X,165.19.

86 R. Mortley, From Word to Silence I. The Rise and Fall of Logos, Bonn 1986, S.135f.

87 CE II, 264.21-23: οὐδεμίαν γὰρ ἐν τούτοις κατὰ τὸ σημαινόμενον διαφορὰν ἐννοοῦμεν, ἀλλ᾽ ἓν δι᾽ ἑκατέρων τῶν λόγων ἀποσημαίνομεν, κἂν τὸ μὲν θέσιν τὸ δὲ ἀναίρεσιν τινος ἔχειν δοκῇ.

88 Siehe allgemein zusammenfassend: Mortley I, a.a.O. S.125-158.

89 CE II,391.22ff.

Terminologie für völlig ungeeignet erklärt, um etwas im Wesen bezeichnen zu wollen, selbst aber die affirmative Verwendung beansprucht. Gregor teilt mit Eunomius die formalen Voraussetzungen der Negativen Theologie. Im Unterschied zu Eunomius kann aber ein negativer Begriff wie ἄπειρον als Bestimmung Gottes gerade aufgrund der erkenntnistheoretischen Aussage von ἄπειρον das Wesen Gottes nicht aussagen. Hier steht Gregor selbst an den Grenzen seiner Argumentation.

2. In bestimmten Zusammenhängen formuliert Gregor einen *regressus in infinitum*. Man kann hier von "Unendlichkeit" sprechen, sofern das Unendliche das Transzendente in spezifischer Abgrenzung von zeitlich-räumlichen Kategorien bezeichnet. Gregor grenzt seinen Begriff von Unendlichkeit nicht gegenüber einem regressus in infinitum ab. Setzt man beispielsweise eine Definition von Unendlichkeit voraus, wie sie Aristoteles gibt: "Nicht das, außerhalb dessen nichts ist, sondern das, außerhalb dessen immer etwas ist, das ist unendlich"[90], ist zu fragen, inwieweit Gregor einen anderen Begriff von Unendlichkeit vor Augen haben konnte. Gregor entwickelt das Verhältnis des Menschen zu Gott auf der Grundlage des Gottesbegriffs. Gerade insofern Gott unendlich ist, muß nach Gregor menschliche Teilhabe an Gott unendlich sein.[91] Unendliche Teilhabe aber bedeutet hier das endlose Fortschreiten des Menschen. Es gebe, so Gregor für menschliches Streben nach Gott keine Grenze, an der dieses zum Ende komme. Wenn Gregor schreibt, daß Gott unerkennbar ist, weil er unbestimmbar ist, muß das in diesem Zusammenhang heißen, daß Gott sich dem Denken entzieht, weil er immer noch hinter jeder vom Menschen gedachten Definition steht. Gott ist unerkennbar, weil der unendliche Gott nicht zu denken ist. Dies führt Gregor nicht aus.

Auf dem Hintergrund des regressus in infinitum lassen sich bei Gregor in bestimmter Weise die verschiedenen Aspekte des Gottesbegriffs - Unbestimmtheit, Unbegreiflichkeit, Namenlosigkeit und Trennung von Ungeschaffen und Geschaffen - zusammennehmen. Das Unendliche wird Ausdruck der Trennung von Geschaffen und Ungeschaffen, sofern das Gott entsprechende Streben des Menschen in seiner Endlosigkeit nur Ausdruck des endlosen Abstandes und damit der schlechthinnigen Trennung sein kann. Aus der Unendlichkeit resultiert, daß Gott nicht zu bestimmen ist, allerdings nicht insofern in Gott keine Grenze ist, sondern sofern Gott immer noch hinter jeder Grenze ist. Man wird die Argumentation um die Unendlichkeit und die Unbegrenztheit Gottes auseinanderhalten müssen. Die unterschiedlichen Überset-

---

90 Aristoteles, Phys.III.6,207a1: οὐ γὰρ οὗ μηδὲν ἔξω, ἀλλ᾽ οὗ ἀεί τι ἔξω ἐστι, τοῦτο ἄπειρον ἐστιν.

91 CE I,112.15f.

zungen von ἄπειρον sind Ausdruck differenter Interpretationen. Für die Trinitätslehre ist der Gedanke der Unbestimmtheit und Unbegrenztheit Gottes
relevant. Inwieweit aber kann Gregor das Überschreiten jeder Grenze bzw.
die Unbegrenztheit Gottes denken?

   3. Abgesehen von der Frage, wie Gregor ἄπειρον versteht, stellt sich die
Frage nach der Funktion des Begriffs. Können unbegrenzt, unbestimmt, un
endlich anderes als Eigenschaften sein, die der Mensch Gott beilegt? Es ergibt sich folgende Alternative: Die Ausführungen zu ἄπειρον/ἀόριστον sind
entweder Grundlegung der Aussage der Unerkennbarkeit Gottes, oder sie
führen zu dem eigentlichen Gottesbegriff Gregors, d.h., das Wesen Gottes ist
Unbegrenztheit oder Unendlichkeit. Die Intention der Arbeit Mühlenbergs
(Die Unendlichkeit Gottes bei Gregor von Nyssa) ist es, zu zeigen, daß Gregor sich in seinem Gottesbegriff von dem klassischen Gottesbegriff absetzt
und die Negative Theologie überwindet. In der Entscheidung aber, inwieweit
Gregor hinter die Aussage der Unerkennbarkeit Gottes zurückgeht und diese
mit der Beschreibung göttlichen Wesens als Unendlichkeit überwindet, bleibt
Mühlenberg zurückhaltend.[92] Feststeht, daß den Ausführungen zu ἄπειρον/
ἀόριστον eine grundlegende Funktion zukommt. Aber Unendlichkeit ist kein
Ersatz für Eunomius' Ungezeugtheit. Gregor hält an keiner Stelle ἄπειρον
dem Begriff "ungezeugt" entgegen und entwickelt nicht in Abgrenzung zu
Eunomius die Unendlichkeit Gottes. Gott ist nicht Ungezeugtheit, nicht, weil
er Unendlichkeit ist, sondern weil er unerkennbar und in keinen Begriff zu
fassen ist. Es wäre ein Widerspruch, wenn Gregor an dieser Stelle die
Unendlichkeit einführte, um damit einen Begriff zu etablieren, der jetzt göttliches Wesen aussagt. Gregor kann nicht über die Namenlosigkeit Gottes hin-
ausgehen, und zwar aufgrund der positiven Bestimmung von ἄπειρον. Sofern
das ἄπειρον gilt, kann es keine Definition Gottes geben. Wenn jede Definition Gottes ausgeschlossen ist, kann auch ἄπειρον nicht eine solche sein.
Hinter die Unbestimmtheit Gottes geht Gregor nicht zurück. Das letzte Glied
der Argumentation ist erreicht. Insofern aber die Begriffe ἄπειρον/ἀόριστον
selbst nicht wieder Definition göttlichen Wesens werden können, sagen sie
nichts anderes als die Unerkennbarkeit Gottes aus. Aus formalen Beobachtungen wie aus der Erhebung der systematischen Struktur ergibt sich, daß der

---

92 Nach dem Zitat Philos (De post. 15) "... καταλαβεῖν ὅτι ἀκατάληπτος ὁ κατὰ
    τὸ εἶναι θεός καὶ αὐτὸ ἰδεῖν ὅτι ἐστιν ἀόρατος.", schreibt Mühlenberg: "Wäre
    Gregor bei dieser Aussage über die Gotteserkenntnis stehengeblieben, so hätten
    wir all die Stellen über die Unendlichkeit Gottes umsonst analysiert; denn dann
    hätte Gregor von Nyssa der negativen Theologie nichts voraus.", Mühlenberg,
    Unendlichkeit, a.a.O. S.154. Vgl. damit S. 202: "Der wichtigste Satz, den die
    Unendlichkeit Gottes begründen kann, ist seine Unerkennbarkeit."

Gottesbegriff Gregors im Rahmen der Negativen Theologie zu verstehen ist. Die Ausführungen zu ἄπειρον/ἀόριστον haben eine erkenntnistheoretische Funktion.

Indem Gregor Eunomius die Unerkennbarkeit und Unfaßbarkeit Gottes entgegenstellt, setzt er mit den Argumenten Basilius' von CE I ein: Sprache sei Ausdruck der erkennenden Vorstellung des Menschen. Dieser Ausgangspunkt ist bei Basilius und Gregor derselbe. Bei Basilius jedoch brechen die Ausführungen zu ἐπίνοια und der Unerkennbarkeit Gottes nach CE I ab. Gregor nimmt genau diese Argumentation auf. Man kann fragen, ob und welchen Einfluß die weiteren Teile von Contra Eunomium auf Gregor hatten. In jedem Fall entwickelt Gregor nicht in demselben Sinn wie Basilius ein Modell für Einheit und Differenz. Er kann das Hypostasenmodell aufnehmen, die Lehre von den Eigenschaften als Kategorien der Differenz aber ist nicht in sein System integriert.

Gregor erarbeitet in einer Grundlegung die Unerkennbarkeit bzw. die Unbegrenztheit Gottes und formuliert damit die Bedingung, unter der eine Trinitätslehre steht. Gottes Unbegrenztheit ist der Begründungszusammenhang für die Unerkennbarkeit, aber auch für die Einheit und Einfachheit Gottes. Gregor geht in dieser Grundlegung über Basilius hinaus. Die Fragestellung hat sich in der Zeit Gregors geändert. Gregor von Nyssa und Gregor von Nazianz müssen Einheit, Gregor von Nyssa, als diese hinterfragt wird, auch Differenz in Gott belegen. Sie tun dieses außerhalb der Unterscheidung von Usie und Hypostase. Wenn Gregor von Nyssa im Anschluß daran die Unterscheidung von Usie und Hypostase wie Gregor von Nazianz im Sinne von εἶδος und ἄτομον fixiert, entstehen hier, wie auch bei Gregor von Nazianz, Spannungen bzw. Widersprüche zu den ontologischen Aussagen in der Ableitung der Einheit Gottes.

2.3.3. Die Bestimmung der Hypostasen

Der Begriff der Hypostase sagt auch bei Gregor aufgrund spezifischer Eigentümlichkeiten Differenz in Gott aus[93], der Gregor die wesentliche Einheit Gottes gegenüberstellt. Vater, Sohn, Geist werden als Hypostasen unterschieden, wobei gilt: ἀδιαστάτως τε μεριζόμενον καὶ ἀσυγχύτως ἑνούμενον[94].

---

93 Tres dei 40.24ff.: Ἀλλ' ὁ μὲν τῶν ὑποστάσεων λόγος διὰ τὰς ἐνθεωρουμένας ἰδιότητας ἑκάστῳ τὸν διαμερισμὸν ἐπιδέχεται,...

94 Ref.Eun.314.26-315.2: τῷ μὲν γὰρ λόγῳ τῆς οὐσίας ἕν ἐστι, διὸ καὶ εἰς ἓν ὄνομα βλέπειν ὁ δεσπότης ἐνομοθέτησε· τοῖς δὲ γνωριστικοῖς τῶν ὑποστάσεων ἰδιώμασιν εἰς πατρὸς τε καὶ υἱοῦ καὶ πνεύματος ἁγίου πίστιν διῄρηται, ἀδιαστάτως τε μεριζόμενον καὶ ἀσυγχύτως ἑνούμενον.

Diese Unterscheidung wurde am Beispiel Mensch diskutiert. Nach Gregor steht der Vielzahl der Individuen die gemeinsame Art Mensch gegenüber, ὥστε πολλοὺς μὲν εἶναι μετεσχηκότας τῆς φύσεως ..., ἕνα δὲ ἐν πᾶσι τὸν ἄνθρωπον[95]. Explizit bezieht sich Gregor auf die Unterscheidung εἶδος/ ἄτομον in Ad graecos. Ex communibus notionibus.

In diesem Text werden verschiedene Wesen, verschiedene Hypostasen oder Gegenstände verschieden nach Wesen und Hypostase unterschieden. Differenz wird jeweils bestimmt durch eine zu definierende Gemeinsamkeit, zu der eine spezifische Differenz hinzutritt.[96] Gregor kennt das ganze Spektrum der Dihairese, zieht aber im Unterschied zu Basilius den Begriff Lebewesen als Oberbegriff über Vernünftiges und Unvernünftiges nicht zur Bestimmung von Wesen heran. Wesen setzt nach Gregor die spezifische Differenz gegenüber dem Allgemeinbegriff, Gattung, voraus und entspricht somit einem Artbegriff. Art ist spezifisch definiert, beispielsweise als ζῷον λογικὸν, θνητὸν, νοῦ καὶ ἐπιστήμης δεκτικὸν[97]. Daß Hypostase dem ἄτομον entspricht, steht nach Gregor nicht in Frage: Πρόδηλον γὰρ ὡς οὐ ταὐτὸν εἶδος καὶ ἄτομον, τουτέστιν οὐσία καὶ ὑπόστασις.[98]

Gregor verteidigt diese grundsätzlichen Aussagen zwischen zwei Fronten. Es gibt auf der einen Seite Kritiker, welche die Auflösung der Hypostasen in eine monistische Identität beanstanden, und andere, die eine Drei-Götter-Lehre fürchten.[99] Wenn die trinitarischen Personen jeweils Gott genannt werden, warum gibt es dann keine drei Götter? In comm.not. formulieren die Kontrahenten Gregors das Problem darin, daß sich Wesen nicht als Wesen vom Wesen unterscheide, sondern nur als ein solches Wesen und daß sich nur eine solche Hypostase von einer solchen Hypostase abhebe. Zur Diskussion steht die Bezeichnung des Individuums als ein solcher Mensch, die Benennung von drei menschlichen Individuen als drei Menschen und damit von Vater, Sohn, Geist als drei Götter.[100] Was ist das Prinzip von Differenz?

Gregor nimmt die vorgegebene logische Diskussion in dem Terminus τοιόσδε auf. "Solch ein" tritt hinzu zu einem gemeinsamen Oberbegriff über zu unterscheidende Gegenstände.[101] Gregors Kontrahenten sprechen infolgedessen von einem solchen Menschen. Der Fehler besteht nach Gregor darin, daß "solch ein" eine eigentümliche Differenz bezeichne, sich also nicht auf

---

95 Tres dei 40.17ff.
96 Comm.not.29.17f.: καὶ οὐσίᾳ μὲν διακέκριται ὁ ἄνθρωπος τοῦ ἵππου, ...
97 Comm.not.31.6f.
98 Comm.not.31.1f.
99 Ep.38,1,325A, comm.not.19.1f.
100 Comm.not.26.6ff.
101 Comm.not.29.11-13: Τὸ μὲν οὖν τοιόσδε λεγόμενον διακρῖναι βούλεται τί τινος κοινωνοῦντος κατ᾽ ἐκεῖνο τοὔνομα, ᾧ τὸ τοιόσδε προστίθεται.

ein Allgemeines, sondern auf die Ebene der Differenz beziehe. Solch ein Wesen[102] bedeutet nach Gregor also eines von verschiedenen Wesen - z.B. Pferd oder Mensch - und solch eine Hypostase[103] bezieht sich auf eine von verschiedenen Hypostasen. Also ist nach Gregor die Rede von einem "solchen Menschen" und einem "solchen Gott", wie sie die genannten Kritiker benutzen, eine uneigentliche Bezeichnung. Es geht Gregor hier um die korrekte Verwendung der logischen Terminologie.

Zu vergleichen ist der Befund in ep.38. Hübner[104] hat bisher abschließend den Text dem Werk Gregors zugeordnet. Der Text stammt sicher nicht von Basilius und ist sicher kappadokischer Herkunft.

Nach der Definition von Wesen und Hypostase und der trinitarischen Verwendung dieser Unterscheidung werden in ep.38 die Eigentümlichkeiten der Personen aufgelistet, wobei die Beschreibungen von Vater und Sohn schließlich in die Gefahr der Ununterscheidbarkeit kommen. Die Art und Weise, wie der Verfasser den Zusammenhang der Personen darstellt, läßt sich ganz im Rahmen der Ausführungen zu Gregor interpretieren. Der Verfasser verweist darauf, daß es zwischen den trinitarischen Personen keinen Abstand gebe[105] und zweitens daß die Personen Ausdruck von Beziehung und deshalb nicht zu trennen seien. Zwischen Vater und Sohn bestehe kein Abstand, διάλειμμα[106], διάστημα, διάστασις. Auf diese Aussage läuft der Vergleich mit den Farben des Regenbogens hinaus: καὶ διάστασιν ἑτέρου πρὸς τὸ ἕτερον οὐκ ἐστι τῇ αἰσθήσει καταλαβεῖν.[107] Wie die Farben ungetrennt bestehen und ohne Distanz ineinander übergehen, so gebe es keinen Abstand und infolgedessen keine Trennung unter den trinitarischen Personen. Der Begriff Vater sei nicht ohne die Vorstellung eines Sohnes denkbar[108], umgekehrt impliziere der Begriff Sohn einen Vater, und weiter sei auch der Geist unterschieden von dem, dessen Geist er ist.

---

102 Comm.not.30.11ff.

103 Comm.not.30.20ff.

104 R.M. Hübner, Gregor von Nyssa als Verfasser der sog. ep.38 des Basilius. Zum unterschiedlichen Verständnis der οὐσία bei den kappadokischen Brüdern, in: Epektasis. Mélanges patristiques offerts au Cardinal Jean Daniélou, hrsg.v. J. Fontaine, C. Kannengiesser, Paris 1972, S.463-490.

105 Ep.38,4,332A: ἀλλὰ τινα συνεχῆ καὶ ἀδιάσπαστον κοινωνίαν ἐν αὐτοῖς θεωρεῖσθαι.

106 Ep.38,4,332B: ἐν οὐδενὶ διαλείμματι μεταξὺ Πατρὸς καὶ Υἱοῦ καὶ ἀγιοῦ Πνεύματος τῆς διανοίας κενεμβατούσης.

107 Ep.38,6,336A.

108 Ep.38,4,332B: Ἀλλ' ὁ τὸν Πατέρα νοήσας αὐτὸν τε ἐφ' ἑαυτοῦ ἐνόησε, καὶ τὸν Υἱὸν τῇ διανοίᾳ συμπαρεδέξατο.

In ep.38,7 erscheinen die Begriffe Vater und Sohn als Ausdruck einer σχέσις.[109] Allerdings wird mit dem Gedanken einer gegenseitigen Bezogenheit das ungetrennte Sein von Vater und Sohn in Gott derart betont, daß der Verfasser den Schluß zieht, daß die Unterscheidung zwischen Vater und Sohn nur eine theoretische sein könne. Der Verfasser weist auf Körper und Form als Beispiel einer nur begrifflichen Unterscheidung hin.

Diese Aussagen liegen im Ansatz der Ausführungen Gregors, zu überlegen bleibt, ob Gregor zu denselben Ergebnissen kam. Bemerkenswert sind die beiden thematischen Schwerpunkte. Es sind die Elemente, die Gregor in der Grundlegung der Trinitätslehre wesentlich verwendet. Ep.38,4-7 legt die Themen Abstand und Relation nicht im Gottesbegriff grund, aber das gemeinsame Wesen der trinitarischen Personen ist auch hier durch die Prädikate "unbegrenzt" und "unbegreiflich" gekennzeichnet.[110]

In einem völlig anderen Zusammenhang findet sich die Eigenschaft "unbestimmt" in Ep.38,2-3. Ep.38,2-3 unterscheidet allgemeine und individuelle Bezeichnungen. Der Allgemeinbegriff, z.B. Mensch, werde von der Zahl nach zu unterscheidenden Gegenständen ausgesagt. Die menschliche Natur sei bei Paulus, Silvanus und Timotheus dieselbe. Paulus sei nicht mehr Mensch als Silvanus. Art wird also univok ausgesagt. Insofern Art von verschiedenen Gegenständen ausgesagt wird, sei der Begriff, so der Verfasser von ep.38, vieldeutig und infolgedessen unbestimmt. Selbstand kommt hier ausschließlich der Einzelexistenz zu, sofern sie das Allgemeine und Unumschriebene in konkrete Eigentümlichkeiten faßt.[111] Während in ep.38,7 die Unterscheidung zwischen Vater und Sohn nur begrifflich genannt werden konnte, besteht in ep.38,2-3 das gemeinsame Wesen nur in der Abstraktion vom Besonderen.[112] Während Gregor weithin die Aussagen über die Hypo-

---

109 Über den Namen des Sohnes heißt es, ep.38.7,340A: σχετικῶς τῆς προσηγορίας ταύτης καὶ τὸν Πατέρα συνεμφαινούσης·, vgl. hier vor allem ep.38.7,337B: Οὐ γὰρ ὅπως διακριθεῖεν ἀπ' ἀλλήλων αἱ ὑποστάσεις διὰ τῶν ἐπιφαινομένων σημείων, ὁ ἀποστολικὸς πραγματεύεται λόγος, ἀλλ' ὅπως τὸ γνήσιον τε καὶ ἀδιάστατον καὶ συνημμένον τῆς τοῦ Υἱοῦ πρὸς τὸν Πατέρα σχέσεως νοηθείη.

110 Ep.38,4,332A: κατὰ δὲ τὸ ἄπειρον, καὶ ἀκατάληπτον, καὶ τὸ ἀκτίστως εἶναι, καὶ μηδενὶ τόπῳ περιειλῆφθαι, καὶ πᾶσι τοῖς τοιούτοις, μηδεμίαν εἶναι παραλλαγὴν ἐν τῇ ζωοποιῷ φύσει ἐπὶ Πατρὸς λέγω καὶ Υἱοῦ καὶ Πνεύματος ἁγίου.

111 Ep.38,3,328B: Τοῦτο οὖν ἐστιν ἡ ὑπόστασις, οὐχ ἡ ἀόριστος τῆς οὐσίας ἔννοια, μηδεμίαν ἐκ τῆς κοινότητος τοῦ σημαινομένου στάσιν εὑρίσκουσα, ἀλλ' ἡ τὸ κοινόν τε καὶ ἀπερίγραπτον ἐν τῷ τινι πράγματι διὰ τῶν ἐπιφαινομένων ἰδιωμάτων παριστῶσα καὶ παριγράφουσα.

112 Inwieweit den Allgemeinbegriffen Existenz zukommt, war eine umstrittene Frage. Siehe Porphyrius Eisag.1.

stasen am Gottesbegriff mißt, wird hier göttliches Wesen aus den Hypostasen deduziert. Das eine Wesen wird logisch, nicht ontologisch grundgelegt. Ep. 38,2-3 hat eine Drei-Götter-Lehre, ep.38.4ff. die Auflösung in die Selbigkeit zufolge. Die Schrift zeigt einen für Gregor eigentümlichen Widerspruch.

Nach ep.38.2-3 ist eine innergöttliche Stufung deshalb ausgeschlossen, weil Art nur univok ausgesagt werden kann, nicht aber weil Gott unbegrenzt ist und jede Stufung eine Begrenzung voraussetzt. Erst wenn es Gregor gelänge, die im Gottesbegriff grundgelegte Einheit mit der Unterscheidung in den Hypostasen systematisch zu verbinden, würde ein geschlossenes System vorliegen. In der Definition von Wesen als Art liegt ein Ansatz, genau dieses zu leisten. Das Ungestuftsein Gottes läßt sich in einem univoken Artbegriff begründen. Hier kommt der Artbegriff dem Ansatz Gregors entgegen. Der Artbegriff aber formuliert eine logische Unbestimmtheit[113], aus der dann allerdings nicht die Unerkennbarkeit Gottes resultiert. Hier werden Widersprüche sichtbar. Göttliches Wesen, als Art begriffen, setzt spezifische Kennzeichen voraus und damit Gottes Bestimmbarkeit. Gregor leitet aber aus der Unbestimmtheit[114] die Unerkennbarkeit und das abstrakte Sein Gottes ab. Der Widerspruch zum Artbegriff ist nicht zu lösen. Gregor kann damit die Unterscheidung von Usie und Hypostase nicht in sein System integrieren.

In der Refutatio genügen die Begriffe Vater, Sohn und Geist zur Erfassung des Wahrhaft Seienden, das ἕν ist und nicht ist.[115] In tres dei[116] beinhaltet "Mensch" zwar die Aussage einer gemeinsamen Natur, und die Hypostasen lassen eine Unterteilung zu, das Wesen aber wird gekennzeichnet durch: ἡ δὲ φύσις μία ἐστιν, αὐτὴ πρὸς ἑαυτὴν ἡνωμένη καὶ ἀδιάτμητος ἀκριβῶς μονάς[117]. Letzteres ist bezeichnend. Die ἀδιάτμητος ἀκριβῶς μονάς[118] geht

---

113 Den aristotelischen Hintergrund dieser Aussagen hat Hübner erarbeitet. Hübner, a.a.O. S.486f.

114 Daß Gregor weithin Unbestimmtheit nicht logisch versteht, geht beispielsweise aus tres dei hervor, tres dei 52.15ff.

115 Ref.Eun.314.23-26: ἀρκεῖν ἀποφηνάμενος παραμένειν ἡμᾶς τῇ τοῦ πατρός τε καὶ τοῦ υἱοῦ καὶ τοῦ ἁγίου πνεύματος κλήσει εἰς κατανόησις τοῦ ὄντως ὄντος, ὅπερ καὶ ἕν ἐστι καὶ οὐχ ἕν.

116 Tres dei 52.25ff.

117 Tres dei 41.2f. Im Zusammenhang: ἡ δὲ φύσις μία ἐστίν, αὐτὴ πρὸς ἑαυτὴν ἡνωμένη καὶ ἀδιάτμητος ἀκριβῶς μονάς, οὐκ αὐξανομένη διὰ προσθήκης, οὐ μειουμένη δι' ὑφαιρέσεως, ἀλλ' ὅπερ ἐστὶν ἓν οὖσα καὶ ἓν διαμένουσα κἂν ἐν πλήθει φαίνηται, ἄσχιστος καὶ συνεχής, καὶ ὁλόκληρος καὶ τοῖς μετέχουσιν αὐτῆς τοῖς καθ' ἕκαστον οὐ συνδιαιρουμένη.

118 Vgl. die Ausführungen zur μονάς in comm.not.21.15ff.: εἰ γὰρ, ἔνθα διαφορά, τριὰς διὰ τὴν διαφοράν, ἔνθα ταυτότης, μονὰς διὰ τὴν ταυτότητα· ἔστι δὲ ταυτότης τῶν προσώπων κατὰ τὴν οὐσίαν· μονὰς ἄρα αὐτῶν κατὰ τὴν οὐσίαν. εἰ δὲ κατὰ τὴν οὐσίαν μονὰς τῆς ἁγίας τριάδος, δῆλον ὅτι καὶ κατὰ τὸ θεὸς ὄνομα.

über die aus einem univoken Artbegriff abgeleitete Einheit Gottes hinaus und zeigt das Interesse Gregors, die Aussage der Hypostasen mit dem Gedanken der betonten Einheit Gottes zu verbinden. Diesem Bemühen korrespondiert keine systematische Lösung.

Die Reflexion um den Gottesbegriff führt Gregor dazu, von Gott schließlich einzig Identität und Einheit auszusagen. Die Unbegrenztheit Gottes hat Gottes Einfachheit und Identität zufolge, und das, was identisch sei, könne nicht zugleich eines und vieles sein.[119] In welcher Weise ist in diesem Zusammenhang die Rede von den Hypostasen aufrechtzuerhalten?

Gregor führt hier den Terminus $\pi\hat{\omega}\varsigma$ $\dot{\epsilon}\sigma\tau\iota\nu$ ein. Wenn Unterscheidung nach Gregor das Wesenswas auch nicht betreffe, sei sie im Rahmen des $\pi\hat{\omega}\varsigma$ $\dot{\epsilon}\sigma\tau\iota\nu$ möglich. Aber was bezeichnen die Eigentümlichkeiten? Die Benennung nach Eigentümlichkeiten bezeichnet nicht die Sache selbst, sondern entspricht der menschlichen Vorstellung. Aber gilt diese, weil erst in konkreten Eigentümlichkeiten Wesen faßbar ist und in den Hypostasen zur Existenz kommt? Was bedeutet die Kategorie $\tau\grave{o}$ $\pi\hat{\omega}\varsigma$ $\epsilon\hat{\iota}\nu\alpha\iota$?[120] Gott unterscheidet sich nicht nach zeitlich-räumlichen Kategorien, nach Wille, Tätigkeit, Affekten.[121] Hier bleiben Fragen offen. Mit $\pi\hat{\omega}\varsigma$ $\dot{\epsilon}\sigma\tau\iota\nu$ und $\pi\rho\grave{o}\varsigma$ $\tau\iota$ versucht Gregor das Problem mit unterschiedlichen Kategorien zu lösen, ohne daß er diese allerdings in Beziehung setzt.

Die Aussagen Gregors zur Trinitätslehre sind nicht einheitlich. Die systematische Leistung Gregors besteht darin, Aussagekomplexe in ihren systematischen Zusammenhängen zu begreifen und durchzuformulieren. Die Unterscheidung zwischen Usie und Hypostase versteht Gregor wie Gregor von Nazianz im Sinn von $\epsilon\hat{\iota}\delta o\varsigma/\check{\alpha}\tau o\mu o\nu$. Beide bauen auf Basilius auf, unterscheiden sich aber von ihm. Die Fragen, die im Zusammenhang mit der Unterscheidung von Usie und Hypostase offenbleiben, sind den Texten Gregors von Nyssa deutlich zu entnehmen. Die Antwort auf die Frage, warum der eine Gott in drei Hypostasen nicht drei Götter impliziere analog drei Menschen als Individuen der Gattung Mensch, ist in der Unterscheidung zwischen Usie und Hypostase nicht angelegt. Diese Unterscheidung formuliert das betonte Interesse an den Hypostasen und führt notwendig zu einer Einheit in Gott, die in diesem Modell nur als begriffliche Abstraktion, als Allgemein-

---

119 Comm.not.25.19f.: $\tau\grave{o}$ $\alpha\dot{v}\tau\grave{o}$ $\kappa\alpha\tau\grave{\alpha}$ $\tau\grave{o}$ $\alpha\dot{v}\tau\grave{o}$ $\check{\epsilon}\nu$ $\kappa\alpha\grave{\iota}$ $\pi o\lambda\lambda\grave{\alpha}$ $o\dot{v}$ $\delta\acute{v}\nu\alpha\tau\alpha\iota$ $\epsilon\hat{\iota}\nu\alpha\iota$. Vgl. 26.3-5. Es gehört in diesen Duktus, wenn die trinitarischen Personen $\dot{\epsilon}\nu o\acute{v}\sigma\iota o\nu$ $\kappa\alpha\grave{\iota}$ $\theta\epsilon\acute{o}\varsigma$ genannt werden, comm.not.20.27-21.1: $\epsilon\hat{\iota}\varsigma$ $\gamma\grave{\alpha}\rho$ $\theta\epsilon\grave{o}\varsigma$ $\kappa\alpha\grave{\iota}$ $\acute{o}$ $\alpha\dot{v}\tau\acute{o}\varsigma$, $\dot{\epsilon}\pi\epsilon\grave{\iota}$ $\kappa\alpha\grave{\iota}$ $\mu\acute{\iota}\alpha$ $o\dot{v}\sigma\acute{\iota}\alpha$ $\kappa\alpha\grave{\iota}$ $\acute{\eta}$ $\alpha\dot{v}\tau\acute{\eta}$, $\epsilon\grave{\iota}$ $\kappa\alpha\grave{\iota}$ $\lambda\acute{\epsilon}\gamma\epsilon\tau\alpha\iota$ $\check{\epsilon}\kappa\alpha\sigma\tau o\nu$ $\tau\hat{\omega}\nu$ $\pi\rho o\sigma\acute{\omega}\pi\omega\nu$ $\kappa\alpha\grave{\iota}$ $\dot{\epsilon}\nu o\acute{v}\sigma\iota o\nu$ $\kappa\alpha\grave{\iota}$ $\theta\epsilon\acute{o}\varsigma$.

120 Tres dei 56.1.

121 Comm.not.25.8ff.

begriff, zu verstehen ist. Aber das Interesse an den Hypostasen ist nicht das Interesse Gregors. Seine Formulierung der Trinitätslehre geht nicht in einer Ausformulierung des Hypostasenmodells auf. Man kann mangelnde Kohärenz feststellen, sollte aber nach der Funktion des Hypostasenmodells zurückfragen.

Bereits bei Gregor von Nazianz war es nicht möglich, die ihm gestellte Problematik mittels des Hypostasenmodells zu lösen. Gregor von Nazianz konnte infolgedessen Formulierungen aufnehmen, die Basilius nicht mehr benutzen konnte. Gregor von Nyssa geht neben Gregor von Nazianz einen eigenständigen Weg. Die Rede von den drei Hypostasen und der einen Natur gehört für Gregor von Nyssa zu den μυστικῶν δογμάτων, ist Überlieferung der Väter und als solche zu bewahren.[122] Stead[123] hat gezeigt, daß Gregor Hypostase und Usie im allgemeinen nicht durchgehend voneinander absetzt. Angewendet auf die Trinitätslehre erscheinen auch hier die Charakteristika, welche die Hypostase definieren, dünn und ergeben als solche nicht die Abgrenzung Art/Individuum. Bleibt also "a philological myth"[124], von Basilius erfunden, dann aber nicht eigentlich rezipiert? Der Sachverhalt ist exakt beschrieben, soll aber anders interpretiert werden. Gregor nimmt Usie und Hypostase im Sinn einer Differenzierung auf, kann aber weitgehend diese Differenzierung nicht aus seinem eigenen System erheben. Das Hypostasenmodell wird rezipiert, ohne eigentlich noch angebunden oder integriert zu sein. Von hier ergibt es sich, daß die verbleibenden offenen Fragen der Trinitätslehre nicht durch eine Weiterarbeit am Hypostasenmodell gelöst wurden. Gregor formuliert die Bedingungen des Verstehens. Es gilt das Hypostasenmodell, die Gleichwesentlichkeit aber von Vater, Sohn, Geist ist nach Gregor grundgelegt in der Einheit des unerkennbaren und ununterscheidbaren Gottes.

Löst man die Entwicklungen in der zweiten Hälfte des 4.Jahrhunderts aus dem Gegensatz zu den Homöern, tritt das gesamtöstliche Anliegen der Drei-Hypostasen-Lehre deutlich hervor.[125] Zu erinnern ist an die Ἔκθεσις μακρόστιχος oder die Synode von Ankyra (358), die ein Anathema über solche formulieren, die die Selbigkeit von Vater, Sohn und Geist behaupten. Die mit Sabellianismus identifizierten Gegner sind Markellianer, in Antiochien Eustathianer. Nichts anderes als die Identität von Vater, Sohn, Geist formuliert Gregor. Seine Kontakte zu den Markellianern sind belegt. Die

---

122 Tres dei 38.13f., 39.2f., CE I,147.9ff.
123 G.C. Stead, Ontology and Terminology in Gregory of Nyssa, in: Gregor von Nyssa und die Philosophie, Zweites internationales Kolloqium über Gregor von Nyssa (18.-23.9.1972), hrsg.v. H. Dörrie u.a, Leiden 1976, S.119.
124 Ebd.
125 Vgl. K.1.2., S.16ff.

Darlegung der neunizänischen Trinitätslehre auf dem Antiochener Hintergrund war veranlaßt dadurch, daß Basilius die Unterscheidung von Usie und Hypostase in der Zeit der Begegnung mit Meletius ausarbeitet und über Meletius davon auszugehen ist, daß die Rede von den drei Hypostasen und dem einen Wesen in Antiochien ursprünglich verhaftet ist. Im Gegenüber zu den sich entwickelnden östlichen Nizänern tritt der Gegensatz Alt-Neu-Nizäner scharf heraus. Er kennzeichnet das Antiochenische Schisma.[126] In Antiochien wird man sich eine Generation später einigen. Eustathianische und meletianische Traditionen fließen zusammen.

Ordnet man hier Gregor ein, legt sich die These nahe, daß die Zusammenarbeitung von Alt- und Neu-Nizänismus genau hier vorzufinden ist, ohne allerdings systematisch geleistet zu werden. Zumindest werden hier Alt- und Neunizänismus insofern nicht mehr voneinander unterscheidbar sein, als sich die Aussagen der Altnizäner jetzt auch bei den Neunizänern finden. Quellen für einen Vergleich fehlen.

Die Unterscheidung zwischen einem Alt- und Neunizänismus wurde durch die Zahn-Harnacksche These in die Diskussion eingeführt.[127] Harnack grenzt das Phänomen des Neunizänismus als eine modifizierende Interpretation der Formel von Nizäa von einem ursprünglichen, nizänischen Anliegen ab.[128] An dieses Konzept ergeben sich zwei Anfragen.

1. Dem Neunizänismus steht nicht ein ursprünglicher Nizänismus gegenüber, mit dem der Neunizänismus zu vergleichen wäre. Es handelt sich um zwei Interpretationen des Nizänums und damit zeitgleiche Phänomene. Von hier ist methodisch die Alternative numerische oder generische Einheit, in dem Interesse, die Kappadokier auf die numerische Einheit als orthodoxer Interpretation des Nizänums zurückzubeziehen oder davon abzugrenzen, zu hinterfragen.

2. In der Tat aber ist eine Differenz, die man mit Alt- und Neunizänismus bezeichnen kann, festzuhalten. Das Antiochenische Schisma belegt die Schwierigkeit, die Positionen zu vermitteln. Während die östlichen Nizäner von der Drei-Hypostasen-Lehre herkommen und diese beibehalten, ist dieses nicht die Situation der sogenannten Altnizäner. Wenn auch Alt- und Neunizänern ein gemeinsames Anliegen zugestanden werden muß, lösen Unterscheidung und Gleichsetzung von Usie und Hypostase das Problem verschieden. Die Entwicklung bleibt hier aber nicht stehen. Es ist von einer Entwicklung innerhalb des Neunizänismus auszugehen, die in einer zunehmenden Einung

---

126 Vgl. K.1.2., S.26ff.
127 Vgl. Einleitung S.2f., K. 1.2., S.15ff.
128 A.v. Harnack, Lehrbuch der Dogmengeschichte, Bd.2, Die Entwicklung des kirchlichen Dogmas I, Tübingen [4]1909, S.259ff.

der Nizäner besteht, wobei die Unterscheidung Neu- und Altnizänismus oder östliche und westliche Nizäner historisch notwendig bleibt. Sie bezieht sich zunächst auf Basilius/Meletius und Paulinus. Gregor von Nazianz und Gregor von Nyssa sind bereits in die ansetzende Entwicklung einzuordnen und unterscheiden sich von Basilius auch in ihrer kirchenpolitischen Stellung.

Gregor von Nazianz setzt sich, ohne eine Mehrheit zu finden, in Konstantinopel 381 für Paulinus als Nachfolger von Meletius ein.[129] Er wird Paulinus selbst nicht mehr als Haupt einer sabellianisierenden Häresie verstanden haben. Das Interesse am Ende des Antiochenischen Schismas war kein Kompromiß aufkosten präziser Theologie, sondern wird Gregors Bewußtsein für das Problem der Zeit und dessen Lösung entsprochen haben. Kontakte Gregors von Nyssa zu Markellianern sind bereits Thema in Basilius' Briefen, Verbindungen zu Paulinus stehen dann aber bereits im Bereich von Hypothese. Gregor nimmt an der Synode von Antiochien 379 teil. Die Akten sind weitgehend verloren.[130] Ein Engagement in dem Sinne, daß Gregor Paulinus in der Sache entgegenkam, steht zu vermuten.[131] Die Betonung der Einheit Gottes bei Gregor von Nyssa hat ihren historischen Ort und für Antiochien Relevanz.

---

129 Gregor von Nazianz, carm.hist. XI 1591-1679.
130 G. Bardy, Le concile d'Antioche (379), in: RBén 45 (1933), S.196-213.
131 Hübner (R.M. Hübner, Gregor von Nyssa und Markell von Ankyra, in: Écriture et culture philosophique dans la pensée de Grégoire de Nyssa, hrsg.v. M. Harl, Leiden 1971, S.199-229) weist auf syrische Fragmente einer Schrift Eustathius' gegen Photin (ed. J.B.Pitra, Analecta Sacra IV 1883,212 (442)), die mit der Schrift Gregors Ad Graecos zu identifizieren sind, hin (Hübner, S.208). Gregors Schrift wurde in Eustathianer-Kreisen gelesen und tradiert. Hübner spricht von einer "Werbe- und Unionsschrift". Sicher aber ist der Handschriftensituation eine Bindung oder Wirkung Gregors im Blick auf Antiochien zu entnehmen. Auf inhaltliche Probleme, die sich aus der Zuschreibung der Schrift ergeben, wurde bereits hingewiesen (Siehe Kap.1.2., Anm. 52, 70).

3. Die Gestalt der Trinitätslehre nach Theodoret von Cyrus

3.1. Forschungsstand

Der Satz *Bardys* "Le seul point vraiment intéressant de la doctrine de Théodoret est sa christologie."[1] bezeichnet ein deutliches Interesse, das die Forschung weitgehend bestimmt hat. Die fragliche Orthodoxie Theodorets[2] - anerkannt in Chalcedon, wieder abgesprochen im 5. Konzil 553 - wie der umstrittene Gegenstand der Christologie[3] kennzeichnen die Diskussion um das dogmatische Werk Theodorets. Neue Ansätze, das systematische Gefüge Theodorets zu begreifen, liegen nicht vor. Exemplarische Bedeutung für den Stand der Forschung haben die drei Arbeiten von:
Garnier[4] (ca. 1680), *Bertram*[5] (1883), *Richard*[6] (1936).

Die Arbeit Garniers (SJ)[7] ist ein Beispiel für die Beschäftigung mit Theodoret im ausgehenden 16. und beginnenden 17. Jahrhundert. Theodoret

---

1 G. Bardy, Théodoret, in: DThC 15,1 (1946), Sp.317.
2 Vgl. z.B. P. Canivet: "Die grundsätzliche Rechtgläubigkeit des Theodoret ist noch heute umstritten.", in: Art. Theodoretos, in: LThK², Bd.10 (1966), Sp.33, weiter das deutliche Votum von H.M. Diepen, Théodoret et le Dogme d'Éphèse, in: RSR 44 (1965), (S. 243-47) S. 244: "J'ait dit, et je tiens encore, que Théodoret n'est pas dans toute son oeuvre un auteur orthodoxe.".
3 Tixeront formuliert: "A propos de cette christologie cependant , on s'est demandé si l'évêque de Cyr n' avait pas franchi les limites de l'orthodoxie et poussé jusqu'au nestorianisme proprement dit", in: J. Tixeront, Histoire des Dogmes dans l'Antiquité Chrétienne. III La Fin de l'Age Patristique (430-800), Paris 1912, S.101.
4 J. Garnerius, Dissertatio III, in: PG83,393-456.
5 A. Bertram, Theodoreti episcopi Cyrensis, doctrina christologica, quam ex ejus operibus composuit, Hildesheim 1883.
6 M. Richard, Notes sur l'évolution doctrinale de Théodoret, in: RSPhTh 25 (1936), S.459-481 (=Richard, Notes sur l'évolution doctrinal) .
7 Garnier (SJ. 1612-1681) verfaßte die Dissertationen als Anhang zu der Theodoret-Ausgabe von Sirmond (1640). Erstmals veröffentlichte sie Hardiun nach dem Tod Garniers (Jöchers Gelehrtenlexikon Bd.2). Aufgenommen bei Schulze, nachgedruckt von Migne kam es zu einer erheblichen Rezeption der Thesen Garniers.

wurde damals von den verschiedenen Parteien in Anspruch genommen. Seine Schrift "Eranistes" beispielsweise wurde mit einem entsprechenden Vorwort in Rom (1547), Leipzig (1564, 1566), Heidelberg (1567), Köln (1573), Zürich (1593, 1604) gedruckt; der Text hatte eine Funktion im Abendmahlsstreit des 16.Jahrhunderts. Die Bestimmung der Position Theodorets wird in der Auseinandersetzung um die reformatorische Theologie relevant. Der Themenkreis Garniers (SJ) belegt diese Einbindung: das Hervorgehen des Geistes aus dem Sohn, Abendmahl, Erbsünde, Gnadenlehre. Dieser Ausgangspunkt wirkt in der konfessionellen Prägung der weiteren Diskussion nach.

Garnier macht die kirchliche Orthodoxie zum systematischen Bezugspunkt seiner Darstellung. Theodoret, so Garnier, spreche beispielsweise korrekt von der Präsenz Christi im Abendmahl[8], mangelhaft aber, insofern er den Gedanken der Transsubstantiation vernachlässige. Er bekenne die Gottheit des Sohnes, ohne dann aber die Einheit der Naturen orthodox im Sinne der hypostatischen Union zu bestimmen. Garnier definiert zunächst die kirchliche Orthodoxie[9], vergleicht mit dieser die Aussagen Theodorets und stellt sich selbst in die Reihe der Kritiker Theodorets: Cyrill, Marius Mercator, Papst Vigilius, das 5. Konzil, Pelagius II., Gregor der Große.

Garnier zeichnet ein einheitliches Bild der dogmatischen Aussagen Theodorets, die auf ihren orthodoxen Gehalt befragt werden. Diese Vorgehensweise findet sich bei *Mazzarino*[10] mit vergleichbar kritischem Ergebnis wieder. Methodisch setzen auch die Arbeiten nichts anderes voraus, welche die Aussagen Theodorets als einheitlich darstellen, sie positiv beurteilen und von einer durchgehenden sachlichen Distanz zwischen Theodoret und Nestorius ausgehen, z.B. *Tixeront*[11] und *Opitz*[12].

Die Arbeit *Bertrams* (1883) war ein Neuansatz darin, daß sie die These einer dogmatischen Entwicklung im Werk Theodorets formulierte. Bertram will die Erklärung dafür leisten, daß Theodoret, 451 für orthodox befunden, dennoch 553 verurteilt wird. Die Verurteilung beziehe sich, so Bertram, auf einen frühen Nestorianismus, Theodoret entferne sich vom Nestorianismus

---

8 Garnier, a.a.O. 430ff.
9 A.a.O. 394B, Df., 401D und öfter.
10 P.C. Mazzarino, La dottrina di Teodoreto di Ciro sull' unione ipostatica delle due nature in Cristo, Rom 1941.
11 J. Tixeront, a.a.O. S.103: "mais cette christologie cependant proclame ou du moins sauvegarde les deux vérités fondamentales définies à Ephèse et à Chalcédoine, l'unité de personne avec la dualité des natures."
12 "Ein konsequenter Verfechter der antiochenischen Theologie ist T. nicht gewesen, er hat die Theologie des Nestorius nie völlig gebilligt.", Opitz, Theodoretos, in: RECA II,5, 1934, Sp.1704.

und sei 451 orthodox gewesen. Ab wann also kann man von der Orthodoxie Theodorets sprechen? Bertram geht von einem Umbruch vom Nestorianismus zur Orthodoxie aus.[13] Er datiert diesen auf 433 und nimmt damit die Bedeutung der sogenannten Friedensformel (433) auf, in der sich die Antiochener und Cyrill verständigten.[14] Zunächst aber, so Bertram, folgte Theodoret der Christologie Theodors von Mopsuestia darin, daß die vollkommene Natur des angenommenen Menschen seine Individualität und Selbständigkeit beinhalte. Wenn die menschliche Natur hypostatisch begriffen wird, sei die Hypostatische Union nicht denkbar und infolgedessen eine "communicatio idiomatum" nicht aussagbar. Da Hypostatische Union und "communicatio idiomatum" aber nach Bertram das Kriterium der Beurteilung sind[15], erscheint ihm notwendig die Christologie Theodorets defizitär. Das Fehlende aber finde sich, so Bertram, nach dem Umbruch: Gott und Mensch seien wirklich eins[16], der Logos leide[17], die "communicatio idiomatum" sei belegt[18].

Nach *Seider*[19] ist diese Darstellung "viel zu günstig". Seider spricht von der offensichtlichen "Leugnung der Idiomengemeinschaft und ... Einpersönlichkeit" durch Theodoret. Theodoret weigere sich, das Leiden des Logos auszusagen.[20] Selbst 444 habe er noch kein Verständnis für eine Hypostatische Union[21], sondern beschreibe eine nur moralische Einheit[22]. "Durch sein Eintreten für die *eine* Person (Prosopon), den *einen* Christus und den *einen* Sohn Gottes dürfen wir uns in der Beurteilung seiner Orthodoxie bzw. Heterodoxie nicht irre führen lassen."[23]

---

13 Bertram, a.a.O. S.94.

14 A.a.O. S.96ff.

15 A.a.O. S.68: "Nam ecclesia catholica docet, Deum Verbum ita humanam naturam assumpsisse, ut ipse ejus hypostasis sit, et natura humana jam non sit natura cujusdam hominis, sed vere et metaphysice sit natura Verbi; Deus est subjectum et suppositum naturae humanae; itaque quia haec natura per unionem hypostaticam in ordinem divinum vere elevata est, nos unione hypostatica ut ratione nixi humanitatem Christi ut aliquid Verbi directe adoramus adoratione latriae. a.a.O. S.81: Optimum orthodoxae christologiae signum est rectus usu communicationis idiomatum."

16 A.a.O. S.111ff.

17 A.a.O. S.123ff.

18 A.a.O. S.117.

19 A. Seider, Allgemeine Einleitung, in: K. Gutberlet (Übers.), Des Bischofs Theodoret von Cyrus Mönchsgeschichte (BKV), München 1926, S.I-IC.

20 A.a.O. S.55.

21 A.a.O. S.75.

22 A.a.O. S.36, schon Bertram, a.a.O. S.67.

23 A.a.O. S.71.

Die Argumente wiederholen sich. Die bei den Antiochenern stets vermuteten "zwei Söhne" restaurieren in diesem Kontext antike Polemik. Auf die historische Unangemessenheit von Beurteilungskriterien wie Hypostatische Union haben bereits *Bardy*[24] (1946) und *Montalverne*[25] (1948) hingewiesen. Die entwicklungsgeschichtliche Darstellung in der gezeichneten Art faßt die Vorbehalte gegen Theodoret wie deren Relativierung zusammen. Umstritten ist der Zeitpunkt eines dogmatischen Umbruchs. *Seider*[26] entscheidet sich für 451, ohne aber die korrekten Aussagen Theodorets nach 451 darzulegen, *Alès*[27] für 431-32, *Bardenhewer*[28] für 447, *Grillmeier*[29] für 451. Tangiert sind hiervon die Datierungen der Schriften Theodorets, die weitgehend auf einer entwicklungsgeschichtlichen Einordnung basieren.[30]

Die diskutierte dogmatische Entwicklung bezieht sich auf die christologische Darstellung der zwei Naturen, die, sofern sie konkret gedacht und benannt werden, die Vorstellung einer Einung erschweren und diese erst ermöglichen, wenn sie als abstrakte Größen zu einem einheitlichen Subjekt führen, das ontologisch gefaßt dann ein Modell für Einung - Hypostatische Union - bietet. In der Sache weist *Richard*[31] (1936) auf nichts anderes hin.

---

24 Bardy, a.a.O. Sp.318.

25 J. Montalverne, Theodoreti Cyrensis doctrina antiquior "inhumanato" (A.circiter 423-435), (Studia Antonia 1) Rom 1948, S.195.

26 A.a.O. S.79ff.

27 A.D'Alès, La Lettre de Théodoret aux moines d'Orient, in: EThL 8 (1931), S.420.

28 Bardenhewer, a.a.O. S.223.

29 A. Grillmeier, Jesus Christus im Glauben der Kirche. Band 1: Von der Apostolischen Zeit bis zum Konzil von Chalcedon (451), Freiburg 1979, S.700.

30 A. Ehrhard (Die Cyrill von Alexandrien zugeschriebene Schrift περὶ τοῦ Κυρίου ἐνανθρωπήσεως, ein Werk des Theodoret von Cyrus, in: ThQ 70 [1888], S.179-243, 406-450) beispielsweise schreibt die Schrift De Incarnatione Theodoret zu, weist auf die Übereinstimmungen mit den Schriften Theodorets aus sämtlichen Epochen hin und datiert den Text aufgrund der Übereinstimmungen mit den Schriften aus dem nestorianischen Streit auf 430-37. R.V. Sellers (Pseudo-Justin's Expositio rectae fidei: A Work of Theodoret of Cyrus, in: JThS 45 [1944], S.145-60) datiert den Text Expositio rectae fidei auf 449, nach M. Brok (The Date of Theodret's Expositio Rectae Fidei, in JThS NS. 2 [1951], S.178-83) nur insofern dieser den Wechsel der Begrifflichkeit nicht realisiere. Auf den Wechsel in der Terminologie hat beispielsweise M. Richard (Notes sur l'évolution doctrinale, a.a.O.) aufmerksam gemacht. Nach Richard (L'activité littéraire de Théodoret avant le concile d'Éphèse, in: RSPhTh 24 [1935], S.83-106) gehört aus diesem Grund der Text Expositio zu den Schriften, die Theodoret vor Ephesus (431) abgefaßt hat. Vgl. weiter: K.3.2.1. Anm.3.

31 M. Richard, Notes sur l'évolution doctrinale, a.a.O. S.459-81.

Die Rede in konkreten Begriffen wie "angenommener Mensch" in der Frühzeit werde durch abstraktere Formulierungen abgelöst. Nach 437 ziehe Theodoret, so Richard, die Rede von der menschlichen Natur oder der Menschheit
Christi vor. Im Unterschied zu Konzepten wie dem Seiders oder neuerdings
Kochs[32] (1974) sind nach der Interpretation Richards diese Veränderungen
auf einer rein sprachlichen Ebene zu verstehen und nicht auf die dogmatische
Substanz zu beziehen. Theodoret meide konkrete Formulierungen aufgrund
ihrer Zweideutigkeit bzw. ihrer zunehmenden Strittigkeit und fasse dasselbe
Anliegen nun in abstrakte Begrifflichkeit. Die These Richards ist die erste
deutliche Anfrage an das Entwicklungsmodell. In der neueren Forschung besteht eine Tendenz, dieses Modell aufzugeben. Die Aussagen Theodorets
werden weitgehend einlinig beschrieben und sein System als einheitlich begriffen. *Stewardson*[33] (1972) legt ausgehend vom Eranistes die Konsistenz im
Denken Theodorets dar.

In der Konsequenz dieser Darstellungen liegt es, davon auszugehen, daß
Theodoret die Person Christi nicht mit der Hypostase des Logos identifiziert,
keine ontologische Kategorie der Einheit der Naturen entwickelt, ontolo-
gische Überlegungen ausschließt und auch terminologisch Trinitätslehre und
Christologie nicht verbindet. Diese Konsequenzen sind umstritten und der
Gegenstand der gegenwärtigen Diskussion.

Nach *Montalverne*[34] (1948) geht Theodoret vor 435 von zwei vollkommenen, unvermischten Naturen und einer Person aus. Theodoret spreche nicht
von zwei Personen[35], identifiziere *prosopon* nicht mit *hypostasis*[36], ontologische Reflexionen lägen nicht vor[37]. Von diesen Grundsätzen weiche
Theodoret, so Montalverne, auch später nicht ab. Zu demselben Ergebnis
kommt *Mc Namara*(1957).[38] Er baut auf Richard auf und setzt sich mit

---

32 G. Koch, Strukturen und Geschichte des Heils in der Theologie des Theodoret
   von Kyros. Eine dogmen- und theologiegeschichtliche Untersuchung, Frankfurt
   1974.
33 J.L. Stewardson, The Christology of Theodoret of Cyrus according to his Eranistes, (Diss.) Northwestern University 1972, S.335: "Theodoret of Cyrus ex-
   hibits a remarkable theological consistency throughout his career. The only
   changes that occured in his thought were identical to his main concepts. The
   compromises which he had to make for political reasons do not indicate a sub-
   stantive alteration of his thought."
34 Montalverne, a.a.O.
35 A.a.O. S.100.
36 A.a.O. S.121.
37 A.a.O. S.84.
38 K. Mc Namara, Theodoret of Cyrus and the Unity of Person in Christ, in: IThQ
   24 (1957), S.313-328.

Bertram auseinander. Der Gedanke der einen Person stehe bei Theodoret nicht in Konkurrenz zu den Naturen in ihrer Individualität oder Selbständigkeit. Das sei nur insofern möglich, als eine Korrelation zwischen Trinitätslehre und Christologie letztlich nicht erarbeitet werde.

Die Gegenposition formuliert *Grillmeier*.[39] Nach ihm erfolge, wenn auch nicht sogleich, eine Herübernahme der trinitarischen Terminologie in die Christologie.[40] Die "Herstellung der Verbindung zwischen chalcedonischer Inkarnationslehre und trinitarisch-theologischer Begriffssprache"[41] gehöre zu den Leistungen Theodorets. Die betonte Einheit im Subjekt überwinde schließlich "die unvollkommen, symmetrische Christusvorstellung".[42] *Koch* untersucht die Christologie Theodorets auf ihrem soteriologischen Hintergrund, indem er statisch-ontologische Gegebenheiten auf ihre dynamisch geschichtliche Verwirklichung befragt.[43] Zu dem diskutierten Zusammenhang äußert er sich folgendermaßen: Trinitätslehre und Christologie bringe Theodoret in eine "begriffliche Verbindung".[44] Koch geht von "einer Identifizierung des einen Prosopon Christi mit dem Prosopon des göttlichen Logos"[45], bzw. einer "Subjekteinheit von Christus und göttlichem Logos"[46] aus. Theodoret realisiere fortschreitend eine "metaphysische Abhängigkeit der menschlichen Natur vom Logos".[47] Die soweit gezeichnete neueste Monographie zu Theodoret steht der Sache nach Grillmeier nahe. Die sprachlichen Kategorien der Darstellung beinhalten eine ontologische Engführung.[48]

---

39 Grillmeier, a.a.O. S.693ff.

40 Grillmeier bezieht sich auf ep. ad Joannem Aeg., PO 13,190/1.

41 A.a.O. S.695.

42 A.a.O. S.699.

43 Die Darstellung Kochs basiert auf Richard. Koch arbeitet aber mit verschiedenen Entwicklungsstufen in der dogmatischen Entfaltung Theodorets. Wenn nach Koch erst 451 Theodoret zu einer neuen christologischen Einungsebene vordringt (a.a.O. S.105ff.), diese aber die Darstellung Kochs bestimmt, sind hier Fragen zu stellen. Koch schreibt selbst: "Man muß lange warten, bis sich im Werk des Bischofs von Kyros unmittelbare Anzeichen dafür finden, daß das Prosopon Christi mit dem Prosopon des Logos identifiziert wird. Deutlich wird das, wie gezeigt wurde, erst in den Briefen des Jahres 451." (a.a.O. S.133).

44 A.a.O. S.106.

45 A.a.O. S.102.

46 A.a.O. S.106.

47 A.a.O. S.107.

48 Koch spricht von: "einer Art Wirkgemeinschaft aufgrund der seinshaften Einung" (a.a.O. S.157), "einer die Natur innerlich angehenden Seinsmitteilung" (a.a.O. S.163). "Es ist also wirklich Seinsteilhabe an göttlichen Seinsattributen, welche die menschliche Natur innerlich bestimmt und vollendet" (a.a.O. S.165).

Koch und Grillmeier nehmen die Linie Bertrams präzisiert wieder auf. Im Ergebnis formulieren sie die Gegenposition zu Montalverne, Mc Namara, Stewardson. Ob man die Kategorien von Orthodoxie und Heterodoxie für adäquat halten will, sei dahingestellt, die Darstellung Theodorets aber besteht bis heute in der Formulierung von zwei gegensätzlichen Positionen, die das Für und Wider zu einer Ontologisierung der Einheit der Naturen in Christus diskutieren. Kontrovers geblieben ist damit die Einbindung der Christologie in das System der Trinitätslehre. Man kann verschiedene Stellungnahmen aufzählen, sie argumentieren innerhalb der Christologie, gehen über positive Behauptung oder Dementierung kaum hinaus, ohne überhaupt nach der Form der Trinitätslehre zu fragen oder die Bedingungen einer Transformation trinitarischer Terminologie in die Christologie zu untersuchen. Zur Trinitätslehre Theodorets liegt bisher keine Untersuchung vor.

Der Ansatz in der Trinitätslehre folgt einem systematischen Interesse an dem Gesamtgefüge der dogmatischen Aussagen Theodorets, ist als solcher aber nicht losgelöst von der gegenwärtigen Forschungslage.

3.2. Die Formulierung der Trinitätslehre

3.2.1. Das Grundproblem

Im allgemeinen geht man davon aus, daß die Entwicklung der Trinitätslehre nach 381 abgeschlossen war. G. May beispielsweise gibt seiner Arbeit den Titel: "Gregor von Nyssa und der Abschluß des trinitarischen Dogmas".[1] Wie ist die Beschäftigung Theodorets mit der Trinitätslehre einzuordnen? Die Aufgabe Theodorets ist mit der der Kappadokier nicht vergleichbar, insofern keine spezifisch trinitarische Fragestellung an ihn herangetragen wurde. Inwieweit das eunomianische Problem noch Aktualität beanspruchen konnte, kann offenbleiben, sofern es für Theodoret nicht zum Anlaß der Entfaltung der Trinitätslehre wurde. Ein anderes Sachproblem, das genau diese Funktion hatte, ist nicht zu fixieren. Daraus folgt, daß Theodoret nicht eine Frage vorlag, deren Beantwortung unmittelbar ein bestimmtes systematisches Gefälle nach sich zieht. In der Erwartung aber, daß sich die Ausführungen Theodorets auf den Rückgriff vorgegebener Antworten, die Wiederholung geprägter Formeln beschränken und ein infolgedessen begrenztes Vokabular vorliegt, sieht man sich zumindest in den letzten beiden Punkten getäuscht. Theodorets

---

1 Diss. Wien 1964.

Sprache ist komprimiert bis komplex, die Terminologie vielfältig, dann aber in ihrer Bedeutung letztlich nicht geklärt und in ihrer Verwendung different.

Das 4.Jahrhundert hinterließ offene Fragen, die auch dann nicht gelöst wurden, als man im 5.Jahrhundert daran ging, die jeweils offenen Fragen durch Antworten, die aus anderen Ansätzen resultieren, zu ergänzen. Theodoret schreibt im Eranistes[2], daß den christologischen Häresien die jeweils entsprechende Medizin gereicht werden solle, d.h., daß jede durch das ihr Fehlende - sei es der Hinweis auf die vollkommene menschliche Natur, sei es die Wahrnehmung der Gottheit des Sohnes - ergänzt werden müsse. Theodoret reflektiert die Methode seiner Darstellung der Trinitätslehre nicht, aber die genannte "Heilmethode" ist ihr deutlich zugekommen. Ein einheitlicher Entwurf der Trinitätslehre liegt nicht vor. Theodoret arbeitet mit verschiedenen Argumentationen. Ihre Zusammenstellung war die historische Aufgabe Theodorets. Theodoret leistet sie nicht in der Weise, daß er einen argumentativen Zusammenhang herstellt. Der Versuch, diesen zu konstruieren, stößt auf Grenzen, bleibt aber eine systematisch und historisch notwendige Aufgabe. Der Argumentationsgang erschließt sich, indem die einzelnen Gedanken als differenziert, aber auch different begriffen werden. Nach dem Gesamtgefüge zu fragen, ist ein zweiter Schritt. Zunächst ist auf die Diskontinuität der einzelnen Ansätze und Vorstellungen hinzuweisen, wie sie exemplarisch in den Ausführungen der *Expositio rectae fidei*[3] zum Ausdruck kommen.

---

2 Theodoret, Eran.II,116.22ff., vgl. Gregor von Nyssa, or.cat. praefatio, 9Aff.

3 Die Schriften Expositio rectae fidei und De Trinitate sind pseudonym unter den Namen von Justin und Cyrill von Alexandrien überliefert. Justin und Cyrill sind als Autoren sicher auszuschließen. Antiochenischer Kontext in der Zeit nach den Kappadokiern ist für die Texte maßgeblich. Die äußere Bezeugung von Theodoret als Autor ist inzwischen nachgewiesen. Aufgrund der äußeren Gründe sind diese Texte zur Erhebung der Trinitätslehre Theodorets einzubeziehen.
Daß Theodoret die Texte Expositio rectae fidei und De Trinitate geschrieben hat, ist allgemeiner Konsens und unbestritten. Die Arbeit Ehrhards 1888 (Die Cyrill v. Alexandrien zugeschriebene Schrift περὶ τῆς τοῦ Κυρίου ἐνανθρωπή-σεως, ein Werk Theodorets v. Cyrus, in: ThQ 70 [1888], S.179-243, 406-450) wurde der Nachweis dafür, daß De incarnatione ein Werk Theodorets ist. Da es sich in De inc. um einen Teil eines Doppelwerkes handelt, wurde das Ergebnis auf De trin. bezogen. Ehrhard nennt zunächst äußere Gründe - Marius Mercator, der Theodoret als Autor von De inc. kennt, Fragmente, auf die Garnier hinwies - und schließt die inneren Gründe zur Verifikation an. Schwartz (Zur Schriftstellerei Theodorets, [SBAW Philos.philol. hist.Kl.] München 1922.) kann die Argumentation Ehrhards durch den Hinweis auf die Lukas-Katene von Niketas stützen, Lebon (Restitution à Théodoret de Cyr, in: RHE 26 [1930], S.523-550.) fügt Zitate aus Severus von Antiochien, Contra Grammaticum 3.5 hinzu. Die Arbeiten konzentrieren sich auf De inc. Die Argumentation von De trin. wurde auf die Kohärenz bezüglich des Gesamtwerkes nicht befragt.
Dräsekes Vorschlag (Apollinarios von Laodicea. Sein Leben und seine Schrif-

In Exp.7[4] faßt Theodoret das trinitarische Problem zusammen: "Ein Gott

---

ten. Nebst einem Anhang: Apollinarii Laodiceni quae supersunt dogmatica, in: TU VII,3,4, Leipzig 1892), die Expositio rectae fidei Apollinarius zuzuweisen, wurde nicht aufgenommen. Harnacks Hinweis im Anschluß an seine Untersuchung zu den ps.-justinischen Texten (Diodor von Tarsus. Vier pseudojustinische Schriften als Eigentum Diodors nachgewiesen, in: TU 21,4, Leipzig 1901), daß Diodor die Exp. geschrieben habe, setzte sich ebensowenig durch. F.X. Funk (Pseudo-Justin und Diodor von Tarsus, in: Ders., Kirchengeschichtliche Abhandlungen und Untersuchungen Bd.3, Paderborn 1907, S.323-350) widerspricht der These Harnacks. Entscheidend wurde nach diesen Beiträgen der Hinweis Lebons, daß Severus unter dem Namen von Theodoret auch Abschnitte aus der Exp. zitiert. Die Zuschreibung der Exp. beschränkt sich also auf den Beleg Severus' und innere Gründe, die Sellers (Pseuso-Justin's Expositio Rectae Fidei: A Work of Theodoret of Cyrus, in: JThS 45 [1944], S.145-60) darstellt. Diese wurden sogleich von Brok (The Date of Theodoret's Expositio Rectae Fidei, in: JThS NS.2 [1951], S.178-83) kritisiert, insofern Sellers, der die Schriften Eranistes und Haer.F.C.V. zum Vergleich heranzieht und sich für eine späte Datierung entscheidet, die Veränderungen in der Terminologie nicht bemerkt habe. Brok setzt Richard (L' Activité Littéraire de Théodoret avant le concile d'Éphèse, in: RSPhTh 24 [1935], S.83-106) voraus. Die Diskussion hat sich auf die Datierungsfrage, verbunden mit der Diskussion um die christologische Entwicklung Theodorets, verlagert. Hinsichtlich der Trinitätslehre ist Broks Hinweis auf den Wechsel der Terminologie nicht hilfreich und die Darstellung Sellers nicht hinreichend.

Die Darstellung der inneren Gründe für eine Einbindung der Texte in das Werk Theodorets beinhaltet trotz der allgemeinen Sicherheit über eine Zuschreibung Schwierigkeiten. In Hinblick auf die Trinitätslehre liegt außerhalb von Exp. und De trin. keine derart umfassende Darstellung der Trinitätslehre durch Theodoret vor, die eine Zuschreibung der Texte ausschließen könnte. Weiterhin ist auf die vielfältigen hapax legomena in den kontinuierlich unter dem Namen Theodorets überlieferten Texten zu verweisen. Die Begriffe $\dot{\alpha}\sigma\upsilon\gamma\chi\dot{\upsilon}\tau\omega\varsigma$ $\dot{\epsilon}\nuο\tilde{\upsilon}\nu$ (Qu.Gen.XX, 108B), $\dot{\epsilon}\nuο\dot{\upsilon}\sigma\iotaο\nu$/ $\dot{\epsilon}\nu\upsilonπ\dot{ο}\sigma\tau\alpha\tauο\nu$ (Cur.II.110), die Rede vom Nus (Cur.II.107), die dihairetischen Ausführungen (Eran.I,63.25ff.) werden nicht wiederholt. Wenn die Begrifflichkeit der Exp. sich nicht unbedingt in Haer.F.C. V. oder Eran. wiederfindet, wird die Entscheidung über eine Zuschreibung schwierig.

Sellers (a.a.O. S.148ff.) findet folgende Entsprechungen zu den überlieferten Aussagen Theodorets in der Exp.: die Aussage, daß der $\tauρ\dot{ο}πο\varsigma$ $\tau\tilde{η}\varsigma$ $\dot{\upsilon}π\dot{\alpha}ρξεω\varsigma$ bzw. die Begriffe Ungezeugt, Gezeugt, Hervorgegangen sich nicht auf die gemeinsame Usie beziehen, die Trennung zwischen Geschaffen und Ungeschaffen, die Vorstellung des "Gott in Gott". Theodoret spricht in der Tat in Cur. und Haer.F.C.V. vom $\tauρ\dot{ο}πο\varsigma$ $\tau\tilde{η}\varsigma$ $\dot{\upsilon}π\dot{\alpha}ρξεω\varsigma$. In Exp.3 kommt diesem Begriff eine Funktion, die der des Hypostasenbegriffs entspricht, zu, diese Verwendung des Begriffs liegt nicht ein zweites Mal vor. Der auf diese Aussage bezogene Vergleich mit Adam in Exp.3 wird ebenso nicht wiederholt. Beide Aussagen enthalten deutliche Analogien in dem ps.-justinisch überlieferten Werk Quaestiones et Responsiones ad orthodoxos Frage 1 (S.17.15ff.) und stehen diesem Text

ist zu bekennen, der in Vater, Sohn und Heiligem Geist erkannt wird, insofern man einerseits die Hypostasen der einen Gottheit, Vater, Sohn und Heiliger Geist, wahrnimmt oder andererseits das Gemeinsame der Hypostasen nach dem Wesen, Gott, begreift. Die Monas nämlich wird in der Trias erfaßt, die Trias in der Monas erkannt." Thema ist der eine in Vater, Sohn und Geist erkannte Gott, dessen Entfaltung in Einheit und Unterschiedenheit zwei Aspekte hat. Die zitierte Gegenüberstellung von Einheit und Dreiheit, von Wesen und Hypostasen nennt aber nur eine Darstellungsmöglichkeit des Problems.

In der Vorordnung des Vaters vor Sohn und Geist und der Ableitung von Sohn und Geist aus dem Vater liegt eine andere trinitarische Struktur vor als in der Gleichordnung von Vater, Sohn, Geist und der Gegenüberstellung zu dem einen Wesen. Während in der Gegenüberstellung von Einheit und Dreiheit das Gott-Sein von Sohn und Geist darin zum Ausdruck kommt, daß die trinitarischen Personen einschließlich dem Vater sich in gleicher Weise auf das gemeinsame Wesen beziehen, wird hier die Gottheit von Sohn und Geist aus dem Vater abgeleitet. Nach Exp.2 haben Sohn und Geist Anteil an demselben Wesen, sofern der Vater sie gezeugt hat bzw. der Geist aus die-

---

näher als vergleichbaren unter dem Namen Theodorets überlieferten Aussagen. Die Trennung zwischen Gott und Schöpfung ist wesentliches Element der Trinitätslehre Theodorets. Auch hier aber ist auf die genaue Terminologie zu achten. Die Begrifflichkeit z.B. von Exp.7,1217D (O378A-B) wird nicht wiederholt. Für den dritten Beleg verweist Sellers auf die Begriffe ἐνούσιον, ἐνυπόστατον in Cur.II.110, hier aber handelt es sich um hapax legomena. Auch für De trinitate gilt, daß beispielsweise die Argumentation in De trin.15 (1169) keine Parallele hat. Für diesen Text aber sind deutliche Bezüge zu den Kommentaren und Haer.F.C.V. festzuhalten.

In der Exp. handelt es sich um sehr präzise Ausführungen. Warum Theodoret diese möglicherweise nicht in seinen Schriften einholt, kann verschieden beantwortet werden. Man wird mit Sicherheit davon ausgehen müssen, daß Theodoret die Aussagen der Expositio in seiner Argumentation systematisch voraussetzt bzw. impliziert und der Text zumindest in das nähere Umfeld Theodorets gehört. Eine Zuschreibung des Textes auf Theodoret geht über Wahrscheinlichkeit nicht hinaus.

4 Exp.7,1220C (O 379A):Ἕνα τοίνυν Θεὸν προσῆκεν ὁμολογεῖν ἐν Πατρὶ, καὶ Υἱῷ, καὶ Πνεύματι γνωριζόμενον· ᾗ μὲν Πατὴρ, καὶ Υἱὸς, καὶ Πνεῦμα ἅγιον, τῆς μιᾶς θεότητος τὰς ὑποστάσεις γνωρίζοντας· ᾗ δὲ Θεὸς, τὸ κατ' οὐσίαν κοινὸν τῶν ὑποστάσεων νοοῦντας. Μονὰς γὰρ καὶ ἐν Τριάδι νοεῖται, καὶ Τριὰς ἐν μονάδι γνωρίζεται.

sem hervorgegangen ist.[5] Exp.3 führt das Thema der Hervorgehensweisen weiter, erklärt aber jetzt, daß durch diese nicht auf das Wesen zu schließen sei, sofern die Aussage der Hervorgänge von der Aussage des Wesens zu unterscheiden sei.[6] Diese Spannung wird nicht ausgeglichen.

Die Hervorgehensweisen von Sohn und Geist sind auf der einen Seite als Ursprungsbeziehungen ein Argument in Hinblick auf das Gott-Sein von Sohn und Geist. Auf der anderen Seite bezeichnen sie in keiner Weise das gemeinsame Wesen, sondern eine Differenzierung, die von der Aussage des Wesens unterschieden bleibt. Wie werden Einheit und Differenz ausgesagt?

Der Text verwendet die bekannte Unterscheidung von Usie und Hypostase, d.h., Einheit und Differenz implizieren eine ontologische Differenzierung. Differenz wird in dem Vorgang der Individuation formuliert und bezieht sich nicht auf den Begriff des Wesens. Mit der Einführung der Wendung $\tau\rho\acute{o}\pi o\varsigma$ $\tau\tilde{\eta}\varsigma$ $\acute{v}\pi\acute{a}\rho\xi\varepsilon\omega\varsigma$[7] liegt in Exp.3 eine Variante des Konzepts von Einheit und Differenz vor, auf die noch einzugehen ist. Wesen wird als das Gemeinsame verstanden, das von Vater, Sohn und Geist ausgesagt wird, und in Entsprechung zum Begriff der Art definiert.[8]

Wenn nach der Einführung dieser Terminologie erneut nach einer Bestimmung des einen göttlichen Wesens gefragt wird (Exp.4)[9], intendiert bereits die Frage, daß der Text sie nicht innerhalb der Verhältnisbestimmung von Usie und Hypostase beantwortet, sondern andere Ansätze zur Darstellung göttlicher Einheit heranzieht. Der Text arbeitet hier axiomatisch mit dem Dualismus Geschaffen/Ungeschaffen (Exp.4-7). Die Alternative zwischen Geschaffen und Ungeschaffen bzw. die Trennung der Bereiche von Gott und Schöpfung will die Einführung eines Dritten oder Mittleren verhindern. Sie mache evident, berücksichige man die biblische Darstellung, daß Vater, Sohn und Geist, nur einer der beiden Seiten zugeordnet werden können, d.h., zur göttlichen Seite zu zählen seien. Sohn und Geist seien nicht geschaffen, sie werden mit dem Vater zusammengeordnet. Diese Sätze werden zu dem beständig wiederkehrenden Leitmotiv der Darstellung.[10]

---

5 Exp.2,1209A (O 373A).

6 Exp.3,1209Bff. (O 373Bf.).

7 Exp.3,1209B (O 373B): $\dot{\omega}\varsigma$ $\varepsilon\tilde{i}v\alpha\iota$ $\tau\dot{\eta}v$ $\delta\iota\alpha\phi o\rho\grave{\alpha}v$ $\tau\tilde{\omega}$ $\Pi\alpha\tau\rho\grave{\iota}$ $\pi\rho\grave{o}\varsigma$ $\Upsilon\acute{\iota}\grave{o}v$ $\kappa\alpha\grave{\iota}$ $\tau\grave{o}$ $\Pi v\varepsilon\tilde{v}\mu\alpha$ $\kappa\alpha\tau\grave{\alpha}$ $\tau\grave{o}v$ $\tau\tilde{\eta}\varsigma$ $\acute{v}\pi\acute{a}\rho\xi\varepsilon\omega\varsigma$ $\tau\rho\acute{o}\pi o v\cdot$ $\tau\grave{o}$ $\delta\grave{\varepsilon}$ $\tau\alpha\grave{v}\tau\grave{o}v$ $\kappa\alpha\tau\grave{\alpha}$ $\tau\grave{o}v$ $\tau\tilde{\eta}\varsigma$ $o\grave{v}\sigma\acute{\iota}\alpha\varsigma$ $\lambda\acute{o}\gamma o v.$

8 Exp.3,1209C (O 373D): $E\grave{i}$ δ' $\alpha\grave{v}\tau\dot{\eta}v$ $\tau\dot{\eta}v$ $o\grave{v}\sigma\acute{\iota}\alpha v$ $\zeta\eta\tauo\acute{\iota}\eta\varsigma$, $\kappa\alpha\theta'$ $\tilde{\eta}v$ $\tauo\tilde{\iota}\varsigma$ $\grave{\varepsilon}\xi$ $\alpha\grave{v}\tauo\tilde{v}$ $\pi\rho\grave{o}\varsigma$ $\kappaoιv\omega v\acute{\iota}\alpha v$ $\sigma v v\acute{a}\pi\tau\varepsilon\tau\alpha\iota$, $\check{\alpha}v\theta\rho\omega\pi o v$ $\varepsilon\grave{v}\rho\acute{\eta}\sigma\varepsilon\iota\varsigma$ $\tau\grave{o}$ $\acute{v}\pi o\kappa\varepsilon\acute{\iota}\mu\varepsilon v o v.$

9 Exp.4,1212B (O 375C).

10 Exp.4,1212C (O 374D): $K\alpha\grave{\iota}$ $\pi\rho\tilde{\omega}\tau\acute{o}v$ $\gamma\varepsilon$ $\tau\grave{\alpha}$ $\check{o}v\tau\alpha$ $\delta\iota\alpha\iota\rho\acute{\eta}\sigma\omega\mu\varepsilon v\cdot$ $\varepsilon\grave{v}\rho\acute{\eta}\sigma o\mu\varepsilon v$ $\gamma\grave{\alpha}\rho$ $\varepsilon\acute{\iota}\varsigma$ $\tau\varepsilon$ $\kappa\tau\iota\sigma\tau\grave{o}v$ $\kappa\alpha\grave{\iota}$ $\check{\alpha}\kappa\tau\iota\sigma\tau o v$ $\tau\grave{\alpha}$ $\pi\acute{a}v\tau\alpha$ $\delta\iota\alpha\iota\rhoo\acute{v}\mu\varepsilon v\alpha.$ Vgl. Exp.7,1220A (O 378C): $O\check{v}\tau\omega$ $\tau\tilde{\eta}\varsigma$ $\delta\iota\alpha\iota\rho\acute{\varepsilon}\sigma\varepsilon\omega\varsigma$ $\grave{\varepsilon}\chi o\acute{v}\sigma\eta\varsigma$, $\kappa\alpha\grave{\iota}$ $\theta\varepsilon\acute{o}\tau\eta\tauo\varsigma$ $\kappa\alpha\grave{\iota}$ $\kappa\tau\acute{\iota}\sigma\varepsilon\omega\varsigma$ $\mu\eta\delta\grave{\varepsilon}v$ $\varepsilon\tilde{i}v\alpha\iota$ $\tau\grave{o}$ $\mu\acute{\varepsilon}\sigma o v$ $\beta\varepsilon\beta\alpha\iotao\acute{v}\sigma\eta\varsigma.$

Wiederum unabhängig von der Unterscheidung zwischen Usie und Hypostase und ebenso unabhängig von dem Dualismus zwischen Geschaffen und Ungeschaffen ist ein dritter Typos der Darstellung (Exp.8-9). Das Herkommen des Sohnes aus dem Vater beinhaltet hier eine besondere Unmittelbarkeit des Sohnes zum Vater und ist in dieser Weise eine Annäherung an den Gegenstand göttlicher Einheit.[11]

Die Tatsache, daß es sich in der Kombination dieser Aussagen nicht um ein kohärentes Gefüge handelt, führt zu wechselnden ontologischen Vorgaben und zu einer terminologischen Unklarheit. Hierzu zwei Beispiele. Der Dualismus Geschaffen/Ungeschaffen ist der Struktur nach eine negative Aussage. Er bedingt einen abstrakten Begriff vom Wesen Gottes und ist nicht mit der Definition des Wesens auf der Ebene der Art als Referenzobjekt der Hypostasen identisch. Die Frage, wie unter der Bedingung eines abstrakten Wesens eine Selbstunterscheidung in Gott zu denken ist, wird nicht gestellt.

In dem Begriff συνάπτειν überschneiden sich die Wortfelder der Gegenüberstellung von Einheit und Differenz und der Darstellung der Bereiche von Geschaffen und Ungeschaffen. Das Gott-Sein von Sohn und Geist wird einmal durch Zuordnung zum Bereich des Ungeschaffenen beschrieben. "Zuordnung" wird durch die Worte συντάττειν[12], συζεύγνυμι[13], συναριθμεῖν[14], συνάπτειν[15] dargestellt. Wenn der Text hier von συνάπτειν spricht, handelt es sich nicht um eine Verbindung selbständiger Individuen, sondern um Zuordnung. Es ist bezeichnend, daß der Begriff der Hypostase in diesem Kontext fehlt. Hypostasen aber sind in der Wendung πρὸς κοινωνίαν συνάπτεσται in Expositio 3[16] vorausgesetzt, sofern συνάπτειν sich hier auf zu Unterscheidendes im Blick auf eine gemeinsame Art bezieht. Der Begriff συνάπτειν impliziert unterschiedliche trinitarische Strukturen.

Die Trinitätslehre in der Expositio rectae fidei ist Ergebnis einer eklektizistischen Arbeitsweise, wie sie für Theodoret charakteristisch ist. Theodoret verwendet unterschiedliche Ansätze in der Darstellung des trinitarischen Gegenstandes. Drei Aussagenkomplexe sind zu berücksichtigen: der Dualismus von Geschaffen und Ungeschaffen (3.2.2.), die Ableitung von Sohn und Geist aus dem Vater (3.2.3), die Unterscheidung von Usie und Hypostase als Modell für Einheit und Differenz (3.2.4.). Die Zusammensetzung von unter-

---

11 Exp.9,1221C-D (O 380A-B).
12 Exp.4,1212C (O 375A), 5,1213C (O 376A), 6,1216C (O 376D), 7,1217D (O 378A).
13 Exp.4,1213A (O 375B), 5,1216C (O 377A), 7,1220A (O 378C).
14 Exp.7,1220A (O 378C).
15 Exp.5,1216B (O 376C), 1217B (O 377A) 6,1217C (O 377D).
16 Exp.3,1209C (O 373D).

schiedlichen Sachkomplexen ist als Zugang zu einer Trinitätslehre für das frühe 5.Jahrhundert typisch. Das bedeutet, daß in der Kombination der genannten Aussagen ein Typos sichtbar wird. Da dieser wesentlich durch die Debatte um den Geist geprägt wurde, sind Theodorets Ausführungen zum Geist ein weiterer wichtiger Aspekt (3.2.5.).

3.2.2. Die Trennung zwischen Gott und Schöpfung und die immanenten Bestimmungen Gottes

"Wenn wir die Wölbung der Himmel sehen, die Breite der Erde und die Größe der Meere, den Glanz der Sonne, das Licht des Mondes und all das andere Sichtbare, dann vergleichen wir mit diesem nicht den Schöpfer, sondern sagen, daß er die geschöpflichen Dinge in unbegrenzter Größe und Schönheit übertrifft."[17] Der Schöpfer läßt die Schöpfung hinter sich zurück und überschreitet eine Verhältnisbestimmung. Ist Gott ungeschaffen? Theodoret reflektiert die Natur göttlichen Wesens und die Formen einer adäquaten menschlichen Umschreibung. Prädikate benennen, so Theodoret, das, was Gott nicht zukommt, was er wirkt, was ihn ausmacht.[18] Gott ist ἀγαθόν[19], δίκαιον[20], ἀληθές[21], αὐτοζωήν[22], ἀναλλοίωτον[23], ἁπλοῦν[24], ἄθανατον[25], ἄφθαρτον[26], ἀπροσδεής[27], ἀόρατον[28], ἄρρητον [29], ἀσώματον[30], ἀσχημάτιστον[31], ἀκατάληπτον[32], ἀπερίγραφον[33], ἀνέφικτον[34], ἀπερινόη-

---

17 Theodoret, Cur.III.17: Ὅταν γὰρ ἴδωμεν τῶν οὐρανῶν τὰ κύτη καὶ τῆς γῆς τὸ εὖρος καὶ τῶν πελαγῶν τὰ μεγέθη καὶ τὴν ἡλίου λαμπρότητα καὶ τῆς σελήνης τὸ σέλας καὶ τἆλλα ὅσα ἐστὶν ὁρατά, οὐ τούτοις παρισοῦμεν τὸν ποιητήν, ἀλλ᾽ ἀπείρῳ τινὶ καὶ μεγέθει καὶ κάλλει κρείττονα τῶν ποιημάτων εἶναι φαμεν.
18 Cur.II.99ff.
19 Haer.F.C.V.1, Eran.III,197.
20 Haer.F.C.V.1,8.
21 Eran.III,197.
22 De trin.28.
23 Cur.II.90, Eran.III,189,196, De trin.9,28, De inc.8.
24 Haer.F.C.V.1,8, De inc.10.
25 Cur.II.80, Eran.III,190. 219, De trin.28, De inc.17.
26 Haer.F.C.V.1, Eran.I,72, Cur.II.80. De trin.28, De inc.17.
27 Cur.IV.50, De inc.17.
28 Haer.F.C.V.1, Cur.II.100, Eran.I,72, III,195,197,209, De trin.28, De inc.17.
29 De trin.28, Exp.9.
30 Haer.F.C.V.1,8, Eran.I,65, De trin.9, 28, De inc.8.
31 Haer.F.C.V.1, Cur.II.100, De inc.8, 10.
32 Eran.I,76, III,195, De trin.11, 28, De inc.17, Exp.9.
33 Eran.III,197, 201, 209, De trin.28, De inc.8, 17.
34 Eran.III,195, 197, De trin.2, 11, 28, De inc.17.

τον[35], ἀπερίληπτον[36], ἀπεριόριστον[37]. Die Reihe könnte fortgesetzt werden. In den Werken Theodorets stößt man auf eine Vielzahl bekannter Gottesprädikate. ἄκτιστος - der Form nach ein negatives Prädikat - begegnet in den Zusammenstellungen nicht. Ob und in welcher Weise die Unterscheidung Geschaffen/Ungeschaffen in Analogie zu dem Gegenüber Gott/ Kosmos oder sichtbarer und intelligibler Welt gebildet wurde, klärt Theodoret nicht.[38] In jedem Fall interpretiert der Dualismus Geschaffen/Ungeschaffen das Weltverhältnis Gottes. Das Schöpfer-Sein Gottes geht über eine ökonomische Bestimmung hinaus und kennzeichnet eigentümlich den Gottesbegriff Theodorets.[39]

Es gibt nach Theodoret nur zwei Kategorien, das Seiende zu unterscheiden: geschaffen und ungeschaffen. Alles, was nicht Schöpfung ist, sei Gott. Vater, Sohn, Geist seien ungeschaffen und Gott. Die Expositio rectae fidei formuliert die Trennung von Geschaffen und Ungeschaffen als axiomatische Grundlegung der trinitarischen Aussagen aus. Die Ausführungen finden sich in dieser Grundsätzlichkeit bei Theodoret nicht wieder. Der Ansatz liegt aber weitgehend den Ausführungen Theodorets zugrunde. Ungeschaffen wird Äquivalent für die Bezeichnung der Gottheit von Vater, Sohn und Geist.

Wenn es beispielsweise in Ps.148[40] heißt, daß die Schöpfung Gott lobt, interpretiert Theodoret diesen Vers darin, daß Sohn und Geist, da sie hier nicht zur Schöpfung gezählt werden, nicht geschaffen und d.h. göttlich seien. Alles Seiende außer der Trias habe eine geschaffene Natur, πάντα τὰ ὄντα, πλὴν τῆς ἁγίας Τριάδος, κτιστὴν ἔχει τὴν φύσιν.[41] Theodoret spricht in seinem Kommentar zu Maleachi 3 von der ἄκτιστος Τριάς.[42] Der Sohn habe

---

35 Eran.I,76, De trin.2, 11, 28.
36 Cur.II.100, Eran. I,76, De trin.28.
37 Haer.F.C.V.1.
38 Im Unterschied zu Gregor von Nyssa (vgl. CE I,105-113) entfaltet Theodoret Geschaffen/Ungeschaffen nicht im Gegenüber zu der Unterscheidung zwischen intelligibler und sichtbar wahrnehmbarer Welt. Die genannten Differenzierungen werden nicht in Beziehung gesetzt. Vgl.: A.A. Mosshammer, The Created and the Uncreated in Gregory of Nyssa. Contra Eunomium I, 105-113, in: El "Contra Eunomium I" en la producción literaria de Gregorio de Nisa. VI Coloquio Internacional sobre Gregorio de Nisa, hrsg.v. L.F. Mateo-Seco, J.L. Bastero, (Univeridad de Navarra, Colección Teológica 59) Pamplona 1988, S.353-379.
39 In Jer.565D: θεοῦ γὰρ ἴδιον, τὸ δημιουργεῖν, οὐ τὸ ὑπ᾽ ἄλλου δημιουργεῖσθαι.
40 In Ps.1986D.
41 Qu.Gen.84C, weiter 80B, 85B.
42 In Mal.1988A.

keine Gemeinschaft mit der Schöpfung, so Haer. F.C.V.2. Der Geist werde mit Vater und Sohn zusammengeordnet, nicht mit der Schöpfung, er habe keinen Anteil an der Schöpfung. Hätten Sohn und Geist eine geschaffene Natur, würden sie nicht mit Gott zusammengezählt.[43] Der Sachverhalt prägt eine für Theodoret typische Terminologie.[44] Theodoret argumentiert aus einer $\tau\acute{\alpha}\xi\iota\varsigma$[45] heraus, wobei die Logik der Anordnung der Sache des Wesens entspricht.[46]

Der Gedankengang baut auf zwei Prämissen auf. Erstens wird der Dualismus Geschaffen/Ungeschaffen axiomatisch behandelt und zweitens die Existenz von Vater, Sohn und Geist vorausgesetzt. Das Ziel der Argumentation Theodorets ist es, die Gottheit von Sohn und Geist darzulegen. Zumindest in dieser Ausrichtung orientieren sich die Aussagen an der Gegenthese - der Geschöpflichkeit von Sohn und Geist. Theodoret wie auch die mit Arius identifizierte Gegenthese definieren eine Trennlinie zwischen Geschaffen und Ungeschaffen. Nach Theodoret verläuft die bezeichnete Grenze nicht zwischen Vater und Sohn, ohne daß Theodoret aber, um dies zu zeigen, die Ursprungslosigkeit des Vaters oder das Nicht-Ungezeugtsein des Sohnes in seine Argumentation einbezieht. Wenn die Aussagen Theodorets mehr als die Behauptung des Gegenteils beinhaltet, muß der Gedankengang den systematischen Unterschied zwischen These und Gegenthese bezeichnen. Der Gedankengang wird insofern sinnvoll, als er das ungeschaffene göttliche Sein in Abgrenzung zum Geschaffen-Sein, zugleich aber auch als ungestuftes Sein, definiert. Die Aussage der Expositio, daß es zwischen Geschaffen und Ungeschaffen nichts Mittleres gibt[47], ist auf genau diesen Sachverhalt zu beziehen. In der Durchführung aber geht der Aspekt des ungestuften Seins verloren. Die Aussage einer Zuordnung zur ungeschaffenen Natur verselbständigt sich.

Die Argumentation Theodorets beschreibt infolgedessen einen engen Radius. Ein Axiom wird auf die trinitarischen Personen übertragen. Der biblische Befund berechtigt zu seiner Anwendung. Sohn und Geist seien nicht

---

43 Haer.F.C.V.2-3.

44 Neben den Belegen in Exp., De trin., Haer.F.C.V.2-3 siehe in den Kommentaren: In Gal. 464B: $\Pi\alpha\nu\tau\alpha\chi\sigma\hat{\upsilon}$ $\sigma\upsilon\nu\tau\acute{\alpha}\tau\tau\epsilon\iota$ $\tau\hat{\omega}$ $X\rho\iota\sigma\tau\hat{\omega}$ $\tau\grave{\sigma}\nu$ $\Pi\alpha\tau\acute{\epsilon}\rho\alpha$, vgl. 468A: $\Pi\acute{\alpha}\lambda\iota\nu$ $\grave{\epsilon}\nu\tau\alpha\hat{\upsilon}\theta\alpha$ $\sigma\upsilon\nu\hat{\eta}\psi\epsilon$ $\tau\hat{\omega}$ $\Upsilon\hat{\iota}\hat{\omega}$ $\tau\grave{\sigma}\nu$ $\Pi\alpha\tau\acute{\epsilon}\rho\alpha$ ... Vgl. In I Cor.288C, In II Cor.457D.

45 Siehe vor allem ep.147,III,202.18ff. Theodoret spricht von einer kirchlichen, durch die Schrift belegten, Anordnung ($\tau\acute{\alpha}\xi\iota\varsigma$).

46 Explizit ausgeführt in Exp.7,1217D (O 378A).

47 Exp.7,1220A (O 378C): $O\H{\upsilon}\tau\omega$ $\tau\hat{\eta}\varsigma$ $\delta\iota\alpha\iota\rho\acute{\epsilon}\sigma\epsilon\omega\varsigma$ $\grave{\epsilon}\chi\sigma\acute{\upsilon}\sigma\eta\varsigma$, $\kappa\alpha\grave{\iota}$ $\theta\epsilon\acute{\sigma}\tau\eta\tau\sigma\varsigma$ $\kappa\alpha\grave{\iota}$ $\kappa\tau\acute{\iota}\sigma\epsilon\omega\varsigma$ $\mu\eta\delta\grave{\epsilon}\nu$ $\epsilon\hat{\iota}\nu\alpha\iota$ $\tau\grave{\sigma}$ $\mu\acute{\epsilon}\sigma\sigma\nu$ $\beta\epsilon\beta\alpha\iota\sigma\acute{\upsilon}\sigma\eta\varsigma$, Exp.7,1220B (O378D): $\dot{A}\lambda\lambda\grave{\alpha}$ $\kappa\alpha\grave{\iota}$ $\tau\hat{\eta}\varsigma$ $\kappa\tau\iota\sigma\tau\hat{\eta}\varsigma$ $\grave{\epsilon}\phi\acute{\alpha}\nu\eta$ $\kappa\epsilon\chi\omega\rho\iota\sigma\mu\acute{\epsilon}\nu\alpha$ $\kappa\alpha\grave{\iota}$ $\tau\hat{\eta}$ $\grave{\alpha}\kappa\tau\acute{\iota}\sigma\tau\omega$ $\sigma\upsilon\nu\epsilon\zeta\epsilon\upsilon\gamma\mu\acute{\epsilon}\nu\alpha\cdot$ $\mu\acute{\epsilon}\sigma\sigma\nu$ $\delta\grave{\epsilon}$ $\tau\sigma\acute{\upsilon}\tau\omega\nu$ $\grave{\omega}\mu\sigma\lambda\sigma\gamma\acute{\eta}\theta\eta$ $\mu\eta\delta\acute{\epsilon}\nu$.

geschaffen, sie werden mit dem Vater zusammengeordnet. Diese Sätze durchziehen wie ein Ostinato die Darstellung Theodorets. Mit dieser Grundaussage verbindet sich notwendig ein negativer Befund. Theodoret leitet die trinitarische Differenzierung nicht ab, sondern setzt die Personen Vater, Sohn und Geist voraus. Es ist in der Struktur dieser Aussage angelegt, daß die Selbstunterscheidung Gottes nicht eigens begründet wird. Wie verarbeitet Theodoret diese Grundaussage? Die Frage zielt auf die Kombination von verschiedenen Aussagetypen.

Im allgemeinen gibt es für Theodoret keinen Grund, die Unfähigkeit des Menschen, Gott zu begreifen, bzw. die Unbegreifbarkeit Gottes auszuführen. Theodoret definiert die göttliche Natur als ἄπειρον, ἀπερίγραφον, ἀπερι-όριστον[48], ohne diese Aussage auf den Menschen und seine Erkenntnis-möglichkeit zu beziehen. Auf der einen Seite spricht Theodoret von einer durch den Geist vermittelten Gotteserkenntnis[49], auf der anderen von der Schwierigkeit des Menschen, eingebunden in irdische Zusammenhänge, zu den intelligiblen Gegenständen vorzudringen.[50]

Die Unerkennbarkeit Gottes aber ist in der Trennung von Geschaffen und Ungeschaffen mitgesetzt, insofern hier das Prinzip des Gleichen zum Gleichen erkenntnistheoretisch gewendet wird. Gleiche erkennen Gleiches, der Vater erkennt den Sohn und der Sohn den Vater aufgrund der Gleichheit, und zugleich ist die Schöpfung als Ungleiche von dieser Kenntnis ausgeschlossen.[51] Theodorets Aussage von einer innergöttlichen gegenseitigen Kenntnis der trinitarischen Personen entspricht dem vorsokratischen Satz von einer Bezogenheit des Gleichen zum Gleichen.[52] Theodoret bezieht sich auf Mt.11,27: "Keiner erkennt den Sohn, wenn nicht der Vater; keiner erkennt den Vater, wenn nicht der Sohn und der, dem es der Sohn offenbaren will".[53] Die Unerkennbarkeit Gottes würde an dieser Stelle jede Aussage beenden. Theodoret verweist auf Funktion und Ertrag des Glaubens[54] und die Unmöglichkeit einer letzten Ableitung theologischer Aussagen. Ausgangspunkt ist, daß Gott ein Wissen seiner selbst vermittelt, bzw. der Glaube im glaubenden Subjekt.[55]

---

48 So dargestellt in bezug auf die Person des Vaters in Haer.F.C.V.1,445Aff.
49 In Ps. (zu Ps.36) 1224C; In Jer.526B; In Joel 1651, In Hab.1811.
50 Exp.8.
51 De trin.11,1161A.
52 Vgl. C.W. Müller, Gleiches zu Gleichem. Ein Prinzip frühgriechischen Denkens (=KPS 31), Wiesbaden 1965.
53 De trin.11,1161A: Οὐδείς, φησίν, οἶδε τὸν Υἱόν, εἰ μὴ ὁ Πατήρ· οὐδὲ τὸν Πατέρα τις ἐπιγινώσκει, εἰ μὴ ὁ Υἱός, καὶ ᾧ ἂν βούληται ὁ Υἱὸς ἀποκαλύψαι.
54 De trin.11,1164A.
55 Hinzuweisen ist auf die methodische Grundlegung in Curatio I, περὶ πίστεως. Daß Erkennen den Glauben voraussetzt und Erkenntnis und Glaube sich gegenseitig bedingen, ist Ansatz der Apologie und wird hier entfaltet.

Die Darstellung einer innergöttlichen Kenntnis führt Theodoret in De trin.11 als biblischen Befund ein. Die Interpretation von Mt.11,27 verweist auf die Trennung von Gott und Schöpfung und will die Gleichheit von Vater und Sohn deutlich machen. Interessant wird diese Interpretation dadurch, daß Theodoret das Thema der Gleichheit von Vater und Sohn in der Interpretation von Joh.10,30 und 14,9.10 weiterführt, hier offensichtlich das Verhältnis des Sohnes zum Vater als Abbild konzipiert und so die innergöttliche Selbstkenntnis mit der ökonomischen Aussage verbindet.

Theodoret grenzt die Gleichheit von Vater und Sohn gegen ein mögliches "Kleiner" oder "Größer" ab und fragt nach der Art und Weise eines gegenseitigen "Enthalten-Seins".[56] Diese Terminologie ist fester Bestandteil einer bestimmten Interpretation von Joh.14,10 und wird verständlich erst auf dem Hintergrund der Diskussion, wie sie in der dritten Rede gegen die Arianer von Athanasius überliefert ist.[57] Athanasius paraphrasiert arianische Anmerkungen zu Joh.14,10. Der Arianer fragt wie Theodoret, wie der Vater im Sohn enthalten sein kann. Beide sprechen von $\chi\omega\rho\epsilon\hat{\iota}\nu$. Nach dem Arianer kann der Vers ein Enthalten-Sein insofern nicht meinen, als das Größere nicht im Geringeren enthalten sei, er verweist zur Erklärung auf die Analogie der allgemeinen Präsenz Gottes im Menschen. Athanasius selbst löst die umstrittene Exegese der Belege durch das Konzept des Abbildes. Als Abbild ist der Sohn im Vater und offenbart den Vater den Menschen, indem diese im Sohn das Urbild erkennen.[58]

Wie stellt sich Theodoret das Sein des Sohnes im Vater vor? Theodoret kennt die Bezeichnung des Sohnes als Abbild, Abglanz und unveränderliches Siegel.[59] Entscheidend ist, daß in der Zusammenstellung von Mt.11,27 und Joh.10,30; 14,9.10 die Kombination von zwei Aussagetypen sichtbar wird. Die Trennung von Gott und Schöpfung ordnet Theodoret dem Offenbar-Werden Gottes in seinem Bild zu. Genau diese Aussage ist der Ertrag der Kommentierung von Jes.6,1.[60] Theodoret nimmt auch hier wieder Mt.11,27 auf. Er interpretiert die Schau Gottes in Jes.6,1 darin, daß, sofern keiner Gott jemals gesehen hat, nicht die Natur Gottes selbst, sondern dessen Vater-Sein offenbar wird. Theodoret verknüpft mit dem Abstand zwischen Gott und Schöpfung, der die Unerkennbarkeit Gottes impliziert, die Erkenntnis Gottes als Vater. Die genannten Sätze Athanasius' nennen die hier systematisch not-

---

56 Ebd., vgl. De trin.13,1165B-C.
57 Athanasius, Con.Ar.III,1.
58 Siehe z.B. a.a.O. II.33.
59 Apol.Thdt. IV,121.21f., De trin.10,1160A, De trin.16,1172Df.
60 In Is. I,258.

wendige Voraussetzung. Die grundsätzliche Unerkennbarkeit Gottes ist unterschieden von der Annäherung an den Vater über den Sohn als Bild.

Innergöttliche Kenntnis, das Sein des Sohnes im Vater, die Erkennntis des Vaters durch den Sohn stehen in einem Zusammenhang. Der Bogen wird von immanenter Kenntnis zu ökonomischem Offenbaren gespannt. Wenn Theodoret die Unterscheidung von Geschaffen und Ungeschaffen zum Kriterium einer Formulierung der Trinitätslehre macht, wird sichtbar, daß diese zu einer Entfaltung der Trinitätslehre nicht hinreicht. Theodoret ergänzt durch Formulierungen aus anderen Aussagekomplexen. Die Darstellung innergöttlicher Kenntnis in De trin 11,13 und die Kommentierung von Jes.6,1 machen es deutlich, daß Theodoret hier Aussagen, welche die Ableitung des Sohnes aus dem Vater zugrundelegen, weiterführte.

Die Ableitung des Sohnes aus dem Vater ist Thema in bestimmten Metaphern wie Abbild oder Abglanz.[61] Theodoret interpretiert diese Terminologie, indem er das ungetrennte Sein als Vergleichspunkt bezeichnet. Gerade das Wort "Abglanz" beinhalte die Unmöglichkeit, einen Moment des Abstandes zu fixieren, sofern es keine Trennung zwischen Licht und Abglanz gebe und das Licht nicht ohne den Abglanz zu denken sei. Theodoret setzt den Akzent auf die ungetrennte Bezogenheit von Vater und Sohn. Wenn Theodoret die Trennung von Gott und Schöpfung mit dem Modell der Ableitung des Sohnes koordiniert, bedeutet das, daß er damit die Trennung von Gott und Schöpfung mit dem ungetrennten Sein in Gott verbindet. Dies ist in der Sache begründet. Ungetrennt bedeutet zunächst negativ die Nicht-Trennung, insofern das Trennende eine Begrenzung und damit eine geschöpfliche Kategorie fordert, die das Ungeschaffene nicht bereitstellt. Aus der fehlenden Möglichkeit, Trennung auszusagen, wird die positive Bestimmung des ungetrennten Seins in Gott[62]. Theodoret nimmt dieses Thema exemplarisch auf.

Zeit bezeichnet einen Abstand, der in seiner Begrenzung nur geschaffen sein kann. Erst wenn von Zeit in Unbegrenztheit die Rede ist, sei, so Theodoret, von Gott gesprochen.[63] Aber ist das Ewige Zeit? Erst das Zweite, das später ist als der Anfang, nennt Theodoret Zeit.[64] Wenn der Sohn nicht im Anfang und mitewig mit dem Vater wäre, stände zumindest Zeit oder Abstand zwischen Vater und Sohn. Zeit aber gehöre zum Geschaffenen und bezeichne geschöpfliches Sein. Sie könne nicht zwischen Vater und Sohn vermitteln. Zeit bezeichnet ein Werden, und alles, was geworden ist, sei durch den Sohn ins Sein gekommen und gehe infolgedessen dem Sohn nicht

---

61 Vgl. De trin.10,1158Df., Exp. 9,1221Cf (O 380Bf.).
62 Vgl. die Ausführungen zu Gregor von Nyssa, K.2.3, S.81ff., 92ff.
63 Haer.V.C.V.6,465D.
64 De trin.6,1152C.

voran. Vater und Sohn seien ewig und ohne jede Form des Abstandes zueinander.[65] Aus der Trennung der Bereiche des Werdens und Seins, des Ge-
schöpfes und Schöpfers ist also nach Theodoret das ungetrennte Sein von
Vater und Sohn ableitbar[66], deren Distanz eine Kategorie der Differenz
verlangte, die nur außerhalb, d.h. im Bereich der Schöpfung gefunden werden kann.

3.2.3. Die Ableitung des Sohnes aus dem Vater und der Beitrag platonischer Anleihen

Wenn Licht auf eine Quelle weist, das Bild auf ein dahinterstehendes Urbild
und Theodoret in dieser Begrifflichkeit das Herkommen des Sohnes aus dem
Vater beschreibt, kann es nicht darum gehen, in jeder Ableitung einen Platonismus zu vermuten. Die Begriffe sind vielfach verwendet und bekannt. Platonische Allgemeinplätze erschließen nicht die platonische Theorie. Aber gerade bei Theodoret läßt sich dieser platonische Allgemeinplatz bestimmen. Es
liegt breites Material vor. Nach Canivet bezieht sich Theodoret lediglich auf
Euseb, Praeparatio Evangelica Lib XI und weiterhin auf ein übliches plato-
nisches Florilegium[67], allerdings mit dem Ergebnis, daß Theodoret in apo-
logetischer Intention eine erstaunliche Fülle philosophischer bzw. allgemein
profaner Texte in seine Schrift "Heilung der heidnischen Krankheiten"
einbringt.

Im Unterschied zu der Rede vom Abglanz aus dem Feuer oder auch von
den Strahlen aus der Sonne[68], die weithin auf der biblischen Metaphorik beruht - hier hat der Text Hebr.1,3 eine besondere Bedeutung[69] - verwendet
Theodoret den Begriff νοῦς[70] spezifisch. Die Bindung Theodorets an die platonische Tradition und ihr Umfang werden hier am trinitarischen Gegenstand
exemplarisch deutlich.

Im Menschen ist es in der platonischen Terminologie der Nus, der zur
Erkenntnis Gottes befähigt ist. Theodoret spricht von einem ersten Wesen,

---

65 Vgl. In Hebr.680C.
66 Exp.5,1217A (O 377A).
67 Siehe Canivets Auflistung der Zitate und ihrer Herkunft im Index des zweiten
   Bandes der Ausgabe der Curatio, S.451-466. Der Frage nach den Quellen
   Theodorets geht Canivet weiter nach in: P. Canivet, Histoire d'une entreprise
   apologétique au Ve siècle, Paris 1957.
68 Haer.F.C.V.2,452B-C.
69 Vgl. ep.83 II,210.15ff.
70 Cur.II.106, 109, De trin.10,1157D, ep.151,1428D-29A, Haer.F.C.V.2,452C.

πρώτης ἐκείνης καὶ μακαρίας οὐσίας[71], dessen eigentliches Begreifen den menschlichen Nus überfordere.[72] Insofern Theodoret die menschliche Wahrnehmung des Intelligiblen an den Glauben zurückbindet, geht in dessen Definition dieselbe Terminologie und Sache ein. Der Glaube will die Noeta erfassen[73], er sei Schau unsichtbarer Gegenstände, der Streit um das Seiende und ein der Natur nach angemessenes Erfassen unsichtbarer Dinge, das in einer Setzung in der Seele gründe.[74] Die verschiedenen Bereiche, von νοῦς und den νοητά zu reden, bleiben nebeneinander stehen, Theodoret bringt die Rede von Gott als Nus und dem menschlichen Nus als dem Ort der Erkenntnis Gottes nicht in ein Verhältnis.

Gott wird in der Form des Seins beschrieben, er sei Nus und erstes Wesen. Ist aber Gott der erste Nus, der beständig sich selbst und seine Gedanken denkt[75]? Diese Frage für Theodoret zu beantworten, würde voraussetzen, daß Aussagen, die eine Definition des ersten Prinzips enthalten und den Weg vom Urgrund zu einer verursachten Vielfalt reflektieren, vorliegen. Theodoret spricht von der Alleinursächlichkeit Gottes[76], stellt dann aber nicht die Frage, wie aus einem ersten Grund überhaupt ein Zweites hervorgehen kann. Gott kommt ἦν, ὤν, ὑπάρχων, ἔστιν[77] zu, aber Theodoret spricht nicht von ὄντως ὄν. Mit der Ableitung von Sohn und Geist aus dem ersten Grund erklärt Theodoret die Monas, die in der Trias erkannt wird[78], aber die Frage nach der Monas bleibt offen. Ἕν ist Attribut von Vater, Sohn und Geist.

Die Rede vom Nus stellt Gott in den Zusammenhang mit Sein und Intelligiblem. Die Frage nach dem Wesen von Transzendenz aber stellt Theodoret nicht. Nach Theodoret ist Gott sicher kein überseiendes Abstraktes und kein absolutes ἕν. Aber daß Theodoret hier nicht differenziert, ist auch bedingt dadurch, daß Theodoret Plotin im mittelplatonischen Kontext kennt. Plotin erscheint eingebunden in eine Gruppe, die, so Theodoret, Sätze Platons interpretiert und bereits in christlicher Zeit lebte.[79] In Cur. II zitiert Theodoret Platon selbst, vor allem Plotin und Numenius, er nennt weiter auch Plutarch und Porphyrius.[80] Theodoret zeichnet ein Bild philosophiegeschichtlicher

---

71 Exp.8,1221A (O 379C).
72 De trin.16,1173A.
73 Cur.I.74.
74 Nach Cur.I.90.
75 Albinus, Did X.,164.29f.
76 De trin.4,1152A, Exp.2.
77 De trin.6,1153A, 7,1153C.
78 Exp.9,1224A (O 380D).
79 Cur.II.84.
80 Cur.I.14.

Entwicklung, das es einsichtig macht, daß die Frage nach dem schlechthin Transzendenten ihn auch weiterhin nicht beschäftigte.

Durch die apologetische These, daß die Schriften der Philosophen zumindest zum Teil Plagiat biblischer Weisheit seien[81], vermittelt Theodoret sein Interesse, Entsprechungen zwischen christlichen Sätzen und philosophischen Aussagen zu entwickeln. Die Übereinstimmungen bestehen in zwei Punkten, in der Rede von Gott als seiendem Gott und in den triadischen Formulierungen.

Theodoret zitiert Platon, Timaios 27d-28a[82]:

"Was ist das stets Seiende, das Entstehen nicht an sich hat, und was das stets Werdende, aber niemals Seiende; das eine, stets gemäß demselben Seiende ist durch Vernunft mit Denken zu erfassen, das andere dagegen durch Vorstellung vermittels vernunftloser Sinneswahrnehmung vorstellbar, als entstehend und vergehend, nie aber wirklich seiend.".

Theodoret nimmt Platon erstens in Anspruch für die Darstellung des Sein Gottes, das Platon hier jenseits von Entstehen, Vergehen und Veränderung beschreibt. Theodoret belegt zweitens eine innergöttliche Differenzierung durch Platon. Nach ep.6 unterscheide Platon zwischen dem lenkenden Gott des Alls und dem Vater des Grundes[83], nach ep.2 zwischen dem König, einem Zweiten und einem Dritten[84]. Theodoret zitiert mit Timaios 27d-28a, ep.6,323a, ep.2, 312d-e die einschlägigen Belege, die in der Tat in diesem Zusamenhang interpretiert wurden.[85] Die Belege aus ep.2 und 6 finden sich in der im christlichen Kontext vielzitierten Enneade V.1 Plotins und liegen auch bei Euseb, Praeparatio Evangelica XI vor. Der Zusammenhang der weiteren Zitate zeigt deutlich, daß Theodoret von diesem 11. Buch Eusebs abhängt, und macht wahrscheinlich, daß Theodoret bei der Abfassung von Cur.II in diesem Zusammenhang auch nichts anderes gelesen hat.

Der Vater des schaffenden Gottes, so Numenius, sei der erste Gott, nicht aber ist der erste Gott selbst der Schöpfer.[86] Die Zitate Plotins und Nume-

---

81 Cur.I.14ff., II.26ff.,70.
82 Cur.II.33: Τί τὸ ὂν ἀεί, γένεσιν δὲ οὐκ ἔχον; καὶ τί τὸ γινόμενον μὲν ἀεί, ὂν δὲ οὐδέποτε; τὸ μὲν δὴ νοήσει μετὰ λόγου περιληπτὸν ἀεὶ κατὰ τὸ αὐτὸ ὄν, τὸ δὲ αἰσθήσει ἀλόγῳ δοξαστὸν γινόμενον καὶ ἀπογινόμενον, ὄντως δὲ οὐδέποτε ὄν. (Tim 27d-28a Übersetzung nach Schleiermacher).
83 Cur.II.71, Platon ep.6, 323a.
84 Cur.II.79, Platon ep.2,312d-e.
85 Siehe Numenius Fr.7, zu Plotin, Tim.27d-28a: VI 5,2,9,-16, VI 7,3,5; ep.2,312e: I 8,2,28-30, III 5,8,8, III 9,7,3, V 1,8,1-4, V 5,3,3-4, VI 4,11,9, VI 5,4,21.24, VI 7,42,3-6.9-10.15-20, VI 8,9,18-23, ep.6 323d: V 1,8,4, VI 8,14,37-38.
86 Cur.II.81: Οὔτε δημιουργεῖν ἐστι χρεὼν τὸν πρῶτον, καὶ τοῦ δημιουργοῦντος θεοῦ χρὴ εἶναι νομίζειν πατέρα τὸν πρῶτον θεόν.

nius' in Cur.II stammen aus PE XI. Theodoret findet hier eine Differenzierung in Gott bei den Griechen vor, die als solche eine Analogie zur christlichen Trias enthält. Bereits Euseb[87] zitiert in PE XI,20, überschrieben mit
dem bekannten Titel aus Enneade V.1: Περὶ τῶν ἀρχικῶν ὑποστάσεων, Platons ep.2 und verweist in direktem Anschluß auf die Trias von Vater, Sohn
und Geist. Der Bezug als solcher ist vorgegeben. Theodoret formuliert eigen-
ständig[88]:

> "Plotin und Numenius entfalten den Gedanken Platons, wenn sie sagen, daß er
> von drei Überzeitlichen und Ewigen spricht, von dem Guten, dem Nus und der
> Seele. Den, welchen er als das Gute bezeichnet, nennen wir Vater, den Nus aber
> nennen wir Sohn und Logos, die belebende und lebensschaffende Kraft, die er Seele
> nennt, bezeichnen die göttlichen Worte als Heiligen Geist."

Theodoret will Entsprechungen zwischen griechischen Sätzen und christlichen Inhalten aufzeigen. Die Identifikation von Vater, Sohn und Geist mit
dem Gutem, dem Nus und der Seele der Platoniker ist in dieser Direktheit
ungewöhnlich. Wie kommt Theodoret dazu zu sagen, daß Numenius und
Plotin die drei intelligiblen Wesenheiten, das Gute, den Nus und die Seele,
kennen und sich dabei auf Platon beziehen? Die von Theodoret genannten
Zitate Plotins und Numenius' belegen dies nicht. Es spricht manches dafür,
daß Theodoret Plotin V.1.8[89] vor Augen hatte. Hier erscheint die Rede von
dem Guten, dem Nus und der Seele als Interpretation Platons. Plotin setzt
seine eigene Terminologie in Beziehung zu der Platons. Theodoret zitiert diesen Text nicht, er findet sich aber in Euseb, PE XI,17.[90]
Die auszusagende Analogie besteht nach Theodoret in der Rede von dem
Guten, dem Nus, der Seele und von Vater, Sohn, Geist. Weitere Ausführungen, was es heißt, wenn der Vater das ist, was Plotin das Gute nennt, finden
sich nicht. Theodoret sieht sich nicht veranlaßt, den Geist nun in der Weise
der Weltseele darzustellen. Die Frage, wie weit Übereinstimmungen in der
Sache gehen, wird nicht gestellt. Theodoret bringt ein allgemeines Wissen
um die Vergleichbarkeit triadischer Formulierungen zum Ausdruck. Festzuhalten ist, daß der Sohn hier als Nus erscheint. Daß Theodoret formuliert,

---

87 Euseb von Cäsarea, PE XI,20,901B-C.
88 Cur.II.85: Αὐτίκα τοίνυν τὴν Πλάτωνος διάνοια ἀναπτύσσοντες, καὶ ὁ
Πλωτῖνος καὶ ὁ Νουμήνιος τρία φασὶν αὐτὸν εἰρηκέναι ὑπέρχρονα καὶ ἀΐδια,
τἀγαθὸν καὶ νοῦν καὶ τοῦ παντὸς τὴν ψυχήν, ὃν μὲν ἡμεῖς Πατέρα καλοῦμεν,
Τἀγαθὸν ὀνομάζοντα, Νοῦν δὲ, ὃν ἡμεῖς Υἱὸν καὶ Λόγον προσαγορεύομεν, τὴν
δὲ τὰ πάντα ψυχοῦσαν καὶ ζωοποιοῦσαν δύναμιν Ψυχὴν καλοῦντα, ἣν Πνεῦμα
ἅγιον οἱ θεῖοι προσαγορεύουσι λόγοι.
89 Plotin V.1.8.2-11.
90 Euseb, PE XI,17,892A-B.

Sohn und Geist seien aus dem, der keinen Anfang und keine Ursache hat, hervorgegangen, und erläutert, daß der Sohn gezeugt wurde, wie der Nus aus diesem, dem Ursprungslosen, hervorgehe[91], erklärt sich nur aus der Verarbeitung der platonischen Trias. Theodoret bringt also die Parallelisierung mit der plotinischen Rede von dem Guten, dem Nus, der Seele ein. Damit ist der Ertrag platonischer Anleihen zusammengefaßt.

Wenn Theodoret umgekehrt den Logos aus dem Nus ableitet, ist diese Ableitung nicht mit dem Hervorgehen des Logos als Nus aus dem Ursprungslosen zu verwechseln. Diese Formulierung resultiert nicht aus der Beschäftigung mit platonischen Zitaten, sondern ist durch sprachliche und anthropologische Kategorien beeinflußt.[92] Der Ausgang des Logos aus dem Nus beinhaltet die Analogie zum Denken, das die Sprache aus sich heraussetzt. Insofern Sprache artikulierter Atem ist,[93] bietet das Umfeld des Vergleichs eine Metapher, um den Geist in den Gedankengang einzubeziehen. Die unterschiedliche Herkunft der Rede vom Logos, identifiziert mit dem Nus auf der einen Seite und auf der anderen Seite aus dem Nus hervorgehend, wird in den Ausführungen Theodorets nicht mehr deutlich und kennzeichnet in dieser Weise den Umgang Theodorets mit Vergleichen dieser Art.

Theodoret stellt die Ableitung des Sohnes aus dem Vater dar. Er verwendet verschiedene Vergleiche und Analogien. Daß der Sohn aus dem Vater herkommt, war nie umstritten. Umstritten ist die Bedeutung dieser Aussage. Die Darstellung der Herkunft des Sohnes aus dem Vater ist daran interessiert, die Gottheit des Sohnes auszusagen. Dieses geschieht, indem aus dem Herkommen des Sohnes aus dem Vater zugleich auf ein ungetrenntes Sein von Vater und Sohn geschlossen wird.[94] Das ungetrennte Sein aber ist systematisch nur dann gewährleistet, wenn der Vater den Sohn nicht als selbständig existierend aus sich heraussetzt, sondern der Sohn nur in dem Vater Bestand hat. Dieses formuliert Theodoret in Haer.C.F.V.2[95]:

Οὕτως ὁ μονογενὴς Υἱὸς γεγέννηται μὲν ἐκ τοῦ Πατρὸς, σύνεστι δὲ τῷ νῷ, ὡς ὁ λόγος τῷ γεγεννηκότι, καὶ τὸ ἀπαύγασμα τῷ πυρὶ, καὶ ἡ ἀκτὶς τῷ ἡλίῳ. Ἀλλὰ τούτων ἕκαστον οὐχ ὑφέστηκεν αὐτὸ καθ' ἑαυτὸ, ἀλλ' ἐν ἐκείνῳ, ἐξ οὗπερ ἔφυ, τὴν ὑπόστασιν ἔχει.

---

91 Cur.II.106.
92 Dies wird besonders deutlich: Cur.II,109.
93 Diese Begrifflichkeit ist durch die Stoiker bekannt. Vgl. die von Hülser zu diesem Thema zusammengestellten Fragmente: FDS 474-99.
94 So ep.151,1428D-29A: Ὡς γὰρ λόγος πρὸς νοῦν καὶ ἀπαύγασμα πρὸς τὸ φῶς ἀχωρίστως ἔχει, οὕτως ὁ μονογενὴς Υἱὸς πρὸς τὸν ἑαυτοῦ Πατέρα.
95 Haer.F.C.V.2,452C.

Mit der Formulierung vom ἐνούσιον des Logos und ἐνυπόστατον des Geistes[96] setzt Theodoret bereits in Cur.II den Akzent auf das Sein von Sohn und Geist im Vater.

Die sachliche Schärfe einer Ableitung des Sohnes aus dem Vater entsteht nicht durch eine platonisierende Darstellung, sondern dadurch, daß die Ableitung und das ungetrennte Sein zu der Selbstauflösung der Dreiheit führen. Theodoret äußert sich zu diesem Thema explizit.

3.2.4. Einheit und Differenz

Insofern die Interpretation triadischer Formulierungen des Alten Testamentes umstritten war[97], liegen gerade in den Kommentaren Theodorets zum Alten Testament die Hinweise auf Differenz in Gott vor. Neben der Rede von Gott in seiner Einheit sei zumindest die Zahl der Trias[98] angedeutet, so Theodoret. Theodoret spricht von der Selbigkeit des Wesens, dem Gemeinsamen der göttlichen Natur und weist auf die Zahl der Trias[99], die Zahl der Personen, die Zahl der Hypostasen hin[100]. Er faßt zusammen: ein Wesen der Trias[101] oder drei Eigentümlichkeiten der einen Gottheit[102]. Die Aspekte von Einheit und Differenz werden nebeneinandergeordnet.

Diese Begrifflichkeit setzt die Wahrnehmung der trinitarischen Personen als selbständig voraus. Genau dieses geschieht weder in der Ableitung des Sohnes aus dem Vater noch in der Zuordnung von Sohn und Geist zur göttlichen Natur. Die Ableitung des Sohnes aus dem Vater führt vielmehr zu dem ungetrennten Sein von Vater und Sohn und der Auflösung ihrer hypostatischen Existenz hin. Die Zuordnung zum Bereich des Göttlichen argumentiert mit der Gleichheit, ἰσότης, von Vater und Sohn und kann den Gedanken der Differenz nicht explizieren. Die Unterscheidung von Usie und Hypostase bietet ein Modell für Einheit und Differenz. Auf die Funktion dieser Unterscheidung bei Theodoret wird einzugehen sein. Der Vergleich mit den ge-

---

96 Cur.II,110.14.
97 Sie wurden diskutiert im Gegenüber zur jüdischen Exegese, vgl. Cur.II,55ff. Zu verweisen ist aber auch auf die innerchristliche Kontroverse um eine dogmatische Interpretation des AT.
98 In Ps.(Ps.36)1233D, Qu.Reg.728B, 732C.
99 Der Begriff ἀριθμὸν τῆς Τριάδος findet sich in einigen Briefen (ep.126,III,100.9; ep.147,III,218.26). Vgl. K.4.2.2., S.203ff.
100 Qu.Gen.101B-C.
101 Qu.Ex.XX,284B.
102 In Ez.1217B, In Ps.(Ps.36)1124D, vgl. In Rom.132C.

nannten trinitarischen Aussageformen aber legt nahe, abgesehen von der spezifischen Form des Hypostasenmodells bei Theodoret danach zu fragen, wie Theodoret die trinitarischen Personen als Hypostasen realisiert.

Theodoret beginnt den Dialog I im Eranistes mit einer Definition von Usie und Hypostase. Er stellt eine Anmerkung über den profanen und kirchlichen Gebrauch der Begriffe voran. Die Worte Hypostase und Usie, wie Theodoret sie verwenden will, stehen für eine Differenzierung und haben diese Bedeutung, so Theodoret, erst durch ihre kirchliche Verwendung zur Formulierung der Trinitätslehre erhalten. Die Bedeutung der Begriffe sei also Ergebnis einer Prägung, die den Begriffen aber nicht als solchen inhärent ist.[103] Theodoret schreibt: Κατὰ δέ γε τὴν τῶν πατέρων διδασκαλίαν, ἣν ἔχει διαφορὰν τὸ κοινὸν πρὸς τὸ ἴδιον, ἢ τὸ γένος πρὸς τὸ εἶδος ἢ τὸ ἄτομον, ταύτην ἡ οὐσία πρὸς τὴν ὑπόστασιν ἔχει.[104]

Usie und Hypostase verhalten sich nach dieser Definition zueinander wie das Allgemeine zum Besonderen in Gattung, Art und Individuum. Der Weg von der Gattung zur Art beschreibt nach Theodoret eine dreifache Qualifizierung, d.h., ein Lebewesen kann unvernünftig, ein gehendes Tier - wenn es sich nicht um einen Vogel oder Fisch handelt - und beispielsweise ein Löwe sein. Mit dem Ansatz der Dihairese im Lebewesen, das als Gattung vernünftige und unvernünftige Lebewesen zusammenfaßt, legt Theodoret das Allgemeine in einem abstrakten Begriff grund.[105] Theodoret beschreibt in dieser Dihairese den Vorgang der Individuation, ohne diesen aber bis zur Kennzeichnung des Individuums fort- und zuendezuführen. Er setzt neu ein: Der Begriff der Art bezeichne wiederum ein Allgemeines, insofern beispielsweise "Mensch"[106] das gemeinsame Menschsein von Römern, Athenern und Persern kennzeichne. Das durch den Eigennamen definierte Individuum wird angefügt. Die beiden Reihen Lebewesen/Unvernünftig/Gehend/Löwe und Mensch/Römer/Paulus sind angeglichen. Hierdurch erklärt sich die Einschaltung der Ebene der Nationen.

Theodoret verarbeitet, d.h. kombiniert die Ableitung aus dem abstrakten Allgemeinbegriff und die Gegenüberstellung von Art und Individuum. Er

---

103 Theodoret weist auf τὴν θύραθεν σοφίαν (Eran.I,64.10) und formuliert ein Wissen über Ursprung und Entstehen des Begriffs, das den präziseren Ausführungen Socrates (KG 3,7.17-20) vergleichbar ist. H. Dörrie beginnt mit dem Zitat von Socrates seinen Aufsatz: Ὑπόστασις. Wort- und Bedeutungsgeschichte, in: NAWG phil. hist.Kl.1955, Nr.3, S.35-92.

104 Eran.I,64.11-13.

105 Eran.I,64,16-17: Γένος καλοῦμεν τὸ ζῷον, πολλὰ γὰρ σημαίνει κατὰ ταὐτόν. Δηλοῖ γὰρ καὶ τὸ λογικὸν καὶ τὸ ἄλογον·

106 Eran.I,64.22-23: Οὕτω τὸ ἄνθρωπος ὄνομα κοινόν ἐστι ταυτησὶ τῆς φύσεως ὄνομα.

entscheidet sich in der Durchführung dann aber für den Vergleich Mensch/Individuum, d.h. für die Entsprechung zu Art und Individuum.[107] Die Dreizahl von Gattung, Art, Individuum ist in dieser Darstellung bemerkenswert. Wenn Theodoret Usie als ein κοινόν definiert, das zunächst dem Allgemeinbegriff Lebewesen entspricht, weist dieses auf das Vorliegen basilianischen Materials hin. Der Vergleich Art/Individuum als solcher erfordert nicht die dargestellte dihairetische Ableitung. Diese steht im Ansatz der von Basilius in CE II,28 entwickelten Dihairese nahe.[108]

In Exp.3 liegt eine andere Terminologie vor. Der Zeugende und der Gezeugte, der Hervorbringende und der Hervorgehende seien unterschieden und zugleich dasselbe, sofern Ungezeugt, Gezeugt und Hervorgegangen keine Bezeichnungen des Wesens seien. Betrifft das Proprium "Gezeugt" nicht das Wesen, weil es die spezifische Differenz bezeichnet, die den Gezeugten in Analogie zum Individuum beschreibt? In ihrer Unterschiedenheit als Ungezeugt, Gezeugt und Hervorgegangen wahrgenommen, werden die trinitarischen Personen in Exp.3 durch den jeweiligen τρόπος τῆς ὑπάρξεως gekennzeichnet.[109] Diese Wendung wird im Vergleich mit Adam eingeführt, um deutlich zu machen, daß die besondere Weise des Entstehens im Fall Adam kein besonderes Mensch-Sein konstituiert, sondern vielmehr das Mensch-Sein als solches nicht berührt. Fraglich ist aber, inwieweit in diesem Vergleich Adam in seiner Hypostasis begriffen wird.

Wie der Begriff der Hypostase wird der Begriff der Hyparxis in Abgrenzung zu einer Bezeichnung des gemeinsamen Wesens verstanden. Τρόπος τῆς ὑπάρξεως unterscheide den Sohn vom Geist.[110] Die Hyparxis des Geistes sei sein Hervorgehen.[111] Ungezeugt, Gezeugt und Hervorgegangen bezeichnen die Weise der Hyparxis[112], man wird übersetzen: Hervorgehensweise. In Exp.3 entspricht der Begriff der Hervorgehensweise in der Funktion dem der Hypostase, die Begriffe aber bleiben zu unterscheiden. Hyparxis bezeichnet

---

107 Auf diesen Vergleich bezieht sich Theodoret in Eran.I, De trin.15 und Exp.3. Vgl. Eran.I, 65.11-13: Ὥσπερ τοίνυν τὸ ἄνθρωπος ὄνομα κοινόν ἐστι ταύτης τῆς φύσεως ὄνομα, οὕτω τὴν θείαν οὐσίαν τὴν ἁγίαν τριάδα σημαίνειν φαμέν, τὴν δέ γε ὑπόστασιν προσώπου τινὸς εἶναι δηλωτικήν, οἷον, ἢ τοῦ πατρὸς ἢ τοῦ υἱοῦ ἢ τοῦ ἁγίου πνεύματος.

108 Basilius, CE II,28,31ff.(637B-C).

109 Exp.3,1209B (373B): ὡς εἶναι τὴν διαφορὰν τῷ Πατρὶ πρὸς τὸν Υἱὸν καὶ τὸ Πνεῦμα κατὰ τὸν τῆς ὑπάρξεως τρόπον· τὸ δὲ ταὐτὸν κατὰ τὸν τῆς οὐσίας λόγον.

110 Haer.F.C.V.3,453D.

111 In I Cor.244C, vgl. die Verwendung des Begriffs in: In Cant.120C.

112 Exp.3,1209B (O 373B): Ὅτι τὸ μὲν Ἀγέννητον καὶ Γεννητὸν καὶ Ἐκπορευτὸν οὐκ οὐσίας ὀνόματα, ἀλλὰ τρόποι τῆς ὑπάρξεως·

verschiedene Formen des Entstehens und Hervorgehens, die Schöpfung
Adams, das Hervorgehen von Sohn und Geist und das Sein des Vaters ohne
Ursache. Verbunden mit dem Begriff der Hyparxis wird dann, daß das ins
Sein Gekommene existiert.[113] Die Frage richtet sich darauf, inwieweit das
Existierende selbständig existiert und damit zur Hypostase wird. Die Ausführungen Theodorets geben dafür keinen Anhaltspunkt. Hyparxis beinhaltet
eine Realisierung des Seins, die als solche noch nicht die Realität des Seins
zum Ausdruck bringt. Die differente Bedeutung von Hyparxis und Hypostasis wurde im Rahmen der stoischen Verwendung diskutiert.[114] Darauf ist hinzuweisen, wenn auch der stoische Zusammenhang nicht unbedingt auf
Theodoret und den trinitarischen Gegenstand übertragen werden kann.

Theodoret bzw. der Autor von Exp.3 löst das Problem, indem die Hervorgehensweisen zu Eigentümlichkeiten der Hypostasen werden und der Begriff
der Hypostasis eingeführt wird. Der Hinweis auf den τρόπος τῆς ὑπάρξεως
bezeichnet eine Form, die Differenzierung in Gott zu begreifen. Daß die
Begriffe Hypostasis und Hyparxis verschiedene Interpretationen des Problems
implizieren, wird sichtbar.[115] Theodoret nimmt die Ausführungen zum
τρόπος τῆς ὑπάρξεως nicht (wieder) auf.[116] Die Zusammenstellung der Vor-
stellungskreise von Hypostasis und Hyparxis erneuert die Frage, inwieweit
Theodoret die Sache der Hypostasen in seine Ausführungen zur Trinitätslehre
integriert.

Die Unterscheidung von Usie und Hypostase ist für Theodoret ein Modell,
die Einheit der Hypostasen zu verstehen. Theodoret verweist auf die μία
φύσις und die μία οὐσία. Er geht davon aus, daß in dieser Terminologie ni-
zänisches Vokabular vorliegt. Wenn auch keine der Synoden des 4.Jahrhun-
derts von der μία οὐσία spricht, ist nach Theodoret diese Terminologie von
den nizänischen Vätern überliefert worden.[117] Das Nizänum also wurde in

---

113 Exp.3,1209C (373C): Ἀλλ᾽ ἡ διάπλασις τὸν τρόπον τῆς ὑπάρξεως δηλοῖ· τὸ
    γὰρ ὅπως ἐγένετο σημαίνει ... δηλοῖ γὰρ ὁμοίως ὅτι τε πλασθεὶς ὑπῆρξεν.

114 P. Hadot, Zur Vorgeschichte des Begriffs "Existenz", ΥΠΑΡΧΕΙΝ bei den
    Stoikern, in: ABG 13.2, 1969, S.115-27; V.Goldschmidt, ΥΠΑΡΧΕΙΝ et
    ΥΦΙΣΤΑΝΑΙ dans la philosophie stoïcienne, in: REG 85 (1972), S.331-344;
    vgl. einführend: H. Dörrie, a.a.O. S.29ff.

115 Vgl. den Schlußsatz von Exp. 3,1212B (374C): καὶ ταῦτα μὲν ἀρκεῖ πρὸς
    ἀπόδειξιν τοῦ μὴ τὴν οὐσίαν αὐτὴν δηλοῦν τὸ Ἀγέννητον καὶ Γεννητὸν καὶ
    Ἐκπορευτόν, ἀφοριστικὰ δὲ τῶν ὑποστάσεων εἶναι, πρὸς τῷ καὶ τὸν τρόπον
    τῆς ὑπάρξεως διασημαίνειν.

116 Vgl. bes. Ps.Justin, Quaestiones et Responsiones ad orthodoxos, Frage
    1,S.17.15ff., siehe hierzu Anm.3.

117 Eran.I,64.1-5: Τοῦ θεοῦ, καὶ πατρὸς καὶ τοῦ μονογενοῦς υἱοῦ καὶ τοῦ
    παναγίου πνεύματος, μίαν οὐσίαν φαμέν, ὡς παρὰ τῆς θείας γραφῆς
    ἐδιδάχθημεν παλαιᾶς τε καὶ νέας καὶ τῶν ἐν Νικαίᾳ συνεληλυθότων
    πατέρων, ἢ ταῖς Ἀρείου βλασφημίαις ἀκολουθοῦμεν;

der durch die Kappadokier entwickelten Unterscheidung von der einen Usie und den drei Hypostasen rezipiert. Beleg ist, daß Theodoret von ὁμοούσιος in genau diesem Zusammenhang spricht.[118] ὁμοούσιος bezeichnet die μία οὐσία und damit eine der beiden Seiten von Einheit und Differenz.

Unter Voraussetzung der Unterscheidung von Usie und Hypostase löst Einheit die Gottheit nicht in eine monistische Identität auf. Das göttliche Wesen ist nach Theodoret ein allgemeines, sofern es von den Hypostasen ausgesagt werde, und einheitstiftend, sofern die Hypostasen in dem Gemeinsamen verbunden seien, πρὸς κοινωνίαν συνάπτεται.[119] Verbindung in Blick auf ein Allgemeines fordert Unterscheidung. Wenn Unterschiedenes verbunden wird, bedeutet Verbindung Einung, insofern Einung das Vorhandensein zu einender Gegenstände bedingt.

Theodoret setzt bereits voraus, daß die Begriffe συνάπτειν und ἐνοῦν synonyme Bedeutung haben. Die Bezeichnung der Hypostasen als ξυνημμένα und ἡνωμένα ist Teil eines Wortfeldes, das evident macht, daß in diesem Zusammenhang die Hypostasen in ihrem Selbstand begriffen werden[120] und Verbindung nicht ohne Differenz gedacht ist. Daß die Wahrnehmung von Einheit und Differenz in Gott selbständige Hypostasen bedeutet, wird deutlich, wenn Theodoret schreibt: καθ᾽ ἑαυτὰ πιστευόμενα, καὶ ξυνημμένα καὶ διῃρημένα, τῷ μὲν ταὐτῷ τῆς φύσεως ἡνωμένα, τῇ δὲ τῶν ἰδιοτήτων διαφορᾷ διῃρημένα καὶ καθ᾽ ἑαυτὰ νοούμενα.[121] Verbunden werden hier die Hypostasen, sofern sie unterschieden werden; geeint werden selbständige Individuen durch die Selbigkeit ihrer Natur. Wenn Selbigkeit der Natur die Einheit selbständiger Hypostasen bedeutet, folgt daraus, daß die Einheit Gottes nur eine ἀσύγχυτος ἕνωσις sein kann. Theodoret schreibt: Ἐπὶ δὲ τῆς ἁγίας Τριάδος τρεῖς νοοῦμεν τὰς ὑποστάσεις, καὶ ἀσυγχύτως ἡνωμένας, καὶ καθ᾽ ἑαυτὰς ὑφεστώσας.[122]

Die Bezeichnung der Hypostasen als ἀσυγχύτως ἡνωμένας ist bei Theodoret ein hapax legomenon. Wenn aber συνάπτειν die Einung unter Wahrnehmung von Unterscheidung beinhaltet, ist in der Sache dasgleiche

---

118 De trin.15,1169B-D;   Haer.F.C.V.2,452A;   In   I   Cor.311A;   In Ps.(Ps.44)1192C; In Rom.132C; vgl. In I Tim.800A. Daneben liegt weiter eine andere Bedeutung und Verwendung des Begriffs ὁμοούσιος vor. Zu verweisen ist auf den Kommentar zu Hebr.1,3, In Hebr.I,681A: καὶ ἐπειδὴ τοῦ ἀπαύγασμα ἡ εἰκὼν τὸ μὲν συναΐδιον καὶ ὁμοούσιον ἀποχρώντως δεδήλωκεν, vgl. weiter Apol.Thdt.IV, 121.9f.,IX,134.7f.

119 Exp.3,1209C (O 373C), 1212A (O 374A).

120 Haer.F.C.V.2,452D, vgl. In Hebr.681A,C.

121 Cur.II.110.15-17.

122 Qu.Gen.I,XX,108B.

gesagt. Theodoret zieht die Begriffe συνάπτειν/κοινωνία/ἐνοῦν heran, um Einheit und Differenz, wie sie die Unterscheidung von Usie und Hypostase als Allgemeines und Besonderes erfordert, zu formulieren. Dieser Zusammenhang liegt bereits bei den Kappadokiern vor. Theodoret kann auf diese Terminologie zurückgreifen.

3.2.5. Grundzüge der Trinitätslehre in der Darstellung des Geistes

Die Frage nach einer Bestimmung des Geistes stellte sich im 4.Jahrhundert losgelöst von der Klärung des Verhältnisses von Vater und Sohn. Auswirkung dieser Entwicklung der Fragestellung ist, daß die Person des Geistes in die trinitarischen Ausführungen integriert wurde, das Thema Geist aber auch im 5.Jahrhundert gesondert weiterbehandelt wurde. Theodoret unterscheidet in De trin. und Haer.C.F.V. den Themenkreis Vater-Sohn von einer Darstellung des Geistes. Was ist Proprium des Geistes? Theodoret hat drei Reden über den Geist geschrieben.[123] Sie liegen nicht mehr vor. Man wird aber davon ausgehen können, daß sie wie De trin. und Haer.C.F.V. darauf zielten, die Gottheit des Geistes darzulegen, bzw. daß sie, so formuliert Theodoret, gegen die Haeretiker, d.h. die Pneumatomachen, geschrieben wurden. In diesen Zusammenhang gehört ein für die Trinitätslehre Theodorets typisches Argumentationsmuster.

Der Geist sei, so Theodoret, aus Gott hervorgegangen. Nach den biblischen Belegen werde er mit Vater und Sohn zusammengeordnet, nicht aber mit der Schöpfung.[124] Auf das Wirken des Geistes wird hingewiesen[125], der Geist sei Schöpfer.[126] Er sei nicht Teil der Schöpfung.[127] Sein Hervorgehen

---

123 Haer.F.C.V.3,457D.
124 Haer.F.C.V.3, De trin.27.
125 De trin.21.
126 De trin.22.
127 Das Wirken des Geistes ordnet Theodoret in die Struktur dieser Argumentation ein. In der Taufe beispielsweise belegt nach Theodoret das Wirken des Geistes die Abgrenzung des Geistes von der Schöpfung und seine Zuordnung zu Vater und Sohn. Eine Ausnahme ist die Beschreibung des Geistes als Lenker und Leiter des Alls in Cur.III, sie steht außerhalb der trinitarischen Bezüge. Die Rede von dem das All lenkenden und leitenden Geist schließt an ein Zitat aus Platons Nomoi (10.896d-e) an. Theodoret stellt damit den Geist in eine Analogie zur platonischen Weltseele. Das Vorgehen entspricht den bereits dargestellten Ausführungen zum Nus. Das Platon-Zitat ist Euseb (PE XIII,13,8) entnommen. Der Bezug zur Weltseele reduziert sich auf dieses Zitat und liegt, sieht man von dem zu klärenden Begriff des Geistes als Hegemon in De trin.18 ab, nur in Cur.III.103f. vor. Zum Ausdruck kommt auch hier lediglich die Vergleichbarkeit bestimmter Aussagen. In Curatio V "Über die Natur des Men-

entspreche nicht einem Geschaffen-Werden[128], sondern mache seine Gottheit deutlich. Er sei aus dem Vater und werde mit Sohn und Vater zusammengezählt.[129]

Die Argumentation mit dem Dualismus von Geschaffen und Ungeschaffen, der Zuordnung zu einem dieser Bereiche und dem Zusammenzählen mit dem Vater gehört ursprünglich in die Darstellung des Geistes. Sie ist verbunden mit dem negativen Befund, daß Theodoret den Geist in diesem Kontext nicht als Hypostase wahrnimmt. In den genannten Sätzen werden Grundaussagen sichtbar, die in der Auseinandersetzung um den Geist mit Cyrill von Alexandrien relevant werden, die darüber hinaus aber auf den Gesamtduktus der Trinitätslehre Theodorets eingewirkt haben. Die für die Darstellung des Geistes typischen Begriffe συναριθμεῖν/συντάττειν sind infolgedessen zu Grundvokabeln der Trinitätslehre Theodorets geworden.[130] Mit dieser Terminologie stellt sich Theodoret in einen Traditionszusammenhang, der zusammen mit dem deutlichen Einfluß der antipneumatomachischen Argumentation Rückschlüsse über die traditionelle Verankerung der Trinitätslehre Theodorets möglich macht. Darauf ist zurückzukommen.[131]

In der Auseinandersetzung um den 9. Anathematismus Cyrills von Alexandrien kommt es zu einer Debatte um den Geist. In der Gegenüberstellung von dem Christus eigenen Geist einerseits und dem Geist in ἀλλοτρίᾳ δυνάμει[132] andererseits bringt Cyrill sein christologisches Interesse auf den Punkt. Die christologische Unterscheidung der Naturen bedingt eine Verselbständigung des Geistes (ἀλλοτρίᾳ δυνάμει), die, so Cyrill, mit der trinitarischen Aussage der einheitlichen Ökonomie Gottes nicht vereinbar sei. Cyrill faßt das christologische Problem in der trinitarischen Aussage über das Wirken des Geistes. Theodoret reagiert, indem er in der cyrillischen Alternative ebenso eine trinitarische Fehleinschätzung des Geistes festmachen kann.[133]

---

schen" wird die antike Diskussion um die Seele zusammengefaßt (Cur. V.13ff.). Wie verhalten sich Weltseele, Einzelseele, Heiliger Geist? Die Sache ist weder ausformuliert noch im weiteren in die Entfaltung der Trinitätslehre eingebracht.

128 Haer.F.C.V.3, De trin.25.
129 De trin.19,20.
130 Siehe S.138ff.
131 Siehe: K.3.3., S.160ff.
132 Cyrill, Apol.Thdt.IX,134.27f.
133 Ep.151,1417D; ep.171, ACO I.1.7,163.32-164.2. Nach ep. 171, einem Brief an Johannes von Antiochien, stehen die Äußerungen Cyrills in veränderter Lage auch bezüglich des Geistes in völligem Einvernehmen mit den Formulierungen der antiochenischen Seite. Der Frage, inwieweit ep. 171 Zugeständnisse Cyrills gegenüber Theodoret bezüglich der Trinitätslehre enthält, geht Halleux nach. A. de Halleux, Cyrille, Théodoret et le "filioque", in: RHE 74 (1979), S. 597-625.

In den Nestorius-Fragmenten Loofs ist vielfältig belegt, daß nach Nestorius der Geist den Menschen Jesus bildete, die Fleischwerdung durch den Geist geschah und der Geist den Menschen in Maria schuf.[134] Cyrill bezieht sich in Contra Nestorium auf solche Belege, und es liegt nahe, daß auch der 9. Anathematismus durch diese Formulierungen von Nestorius angeregt wurde.[135] Dem Geist kann im Rahmen der christologischen Argumentation eine doppelte Funktion zukommen, nämlich sowohl in der Darstellung der Gottheit Christi als auch in der Darstellung des Menschen Jesus. Der Hinweis auf den Geist, der Geburt und Dämonenaustreibung ermöglicht, als Mittel der Darstellung der Gottheit Christi ist umstritten, sofern hier die Gottheit Christi in eine Wirkung des Geistes aufgeht. Nach Nestorius konstituiert umgekehrt das Wirken des Geistes nicht den Logos und ist nicht Ausdruck der Gottheit Christi, sondern Teil der Beschreibung des Menschen Jesus.[136] Nestoruis macht am Wirken des Geistes die Notwendigkeit einer Unterscheidung der Naturen deutlich. Der Mensch Jesus wird nach Nestorius durch den Geist geschaffen, nicht aber der dem Vater wesensgleiche Sohn. Theodoret schreibt in der Kommentierung zu Ps.44,8, daß Christus als Gott dem Geist wesensgleich sei, als Mensch aber vom Geist gesalbt werde.[137]

Cyrill versteht diese Aussagen als Ausdruck der Trennung der Naturen von Gottheit und Menschheit.[138] Er kritisiert den christologischen Ertrag, den θεοφόρον ἄνθρωπον[139], d.h. die Bildung des anzunehmenden Menschen durch den Geist zieht nach Cyrill, wenn der Geist vom Logos unterschieden bleibt, die Vorstellung der Einwohnung des Logos notwendig nach sich.[140] Zur Disposition stehen die Unterschiedenheit von Logos und Geist und der Abstand zwischen Logos und Mensch. Cyrill hebt beides auf. Der menschge-

134 F. Loofs, Nestoriana, Halle 1905, S.171.10-12, 177.22,24f., 227.5, 247.11ff., 286.2ff., 293.13f., 294.2f., 296.4, 340.20f.

135 Bereits Halleux weist auf den Bezug in der Verurteilung des 9. Anathematismus Cyrills auf Hom.16 von Nestorius hin, a.a.O.S.600.

136 Loofs, a.a.O. S.296.1-9: Πιστεύομεν εἰς ἕνα κύριον Ἰησοῦν Χριστόν, τὸν υἱὸν τὸν μονογενῆ, τὸν ἐκ τοῦ πατρὸς γεννηθέντα, τὸν ὁμοούσιον τῷ πατρί, τὸν κατελθόντα ἐκ τῶν οὐρανῶν δι᾽ ἡμᾶς καὶ σαρκωθέντα ἐκ πνεύματος ἁγίου. οὐκ εἶπον ὅτι καὶ ἀγεννήθη ἐκ πνεύματος ἁγίου. ὑποκατιόντες δὲ ἑρμηνεύουσι < τὸ "σαρκωθέντα" >, τὸν ἐνανθρωπήσαντα τοῦτον λέγοντες τὸν σαρκωθέντα, οὐ τροπὴν τῆς θείας φύσεως ὑπομεινάσης εἰς τὴν σάρκα, ἀλλὰ τὴν ἐνοίκησιν τὴν εἰς ἄνθρωπον.vgl. Cyrill, Contra Nestorium I.8.29.

137 Theodoret, In Ps.1192C.

138 Cyrill, CN II,13,51.

139 CN IV,1,77.13f.

140 CN I,8,29.

wordene Logos unterscheide sich vom θεοφόρος ἄνθρωπος nicht durch eine
gesteigerte Wirkung des Geistes,[141] sondern dadurch, daß der Geist, der ver-
herrliche oder zu Wundern befähige, sein eigener Geist sei.[142] Das bedeutet
erstens, daß nach Cyrill Menschwerdung keine Distanz zwischen einem
göttlich wirkenden Subjekt und einem selbständigen menschlichen Subjekt
erlaubt, und zweitens, daß Cyrill zwischen dem göttlichen Subjekt des Geistes und dem Subjekt des Menschgewordenen nicht unterscheidet. Bemerkenswert ist, daß Theodoret hierauf nicht mit einer forcierten Darstellung der
hypostatischen Existenz des Geistes reagiert.

Cyrill begründet seine christologischen Entscheidungen trinitätstheolo-
gisch. Der Geist könne der Natur nach nicht vom Logos unterschieden werden[143], er könne dieses in Hinblick auf die Schaffung des anzunehmenden
Menschen auch nicht nach der Hypostase, da, wenn die Schaffung des Menschen Wirken des Geistes ist, dieses trinitarisch zu beziehen sei.[144] Das göttliche Wirken ist ein identisches der Trias.[145] Wirkungen und Energien können nicht auf die Hypostasen aufgeteilt werden. Der Geist sei ἴδιον des Sohnes, sofern Sohn und Geist weder der Natur nach noch dem Wirken nach
unterschieden sind. Die Rede vom Geist müsse also nicht notwendig eine
christologische Differenzierung bedeuten, so Cyrill. Um eine deutlichere
Unterscheidung der Naturen auszuschalten, leitet Cyrill die eine ununter-
scheidbare Ökonomie der Trias ab.

Theodoret kennt wie Cyrill die Aussage von der einen Gottheit von Vater,
Sohn und Geist und dem einen Wirken der Trias. Besteht also eine Differenz
in der Trinitätslehre oder verweisen beide, Cyrill und Theodoret, von ver-
schiedenen christologischen Prämissen auf die Trinitätslehre und sind in ihren
Voraussetzungen different? Theodoret wiederholt zwar beispielsweise die
Aussage, daß der Geist den angenommenen Menschen gesalbt hat[146], er argu-

---

141 CN IV,1,77.42ff.
142 CN IV,3,82.13-17.
143 CN IV,3,81.11ff.
144 CN IV,1,77.10; IV,2,80.1ff.
145 CN IV,2,80.30-32: ταὐτοενεργεῖ μὲν οὖν ἡ ἁγία τριὰς καὶ ἅπερ ἂν δρῴη καὶ
     βούλοιτο κατορθοῦν ὁ πατήρ, ταῦτα καὶ ὁ υἱὸς κατὰ τὸν ἴσον τρόπον, ὁμοίως
     δὲ καὶ τὸ πνεῦμα.
146 Das Wirken des Geistes wird in drei thematischen Zusammenhängen genannt.
     Der Geist ist es, der den Menschen Jesus in die Wüste führt (De inc.13, 24).
     Der Geist salbt den Menschen (siehe die Kommentierung von Ps.44,8 in In Ps.
     [Ps.44] 1192C und Haer.F.C.V.11,489B-D). Der Geist bildet den Menschen in
     Maria. Auf die Geburt Jesu aus dem Geist verweist Theodoret in Eran.I,80.9-
     25, II,132.30ff., 136.17f. Er bezieht sich in den Florilegien auf Hippolyt
     (Eran.I,99.9). Eustathius von Antiochien (Eran.I,101.5f.), Gregor von Nyssa
     (Eran.I,105.30f.), Flavian (Eran.I,106.25ff.), Johannes Chrysostomus (Eran.I
     108.11) und Cyrill von Jerusalem (Eran.III,177.15f.), sie belegen das Wirken

mentiert aber nicht ausgehend von der Relevanz trinitarischer Aussagen für die Christologie. Ein Zusammenhang trinitarischer und christologischer Aussagen wird in den Äußerungen aus der Kontroverse mit Cyrill um den Geist nicht sichtbar.

Punkt der Differenz zwischen Theodoret und Cyrill ist der von Cyrill hergestellte ursächliche Zusammenhang zwischen Sohn und Geist. Die Aussage ist in Contra Nestorium belegt. Wenn auch Cyrill kein grundsätzliches Interesse an dem Hervorgang des Geistes hat, schreibt er hier: "Wie der Geist aus dem Vater ausgeht und infolgedessen der Natur nach ihm gehört, ist der Geist durch den Sohn, der Natur nach ihm eigen und ihm gleichwesentlich".[147] Diese Aussage ist der Ansatz der Kritik Theodorets. Theodoret formuliert die Gegenthese. Der wiederholte Hinweis auf Herkommen und Bestand des Geistes aus dem Vater steht im Zusammenhang mit der cyrillischen Aussage.

Theodoret erfaßt Cyrill von einer Aussage her, die Cyrill, so Theodoret, in die Nähe der Pneumatomachen stellt.[148] Die cyrillische Anbindung des Geistes an den Sohn gewährleistet nach Theodoret nicht die Gottheit des Geistes. In der Kontroverse mit Cyrill bestätigt sich damit der Zugang Theodorets zu einer Darstellung des Geistes, die ganz auf den Erweis der Gottheit des Geistes bezogen ist. Diese Akzentuierung beinhaltet zwei Aspekte. 1. Der Geist ist Gott in dem Gegensatz zwischen Gott und Schöpfung. 2. Theodoret bemüht sich nicht um die hypostatische Differenzierung der trinitarischen Personen, d.h., er entwickelt nicht die hypostatische Existenz des Geistes. Hierzu liegt in Eran.I eine Anmerkung vor. Der Orthodoxos formuliert die These, daß man von der Hypostase des Geistes sprechen soll im Unterschied zu einem Begriff von Geist als Äquivalent für Göttlich oder Unkörperlich.[149] Diese Aussage kann man unmittelbar auf die Äußerungen Cyrills im 9. Anathematismus und in Contra Nestorium beziehen, sie bleibt aber singulär.

Die Argumentation Theodorets gegenüber Cyrill bestätigt hier nur wieder das Grundmuster seiner Darstellung des Geistes. Wenn Theodoret in diesem Zusammenhang die hypostatische Existenz der trinitarischen Personen nicht entwickelt, ist zu fragen, inwieweit die Terminologie, auf die Theodoret hier

---

des Geistes im Zusammenhang mit der Schaffung des angenommenen Menschen.

147 Cyrill, CN IV,3,82,13-15: ὥσπερ γὰρ πρόεισιν ἐκ τοῦ πατρὸς τὸ πνεῦμα τὸ ἅγιον, αὐτοῦ κατὰ φύσιν ὑπάρχον, καὶ κατὰ τὸν ἴσον τούτῳ τρόπον καὶ δι' αὐτοῦ τοῦ υἱοῦ, φυσικῶς ὂν αὐτοῦ καὶ ὁμοούσιον αὐτῷ.

148 Theodoret, ep.151,1417D.

149 Theodoret, Eran.I,65.30ff.

zurückgreift, Mittel zur Verfügung stellt, um diese Differenzierung zu formulieren. Die Begrifflichkeit von συναριθμεῖν/συντάττειν ist von συν-
άφεια/ἀσύγχυτος ἕνωσις[150] zu unterscheiden. Die Terminologie von συν-
αριθμεῖν/συντάττειν gehört entwicklungsgeschichtlich in die Darstellung des
Geistes - sie liegt bei Theodoret in diesem Zusammenhang vor - , ist darüber
hinaus aber für einen wesentlichen Grundzug der Trinitätslehre Theodorets
signifikant.

Liddell-Scott weisen für den Begriff σύνταξις auf die vielfältigen Bedeu-
tungen von Schlachtordnung bis hin zu grammatischer Syntax hin. Eine
entsprechend vielfältige Verwendung der Verben συναριθμεῖν und συντάττειν
ist nicht nachzuweisen. Gehäuft werden die Begriffe erst relativ spät benutzt.
Sie liegen bei Plotin, Jamblich, Damascius und in den späten platonischen
Aristoteleskommentaren von Ammonius, Johannes Philoponus, Olympiodor,
Simplicius, Syrian vor. Daneben steht die kirchliche Verwendung der
Begriffe in der Trinitätslehre. Die Begriffe dienen einer bestimmten eng
umrissenen Aussage. Der Kreis der Autoren, der diese Terminologie verwendet, ist auch hier begrenzt. Damit erhärtet sich die Einordnung Theodorets in
einen in bestimmter Weise fixierbaren Traditionszusammenhang. Die
Begrifflichkeit findet sich bei Athanasius, den Kappadokiern, Theodoret, in
den ps.-athanasianischen und ps.-basilianischen Texten. Nestorius beispielsweise spricht von συνάπτειν; συναριθμεῖν aber und συντάττειν sind in den
griechischen Fragmenten nicht belegt. Chrysostomus verwendet die Begriffe
unspezifisch.[151]

Die für Theodoret typische Terminologie liegt bei Athanasius vor, sie ist
antiarianisch[152] bzw. gegen die Pneumatomachen[153] gewendet. Die Zuordnung von Sohn und Geist erfolgt in der Gegenüberstellung von Schöpfung

---

150 L. Abramowski weist in ihrer Arbeit zu συνάφεια und ἀσύγχυτος ἕνωσις auf
  die neuplatonische Verwendung der Begriffe hin und kann mit Hinweis auf die
  Proclus-Arbeit von W. Beierwaltes einen Ort bestimmen, der eine Analogie zu
  der Verwendung der Terminologie in Trinitätslehre und Christologie enthält:
  die Einheit der νοητά im Nus. Wenn Theodoret auf die Terminologie von
  ἀσύγχυτος ἕνωσις zurückgreift, geht es nicht um eine Verbindung mit neuplatonischen Autoren. Theodoret findet kirchlich geprägte Terminologie vor. Die
  Analogie ist in der Sache erhellend. (L. Abramowski, ΣΥΝΑΦΕΙΑ und
  ΑΣΥΓΧΥΤΟΣ ΕΝΩΣΙΣ als Bezeichnungen für trinitarische und christologische
  Einheit, in: dies., Drei christologische Modelle, Berlin/New York 1981, S.63-
  109.)
151 Die Argumentation in In Cor.I bleibt eine Ausnahme, Chrysostomus, In I
  Cor.164D.
152 Athanasius, Con.Ar. I.4,20C, I.30,73B, II.41,233B, II.44,241B, III.55,440A.
153 Ep.Serap. I.9,552B, I.10,556C, I.14,565A-B, I.17, 569C.

und Nicht-Schöpfung. Sohn und Geist seien nicht der Schöpfung zuzurechnen, so Athanasius. Das Gegenteil behaupten die einen, indem sie den Geist zu den Engeln zählen, die anderen, indem sie den Sohn leugnen und ihn zur Schöpfung zählen. Die Nomenklatur ist einheitlich und beschreibt gegensätzliche Positionen. Sie lassen sich bei Athanasius vielfältig belegen.[154] Basilius trennt in CE III die Bereiche von Gott und Schöpfung mit dem Ergebnis, daß der Geist nicht der Schöpfung, sondern der Trias zuzurechnen sei.[155] Diese Aussage wiederholen Gregor von Nazianz[156] und Gregor von Nyssa.[157] Gregor von Nyssa kennzeichnet die Gegenposition deutlich als die der Pneumatomachen.[158]

Athanasius verarbeitet in seinen Ausführungen nicht Plotin, und die nachplotinischen Entwürfe können schon aufgrund des zeitlichen Verhältnisses nicht Einfluß auf Athanasius, die Kappadokier und Theodoret nehmen. Das bedeutet, daß zwei unabhängige Systeme entstehen, die mit dem Terminus συναριθμεῖν einen vergleichbaren Gegenstand bezeichnen. Es geht um die Kennzeichnung des Transzendenten. Inwieweit ein Platoniker existierte, der die Vorarbeiten für die christlichen Theologen leistete, indem er den Begriff bezogen auf den transzendenten Gegenstand einführte, muß offenbleiben. Es handelt sich um eine geprägte Terminologie, die in zweifacher Weise - neuplatonisch und christlich - vorliegt, deren Vorgeschichte aber nicht weiter zurückzuverfolgen ist. In der Sache ist die Kennzeichnung des Transzendenten durch μὴ συναριθμεῖν - συντάττειν ist nicht in gleicher Weise typisch - in beiden Entwürfen vergleichbar.

Συναριθμεῖν und συντάττειν beschreiben ein Verhältnis zweier Gegenstände. Beispielsweise wird Seelenvermögen zu Seele gerechnet,[159] die Buchstaben sind zu einem Wort zusammengeordnet.[160] Lust ist Element glückseligen Lebens,[161] Leidenschaft keine Tugend,[162] der Nus wird nicht zu den Seelen-

---

154 Athanasius, Con.Ar.I.17,48B, I.18,49A, I.19,52C, I.33,80B, II.11,169C, II.41,233B, II.46,245B, II.49,252B, III.9,340A-C, III.44, 417B; ep.Serap. I.2,533B, I.3,536C, I.13,564A, I.17,572B, I.24,588B, I.29,596C, I.29,597A, I.33,608B; decr.28.1.3, 35.12.7; syn.35.6.2, 36.2.7; ep.Ad.1081C.

155 Basilius, CE III,2.18ff.(660A), vgl. III,7.32ff.(669C), Homilia contra Sabellianos 609D, ep.9,2.30, ep.52,4.1, ep.90,2.24, ep.189.4.18; DSS VI,13.20, XVII,42.6.23, 43.19, XVIII,44.12.

156 Gregor von Nazianz, or.41,441B.

157 Gregor von Nyssa, ep.5.6,33.14, Maced.102.17ff.

158 Gregor von Nyssa, trin.7.17ff.

159 Plotin I.1.2.15.

160 Ammonius, In L.De Interpretatione 32.32.

161 Plotin I.4.5.14.

162 Plotin VI.8.6.23.

teilen gezählt.[163] Geht man zunächst von dem Begriff συναριθμεῖν aus, zeigen bereits die Beispiele, daß der Begriff weitgehend negativ verwendet wird.

Nicht zusammenzählen bedeutet trennen, χωρίζειν.[164] In dieser Bedeutung bezieht sich συναριθμεῖν auf den Gegenstand des Seienden. Das Seiende könne nicht mit dem Noch-nicht- oder Nicht-Seienden[165] und das Gegenwärtige nicht mit dem Vergangenen zusammengezählt werden.[166] Vergangenes und Zukünftiges unterliegen, so Ammonius, der Veränderung. Das Seiende oder Gegenwärtige ist hiervon unterschieden, ist selbst unveränderlich und könne infolgedessen nicht mit Zukünftigem oder Vergangenem zusammengezählt werden.[167] Μὴ συναριθμεῖν trennt die Bereiche von Sein und Veränderung. Von hier erschließt sich die Bedeutung des Begriffs in der Beschreibung des Intelligiblen und der Bezeichnung der transzendenten Trias. Συναριθμεῖν, genauer μὴ συναριθμεῖσθαι, bezieht bereits Plotin auf das ἕν.[168]

Dem ἕν kann nach Plotin nichts hinzugefügt werden, weil unter Hinzufügung eines Zweiten das ἕν nicht ein solches bleibe. Das Eine dürfe nicht mit einem anderen zusammengezählt werden. Es entstünde ein Gemeinsames mit dem Zusammengezählten, das dem Gezählten übergeordnet wäre. Ἕν ist selbst Maß, sofern es nicht gemessen und gezählt werden kann. Es gebe keine Instanz, die das ἕν messen oder zählen könne, nichts, das zum ἕν hinzutrete, infolgedessen nichts, mit dem das ἕν zusammengezählt werden könne. Transzendenz beinhaltet die Differenz zu jedem Zweiten und kann in μὴ συναριθμεῖσθαι Ausdruck finden. Συναριθμεῖν in genau diesem Zusammenhang findet sich bei Damascius.

---

163 Plotin V.3.3.26.
164 Johannes Philoponus, In De Anima 26.10f.
165 Plotin I.5.6.18.
166 Plotin I.5.7.2,4.
167 Ammonius, In L.De Interpretatione c.9, 136.20-23: τὸ ἦν ἢ τὸ ἔσται μεταβολῆς τινος ὄντα σημαντικά, μόνον δὲ τὸ ἔστι καὶ τοῦτο οὐ τὸ συναριθμούμενον τῷ τε ἦν καὶ τῷ ἔσται καὶ ἀντιδιαιρούμενον αὐτοῖς, ἀλλὰ τὸ πρὸ πάσης χρονικῆς ἐμφάσεως ἐπινοούμενον καὶ τὸ ἄτρεπτον αὐτῶν καὶ ἀμετάβλητὸν σημαῖνον, ...
168 Plotin V.5.4.8-16: χρὴ τοίνυν ἐνταῦθα ᾆξαι πρὸς ἕν, καὶ μηδὲν αὐτῷ ἔτι προσθεῖναι, ἀλλὰ στῆναι παντελῶς δεδιότα αὐτοῦ ἀποστατῆσαι μηδὲ τοὐλάχιστον μηδὲ εἰς δύο προελθεῖν. εἰ δὲ μή, ἔσχες δύο, οὐκ ἐν οἷς τὸ ἕν, ἀλλὰ ἄμφω ὕστερα. οὐ γὰρ θέλει μετ' ἄλλου οὔτε ἑνὸς οὔτε ὁποσουοῦν συναριθμεῖσθαι οὐδ' ὅλως ἀριθμεῖσθαι· μέτρον γὰρ αὐτὸ καὶ οὐ μετρούμενον, καὶ τοῖς ἄλλοις δὲ οὐκ ἴσον, ἵνα σὺν αὐτοῖς <ᾖ>· εἰ δὲ μή, κοινόν τι ἔσται ἐπ' αὐτοῦ καὶ τῶν συναριθμουμένων, κἀκεῖνο πρὸ αὐτοῦ· δεῖ δὲ μηδέν. vgl. VI.2.3.7ff.

Damascius unterscheidet ein erstes Prinzip von einer ersten Trias, spricht von dem Vater der Trias, von πρῶτον ὄν und πρώτη οὐσία. Die damit ausgesprochenen Zuordnungen sind hier nicht Thema. Bezeichnend aber ist die Terminologie. Damascius nennt das erste Prinzip ἡ ἀσύντακτος αἰτία[169] und formuliert die Frage: πῶς ἂν συναριθμοῖτο τοῖς νοηταῖς καὶ μιᾶς λέγοιτο τριάδος πατήρ. Das erste Prinzip wird nach Damascius mit den νοητά nicht zusammengezählt. Μὴ συναριθμεῖσθαι wird von einem übergeordneten Einen ausgesagt und trennt dieses von einer untergeordneten Vielheit. Daß diese Vielheit hinsichtlich des Einen geeint ist, ist ein anderer Gedankengang. Das Eine sei, so Damascius, keine geeinte Einheit. Die Vorstellung von Mischung und Einung ist mit dem Begriff des Einen nicht vereinbar,[170] insofern Einung notwendig die Vielheit voraussetzt. Das Verhältnis von übergeordnetem Einen und untergeordnetem Vielen wiederholt sich auf verschiedenen Ebenen. Insofern sich der κόσμος νοητός zu den Welten verhält wie das Eine zum Vielen, gelte auch für die intelligible Welt, daß sie nicht mit den anderen zusammengezählt werde.[171] Der Begriff des Zusammenzählens hat einen spezifischen Ort.

Der Befund des Begriffs συντάττειν ist nicht in vergleichbarer Weise deutlich. Zwar formuliert Jamblich, daß die Ursache des Alls nicht die erste ist, wenn ihr andere Ursachen zugeordnet werden,[172] daneben aber beschreibt bei Numenius das Umfeld von συντάττειν der Nus, der in seinem Herabstieg mit all dem, mit dem er zusammengeordnet wird, Gemeinschaft habe.[173] Nicht festgelegt ist die Ebene des Ansatzes; συντάττειν kann sich sowohl auf das transzendente ἕν als auch auf eine abgeleitete Vielheit beziehen. Eine Abgrenzung beinhaltet der Begriff insofern, als eine τάξις mitgesetzt ist und es eine unangemessene Zuordnung[174] gibt.[175]

---

169 Damascius, De Principiis II, 2.1f.

170 Damascius, De Principiis II, 56.2.

171 Damascius, In Parmenidem, 86.20-22: Οὐ γὰρ συναριθμεῖται αὐτοῖς, ἀνάλογον ἐστὼς τῇ μιᾷ τῶν ὅλων ἀρχῇ· ὃ ἐκείνη πρὸς τὰς πολλὰς ἑνάδας, οὗτος πρὸς τοὺς πολλοὺς κόσμους·

172 Jamblichus, De Mysteriis, III.19,126.16ff.

173 Numenius, Fr.12.16.

174 Vgl. Plotin VI.1.25.14, Simplicius, In Categoriarum 246.34ff.

175 Auf den weiteren Sprachgebrauch von συντάττειν ist hinzuweisen. Die Aristoteleskommentatoren verwenden den Begriff in logischem, ontologischem und sprachlichem Kontext. Elemente in einer logischen Folge werden "zusammengeordnet". Die "Zuordnung" der Verneinungspartikel konstituiert die Negation (Johannes Philoponus, In Analytica priora I3,62.19ff.). Akzidenz wird der Usie (Dexippus, In Categorias, 40.4f.), spezifische Differenz der Art zugeordnet (Dexippus, a.a.O. 48.1; Simplicius, In Categoriarum 8,97.29).

Damit ist die Frage nach der Voraussetzung von Zusammenzählen und Zusammenordnen gestellt. Nur Gleiches kann zusammengezählt werden. Die Negation dieser Aussage ist bereits im Philebos[176] belegt: Es sei nicht möglich, nach der Art zu unterscheiden und zugleich zusammenzuzählen. Differentes kann also nicht zusammengezählt werden.[177] Elias schreibt, daß das Allgemeine nicht mit dem Besonderen zusammengezählt werde[178]. Zusammenzählen bedingt Gleichartigkeit. Eine weitere Präzision wird nicht sichtbar. Die Fragestellung erübrigt sich am Gegenstand des transzendenten ἕν. Sie wird eingebracht durch Eunomius bzw. durch einen anhomöischen Pneumatomachen in die Diskussion mit den Kappadokiern.

Dieser führt die bekannte Definition des Zählens ein. Gleichwesentliches werde zusammengezählt. Wenn die Kappadokier die Hypostasen für gleichwesentlich halten und infolgedessen sie zurecht zusammenzählen, sollten sie auch, so der Anhomöer, entsprechend mehrere Götter zählen. Nach dem Anhomöer selbst sind die trinitarischen Personen nicht gleichwesentlich, können nicht zusammengezählt, sondern nur "untergezählt" werden, und es ergeben sich keine drei Götter.[179] Der Anhomöer bietet einen geschlossenen Gedankengang. Er wählt den Ansatzpunkt in dem Zusammenzählen von Vater, Sohn und Geist und fragt nach einer Definition des Zählens. Diese bleibt bei den Kappadokiern denkwürdig unbestimmt. Die Schwierigkeiten in ihrer Argumentation sind offensichtlich.

Es ist zusammenzufassen. Von Zusammenzählen wird weitgehend in Negation gesprochen. Nicht-Zusammenzählen sagt die Trennung zweier Bereiche, ontologisch gewendet von Sein und Nicht-Sein aus. Der Begriff wird auf die intelligiblen Gegenstände bezogen und beschreibt hier Transzendenz in der Trennung des ἕν von jedem Zweiten und Verursachten. Diese Aussage ist vorneuplatonisch nicht vorauszusetzen.

Das Transzendente grenzt sich von Vielheit und Veränderung bzw. in der kirchlichen Terminologie von Nicht-Sein und Schöpfung ab. Die Struktur der Aussagen ist ähnlich, insofern das Transzendente jeweils in der Abgrenzung zu einem Zweiten definiert wird. Der Begriff συναριθμεῖν hat in der Struktur der Aussagen eine vergleichbare Funktion. Im Unterschied aber zu den plotinischen Entwürfen wird im kirchlichen Kontext zwar Gott in einer Abgrenzung definiert, zugleich können hier aber zu Gott, der getrennt bleibt von jedem verursachten Gegenstand, als dem Vater Sohn und Geist zugeordnet werden. Die Abgrenzung des Schöpfers von Schöpfung setzt die Reflexion

---

176 Platon, Philebos 23d.
177 Vgl. Simplicius, In Categoriarum c.8,246.34ff.
178 Elias, Prolegomena Philosophiae c.7,19.6ff.
179 Basilius, DSS 17f., Gregor von Nazianz, or.31.17.

über eine erste Ursache voraus, die alles weitere hervorbringt, von diesem aber getrennt bleibt. Der zweite Teil der Aussage ist antiarianische Setzung. Die anhomöische Kritik setzt genau an diesem Punkt ein und hinterfragt den kirchlichen Begriff des Zählens und Zusammenzählens.

Man kann mit den Begriffen συναριθμεῖν/συντάττειν einen wesentlichen Zug der Trinitätslehre Theodorets beschreiben. Es handelt sich um ein Konzept, das bei Athanasius erstmals sichtbar wird und das in der eunomianischen und ebenso in der pneumatomachischen Kontroverse relevant wurde. Daß es Anfragen an dieses Konzept gab, wird bei Theodoret nicht mehr sichtbar. Die Bedeutung des Begriffs von Zählen wird ebensowenig geklärt wie die Fragestellung, daß auch in der Zuordnung die Einheit in der Trias zu bestimmen ist. Im Ergebnis wiederholt Theodoret damit das, was anti-arianisch bzw. gegen die Pneumatomachen gewendet bereits bei Athanasius vorliegt. Dieses ist nicht als ein bewußtes Zurücklenken auf Athanasius zu interpretieren, sondern vielmehr ein typisches Element der nach-kappadokischen Theologie.

3.2.6. Überlegungen zum Gesamtgefüge

Die trinitarische Frage beinhaltet zwei Aspekte: Einheit und Differenz. Die Beobachtung, daß Theodoret den Aspekt der Einheit in den Vordergrund stellt, ist zunächst ein negatives Ergebnis, insofern Theodoret den Aspekt der Differenz nicht eigentlich entfaltet. Theodoret leitet aber auch göttliche Einheit nicht in der Weise ab, daß beispielsweise die Einfachheit Gottes Gegenstand der Erörterungen ist. Wie konstruiert Theodoret Trinitätslehre?

Das typische Muster der Argumentation ist für Theodoret der Dualismus zwischen Geschaffen und Ungeschaffen bzw. die Trennung von Gott und Schöpfung. Theodoret verwendet ein Axiom und bezieht die biblische Darstellung in die Argumentation ein. Die Tatsache aber, daß Theodoret aus der Trennung von Schöpfung auf das Ungetrennt-Sein in Gott schließen kann,[180] verweist auf bestimmte Prinzipien des Gottesbegriffs. Ungetrennt-Sein beinhaltet, daß der Bereich von Nicht-Schöpfung keine Kategorie der Unterscheidung zur Verfügung stellt. Theodoret führt den Gedankengang in Hinblick auf Ewigkeit und Zeitlichkeit in Gott durch[181] mit dem Ergebnis, daß Schöpfung nicht zwischen Gott vermitteln kann und so Abstand und Differenz in Gott nicht denkbar sind. Die Ableitung des Sohnes aus dem Vater zielt auf dieselbe Sache. Das Herkommen von Sohn und Geist aus dem Vater setzt

---

180 Exp.5,1217A (O 377A).
181 De trin.5,1152B, 6,1152C, Haer.F.C.V.6,465D.

Sohn und Geist nicht in eine Distanz zum Vater, wie der Vergleich mit dem Licht, das ungetrennt aus Licht hervorgeht, zeigen soll.[182] Beide Aussagen sind Darstellungsformen der Gottheit von Sohn und Geist. Sie stehen für die vehemente Bestreitung der ontologischen Implikationen des Verursachtsein von Sohn und Geist.

Inwieweit Theodoret über die negativen Aussage, daß nichts zwischen Gott steht, hinausgeht und das Ungetrennt-Sein in Gott auf die Einheit Gottes bezieht und in seinem Gottesbegriff entwickelt, ist Wertung von Einzelaussagen. Eine systematische Aussage ist hier schwierig. Indem Theodoret es sich zur Aufgabe macht, die Gottheit von Vater, und vor allem von Sohn und Geist darzustellen, bezieht er sich auf den trinitarischen Aspekt der Einheit Gottes. Damit erhält die Trinitätslehre Theodorets faktisch einen Schwerpunkt, der in der Entwicklungsgeschichte der Trinitätslehre angelegt ist. Die argumentative Leistung des Dualismus von Geschaffen und Ungeschaffen besteht auf dem Hintergrund der pneumatomachischen Kontroverse[183], auf die sich allerdings Theodoret in seiner Argumentation nicht bezieht.

Die Variationen der nachnizänischen Trinitätslehre entstehen durch die unterschiedliche Kombination von folgenden drei Aussagen: dem Hypostasenmodell, emanatianischen Aussagen und dem Dualismus von Geschaffen/Ungeschaffen. Indem die Ausführungen Theodorets zu dem göttlichen Ungeschaffen-Sein und der Ableitung von Sohn und Geist erstens das Ungetrennt-Sein in Gott zufolge haben und zweitens mit einer Vorordnung des Vaters arbeiten, d.h. mit der Vorstellung von einem göttlichen Wesen, das nicht unterschieden ist von dem Begriff der Personen, ist die Einarbeitung des Hypostasenmodells systematisch nicht möglich. Theodoret kennt den Ansatz. In De Trinitate 12 spricht er von der Zweiheit der Personen, der Selbigkeit der Natur, von der Zahl der Hypostasen und der μία φύσις[184], im Eranistes liegt eine Definition von Usie und Hypostase vor.[185] Welche Funktion hat die Unterscheidung von Usie und Hypostase in den Ausführungen Theodorets?

Aus dem Konzept der ungetrennten Einheit Gottes kann die Selbstauflösung der Hypostasen resultieren. Theodoret formuliert diesen Aspekt in Haer.F.C.V. durch. Die Aussage, daß der Sohn aus dem Vater ist, zieht hier ein συνυπάρχειν des Sohnes mit dem Vater nach sich, das in einem weiteren Schritt zu einem ἔνειναι wird und darin interpretiert wird, daß der Sohn nur in dem, aus dem er hervorgegangen ist, Bestand habe und daß damit dem Sohn keine selbständige Existenz zukomme. Theodoret schreibt: Ἀλλὰ

---

182 Exp.9,1221Cf. (O 380Bf.)
183 Siehe K.3.3., S.160ff.
184 De trin.12,1164D-65A.
185 Eran.I,63.26-65.16.

τούτων ἕκαστον οὐχ ὑφέστηκεν αὐτὸ καθ᾽ ἑαυτὸ, ἀλλ᾽ ἐν ἐκείνῳ, ἐξ οὗπερ ἔφυ, τὴν ὑπόστασιν ἔχει.[186] Die Auflösung der hypostatischen Existenz des Sohnes wird nach Theodoret sogleich aufgehoben: Ὁ δὲ Θεὸς Λόγος,..., οὐκ ἐνέργεια τίς ἐστιν ἀνυπόστατος τοῦ Πατρὸς, ἀλλ᾽ ὑπόστασις ζῶσα, καὶ καθ᾽ ἑαυτὴν ὑφεστῶσα.[187]

Theodoret stellt gegensätzliche Aussagen zusammen. Er führt den Begriff der Energien ohne Selbstand, der das Verständnis grundlegt, die trinitarischen Personen nicht als Hypostasen wahrzunehmen, in die Argumentation ein.[188] Der Hinweis hat die Funktion, die paradoxen Seiten der Argumentation in Abgrenzung zu einem Dritten zusammenzubinden: Den trinitarischen Personen kommt Bestand nur in dem sie verursachenden Prinzip zu; diese Aussage zieht nicht ein ἀνυπόστατος nach sich; die trinitarischen Personen sind Hypostasen, so Theodoret.

In der Zusammenstellung der Argumentation bezieht sich Theodoret auf Hebr.1,3.[189] Theodoret beschreibt den Sohn als unveränderliches Bild, ewig mit dem Vater in Gott geschaut[190], der als Abglanz in sich den Vater zeige, ohne aber bloße Energie zu werden, sondern jetzt den Vater in sich, selbst als Hypostase verstanden, zeige.[191] Der Begriff der Hypostase ist notwendiges Korrektiv und wird in der kappadokischen Terminologie expliziert: καθ᾽ ἑαυτὰ πιστευόμενα, καὶ ξυνημμένα καὶ διῃρημένα, τῷ μὲν ταὐτῷ τῆς φύσεως ἡνωμένα, τῇ δὲ τῶν ἰδιοτήτων διαφορᾷ διῃρημένα καὶ καθ᾽ ἑαυτὰ νοούμενα.[192] Der Ort, welcher der innergöttlichen Unterscheidung bei Theodoret zukommt, ist damit bezeichnet. Wenn ungetrenntes Sein, das Sein von Sohn und Geist im Vater auf der einen Seite dazu führt, den Selbstand der

---

186 Haer.F.C.V.2,452C.

187 Haer.F.C.V.2,452D.

188 Man kann überlegen, inwieweit Theodoret hierin interpretierend markellische Gedanken aufnimmt. Die trinitarische Verwendung des Begriffs der Energien ist in den von Klostermann edierten Marcell-Fragmenten nicht belegt. Die ps.-athanasianisch überlieferten Schriften, die heute Marcell zugeschrieben werden, können zu einer Bestimmung dieser Gegenposition, soweit sie von Theodoret selbst als athanasianisches Gut zitiert werden, nicht herangezogen werden (Siehe hierzu: M. Tetz, Zur Theologie Markells von Ancyra I, in: ZKG 75 [1964], S. 217-270). In Haer.F.C.II kennzeichnet Theodoret die Position Marcells allgemein als sabellianisch, eine Differenzierung zwischen Sabellius, Marcell, Photin wird nicht deutlich.

189 De trin.10,1160A, Haer.F.C.V.2,452Cf., In.Hebr.680D-84B. Vgl. K.3.3., S.168ff.

190 Cur.II.110.

191 De trin.10,1160A, In Hebr. 680D-684B.

192 Cur.II.110.

Personen zu bestreiten, wird es notwendig, auf der anderen Seite die Hypostasen zu behaupten. Der systematische Bezugspunkt des Hypostasenmodells bei Theodoret sind die Formulierungen, die eine Auflösung der trinitarischen Personen als Hypostasen zur Folge haben, nicht aber das Gesamtgefüge.

Die Aussage, daß die Personen unterschieden sind und unterschieden durch die Selbigkeit des Wesens geeint sind, wird einer Aussage, die sehr viel stärker die trinitarischen Personen in ihrer Einheit begreift, zugeordnet. In dialektischer Bezogenheit beschreiben nach Theodoret beide Aussagen das trinitarische Problem. Die Differenzierung in den Ebenen von Usie und Hypostasen bezieht sich somit auf die sogenannte sabellianische Argumentation, wird in diesem Gegenüber eingeführt und hat in dieser Bezogenheit eine notwendige, aber ergänzende Funktion.

Wenn die systematische Funktion des Hypostasenmodells als ergänzendes Korrektiv beschreibbar ist, geht die Bedeutung der Rede von Usie und Hypostase nicht darin auf. Nach Theodoret liegt in den Begriffen Usie und Hypostase die nizänische Definition vor. Nizäa ist längst orthodoxer Bezugspunkt. Wenn Theodoret in diesem Zusammenhang auf Nizäa verweist, ist von einer erheblichen Wirkung dieser Terminologie auszugehen.

Das in der Formel von der einen Usie und den drei Hypostasen zusammengefaßte Konzept wird rezipiert. Die Formel hat in ihrer Terminologie ihre eigene Wirkungsgeschichte. Terminologie und Ansatz sind Theodoret bekannt, aber seine Trinitätslehre geht in dieser Formel nicht auf. Bleibt also der Mythos dieser Formel, deren Bedeutung schwer zu verifizieren ist? Ihre Relevanz ist beschränkt, insofern Theodoret Trinitätslehre von dem Aspekt der Einheit her konzipiert und die Frage, wie in Gott Unterschiedenheit zu denken ist, nicht stellt. Daß Theodoret über weite Strecken völlig ohne den Begriff der Hypostase auskommt, ist bezeichnend.

Daraus folgt auch, daß der Begriff der Hypostase für eine Verwendung als einheitsstiftende Kategorie der christologischen Naturen nicht selbstverständlich zur Verfügung stand. Kam es im christologischen Streit zunächst zu einer Restauration der allseits bekannten, in ihrem Wert gegen häretische Argumentation erprobten Formel von der einen Usie und den drei Hypostasen? Die Texte Theodorets zur Trinitätslehre geben hierfür keinen Anhaltspunkt.[193]

---

193 Damit ist die Frage nach einer Entwicklung innerhalb der Trinitätslehre Theodorets gestellt. Eine konzeptionelle Veränderung oder Entwicklung liegt nicht vor. Auf die Auslegung von Hebr.1,3, wie sie in De trin.10, Haer.C.F.V.2, dem Hebräerkommentar vorliegt und der Aussage in Curatio I entspricht, ist hinzuweisen.

3.3. Die Trinitätslehre Theodorets als Beispiel der Rezeption des Neunizänismus im 5. Jahrhundert

Die Frage nach den Bezügen Theodorets auf Basilius von Caesarea, Gregor von Nazianz und Gregor von Nyssa zu stellen, setzt voraus, daß von Kenntnissen über deren Argumentation und Begrifflichkeit bei Theodoret auszugehen ist. Die Vermittlung der Aussagen der Kappadokier kann entweder in der Tradierung eines zum Allgemeinwissen gewordenen Gedankens bestehen oder aber aus der Beschäftigung mit Schriften der Kappadokier resultieren. Theodoret bezieht sich in ep. 83[1], 89[2], 146[3], 147[4], 151[5] auf die Kappadokier. Aus seinen Äußerungen ergibt sich folgendes: Theodoret nennt die Kappadokier zusammen mit anderen nizänischen Bischöfen. Ihre Nennung hat eine Funktion, die den ausgearbeiteten Florilegien entspricht und die als solche keine Rückschlüsse auf eine spezifische Beschäftigung nahelegt. Allerdings spricht Theodoret in diesem Zusammenhang mehrfach von "Schriften", so daß es wahrscheinlich ist, daß die Kappadokier Theodoret in schriftlicher Form vorlagen.[6] Was hat Theodoret gelesen?

Eine Antwort hat mit dem Hinweis auf die zitierte Literatur in den Florilegien einzusetzen. Dieser Hinweis ist aber nur dann sinnvoll, wenn beispielsweise die ausführlichen im Eranistes vorliegenden Florilegien Ertrag eigener Lektüre sind, nicht aber Theodoret bereits Zitatensammlungen verarbeitet.

Die Entwicklung der Gattung "Florilegien" ist bezeichnendes Element der theologischen Auseinandersetzung in der ersten Hälfte des 5.Jahrhunderts. Sie setzt einen Begriff von Orthodoxie voraus, der die verstorbenen "Väter" mit der Autorität ausstattet, die jetzt von den verschiedenen Parteien in Anspruch genommen werden kann. Cyrillische Florilegien sind bekannt. Theodoret überließ dieses Mittel der Auseinandersetzung nicht seinem Kontrahenten. Auf welche Florilegien konnte

---

1 II,214.8ff.
2 II,236.25ff.
3 III,188.24ff.
4 III,2241.
5 1440C.
6 Ep. 83, 146, vgl. 89. In ep. 151 verweist Theodoret auf antiochenische und lateinische Bischöfe, nennt Athanasius und Alexander als Bischöfe von Alexandrien, die Bischöfe von Konstantinopel, unter ihnen Gregor von Nazianz, und schließt die Reihe mit den Kappadokiern Basilius, Gregor und Amphilochius. An dieser Stelle schreibt Theodoret: οὐ μόνον τοῖς ἐπ᾽ αὐτῶν ἀνθρώποις τὴν διδασκαλίαν προσήνεγκαν, ἀλλὰ καὶ ἡμῖν διὰ τῶν συγγραμμάτων τὴν ὠφέλειαν κατέλιπον (1440C).

Theodoret in welchem Umfang zurückgreifen?[7] Aus der ersten Hälfte des 5. Jahrhunderts sind bekannt: 1. das Florilegium der Orientalen in Ephesus, 2. das Florilegium Theodorets im Pentalogus Buch IV[8], 3. die Florilegien im Eranistes Theodorets, die Florilegien in den Anhängen 4. zu dem Text des Tomus ad Flavianum von Leo[9], 5. zu der Schrift De duabus naturis von Gelasius[10], 6. das Florilegium aus den Akten des Konzils von Chalcedon.[11] Bereits Saltet hat nachgewiesen, daß das chalcedonische Florilegium von Theodorets Schrift Eranistes abhängig ist und das Florilegium im Anhang zu der Schrift Leos als Grundlage zu einer Überarbeitung des Florilegium im Eranistes diente.[12] Beide Texte scheiden als eine mögliche Quelle Theodorets aus. Unterschiedlich beurteilt werden die Florilegien von Ephesus und Gelasius. Saltet konstruiert eine Abhängigkeit sowohl von Theodoret - Pentalogos wie Eranistes - als auch von Gelasius gegenüber dem ephesinischen Florilegium.[13] Für eine eigenständige Arbeit Theodorets bleibt infolgedessen nach Saltet kaum Raum. Richard[14] und Ettlinger[15] folgen Schwartz[16] und gehen im Unterschied zu Saltet davon aus, daß Gelasius von einem griechischen Original abhängig ist, das jetzt aber mit dem Florilegium des Pentalogos identifiziert wird.

Setzt man die Ergebnisse über die Beziehungen zwischen den Florilegien von Leo, Galasius und dem Konzil von Chalcedon und den Florilegien Theodorets voraus, konzentriert sich die Frage nach einer Quelle, die Theodoret verarbeiten konnte, auf das Florilegium des ephesinischen Konzils. Saltet behauptet eine Abhängigkeit Theodorets, Schwartz[17] und Richard[18] gehen von Theodoret als wesentlichem Autor aus. Das Florilegium ist nicht erhalten. Gesicherte Aussagen sind nicht möglich. Hinzuweisen ist darauf, daß die Existenz dieses Florilegiums lediglich aus einem Satz aus dem Brief der Orientalen an Rufus geschlossen wird.[19] In dem Brief

---

7 Siehe zusammenfassend die Einführung Ettlingers in seiner Ausgabe des Textes Eranistes, G.H. Ettlinger, Theodoret of Cyrus. Eranistes, Oxford 1975, S.9ff.

8 Photius weist auf dieses Florilegium hin, der Text ist verloren, (Cod. 46).

9 Vgl. ACO II.1.1, S.20-25.

10 Der Text ist abgedruckt in: Schwartz, Publizistische Sammlungen, (ABAW, N.F., Heft 10) 1934., S.96-106.

11 ACO II.1.3, S.114-16.

12 L. Saltet, Les sources de l''Ερανιστής de Théodoret, in: RHE 6 (1905), S.294ff.

13 Saltet, a.a.O., vgl. die Kritik von Schwartz, a.a.O., S.282 Anm.2.

14 M. Richard, Les florilèges diphysites du VIe et du VIe siècle, in: Das Konzil von Chalcedon, Bd.1, hrsg.v. A. Grillmeier, H. Bacht, Würzburg 1951, S.723ff.

15 Ettlinger, a.a.O. S.28.

16 Schwartz, a.a.O., S.282.

17 Ebd.

18 Richard formuliert: Théodoret, l' auteur principal de ce dossier, in: a.a.O., S.723.

19 ACO I.1.3, S.41.27-32: ἡμεῖς δὲ τοῖς τῶν μακαρίων πατέρων τῶν ἐν Νικαίαι συνεληλυθότων καὶ μετ᾽ ἐκείνους ἐν τῆι διδασκαλίαι διαπρεψάντων, Εὐσταθίου τοῦ Ἀντιοχείας, Βασιλείου τοῦ Καισαρείας καὶ Γρηγορίου καὶ Ἰωάννου καὶ Ἀθανασίου καὶ Θεοφίλου καὶ Δαμάσου τῆς Ῥώμης καὶ Ἀμβροσίου τοῦ

werden sieben Namen genannt, inwieweit aber ein ausgeführtes Florilegium zugrunde liegt, muß offen bleiben. Eine Auflistung von Namen verweist nicht notwendig auf ein Florilegium, wie vergleichbare Listen in den Briefen Theodorets zeigen.

Theodoret hat für die im 5.Jahrhundert einsetzende Florilegienliteratur eine erhebliche Bedeutung. Eine Zitatensammlung, von der Theodoret selbst abhängig ist, konnte bisher nicht schlüssig nachgewiesen werden. Dies legt es nahe, daß die Florilegien im Eranistes in der Tat eine Auskunft über Theodorets Lektüre geben.[20] Man kann also nach dem derzeitigen Stand der Forschung voraussetzen, daß folgende in den Florilegien zitierte Literatur der Kappadokier Theodoret zugänglich war.

BASILIUS: In Psalmum 59,4[21]
            De spiritu sancto[22]
            De gratiarum actione homilia,5[23]
            Contra Eunomium I[24]
            Contra Eunomium II[25]
GREGOR VON NAZIANZ[26]: ep. 101[27]
            or. 40, in sanctum baptisma[28]
            or. 30, De Filio[29]
            ep. 202[30]
            or. 45, In sanctum Pascha[31]
GREGOR VON NYSSA: De deitate filii et spiritus sancti[32]
            De vita Moysis[33]
            Contra Eunomium II[34]
            De beatitudinis[35]
            Oratio catechetica magna[36]

Μεδιολάνων καὶ τῶν ταὐτὰ τούτοις διδαξάντων ἐμμένομεν δόγμασι καὶ τοῖς εὐσεβέσιν αὐτῶν ἀκολουθοῦμεν ἴχνεσι.

20 So auch Richard, a.a.O. S.748: "Les florilèges de Théodoret, par exemple, nous donnent une idée assez exacte de lecture et nous aident certainement à comprendre l'èvolution assez marquée de sa théologie entre ses premières oeuvres et l'Eranistes."

21 PG29,468A.

22 DSS, V.12,S.282-4.

23 PG31,228C-229A.

24 CE I,18.9-15(552C-553A).

25 CE II.3.10-16(577A).

26 Die Zitate im 2. Florilegium von or. 38,325B-C und 328C bleiben außer Betracht. Saltet weist diese Zitate der Überarbeitung zu, Saltet, a.a.O. S.296.

27 Ad Cledonium, PG37,189C, 181B-C, 188A-C, 180A, 181A, 184A.

28 Or.40,45,424C.

29 Or.30,PG36,6,109C, 8-9,113A, 14,121C, 15, 124B, 16,124C-125A.

30 Ad Nectarium, PG37,332A, 333A.

Die Auflistung zeigt einen erheblichen Teil der für die Christologie und Trinitätslehre relevanten Literatur der Kappadokier. Wenn im Ergebnis eine Beschäftigung Theodorets mit den genannten Schriften sich nahelegt, stellt sich damit die Frage, ob und in welcher Weise Theodoret die zugängliche kappadokische Literatur verarbeitet hat.

Wenn Theodoret in der ersten Hälfte des 5.Jahrhunderts von drei Hypostasen und der einen Gottheit spricht, ist diese Aussage nicht ein Indiz für einen individuellen Neunizänismus oder Theodorets exzeptioneller Beschäftigung mit der kappadokischen Literatur. Theodoret zitiert die Terminologie von den Hypostasen und dem einen Wesen als nizänische Definition[37] und gibt darin selbst einen Hinweis, in welcher Weise diese Begrifflichkeit Allgemeingut geworden ist. Das bedeutet, daß erstens die Bezüge Theodorets auf die Kappadokier in den Rahmen einer sehr viel breiteren Rezeption von deren Argumentation gehören, daß zweitens aber für Theodoret gilt, daß dessen Aussagen zur Trinitätslehre in einem allgemeinen Sinn auf dem Boden der Ausführungen der Kappadokier stehen, d.h. deren Arbeit zu Struktur und Terminologie voraussetzen und ohne sie in dieser Weise nicht denkbar wären. Basilius, Gregor von Nazianz und Gregor von Nyssa entwickeln ihre Darstellungen zur Trinitätslehre unter je eigenen Voraussetzungen mit jeweils spezifischem Interesse. In einem ersten Schritt ist zu entfalten, wie und welche einzelnen Gedanken von Theodoret aufgenommen wurden. In einem zweiten Schritt ist das Ergebnis auf eine Aussage zur Gestalt der Trinitätslehre im 5.Jahrhundert und deren Voraussetzungen zu beziehen.

Basilius von Cäsarea. Einzusetzen ist mit Hinweisen zur Terminologie. 1. Es liegt nur eine Definition der Begriffe Usie und Hypostase bei Theodoret vor. Theodoret definiert hier die Unterscheidung von Usie und Hypostase in dem Verhältnis des Allgemeinen zum Besonderen, διαφορὰν τὸ κοινὸν πρὸς τὸ ἴδιον.[38] Nachdem Basilius das Zusammentreten von Einheit und

---

31 Or.45,25,657C.
32 PG46,564D-565A.
33 GNO VII,108.21-109.6.
34 III.1.14, Jaeger, II,19.3-8; III.3.64, Jaeger, II.130.19-22; III.1.50, Jaeger, II,21.5-7; III.10.4, Jaeger, II290.5-14; III.3.43-45, Jaeger, II,123.1-18; III.65.6, Jaeger,II,130.28-131.8; III.4.4-5, Jaeger, II,135.6-19.
35 PG44,1201B.
36 Kap.10, 41B; 41C; 41D-44A; Kap.16, 52D, Kap.32, 80B-C; 80 C-D.
37 Theodoret, Eran.I,64,1ff.
38 Theodoret, Eran.I,64.12.

Dreiheit in dieser Verhältnisbestimmung entfaltet hatte, gehört τὸ κοινὸν πρὸς τὸ ἴδιον zu den Standards seiner Darstellung.[39] 2. Theodoret kann die trinitarischen Personen zusammenfassend in den Eigentümlichkeiten bezeichnen[40] und diese in Vaterschaft und Sohnschaft explizieren.[41] Im Unterschied zu den Begriffen Ungezeugt, Gezeugt und Hervorgegangen, die Gregor von Nazianz verwendet, kennzeichnet Basilius die Hypostasen durch Vaterschaft und Sohnschaft. Theodoret greift beides auf. 3. Theodoret spricht von συνάπτειν in einem zweifachen Kontext. Auf der einen Seite beschreibt συνάπτειν eine Zuordnung bzw. eine Abgrenzung. Basilius setzt weitgehend diese Bedeutung des Begriffs voraus.[42] Die zweite Bedeutung von συνάπτειν entspricht der von ἑνοῦν.[43] Insofern συνάπτειν hier eine Einung unter Bedingung bleibender Unterschiedenheit aussagt, kann der Begriff die Intention Basilius' widerspiegeln[44], in der Unterscheidung von Usie und Hypostase Einheit und Differenz zu formulieren. In DSS XXV steht der Begriff συνάφεια zusammen mit dem Begriff ὑπόστασις in antisabellianischem Zusammenhang.[45] Hier deutet sich eine Prägung des Begriffs an, wie sie von Theodoret vorausgesetzt wird. 4. Auf die Terminologie συναριθμεῖν/συντάττειν, wie sie bei Basilius, ebenso aber auch bei Gregor von Nazianz, Gregor von Nyssa und Theodoret vorliegt, wurde hingewiesen.

Der Ertrag terminologischer Beobachtungen ist in doppelter Weise zu begrenzen. Wenn Theodoret beispielsweise die spezifischen Eigentümlichkeiten ganz im Sinne von Basilius als Vaterschaft und Sohnschaft kennzeichnet, ist es nur dann sinnvoll, auf einen Bezug Theodorets auf Basilius zu schließen, wenn es sich erstens um typische Terminologie Theodorets handelt. Von τὸ κοινὸν πρὸς τὸ ἴδιον aber ebenso wie von Vaterschaft und Sohnschaft spricht Theodoret nur einmal. Theodoret verwendet sehr viele hapax legomena, deren Einordnung vage bleibt. Um eine terminologische Bezogenheit Theodorets auf Basilius zu behaupten, ist zweitens vorausgesetzt, daß sich diese für eine spezifisch basilianische Begrifflichkeit belegen läßt. Es ist

---

39 Basilius, ep. 214,4.8, ep. 236,6.2.12f.15, vgl.CE II,28.33ff.(637B).

40 Theodoret, De trin.28,1188B.

41 De trin.16,1173B.

42 Basilius, DSS X,24.13-16, vgl. Hom.24.4-5, 609B-C.

43 Vgl. besonders Theodoret, Cur.II,110.15-17.

44 Besonders deutlich wird diese Konnotation in der Zusammenstellung ἀσύγχυτος συνάφεια. Theodoret spricht von ἀσυγχύτως ἡνωμένας(Qu.Gen.I, XX,108B), ἀσύγχυτος συνάφεια ist nicht belegt. Basilius weist auf eine ἀσύγχυτον διάνοια(ep.210,4.32)/ἔννοια(DSS V,7.11) hin, aber benutzt den Begriff ἀσύγχυτος nicht in der Zusammenstellung mit ἕνωσις oder συνάφεια. Vgl. K.4.1.2, S.187f.

45 Basilius, DSS XXV,59.41, 60.2.12.

sicherzustellen, daß Basilius nicht für trinitarische Allgemeinplätze in Anspruch genommen wird, sofern es darum geht, Abhängigkeiten aufzudecken. Dieses kann in Hinblick auf Theodoret auf terminologischer Ebene nicht geschehen. Eine Antwort auf die Frage, wie Basilius, soweit es den Ausführungen Theodorets zu entnehmen ist, durch seine Arbeiten zur Trinitätslehre weiterwirkte, ist infolgedessen auf die argumentative Verarbeitung des möglichen Materials durch Theodoret verwiesen.

In diesem Zusammenhang sind zwei Punkte aufschlußreich. Der Gedanke der Unterschiedenheit Gottes in den Hypostasen hat in der Argumentation Theodorets eine bestimmte Funktion, insofern er auf eine mögliche monistische Auflösung der Trias reagiert. Damit ist systematisch genau der Ort bezeichnet, an dem Basilius den Begriff der Hypostase in seine Argumentation einführte. Die ursprüngliche antisabellianische/antimarkellische Bezogenheit ist dem Begriff also inhärent geblieben.[46]

Es ist eine der Beobachtungen zur Trinitätslehre, daß sich bei Basilius eine andere ontologische Bestimmung des Allgemeinbegriffs findet als bei Gregor von Nazianz und Gregor von Nyssa. Hübner hat in der Gegenüberstellung von Basilius und Gregor von Nyssa auf dieses Problem hingewiesen.[47] Während Gregor von Nazianz und Gregor von Nyssa in der Bestimmung des Verhältnisses von Usie und Hypostase das Allgemeine nicht über einen Artbegriff hinaus auf ein erstes Allgemeines zurückführen, kann Basilius das Allgemeine auf verschiedenen Ebenen der Dihairese - auf der Ebene der Unterscheidung des Seienden als belebt und unbelebt und des Lebenden als vernünftig und unvernünftig - erklären. Der unterschiedliche Ansatz hat Folgen für die Definition von Usie und Hypostase. Da die auf Basilius folgende Entwicklung der Trinitätslehre aber keine Diskussion um verschiedene Modelle der Unterscheidung von Usie und Hypostase war, hat die Differenz zwischen Basilius und den Gregoren an diesem Punkt keine wesentliche Bedeutung für die weitere Konzeption der Trinitätslehre gehabt.

Die Unterscheidung zwischen Allgemeinem und Besonderem wurde als die zwischen Art und Individuum aufgenommen[48], ohne daß man den Eindruck gewinnt, daß Gregor von Nazianz und Gregor von Nyssa sich hierin von Basilius bewußt absetzen oder daß überhaupt eine Diskussion um den

---

46 Vgl. z.B. die Auslegung von Hebr.1,3: In Hebr. 680Dff., Haer.F.C.V. 2,452C-453A. Siehe hierzu S.168ff.

47 R. Hübner, Gregor von Nyssa als Verfasser der sog. ep.38 des Basilius. Zum unterschiedlichen Verständnis der οὐσία bei den kappadokischen Brüdern, in: Epektasis. Mélanges patristiques offert au Cardinal Jean Daniélou, hrsg.v. J. Fontaine, C. Kannengiesser, Paris 1972, S.463-490.

48 Vgl. z.B. Ps.Athanasius, Dial.trin.I,2,1120A, 16,1141C, 17,1144A.

Allgemeinbegriff sichtbar wird. Die Begriffe Usie und Hypostase werden einheitlich mit dem Hinweis auf die Differenz, die zwischen der Menschheit und dem konkreten Menschen besteht, erklärt. Die weitere Abstraktion des Allgemeinen im Rahmen einer Dihairese entfällt. Theodoret ist nach Basilius eine Ausnahme, wenn er zur Klärung der Definition auf eine dihairetische Ableitung hinweist, die über den Artbegriff hinausgeht.[49] Theodorets Ausführungen im Eranistes sind weiter deswegen hervorzuheben, weil ihnen zu entnehmen ist, daß erstens in der Tat zwei Ableitungen der Definition von Usie und Hypostase bekannt waren und zweitens beide nicht in Konkurrenz zueinander treten, sondern Theodoret ein Beispiel für den Versuch einer Harmonisierung der Entwürfe ist. Damit belegt Theodoret, daß Basilius auch in einem spezifischen Argumentationsgang weiterwirkte.

Insgesamt aber bleibt der mögliche Einfluß von Basilius auf Theodoret begrenzt. Basilius entwickelt die Trinitätslehre in der Konfrontation mit Eunomianern, Sabellianern und Pneumatomachen. Grundsätzlich gilt, daß Theodoret Terminologie und Argumente, die ihren historischen Ort in einem bestimmten Gegenüber oder Gegner hatten, in der Weise benutzt, daß die ursprüngliche Konfrontation nicht mehr sichtbar wird. Theodoret spricht beispielsweise häufig in der Terminologie des Zählens. Während DSS zu entnehmen ist, daß diese Begrifflichkeit von Anhomöern und Pneumatomachen auf grundsätzliche Weise infrage gestellt wurde[50], sind die Ausführungen Theodorets von dieser Debatte völlig unberührt.

Wenn ebenso die Thematik aus Contra Eunomium in die Ausführungen Theodorets nicht eingeht, ist hier zunächst darauf hinzuweisen, daß man in der Zeit nach Basilius in der Trinitätslehre andere Akzente setzte, als sie durch Eunomius von Basilius gefordert waren. Es hat dann keine Bedeutung, daß Basilius auf Anfragen von Eunomius verschiedene Konzepte, Einheit und Dreiheit zu verstehen, entwickelte, wenn Theodoret die Frage, wie Einheit und Dreiheit vorstellbar werden, nicht stellte. Neben der genannten Definition von Usie und Hypostase formuliert Theodoret in der Tat nicht aus, wie Einheit und Dreiheit zugleich denkbar sind. Theodoret geht von der göttlichen Einheit wie von der faktischen Existenz der Hypostasen aus. Man kann auf eine Verflachung der Argumentation hinweisen. Diese resultiert daraus, daß Theodoret Ergebnisse wie die Rede von den drei Hypostasen und dem einen Wesen übernimmt, ohne daß für ihn der argumentative Weg hin zu dieser Formel eine Bedeutung hat. Dafür, daß Theodoret Basilius gelesen und verarbeitet hat, ergeben sich somit im Rahmen der Trinitätslehre keine Anhaltspunkte. Wenn Theodoret hier also verbreitete Kenntnisse repräsentiert,

---

49 Theodoret, Eran.I,63.32ff.
50 Basilius, DSS 6, 13, 17.

bedeutet das, daß Basilius nicht von seinen Werken gegen Eunomius her rezipiert wurde, sondern dessen wirkungsgeschichtliche Bedeutung sehr viel eher von den prägnanten Zusammenfassungen etwa in ep. 236.6 und 214 ausgegangen ist.

Gregor von Nazianz. Gregors Trinitätslehre ist in dem systematischen Aufriß, der mit der Unterscheidung von Usie und Hypostase zusammenhängt, grundgelegt. Gregor expliziert den Wert der Unterscheidung darin, daß sich in ihr die verschiedenen möglichen Aspekte, das trinitarische Problem wahrzunehmen, korrekt zusammenordnen. Dies geschieht in der dialektischen Zusammenstellung von Einheit und Dreiheit und zweitens dadurch, daß die systematische Vorordnung des Vaters vor Sohn und Geist nur unter Bedingung der Gleichrangigkeit der Hypostasen deren Einheit gewährleistet. Ein möglicher Bezug Theodorets auf Gregor beschränkt sich auf diese Aspekte und ist in diesem Zusammenhang zu klären.

Die einzige von Gregor initiierte Sprachregelung, die Theodoret neben der Rede von Ungezeugt, Gezeugt und Hervorgegangen übernimmt, ist die Zuordnung der Begriffe μονάς/ἕν und τριάς[51].[52] Ihre Gegenüberstellung beinhaltet eine dialektische Bezogenheit der gegensätzlichen Pole. Gregor identifiziert sie mit Arius und Sabellius[53] und sucht selbst einen Weg der "Mitte",[54] der in der Zuordnung der gegensätzlichen Akzente besteht.[55] Für Theodoret ist die dialektische Sprachlichkeit nicht kennzeichnend. Zu überlegen ist aber, inwieweit die sachliche Einbindung der Rede von den Hypostasen bei Theodoret eine andere als eine dialektische Bezogenheit ist.

Die Rede von der Dreiheit in der Einheit versucht eine sprachliche Integration der Aspekte, die sachlich von Theodoret und Gregor jeweils unterschiedlich eingeholt wird. Die für Gregor signifikante dialektisch gesetzte doppelte Abgrenzung "ungetrennt" und "unvermischt"[56] kennt Theodoret nicht. Theodoret benutzt Einheit und Dreiheit als äquivalente Beschreibung von Usie und Hypostasen. Wenn Theodoret sich zu einer Zuordnung der beiden Größen äußert, weist er auf das ungetrennte, ungeteilte Sein der Hypostasen hin.[57] "Unvermischt" setzt die Aussage über die trinitarischen Perso-

---

51 Gregor von Nazianz, or.6,22,740C, or.26,19,1252C (S.270.8), or.39,12,384C, or.42,16,477A.

52 Theodoret, De trin.28,1188B-C, Exp.7,1220C, Exp.9,1224A.

53 Gregor von Nazianz, or.2,37445A, or.20,5,1072A, or.22,12,1145A, or.43, 30,537A.

54 Gregor von Nazianz, or.20,6,1072B (S.68.1), or.42,16,476C.

55 Gregor von Nazianz, or.6,749C, or.39,345D.

56 Gregor von Nazianz, or.6,22,749C, or.20,6,1072B, 20,7,1073A, or,31.9, or. 39,11, 345D-348A.

57 Theodoret, Haer.F.C.V.3,456A, Exp.5,1217A.

nen als selbständig und different voraus. Wie unterscheiden sie sich? Gregor weist wie Gregor von Nyssa auf eine unterschiedliche Verhältnisbestimmung hin, τὸ δὲ τῆς ἐκφάνσεως ... ἢ τῆς πρὸς ἄλληλα σχέσεως διαφοράν.[58] Der Themenkreis entfällt bei Theodoret. Theodoret fragt nicht, wie unter neu reflektierten Bedingungen in Gott Differenz so aussagbar ist, daß Differenz nicht der göttlichen Einheit widerspricht. Es ist signifikant, daß Theodoret die Frage "Warum keine drei Götter?", die bei Gregor von Nazianz[59] und Gregor von Nyssa[60] den Anlaß zu einer neuen Entfaltung der Einheit Gottes prägnant zusammenfaßt, nicht wiederholt, wenngleich das Ergebnis, den Akzent auf die göttliche Einheit zu legen, bei Theodoret nachwirkt.

Eine Übereinstimmung zwischen Theodoret und Gregor von Nazianz ist nur auf einer sehr grundsätzlichen Ebene festzumachen. Zu nennen ist erstens die Bedeutung und Funktion der Hypostasenlehre und zweitens die erneute Grundlegung der Einheit Gottes außerhalb des Modells von Usie und Hypostasen. Hierin kommt der Vorordnung des Vaters eine erhebliche Bedeutung zu. Sie liegt bei Theodoret faktisch vor.[61] Gregor bindet den Gedanken der Vorordnung des Vaters an die Aussage der Hypostasenlehre zurück.[62] Dieser argumentative Nachvollzug fehlt bei Theodoret.

Gregor von Nyssa. Zwei Argumentationsstränge sind zu unterscheiden. Gregor erklärt erstens das Hypostasenmodell und argumentiert innerhalb dieses Modells. Gregor entwickelt zweitens eine Grundlegung und leitet von dieser die Aussagen zur Trinitätslehre ab. Hier liegen strukturelle Übereinstimmungen mit Theodoret vor.

Aus der Trennung der Bereiche von Ungeschaffen und Geschaffen und dem ungeschaffenen Sein Gottes resultiert, da Vater und Sohn Gott sind, das ungetrennte Sein von Vater und Sohn.[63] Theodoret stellt weitgehend das faktische Nicht-Geschaffen-Sein von Sohn und Geist fest. Dieses beinhaltet auch nach Theodoret das Ungetrennt-Sein der göttlichen Personen, insofern das Ungeschaffene keine Kategorie der Differenz zur Verfügung stellt. Trennen könne Vater und Sohn nur das, was außerhalb von ihnen ist, z.B. Zeit. Schöpfung aber könne nicht zwischen Vater und Sohn vermitteln. Das Ungeschaffene ist also ungetrennt. Warum sind Abstand und Differenz in Gott nicht denkbar? Theodoret belegt das Ungetrennt-Sein biblisch und weist auf Vergleiche wie das ungetrennte Hervorkommen des Lichtes aus dem Licht hin.

---

58 Gregor von Nazianz, or.31,9.3ff.
59 Gregor von Nazianz, or.31,13.
60 Gregor von Nyssa, tres dei 40.5ff., 47.4ff., comm.not.23.4ff.
61 Theodoret, Haer.F.C.V.1,441ff., Exp.2, 4-5, Cur.II,106f.
62 Or. 2,38 = or.20,6,736B-C; or.40,43,; or.42,15,476B.
63 Theodoret, z.B. Exp.5, 1217A.

Gregor legt wie Theodoret die Trennung von Geschaffen und Ungeschaffen zugrunde. Seine Argumentation zielt ebenso auf das ungetrennte Sein in Gott. Dieses resultiert nach Gregor aber aus dem Gedanken der Vollkommenheit und Unbegrenztheit Gottes. Während Theodoret Ungeschaffen und Ungetrennt in unmittelbare Beziehung stellt, kann Gregor diesen Bezug in der Ableitung aus den Begriffen Vollkommen und Unbegrenzt konstruieren.[64] Theodoret kennt diese Begriffe, er belegt sie, aber bindet sie nicht in die Argumentation ein.[65] Die Differenz besteht nicht im Ergebnis, sondern in der argumentativen Durchführung.

Die Geschlossenheit des Gedankengangs bei Gregor entsteht dadurch, daß aus bestimmten definierten Bedingungen die Einheit Gottes resultiert und unter denselben Bedingungen Vater, Sohn und Geist, soweit sie relational konstituiert sind, aussagbar sind. In den Ausführungen Theodorets sind ebenso Aussagen zu Wesen und Eigenschaften Gottes vorgeordnet. Theodoret kann ebenso wie Gregor der Logik des Begriffs Vater nachgehen und auf den impliziten Sohn hinweisen, ohne daß er allerdings diesen Gedanken für eine Bestimmung der Unterschiedenheit der Personen fruchtbar macht.[66] Theodoret stellt keine Kontinuität in der Ableitung von Einheit und Unterschiedenheit der trinitarischen Personen her. Dreiheit wird nicht aus der Einheit abgeleitet, und eine spezifische Definition von Differenz weist nicht auf Einheit zurück. Theodoret ist ein Beispiel dafür, daß die Aspekte von Einheit und Dreiheit als mögliche Akzente nebeneinanderstehen. Man kann grundsätzlich fragen, in welcher Weise das Hypostasenmodell diese in Beziehung setzt. Im Rahmen der Ausführungen Theodorets steht das Modell von Usie und Hypostasen für die Seite der Differenz. Die mangelnde Ausführung dieses Aspektes wird dem Zeitgeist entsprochen haben. Die Frage, wie die damit formulierte Selbstunterscheidung Gottes denkbar ist, war als Fragestellung überholt, ohne geklärt zu sein. Es entspricht der Aufgabenstellung Gregors von Nazianz, den Ausführungen Gregors von Nyssa und ist bei Theodoret ebenso zu finden, daß die Darstellung des trinitarischen Problems von dem beherrschenden Interesse an der göttlichen Einheit bestimmt ist.

---

64 Siehe die Ausführungen zu Gregor von Nyssa K.2.3, S.81ff.

65 Theodoret, Haer.C.F.V, 1,441C,444C, 445Bf.

66 Theodoret, De trin.5,1152B; vgl. weiter: Theodor von Mopsuestia, hom.cat.II.10, Athanasius, Con.Ar.I,29, 34, III,6, Ps.Athanasius, dial.trin.II, 14,1180B; Gregor von Nazianz, or.2,38,445B = or.20,6,1072C; Gregor von Nyssa/ Basilius, ep.38,4, 332B-C, Gregor von Nyssa, fid.64,3ff, CE III.VI (VIII) 203.21ff. Der Gedanke ist verbreitet. Auf die systematische Bedeutung dieser Aussage bei Athanasius weist W. Pannenberg hin, W. Pannenberg, Systematische Theologie Bd.1, K.5: Der trinitarische Gott, S.297, 339.

Es ist durchaus möglich, kurze prägnante Texte Theodorets, etwa Cur.II.110 oder De trin.27[67] mit Sätzen der Kappadokier zu kommentieren. Man wird zu diesem Zweck üblicherweise auf Texte, die von der Terminologie der Hypostasenformel abhängen, zurückgreifen.[68] Holl sieht in den Ausführungen Amphilochius' eine popularisierte Form kappadokischer Theologie.[69] Diese Beschreibung kennzeichnet ebenso treffend Theodorets Trinitätslehre, ist hier aber interpretationsbedürftig. Was meint eine "popularisierte Form"? Bei Theodoret bedeutet sie die Reduktion der trinitarischen Fragestellungen.

Im Vergleich mit den Kappadokiern wird bei Theodoret diese Reduktion auf vier Ebenen sichtbar. 1. Bei Theodoret fehlt in den trinitarischen Ausführungen der historische Bezugspunkt der einzelnen Aussagen. Theodoret formuliert die Trinitätslehre nicht im Gegenüber zu einem fiktiven Eunomianer oder Pneumatomachen. 2. Basilius entwickelt in der eunomianischen Kontroverse verschiedene Vorstellungen, um die Zuordnung von göttlicher Einheit und Differenz darzustellen. Bei Theodoret ist die Vielfalt der Darstellungsmöglichkeiten ganz von der dominierenden Formel von der einen Usie und den drei Hypostasen aufgesogen, mit dem Ergebnis, daß die Wiederholung der Hypostasenformel die Entfaltung der Unterschiedenheit in Gott ersetzt. 3. In der Folge des Hypostasenmodells wird die Darstellung göttlicher Einheit notwendig. Theodoret nimmt in dem Hypostasenmodell den fraglichen Zug nicht wahr, daß die Bezogenheit der Hypostasen auf die Einheit Gottes möglicherweise nicht hinreichend realisiert wird. Das bedeutet, daß beispielsweise das Hypostasenmodell für einen Aspekt der Trinitätslehre steht, Theodoret aber die innere Kohärenz der Einzelaussagen nicht formuliert. 4. Die zunehmende Standardisierung der Argumentation ist mit einem abnehmenden Grad an Reflexion verbunden. Der eklektizistische Grundzug der trinitarischen Argumentation Theodorets wird sichtbar, er ist aber bereits in der Ent-

---

67 Theodoret, De trin. 27,1188B-C.

68 Beispielsweise Grillmeier (A. Grillmeier, Das scandalum oecumenicum des - Nestorius in kirchlich-dogmatischer und theologiegeschichtlicher Sicht, in: Schol 36 (1961), S.321-356.) zeigt Bezüge von Nestorius auf die Kappadokier auf, indem er sich ganz auf die Unterscheidung von Usie und Hypostase konzentriert.

69 In den Fragmenten Amphilochius' sind zwei Texte zur Trinitätslehre erhalten: epistula synodalis 3,46-68, Iam.193-213. Letzterer ist durch einen sehr deutlichen Bezug auf Gregor von Nazianz bestimmt. Auf die Bedeutung Gregors von Nazianz für Amphilochius hat bereits Holl hingewiesen (K. Holl, Amphilochius von Ikonium in seinem Verhältnis zu den grossen Kappadoziern, Tübingen/Leipzig 1904, S.239f.). Eine spezifische Prägung durch einen der Kappadokier liegt in dieser Weise bei Theodoret nicht vor.

wicklung der Trinitätslehre angelegt. Worin besteht die kappadokische bzw. neunizänische Trinitätslehre Theodorets?

Die Rede vom Neunizänismus meint im allgemeinen zunächst die Formel von der einen Usie und den drei Hypostasen. Diese Formel liegt bei Basilius vor. Sie wurde in erstaunlicher Weise rezipiert, mit dem Titel nizänisch versehen und immer wieder wiederholt. Gregor von Nazianz und Gregor von Nyssa aber zeigen bereits deutlich, daß die Wirkung dieser Terminologie ihrem systematischen Ertrag nicht entspricht.

Können Hypostasen anderes als drei Götter bedeuten? Die in der Hypostasenformel konstruierte Analogie zu menschlicher Natur und Menschen legt eine Drei-Götter-Lehre nahe. Gregor von Nyssa trifft das Problem nicht in der Sache, wenn er die Rede von "Menschen" als uneigentlich und mißverständlich beschreibt, insofern der in der Mehrzahl ausgesagte Artbegriff nicht eine Mehrzahl von Individuen, sondern verschiedene Arten bezeichne.[70] Die Rede von "Menschen" wird ein Sonderfall, den Individuen wird mehr individuelle Differenz zugeschrieben, als die eigentliche Rede von Art und Individuum verlangt. So entsteht bei Gregor von Nyssa ein Spielraum der Argumentation, der aber lediglich zeigen kann, daß die trinitarischen Personen nicht in der Weise drei Götter sind, wie drei menschliche Personen drei Menschen sind. Wenn aber eine Mehrzahl menschlicher Personen als Menschen nur aussagbar ist, weil hier eine Differenzierungsmöglichkeit vorliegt, die im Blick auf die göttliche Natur grundsätzlich nicht gegeben ist, wird der Sinn des Vergleichs fraglich.[71] Wie ist eine Mehrzahl in Gott aussagbar? Die Analogie zu Art und Individuum ist nicht dadurch zu retten, daß Gregor von Nyssa die trinitarischen Personen zwar als Individuen kennzeichnet, dann aber die besondere Einheit des göttlichen Subjekts exemplarisch zeigt.

Die Frage der impliziten Drei-Götter-Lehre wurde seit Gregor von Nazianz diskutiert. Auf die systematischen Schwierigkeiten einer Einbindung des Gedankens, Einheit und Differenz im Sinn der Unterscheidung von Usie und Hypostase zu verstehen, in die weiteren Ausführungen Gregors von Nazianz und Gregors von Nyssa wurde hingewiesen. Sie resultieren daraus, daß die Kritik am Hypostasenmodell zu einer Grundlegung der Einheit Gottes führte, die nicht mehr im Rahmen des Hypostasenmodells geleistet werden konnte. Das bedeutet, daß die neu- oder nachnizänischen Ansätze nicht auf die Wiederholung der Hypostasenformel reduziert werden dürfen.

Die Ausführungen Basilius' sind gekennzeichnet durch das Entstehen der Unterscheidung von Usie und Hypostase. Gregor von Nazianz und Gregor von Nyssa setzen die Arbeit Basilius' voraus und bemühen sich unter ver-

---

70 Gregor von Nyssa, tres dei 40.5ff.
71 Vgl. die Argumentation in: Gregor von Nyssa, tres dei 47.4ff, comm.not.23.4ff.

schiedenen Akzenten um eine Grundlegung der Einheit Gottes. In diesem Zusammenhang steht eine erneute Diskussion um das Wesen Gottes.

Die Trinitätslehre leistet es, unter bestimmten Bedingungen das trinitarische Problem darzustellen, wobei der Aspekt der Dreiheit zunehmend axiomatisch behandelt wird. Die faktische Existenz der trinitarischen Personen sowie bestimmte Prinzipien des Gottesbegriffs werden vorausgesetzt. Trinitätslehre stellt die Anwendung des Gottesbegriffs auf die trinitarischen Personen dar. Hier ist Theodoret einzuordnen. Theodoret stellt nicht die Frage, wie die Hypostasen sich unterscheiden, sondern entwickelt ihre Gottheit in der Explikation des Gottesbegriffs.[72] Das bedeutet, Theodoret ist insofern ein kappadokischer Theologe, als in seiner Darstellung der Trinitätslehre eine Tendenz wirksam wird, die in der Entwicklung der kappadokischen Trinitätslehre angelegt ist.

Es liegt nahe, daß Theodoret nicht ein isoliertes Beispiel einer popularisierten Form der kappadokischen Theologie ist. Die Darstellung Theodorets ist wesentlich durch die anti-pneumatomachische Argumentation[73] beeinflußt. Diese erschließt ein Umfeld, in das Theodoret sich einordnet.

Die Kappadokier entwickeln die Trinitätslehre nicht nur in der Hypostasenlehre gegen Eunomius und Marcell oder den "Sabellianern", sondern auch im Gegenüber zu den Pneumatomachen. Die anti-pneumatomachische Argumentation liegt in den Texten aus der ps.-athanasianischen Überlieferung und Ps. Didymus vor.[74] Diese Texte setzen die Kappadokier bereits voraus. Ist

---

72 Theodoret, De trin.27.

73 Zur Terminologie Pneumatomachen oder Makedonier siehe: P. Meinhold, Pneumatomachoi, in: RECA 21,1 (1951), Sp.1066-1101.

74 Aus der Zeit nach den Kappadokiern sind folgende Texte pseudonym überliefert, sie beziehen sich auf die trinitarische Fragestellung: fünf Dialoge: De S. Trinitate, zwei Dialoge: Contra Macedonianos, der Dialog: Contra Montanistam (ps.-athanasianische Überlieferung), Ps.Didymus, De Trinitate libri tres, Ps.Basilius, Contra Eunomium Lib.IV-V. Bis 1957 (Veröffentlichung von Doutreleau: L. Doutreleau, Le "De Trinitate" est-il l'oeuvre de Didyme l'Aveugle? in: RSR 45 [1957], S.514-557) konzentrierte sich die Diskussion auf die Frage nach einem möglichen Verfasser. Von verschiedenen Seiten wurde dieser als Didymus fixiert. A. Günthör (Die 7 Pseudoathanasianischen Dialoge, ein Werk Didymus des Blinden von Alexandrien, [Studia Anselmiana 11] Roma 1941) erklärte umfangreiche Parallelen zwischen den ps.-athanasianischen Dialogen und Didymus, De Trinitate durch einen gemeinsamen Verfasser, nämlich Didymus. F.X. Funk (Die zwei letzten Bücher der Schrift Basilius' des Gr. gegen Eunomius, in: Ders., Kirchengeschichtliche Abhandlungen und Untersuchungen Bd.2, Paderborn 1899, S.291-329.) hatte bereits 1899 auf die Nennung eines πρῶτος λόγος in Ps.Basilius aufmerksam gemacht und diesen mit De Trinitate von Didymus identifiziert. J. Lebon (Le Pseudo-Basile [Adv. Eunom. IV-V] est bien Didyme d'Alexandrie, in: Le Muséon 50 [1937], S.61-83) konnte 1937 mit einem syrischen Testimonium Didymus als Verfasser belegen.

die Formulierung der Trinitätslehre durch Theodoret typisch für die Rezeption der Kappadokier? Aus dieser Fragestellung ergeben sich zwei sachliche Schwerpunkte. Anhand der Bedeutung der anti-pneumatomachischen Argumentation und der Rezeption der Hypostasenformel soll das Nachwirken der Kappadokier in der nach-kappadokischen Theologie gezeigt werden.

Die anti-pneumatomachische Argumentation. Die Argumentation besteht aus drei Elementen. 1. Vater, Sohn und Geist sind in ihrer jeweiligen Existenzweise unterschieden, ohne daß es möglich ist, das Proprium des Geistes

---

Seit den Anfragen von Doutreleau (a.a.O.) ist die Grundthese von Didymus als Verfasser von De Trinitate erschüttert. Die seit dem Fund von Tura zugänglichen exegetischen Werke des Didymus bestätigen Didymus als Verfasser von De Trinitate nicht. Chr. Bizer (Studien zu den pseudathanasianischen Dialogen. Der Orthodoxos und Aetios, [Diss.] Bonn 1967) geht der Argumentation und den Belegen von Funk kritisch nach. Das verbleibende syrische Testimonium Lebons erweise sich, so Bizer, für eine Zuschreibung von Ps.Basilius als nicht zureichend (a.a.O. S.213ff.). Die von Günthör gezeigten Parallelen erfordern nach Bizer nicht notwendig einen gemeinsamen Verfasser der Dialoge und der Schrift De Trinitate (a.a.O. S.38f.).

Bizer zeigt, daß weder aus dem überlieferungsgeschichtlichen Befund noch aus der exemplarischen Untersuchung zu Dialog II sich die Verfasserfrage als die Frage nach einem einzigen Verfasser der ps.-athanasianisch überlieferten Dialoge ergebe. Es bleibe legitim, nach den Autoren einzelner Texte zu fragen. Das vorliegende Textgefüge erklärt sich nach Bizer als Kompilation und Sammlung einzelner antihäretischer, pseudonym überlieferter Dialoge. Wenn auch nicht die Herkunft einzelner Texte zu entschlüsseln ist, liegt aber nach Bizer als Ort der Sammlung Antiochien nahe. Bizer erneuert hiermit die These der Eustathianer Bibliothek.

Die ps.-athanasianischen Dialoge wurden bisher Athanasius, Maximus, Theodoret, Apollinarius, Diodor und Didymus zugeschrieben. Garnier hat die These von Theodoret als Autor formuliert. Cavalcanti (Ps.Atanasio, Dialoghi contro i Macedoniani, ed. E. Cavalcanti, Torino 1983) erneuert die Frage, indem sie einen deutlichen Bezug auf Theodoret in der anti-apollinaristischen Argumentation in Dialog II Contra Macedonianos beobachtet. Theodoret hat Bücher gegen die Makedonier geschrieben. Die Frage nach Theodoret als Autor soll hier aber nicht aufgenommen werden, insofern die Beobachtungen sich in Hinblick auf die trinitarische Argumentatioibt, wie sinnvoll eine derartige Fragestellung ist. Die Texte erscheinen aber in der gegenwärtigen Diskussionslage für eine Bestimmung des Umfeldes Theodorets unumgänglich.

Vgl. zu Bizer die kritische Diskussion der Arbeit von A. Heron, The two Pseudo Athanasian Dialogues against the Anomoeans, in: JThS N.S. XXIV (1973), S.101-122.

im Unterschied zum Sohn zu bestimmen. 2. Die Alternative Geschöpf - Gott hat ihren festen Ort in der Argumentation. 3. Die anti-pneumatomachische Argumentation kann ihre Position durch liturgische Bezüge belegen, nämlich durch Taufe und Doxologie. Die genannten drei Elemente erhalten ihre Prägnanz auf dem Hintergrund der Position der Pneumatomachen. Sie beziehen sich auf deren Argumentation und sind von ihr abhängig.

Die pneumatomachische Argumentation[75] setzt damit ein, daß Vater und Sohn[76] Gott sind und Göttlich-Sein infolgedessen Vater- oder Sohn-Sein impliziere.[77] Was ist der Geist? Die Pneumatomachen artikulieren die grundsätzliche Schwierigkeit, ausgehend von den Begriffen Vater und Sohn eine dritte Größe zu bestimmen. Der Hinweis der Pneumatomachen auf zwei Söhne oder zwei Brüder[78] zeigt, daß eine präzise Differenzierung zwischen Sohn und Geist fehlt. Die Pneumatomachen stellen die Frage, wie Gezeugt und Hervorgegangen unterschieden werden, während ihr Gegenüber darauf insistiert, daß hier die Grenze menschlicher Erkenntnis erreicht ist[79].

Die Pneumatomachen machen darauf aufmerksam, daß eine Definition des Geistes nicht vorliegt. Ihre eigene Position bleibt unbestimmt. Der Makedonier in den Dialogen kann zwar formulieren, daß der Geist nicht Gott ist[80], aber er sei auf der anderen Seite auch nicht Geschöpf.[81] Und wenn man ihn als Geschöpf bezeichne[82], da er in der Tat geschaffen sei, bleibe er von den Geschöpfen unterschieden.[83] Die Pneumatomachen konstruieren ein Mittel-

---

75 Der Darstellung liegen die Dialoge Contra Macedonianos I und De Trinitate III zugrunde. Es geht um die Klärung der Argumentation. Infolgedessen bleibt die Frage, in welcher Weise hier ursprüngliches pneumatomachisches Material vorliegt, unberücksichtigt. Darauf, daß in Dialog I Contra Macedonianos zwei Texte zusammengearbeitet sind, von denen einer wahrscheinlich pneumatomachischer Herkunft ist, hat bereits F. Loofs (Zwei macedonische Dialoge, in: SPAW 1914.1, S.526-551) aufmerksam gemacht. Auf die ausführliche Darstellung der Pneumatomachen durch W.-D. Hauschild (Die Pneumatomachen. Eine Untersuchung zur Dogmengeschichte des 4.Jh., [Diss.] Hamburg 1967) ist hinzuweisen.

76 Die Frage, welche Art Verhältnisbestimmung von Vater und Sohn die pneumatomachische Argumentation voraussetzt, bleibt unberücksichtigt. Siehe hierzu: dial.trin.I, 9.20ff, 12.55ff, dial.trin.III,2-3,1204C-1208B, 5-6,1209B-1212C.

77 Dial.mac.I.1.1-14.

78 Dial.mac.I.14.21ff.

79 Dial.mac.I.14.26, dial.trin.III,4,1208D-1209A.

80 Dial.mac.I.2.10-12, 11.7f, dial.trin.III,21,1236A.

81 Dial.mac.I.14.33: Οὐδὲ ἐγὼ λέγω ὅτι τὸ πνεῦμα κτίσμα ἐστίν· ἀλλ᾿ οὖν οὐ θεὸν αὐτὸ λέγω.

82 Dial.mac.I.8.2.

wesen[84], d.h., sie legen sich nicht fest, ob der Geist nun Gott oder Geschöpf ist. Die von den Vertretern der Drei-Hypostasen-Lehre formulierte Alternative Gott oder Geschaffen bezieht sich auf genau diese Indifferenz der Pneumatomachen.[85] Sie versuchen mit ihrem deutlichen Entweder-Oder die Pneumatomachen zu einer Entscheidung zu bewegen, die von der liturgischen Praxis der Pneumatomachen her naheliegt.

Die unentschiedene Haltung der Pneumatomachen in der Frage des Geistes führte nicht zu liturgischen Änderungen.[86] Die Pneumatomachen zählen den Geist zur Trinität, taufen weiterhin auf die Trias, wenngleich die Gottheit des Geistes hier ungeklärt ist.[87] Die Gegner der Pneumatomachen weisen infolgedessen auf die mangelnde Konsequenz hin. Der Geist sei nach den Pneumatomachen nicht Gott, aber werde zur Trias gezählt, es werde auf den Geist getauft, ohne den Geist zu verehren, so die Pneumatomachen in der Charakterisierung durch ihre Gegner. Die Debatte um das Zusammenzählen hat hier ihren Ort. Die faktische liturgische Praxis wird ein Argument in der Kontroverse.

Das trinitarische Thema wird gegenüber den Pneumatomachen nicht in einer Bestimmung der Hypostasen aufgenommen. Die Frage, wie die Hypostasen sich voneinander unterscheiden, wurde durch die Kritik der Pneumatomachen ausgeschaltet. Der Bedarf, die Unterschiedenheit der Hypostasen abgesehen von einer faktischen Gegebenheit präziser zu fassen, ist deutlich. Ebenso deutlich ist aber auch, daß die Kritik der Pneumatomachen an dieser Stelle nicht beantwortet wurde.

Trinitätslehre im Gegenüber zu der Position der Pneumatomachen beschäftigt sich mit der Definition des göttlichen Wesens, und zwar auf dem Boden der Unterscheidung von Usie und Hypostase. Die Gottheit des Geistes sei identisch mit der von Vater und Sohn. Eigenschaften und Wirkweisen des Geistes stellen die μία φύσις mit Vater und Sohn dar. Der Geist sei nicht göttlich, wie der Makedonier einräumt[88], sondern Gott, und dieses werde von den Hypostasen Vater, Sohn und Geist ausgesagt. Wenn der Makedonier auf dieser Ebene einwendet, daß der Gedankengang zwei Söhne oder drei Gleiche beinhalte, bzw. Vater, Sohn und Geist als drei Götter darstelle, ist dieses im Dialog Contra Macedonios I für den "Orthodoxen" Anlaß, die Unter-

---

84 Vgl. dial.mac.I.19.
85 Dial.mac.I.6.15-16.
86 Diese Aussage bezieht sich auf die ps.-athanasianischen Dialoge und die Darstellung der Pneumatomachen in: Gregor von Nazianz, or.31. Daß es daneben möglicherweise Gruppen gegeben hat, die Theologie und Praxis in anderer Weise zuspitzten, ist wahrscheinlich. Vgl. Basilius, DSS 12.
87 Dial.mac.I.2.1-8, 6.1-22, 7.8ff.
88 Dial.mac.I.84.20.

scheidung von Usie und Hypostase zu wiederholen.[89] Eine Funktion erhält das Hypostasenmodell nur insofern, als es die Bindung von göttlicher Natur mit Vater- und Sohn-Sein löst. Die Schwierigkeit des Pneumatomachen, den Geist zu bestimmen, besteht darin, daß er binitarisch einsetzt und Vater-, Sohn- und Gott-Sein identifiziert.[90] Der "Orthodoxe" wendet ein, daß Vater und Sohn nicht als Vater bzw. Sohn Gott seien, sondern qua göttlichem Wesen. Er unterscheidet zwei Ebenen und eröffnet so die Möglichkeit, den Geist einzubinden, ohne daß er aber durch diese Differenzierung als solche das vom Pneumatomachen bezeichnete Problem löst, nämlich daß die Rede von den drei Hypostasen ein Konzept für die dritte Person verlangt.

Verschiedene Antworten sind möglich.[91] Gregor von Nyssa setzt in Adversus Macedonianos damit ein, die grundsätzliche Möglichkeit einer Differenzierung innerhalb des göttlichen Wesens zu bestreiten. Er entfaltet die unteilbare Einheit Gottes in dem identischen Wesen und Wirken und reagiert in dieser Weise auf die Forderung der Pneumatomachen nach einer präziseren Unterscheidung der trinitarischen Personen.[92] Gregor von Nazianz bewegt sich im Unterschied zu Gregor von Nyssa auf der von den Pneumatomachen vorgegebenen Argumentationsebene.[93] Er referiert, daß es nach den Pneumatomachen nur Ungezeugt und Gezeugt gebe und die Annahme eines göttlichen Geistes entweder zu zwei Gezeugten oder Ungezeugten, zu zwei Söhnen bzw. Brüdern oder zwei Ursprüngen führe. Gregor von Nazianz demen-

---

89 Dial.mac.I.10 und 16, vgl. die exegetische Argumentation in Hinblick auf die drei ·Hypostasen in dial.trin. III,9ff.

90 Dial.mac.I.1.

91 Daß bei Basilius wie auch bei Athanasius die Terminologie des Zusammenzählens und Zusammenordnens und die Trennung von Geschaffen und Ungeschaffen im Zusammenhang mit der Auseinandersetzung um den Geist erscheinen, wurde bereits erörtert. Es legt sich nahe, daß Basilius bei der Abfassung von DSS eine Art Pneumatomachen vor Augen hatte. Das ganze Spektrum antipneumatomachischer Argumentation, wie es in den ps.-athanasianischen Dialogen vorliegt, findet sich in DSS nicht. Die Position der Pneumatomachen wird nicht explizit referiert. Die Ausführungen Basilius' sind infolgedessen nicht unmittelbar mit den ps.-athanasianischen Dialogen vergleichbar. Für deren Einordnung ist aber die Frage zu berücksichtigen, wie die pneumatomachische Argumentation entstand, inwieweit es Pneumatomachen verschiedener Herkunft gab und wann sich ihre Argumentation so standardisierte, wie es Gregor von Nazianz und Gregor von Nyssa und die Ps.Athanasiana voraussetzen.

92 Diese Annahme liegt nahe, insofern sich in der Schrift Adversus Macedonianos auch die beiden weiteren Elemente der anti-pneumatomachischen Argumentation finden, der Hinweis auf die getrennten Bereiche von Gott und Schöpfung und auf die Praxis der Taufe. Maced.104.8ff, 105.19ff.

93 Gregor von Nazianz, or.31,7f.

tiert die Grundannahme, daß es nur Gezeugt und Ungezeugt und nichts Mittleres gebe.

Theodoret verbindet den Satz, daß der Geist aus Gott sei, ausgegangen vom Vater, mehrfach mit dem Hinweis auf die Grenze menschlicher Erkenntnis. Dieser Hinweis erklärt sich nur aus der Genese des Gedankengangs. In der Darstellung Theodorets ist die Aussage, daß das Hervorgehen des Geistes menschlicher Einsicht nicht zugänglich ist[94], nicht angelegt. Theodoret verweist nicht auf die pneumatomachische Anfrage. Er setzt aber sowohl die Anfrage wie die Antwort voraus und zwar in der Weise, wie sie in den ps.-athanasianischen Dialogen belegt ist. Theodoret knüpft hier also nicht an Gregor von Nyssa und Gregor von Nazianz an, sondern steht den ps.-athanasianischen Dialogen nahe. In diesen Texten bezieht sich die Unbegreiflichkeit auf das Hervorgehen des Geistes.[95] Im Unterschied zu den Dialogen wird bei Theodoret aber die Funktion des Arguments nicht mehr sichtbar.

Die Struktur der Trinitätslehre, wie sie gegenüber den Pneumatomachen erarbeitet wurde, hat einen erheblichen Einfluß auf Theodoret. Das bedeutet, daß nicht nur die Darstellung des Geistes durch Theodoret auf diesem Hintergrund ihre Prägnanz erhält, sondern daß zwei typische Strukturelemente der Trinitätslehre Theodorets - die spezifische Sprachlichkeit im Zusammenhang mit dem Dualismus von Geschaffen/Ungeschaffen sowie das Zurücktreten der Frage, wie Differenz in Gott vorzustellen ist - hier einzuordnen sind. Sofern also die Gestalt der Trinitätslehre Theodorets unter der Wirkung der anti-pneumatomachischen Argumentation steht und diese von den Kappadokiern initiiert wurde, ist hier ein Einfluß zu fixieren. Texte wie die ps.-athanasianischen Dialoge machen aber sehr gut deutlich, daß, wenn man von Einfluß spricht, es sich bei Theodoret nur um einen vermittelten handeln kann.

Die Rezeption des Hypostasenmodells. Die ps.-athanasianischen Dialoge unterscheiden sich von den Texten Theodorets quantitativ durch das Vorkommen der Terminologie, aber auch dadurch, daß in Dialog I De Trinitate und dem Montanistendialog, soweit er vorliegt, die Unterscheidung von Usie und Hypostase das Thema und die Struktur der Dialoge bestimmt.

Dialog I De Trinitate ist konzipiert als Dialog zwischen einem "Orthodoxen" und einem Anhomöer. Der Anhomöer gerät zu einem gelehrigen Schüler, der, abgesehen von den spezifischen Dementis, dem "Orthodoxen" die Fragen stellt, um die Ebenen von Usie und Hypostase zu explizieren. Die Definition der Hypostase in der Bedeutung von τὸ εἶναι im Unterschied zu τὸ

---

94   Theodoret, De trin.1,1176C, 23,1181B.
95   Dial.mac.I.14.26, dial.trin.III,4,1208D-1209A.

τι εἶναι erscheint grundlegend⁹⁶, wobei Hypostase wie Usie jeweils durch ein ἴδιον gekennzeichnet werden⁹⁷, das aber als das Spezifische des Wesens zugleich das Gemeinsame der Hypostasen bestimmt, während Hypostase eine Eigentümlichkeit beinhaltet, die Andersheit formuliert, ohne sich auf Wesensdifferenz oder -einheit beziehen zu können.⁹⁸ Der Einwurf des Anhomöers, daß Vater und Sohn dasselbe seien, sei völlig abwegig, so der "Orthodoxe", ist aber Anlaß, auf ihre gemeinsame Natur zu verweisen.⁹⁹ Warum dann nicht eine Hypostase?¹⁰⁰ Der "Orthodoxe" erläutert die Differenz zwischen Wesen und Hypostase, angemessen sei ein Wesen, nicht eine Hypostase. Wenn der Anhomöer schließt, es handle sich also um drei Wesen¹⁰¹, beschreiben nach dem "Orthodoxen" die Eigentümlichkeiten zwar Differenz, aber nicht auf der Ebene des Wesens.

Der Text belegt, in welcher Weise das Hypostasenmodell präsent ist. Er geht über die Wiederholung der Rede von Usie und Hypostase im Sinn einer Formel nur insofern hinaus, als die verschiedenen Aspekte ausformuliert werden. Deutlich wird die Verwendbarkeit der Argumente. Der Verfasser argumentiert völlig immanent im Rahmen der vorgegebenen Struktur. In welcher Weise liegt eine spezifische Interpretation und damit eine spezifische Rezeption vor? Der Vergleich mit den weiteren ps.-athanasianischen Dialogen zeigt, daß im Zusammenhang mit der Unterscheidung von Usie und Hypostase eine bestimmte Gedankenabfolge vorausgesetzt ist, wie sie vollständig in Dialog I De Trinitate vorliegt.¹⁰²

1. Hypostase und Wesen, konkret Gottheit, werden in Analogie zu der Unterscheidung Art und Individuum definiert. 2. Diese zieht den Hinweis auf Art und Individuum Mensch nach sich. 3. Damit ist das Problem der drei Götter gestellt. 4. Der Orthodoxos löst das Problem nicht grundsätzlich, aber spezifisch. Wie bei Gregor von Nyssa wird erst in dem Vergleich mit Menschheit und verschiedenen Menschen deutlich, daß aus der Analogie zu Art und Individuum, angewendet auf die trinitarische Frage, drei Götter resultieren. Der "Orthodoxe" formuliert, daß die trinitarischen Personen in der Weise drei Hypostasen sind wie Petrus, Paulus und Timotheus drei Menschen, und korrigiert den Vergleich durch biblische Belege über die menschliche Einheit in Christus: Gal.3,28, Mt.19,6. Er wählt eine biblische Meta-

---

96 Dial.trin.I,2,1120A; 16,1141C; 17,1144A.
97 Dial.trin.I,13,1137A-D.
98 Dial.trin.I,15,1140C.
99 Dial.trin.I,11,1133B.
100 Dial.trin.I,16,1141C.
101 Dial.trin.I,15,1140C.
102 Dial.trin.I,2,1120A-C.

pher, die aber nur dann funktioniert, wenn die möglichen drei Götter auf drei Menschen bezogen sind. Die Belege, Gal.3,28 und Mt.19,6 verselbständigen sich und repräsentieren die Vorstellung göttlicher Einheit.[103]

Die ps.-athanasianischen Dialoge belegen eine Fixierung der Argumentation. Die Formel von der einen Usie und den drei Hypostasen impliziert eine definierte Verhältnisbestimmung und ihre Verwendbarkeit in einem bestimmten Argumentationszusammenhang. Ihr bleibt inhärent die Einbindung in den antihäretischen Kontext sowie die grundsätzliche Kritik, die mit dem Drei-Götter-Vorwurf formuliert wurde. Theodoret kennt die Definition von Usie und Hypostase, wie sie in dem skizzierten Dialog vorliegt, nicht, weist auf den Vorwurf der impliziten drei Götter nicht hin und verwendet die Belege Gal.3,28, Mt.19,6 nicht. Trotzdem zeigen die ps.-athanasianischen Dialoge nicht ein Umfeld, in dem die Unterscheidung von Usie und Hypostase eine grundsätzlich andere Bedeutung hatte. Mit dem Vorwurf der drei Götter ist eine Fragestellung präsent, die zur Entfaltung der Einheit Gottes führte und dem Duktus der Ausführungen Theodorets entspricht. Wenn das Interesse der Darstellung auch hier nicht darin besteht, zu fragen, wie Differenz in den Hypostasen aussagbar ist[104], ist deutlich, daß ein erheblicher Teil der trinitarischen Fragestellungen fortgefallen ist. Daß die Verfasser der ps.-athanasianischen Texte nicht auf einer grundsätzlichen Ebene der Struktur des Hypostasenmodells nachgehen, ist eine systematische Beobachtung, die die Rezeption der Hypostasenformel aber weitgehend kennzeichnet.

Die Trinitätslehre beinhaltet nach Theodoret verschiedene Aspekte. Sie ist hierin den ps.-athanasianischen Dialogen, aber auch Ps.Didymus durchaus vergleichbar. Ps.Didymus argumentiert auf dem Boden der Hypostasenlehre.[105] Er verarbeitet anti-pneumatomachisches Material. Beispielsweise bezieht auch Ps.Didymus die Unbegreiflichkeit Gottes auf die nicht einzuholende Unterscheidung zwischen Zeugung und Hervorbringen.[106] Im Rahmen der Darstellung des Geistes kommt, wie auch bei Theodoret, der Gegenüberstellung zu Schöpfung und der Begrifflichkeit des "Zusammenzählens" und "Zusammenordnens" erhebliches Gewicht zu.[107] Ps.Didymus stellt das ungetrennte Sein in dem Herkommen von Sohn und Geist aus dem Vater dar.

---

103 Vgl. dial.trin.III,8,1213B-C, vgl. dial.mont.452.28, 34ff.: Dem Hinweis des Montanisten auf drei Götter hält der Orthodoxe hier unmittelbar die genannten Belege entgegen.

104 Vgl. dial.trin.I,3,1120D, 19,1148A.

105 Ps.Didymus, De Trinitate I,18,344ff.

106 A.a.O.II,1,448Cf.

107 A.a.O.II,2,460A, II,4,481A, 488Bf., II,8,529B, II,16,544Af., II,19,548A, siehe besonders II,5,492f.

Hier hat die Terminologie von Hebr.1,3, von dem Abglanz- und Bild-Sein des Sohnes, erhebliche Bedeutung.[108] Für eine Darstellung des trinitarischen Problems standen verschiedene Fragestellungen zur Verfügung. Ihre Verknüpfung wurde bereits vor Theodoret geleistet. Dies zeigt exemplarisch die Einbindung der Hypostasenlehre in die anti-pneumatomachische Argumentation in den ps.-athanasianischen Dialogen. Die Hypostasenlehre liegt in einer in bestimmter Weise fixierten Gedankenabfolge vor und ist in dieser Weise in Dialog I Contra Macedonianos integriert. Das hat zufolge, daß die Fragestellungen, unter denen die Unterscheidung von Usie und Hypostase erscheint, in Dialog I De Trinitate und Dialog I Contra Macedonianos die gleichen sind, und bedeutet in der Durchführung, daß der Anhomöer und der Makedonier die gleichen Fragen stellen.[109] Der Ertrag der ps.-athanasianischen Dialoge und Ps. Didymus besteht darin, daß hier eine nach-kappadokische Trinitätslehre sichtbar wird und deutlich ist, daß eine Aussage über Theodoret im Verhältnis zu den Kappadokiern diese berücksichtigen muß. Die nach-kappadokische Theologie steht auf dem Boden der Kappadokier, entwickelt Stereotypen im Gedankengang, aber auch die konstruktive Zusammenstellung einzelner Argumente. Hier ist Theodoret einzuordnen.[110] Daß Theodoret in der Tat in dem Umfeld dieser

---

108 A.a.O.I,9,281Cff., I,10, 292Bff., I,16,332D. Vgl. die Anwendung des Gedankens vom Abglanz auf den Geist in Theodoret, Exp.9,1224A und Ps.Didymus De Trinitate I,10,309 A-B.

109 Vgl. die Fragen des Anhomöers in Ps.Athanasius, dial.trin.I,2,1120A, 3,1120D, 11,1133A, 13,1137A, 15,1140C, 16,1141C mit den Fragen des Makedoniers in dial.mac.I,16.1, 17.28, 18.13.

110 Bizer (a.a.O. S.228ff.) formuliert die These, daß die Zusammenstellung der ps.-athanasischen Dialoge in Antiochien zu lokalisieren ist. Er fußt hier auf der These der Altnizäner in Antiochien und der sogenannten Eustathianer-Bibliothek. Wenn Theodoret in das Umfeld der Dialoge gehört, bestätigt sich damit diese These von einer anderen Perspektive her. Die Präsenz einer nach-kappadokischen Trinitätslehre im antiochenischen Umfeld kann weiter die Hinweise auf syrische Übersetzungen in diesem Raum einordnen. Eine direkte Abhängigkeit und systematische Verarbeitung ist hierzu nicht notwendig. Siehe vor allem: M. Breydy, Le Adversus Eunomium IV-V ou bien le Péri Arkon de S. Basile?, in: OrChr 70 (1986), S.67-85. Breydy zeigt, daß Ps.Basilius, Contra Eunomium IV-V, wie der Text heute vorliegt, ein Basilius-Text zugrundeliegt, der vor 460 in Antiochien bekannt war und ins Syrische übersetzt wurde. Siehe hierzu weiter: P.J. Fedwick, The Translations of St. Basil before 1400, in: ders. (Hrsg.), Basil of Caesarea. Christian, Humanist, Ascetic. Anniversary Symposium, Bd. 2, Toronto 1981, S.439-512, S.444ff., besonders 451f.

nachkappadokischen Theologie steht, soll in der Auslegung von Hebr 1,3, ὃς ὢν ἀπαύγασμα τῆς δόξης καὶ χαρακτὴρ τῆς ὑποστάσεως, gezeigt werden.

Die Auslegung von Hebr.1,3. Es liegen in Hebr.1,3 zwei Begriffspaare vor, ἀπαύγασμα τῆς δόξης und χαρακτὴρ τῆς ὑποστάσεως. Sie repräsentieren nach Theodoret verschiedene Aspekte der Trinitätslehre.[111] Ἀπαύγασμα zeige im Bild das ungetrennte Herkommen und ewige Sein des Sohnes mit dem Vater, während χαρακτήρ die Hypostase des Sohnes, die in charakteristischer Ähnlichkeit mit dem Vater selbst Hypostase sei, beschreibe. Diese Auslegung bringt kappadokische oder neunizänische Interessen zum Ausdruck, sie liegt aber bei den Kappadokiern nicht vor.

Ἀπαύγασμα und χαρακτήρ werden bei den Kappadokiern einheitlich ausgelegt.[112] Abglanz ist nach Basilius Name oder göttlicher Titel des Sohnes.[113] Er dient zur Darstellung der Wesensgleichheit von Vater und Sohn.[114] Der Sohn, so Basilius, könne nicht Abglanz dessen sein, dem er selbst völlig fremd ist.[115] Der Begriff Abglanz setzt nach Basilius Ähnlichkeit, zumindest Vergleichbarkeit voraus. Er steht dem Begriff des Bildes nahe[116], insofern ihm die Beziehung zu einem zweiten Gegenstand, den der Abglanz darstellt, inhärent ist. Nach Gregor von Nazianz beschreibt Abglanz die spezifische Gottheit des Sohnes.[117] Der Sohn sei Siegel, Charakter, Bild, wobei in jedem der Begriffe eine besondere Ähnlichkeit zu dem verursachenden und prägenden Prinzip mitgesetzt wird.[118] Der Hinweis auf Abglanz und Licht sei ein Vergleich aus der sichtbar wahrnehmbaren Welt, so Gregor von Nyssa.[119] Er beinhalte, daß das Licht nicht ohne die ihm eigentümliche Wirkung des Leuchtens denkbar sei, daß Licht nicht ohne Abglanz sei und Abglanz notwendig das Licht beinhalte.[120] Die Nicht-Existenz des Abglanzes bedeute das Nicht-Sein des Lichtes.[121] Licht und Abglanz seien nicht zu trennen. Die Strahlen gehen unmittelbar aus der Sonne hervor, zwischen Licht und

---

111 Theodoret, De trin.10,1160A, 16,1173A, Haer.F.C.V.2,452Cff., In Hebr. 680D-684B.
112 Vgl. Basilius, hom.24,4,608B.
113 Basilius, DSS 6,15,25; CE II,8.40f.(588A), vgl. Gregor von Nyssa, CE III,I, 8.17ff.
114 Basilius, CE I,20.9f.(556C).
115 Basilius, CE I,18.24ff.(553Bf.),II,32.42ff.(648Cf.).
116 Basilius, DSS 7.16.35f., CE II,17.5ff.(605B).
117 Gregor von Nazianz, or.29,17.12.
118 Gregor von Nazianz, or.30,20.21.
119 Gregor von Nyssa, CE III.VI (VIII), 190.8ff.
120 Gregor von Nyssa, fid.63.26ff.
121 Gregor von Nyssa, CE III.VI (VIII) 203.21ff.

Abglanz gebe es keinen Abstand, nichts, das vermitteln könne.[122] Angewendet auf das Verhältnis Vater-Sohn geht aus diesem Vergleich hervor, daß Vater und Sohn sich gegenseitig bedingen und zweitens der Sohn ungetrennt aus dem Vater hervorgeht und infolgedessen mitewig mit dem Vater ist.[123] Im Unterschied zu Theodoret beschränken sich die Kappadokier in dieser Auslegung auf einen der möglichen Aspekte. In welcher Weise der Sohn in Hebr. 1,3 als eigene Hypostase wahrgenommen wird, liegt als Fragestellung nicht vor.[124]

Anders ist in den ps.-athanasianischen Dialogen De Trinitate I und II in der Auslegung von Hebr.1,3 gerade diese Fragestellung, wie Theodoret sie formuliert, Thema.[125] Eine Diskussion um die hypostatische Existenz des Sohnes wird sichtbar. Der Anhomöer führt mit dem Hinweis, daß weder Abglanz noch Charakter hypostatisch verstanden werden können, den Begriff der Hypostase ein: οὐκ ἔστιν οὐσία ἐνυπόστατος.[126] Der "Orthodoxe" spricht vom χαρακτὴρ ἐνυπόστατος[127], der Anhömoer fragt: ἀλλὰ ὁ χαρακτὴρ τῆς ὑποστάσεως ἐν τῇ ὑποστάσει ἔχει τὸ εἶναι, οὐκ ἐν ἰδίᾳ ζωῇ;[128] Der "Orthodoxe" führt ἐνυπόστατος durch eine dritte Kategorie, den Namen Sohn, ein. Er definiert in der Auslegung von Hebr. 1,3[129]:'

Ἀπαύγασμα γὰρ εἴρηται, διὰ τὸ συναϊδίως ἐξ αὐτοῦ εἶναι·
χαρακτὴρ διὰ τὴν ὁμοιότητα τῆς ὑποστάσεως·
Υἱὸς διὰ τὸ ἐνυπόστατον.

Theodoret scheibt[130]:
Καὶ τὸ μὲν ἀπαύγασμα τῆς δόξης διδάσκει τὸ συναΐδιον[131]·
τὸ δὲ χαρακτὴρ τῆς ὑποστάσεως καὶ τὸ ἀκριβὲς τῆς ὁμοιότητος
δείκνυσι, καὶ τὸ τῶν ὑποστάσεων διδάσκει διάφορον·
ὁ δὲ λόγος δηλοῖ τὸ ἀπαθὲς τῆς γεννήσεως.

---

122 Gregor von Nyssa CE I,209.11ff., ref.Eun. 351.17ff, 355.8ff.
123 Gregor von Nyssa, CE III.VI (VIII), 190.11ff., vgl. insgesamt weiter: trin.13.11ff., CE III.II (IV), 100.14ff., ref.Eun.330.15ff., 363.16ff.
124 Diese Fragestellung ist ebenso bei Athanasius nicht zu erwarten und liegt hier nicht vor. Vgl. die Verwendung von Hebr 1,3 in: Con.Ar.I,9,29A, I,48,113C, II,32,216A,B, III,1,324A, III,65,461A, besonders ep.Serap.I,20,577A,B, III,2, 628A.
125 Dial.trin.I, 4-6,1121-1125.
126 Dial.trin.II,2,1160B.
127 Dial.trin.I,5,1124C., vgl. Ps. Didymus, De Trinitate I,16, 337B: ἀπαύγασμα εἶναι δόξης, καὶ χαρακτῆρα ὑποστάσεως ἐνυπόστατον καὶ ἀψευδέστατον. Weiter: I,26, 384C: καὶ τῆς δόξης αὐτοῦ τὸ ἐνυπόστατον ἀπαύγασμα, καὶ τὸν χαρακτῆρα τῆς ὑποστάσεως.
128 Ps.Athanasius, dial.trin.I,6,1125A, vgl. II,2,1161A.
129 Dial.trin.I,6,1225A, vgl. II,2,1160C.
130 Theodoret, Haer.F.C.V.2,452D-453A, vgl. In.Hebr 681C: Προσέθεικε δὲ ὅτι καὶ χαρακτήρ ἐστιν ὑποστάσεως, ἀμφότερα κατὰ ταυτὸν διδάσκων, ὅτι καὶ

Die Auslegung Theodorets ist eine Fortführung der Auslegung, wie sie bei Ps.Athanasius vorliegt. Theodoret wie Ps.Athanasius beziehen die Auslegung von Hebr.1,3 auf drei Elemente: auf die Begriffe συναΐδιον, ὁμοιότης und die Differenz der Hypostasen. Im Unterschied zu Ps.Athanasius verteilt Theodoret die Aspekte anders, aber auch in der Zuordnung zu ἀπαύγασμα und χαρακτήρ werden die ursprünglichen drei Elemente sichtbar. Wenn Theodoret einen Satz über den Begriff Logos anhängt, wirkt darin nach, daß der Begriff des Sohnes in diese Argumentation gehört, ohne daß ihm aber in der Interpretation Theodorets noch die Funktion, das ἐνυπόστατον einzuführen, zukommt.

Theodoret geht in dieser Auslegung über die Kappadokier hinaus und setzt eine Diskussion um Hebr.1,3 voraus. In welcher Weise ist auf dem Boden der Hypostasenlehre der Vergleich mit Licht/Abglanz aufrecht zu erhalten? Die Antwort, wie sie Theodoret formuliert, indem er die Aspekte nebeneinanderordnet, erscheint für die nach-kappadokische Theologie typisch.

Es ist festzuhalten, daß erstens eine nach-kappadokische Trinitätslehre existiert, die auf den Ausführungen der Kappadokier aufbaut, nicht aber mit diesen identisch ist, sondern durchaus spezifisch beschreibbar ist, und daß zweitens Theodoret hier einzuordnen ist. Die Auslegung von Hebr. 1,3 macht dieses exemplarisch deutlich. Damit zeigt sich Theodoret als ein typischer Rezipient kappadokischer Trinitätslehre, eingebunden in den nach-kappadokischen Kontext. Man kann "nach-kappadokisch" ausschließlich zeitlich verstehen, es legt sich aber nahe, zu überlegen, inwieweit hier von einem geprägten Umfeld, d.h. einem Typos gesprochen werden kann. Neben einem sachlichen Schwerpunkt werden in Ansätzen fixierte Argumentationsfolgen bzw. terminologische Prägungen sichtbar. Was ist der Ertrag dieser Form von Trinitätslehre im antiochenischen Kontext?

Die bei Theodoret vorliegende Trinitätslehre zeigt deutlich, daß in Antiochien Theologie im Diskurs getrieben wurde und Antiochien nicht eine Position aus sich heraussetzte, die nicht grundsätzlich mit anderen Entwürfen vergleichbar wäre. Die antiochenische Theologie unterliegt, wie das Beispiel Theodorets zeigt, den Entwicklungen des 4. und 5.Jahrhunderts.

Wenn gerade in Hinblick auf die antiochenische Christologie die Angleichung trinitarischer und christologischer Begrifflichkeit diskutiert wird[132],

---

καθ᾽ ἑαυτὸν ὑφέστηκε, καὶ ἐν ἑαυτῷ δείκνυσι τοὺς πατρικοὺς χαρακτῆρας. Vgl. weiter De trin.10,1160A.

131 Vgl. Theodoret, In Hebr 681C: Ὠνόμασε δὲ αὐτὸν καὶ ἀπαύγασμα δόξης, καὶ τὸ συναΐδιον διὰ τούτου, καὶ τὸ ταυτὸν τῆς οὐσίας σημαίνων.

132 Z.B. Grillmeier, a.a.O., S.336f.

handelt es sich also nicht um ein isoliertes Problem. Trinitarische Terminologie meint hier die Hypostasenformel. Ein komplexes Bild der Trinitätslehre muß in der Tat die terminologische Bedeutung der Hypostasenformel berücksichtigen. Wenn aber die terminologische Klärung die Realisierung der "hypostatischen Union" impliziert, ist eine Reflexion der ontologischen Voraussetzungen und der Eigentümlichkeit von Einung zu erwarten. Auf dieser Ebene stellt die bei Theodoret vorliegende Gestalt der Trinitätslehre den Zusammenhang zwischen Trinitätslehre und Christologie deutlich infrage.

Ebenso stellt Theodor von Mopsuestia zwar Grundzüge der Hypostasenlehre dar[133], verwendet aber den Begriff *hypostasis* außerhalb der engeren Einbindung in die Unterscheidung von Usie und Hypostase kaum. Ps.Nestorius[134] spricht im Liber Heraclides[135] von *prosopon* in Abgrenzung zu *hypostasis* und damit im Gegensatz zu einer physisch begriffenen Einung in Christus. Nestorius[136] formuliert die Differenz, die in der Rede von *prosopon* bzw. *hypostasis* als einheitstiftend besteht, als ungelöste Frage. Er selbst kennt zwei Wesen oder Naturen, diese implizieren zwei Prosopa und werden in einem Prosopon geeint. Inwieweit Nestorius eine Bezogenheit zwischen Christologie und Trinitätslehre herstellt[137], ist diskutiert.[138] Wenn Nestorius das Thema "hypostatische Union" aufnimmt[139], ist dieses durch die christologische Kontroverse mit Alexandrien veranlaßt. Die Trinitätslehre, wie sie bei Theodoret vorliegt, macht unwahrscheinlich, daß diese die Vorstellung "hypostatischer Union" aus sich heraussetzte. Nestorius nimmt im Liber Heraclides Gregor von Nazianz für sich in Anspruch.[140] Dafür aber, daß es durch die von Cyrill initiierte Terminologie zu einer erneuten Diskussion um kappadokische Trinitätslehre, und zwar der Unterscheidung von Usie und Hypostase, kam, ergeben sich aus der Trinitätslehre Theodorets keine Anhaltspunkte.

---

133 Theodor von Mopsuestia, hom.cat. II,3,5, III,2.

134 Liber Heraclides (LH) Bedjan 32ff./Driver 22ff., vgl L. Abramowski, Untersuchungen zum Liber Heraclidis des Nestorius, (Corpus Scriptorum Christianorum Orientalium, Vol.242, Tom.22) Louvain 1963, S.183ff.

135 Die literarkritische Abgrenzung eines Ps.Nestorius (Bedjan 10-125) durch Abramowski (a.a.O.) ist hier vorausgesetzt. Vgl. die kritische Diskussion durch R.F. Chesnut, The Two Prosopa in Nestorius' Bazaar of Heraclides, in: JThS NS.29 (1978), S.392-409.

136 Abramowski, a.a.O. S.202ff., Richard, L' introduction du mot "hypostase" dans la théologie de l' incarnation, in: MSR 2 (1945), S.255ff.

137 Siehe: LH Bedjan 342/Driver 247.

138 Z.B. Grillmeier, a.a.O.

139 LH Bedjan 228ff./Driver 156ff., Bedjan 239/Driver 163f.

140 LH Bedjan 280f./Driver 200.

4. Die Bedeutung der Trinitätslehre in der Zeit des christologischen Streites

Die Ausführungen Theodorets zur Trinitätslehre zeigen grundlegend: 1. Theodoret beschäftigt sich mit der Trinitätslehre, d.h. die Trinitätslehre ist Gegenstand der theologischen Debatte des 5.Jahrhunderts. 2. Theodoret konzipiert die Trinitätslehre auf die Einheit Gottes hin und legt damit eine sachliche Akzentuierung vor. 3. Die Trinitätslehre Theodorets geht weitgehend in dem Typos der nach-kappadokischen Trinitätslehre auf und kennzeichnet so Theodoret als einen typischen Vertreter des frühen 5.Jahrhunderts.

Die hierin formulierte These läßt sich verifizieren. Die Zeitgebundenheit der Theologie Theodorets wird in dem Gegenüber zu Cyrill von Alexandrien deutlich. Die Gegenüberstellung zu Cyrill von Alexandrien liegt nicht nur aufgrund der historischen Situation des christologischen Streites besonders nahe, sondern vor allem insofern, als die großen dogmatischen Werke Cyrills Arbeiten zur Trinitätslehre sind. Cyrill bestätigt die Bedeutung der Trinitätslehre für das 5. Jahrhundert. Er ist zudem ein prägnantes Beispiel dafür, was ein Konzept der Trinitätslehre auf das Thema der Einheit Gottes hin meint. Das bedeutet, daß ausgehend von der Trinitätslehre Theodoret und Cyrill nicht als Kontrahenten in den Blick kommen, sondern die bei Cyrill vorliegende Form der Trinitätslehre die Überlegungen zur Trinitätslehre Theodorets vertieft.

Die im 5.Jahrhundert lange vollzogene Schwerpunktverlagerung in der trinitarischen Argumentation, die sich nicht mehr an der Unterscheidung der Hypostasen, sondern an dem Thema der Einheit Gottes orientiert, wird relevant für die Bestimmung des Verhältnisses von Christologie und Trinitätslehre in der Zeit Theodorets. Sie macht deutlich, daß Christologie und Trinitätslehre unterschiedliche Ansätze beinhalten und nicht in unmittelbarer Kontinuität entwickelt wurden.

4.1. Cyrill von Alexandrien

Die Forschung zu Cyrill von Alexandrien folgt zwei sehr unterschiedlichen Fragestellungen. Auf der einen Seite steht im Mittelpunkt des Interesses die historische Rekonstruktion von Verlauf und Hergang des christologischen

Streites.[1] Eine spezifisch theologisch motivierte Grundlegung für eine Erklärung der Vorgänge erscheint hier im Ansatz insofern nicht notwendig, als politisches Kalkül und Interesse sowie geschicktes Taktieren die Position Cyrills in der Auseinandersetzung hinreichend kennzeichnen.[2] Der Streit um die Christologie ist hier die Neuauflage traditioneller Feindseligkeiten zwischen Antiochien und Alexandrien, als solcher durchaus eingebettet in den Hintergrund der spezifischen alexandrinischen Frömmigkeit[3], ohne aber durch eine systematische Leitidee angeregt worden zu sein.

Auf der anderen Seite wird es gerade als die Leistung Cyrills dargestellt, die neue alexandrinische Christologie in dem Bewußtwerden des einheitlichen christologischen Subjektes und der Notwendigkeit, dieses zu formulieren, grundgelegt zu haben. Cyrill kommt hier von einer systematisch konstruierenden Seite her in den Blick. Dies beinhaltet, daß Cyrill eine Kategorie christologischer Einheit, verstanden als ontologische Kategorie, entwickelte.[4]

Der Ansatz in der Trinitätslehre impliziert die Frage nach einem systematischen Zusammenhang und kann so die Angemessenheit bestimmter Kategorien in der Darstellung der Christologie Cyrills kritisch aufnehmen.

4.1.1. Trinitätslehre als Konzept der Einheit Gottes

Cyrill bearbeitet das trinitarische Thema mit einer für seine Zeit erstaunlichen Präzision.[5] Seine Ausführungen liegen vor in den ausführlichen Wer-

---

1 Vgl. die präzise Darstellung von L. Abramowski, Der Streit um Diodor und Theodor zwischen den beiden ephesinischen Konzilien, in: ZKG 67 (1955/56), S.252-82.

2 Diese Position findet sich exemplarisch in der Darstellung von Schwartz (E.Schwartz, Cyrill und der Mönch Viktor, [SBAW.phil.-hist.Kl.208,4] Wien 1928) und ist bereits Reaktion auf die grundlegende Kritik der Christologie Cyrills in der liberalen Dogmengeschichtsschreibung. Vgl. A.v.Harnack, Lehrbuch der Dogmengeschichte II, Tübingen [4]1909, S.349-55.

3 Chadwick kann diese am Thema Abendmahl fixieren, siehe: H. Chadwick, Eucharist and Christology, in: JThS NS. 2 (1951), S.145-164.

4 Siehe A. Grillmeier, Jesus Christus im Glauben der Kirche, Bd. 1, Von der Apostolischen Zeit bis zum Konzil von Chalcedon (451), Freiburg [2]1979, S.673-686, J. Lynch, ΠΡΟΣΩΠΟΝ and the Dogma of Trinity: A Study of the Background of Conciliar Use of the Word in the Writings of Cyril of Alexandria and Leontius of Byzantium, Fordham University 1974, S.123ff.

5 Zur Trinitätslehre Cyrills von Alexandrien liegen bisher vor: E.P. Meijering, Cyril of Alexandria on the Platonists and the Trinity, in: Ders., God Being History. Studies in Patristic Philosophy, Amsterdam/Oxford 1975, S.114-129; sowie die Darstellung Charliers über die Ausführung Cyrills zum Geist: N. Charlier, La doctrine sur le saint Esprit dans le "Thesaurus" de saint Cyrille de

ken *Thesaurus de sancta et consubstantiali trinitate*[6] und den sieben Dialogen *de sancta et consubstantiali trinitate*. In diesen Arbeiten nimmt Cyrill das Genus der Contra-Eunomium-Literatur auf. Man kann dieses auf einer literarischen Ebene verstehen, wie Liébaert es tut.[7] Sieht man aber davon ab, Bezüge zu einer verlorenen Didymus-Schrift Contra Eunomium zu konstruieren[8], repräsentiert Cyrill besonders in der Aufnahme logischen Materials eine durchaus eigenständige Form der Darstellung.

Zu den Grundaussagen Eunomius' gehört die Identifikation von göttlichem Wesen mit der Eigenschaft Ungezeugt.[9] Cyrill wiederholt demgegenüber nicht, daß Ungezeugt als eigentümliche Differenz, welche die Person des Vaters kennzeichnet, nicht auf der Ebene des Wesens aussagbar ist. Warum also ist nach Cyrill Ungezeugt nicht identisch mit göttlichem Wesen?

Nach Cyrill gelten die Bedingungen einer Definition auch im Hinblick auf die Beschreibung des göttlichen Wesens. Das Hypostasenmodell ist nach Cyrill ein Konzept, das diesen Bedingungen genügt und somit auch die Geltung dieser Bedingungen formuliert.[10] Ungezeugt ist nach Cyrill deshalb nicht Definition göttlichen Wesens, weil der Begriff Ungezeugt im Unterschied zum Hypostasenmodell den formalen Bedingungen einer Definition nicht entspricht.[11] Erstens sage eine Definition die spezifische Differenz im Hinzutreten des Besonderen zum Allgemeinen aus, und dieses liege in einem einzigen Begriff wie Ungezeugt nicht vor.[12] Zweitens setze eine Definition die Umkehrbarkeit ihrer Aussage voraus.[13] Der Satz, Gott ist ungezeugt, aber sei nicht umkehrbar, sofern nicht alles Ungezeugte Gott ist.[14] Drittens

---

Alexandrie, in: StPatr II (TU 64) 1957, S.187-193. Meijering konzentriert sich allerdings weitgehend auf mittelplatonische Bezüge in Contra Julianum. Hierzu siehe: R.M. Grant, Greek Literature in the Treatise De Trinitate and Cyril contra Julianum, in: JThS. NS. 15 (1964), S.265-279.

6 Siehe zu der handschriftlichen Überlieferung und der Frage der Datierung: N. Charlies, Le "Thesaurus de Trinitate" de saint Cyrille d'Alexandrie, in: RHE 45 (1950), S.25-81.

7 J. Liébaert, La doctrine christologique de saint Cyrille d'Alexandrie avant la querelle nestorienne, Lille 1951, S.56. 60f. (= Liébaert, La doctrine christologique).

8 Ebd.

9 Dial. II,423.12f.

10 Vgl. die Definition des Begriffs Zeugung durch Gregor von Nyssa, hierzu: K.2.3., S.84ff.

11 Dial. II,424.32ff.

12 Dial. II,425.2ff., Thes. II.29C.

13 Dial. II,427.11ff.

14 Dial. II,423.26ff.

bestehe eine Definition grundsätzlich weder in einer Negation noch in der Aussage einer Relation.[15]

Wenn also nach Eunomius Ungezeugt eine spezifische Differenz meint, bleibe offen, so Cyrill, von welchem Wesen sie ausgesagt werde. Die Definition des Menschen als ζῷον λογικὸν θνητόν zeige als Beispiel einer korrekten Definition, daß die Aussage Eunomius' unvollständig sein muß und der Begriff Ungezeugt allein nicht hinreichend sei.[16] Hinzukomme, daß faktisch Ungezeugt wie auch Gezeugt weder Gattung noch Art kennzeichnen, sofern nicht alles Ungezeugte unter einem Begriff subsumierbar sei. Ungezeugt bezeichne also, so Cyrill, nicht das τί ἐστιν.[17]

Es liegt eine in bestimmter Weise technische Argumentation vor. Wie Ungezeugt aussagbar ist, wird nicht geklärt. Cyrill verwendet Material, das einen aristotelischen Hintergrund repräsentiert.[18] Zu fragen ist aber, ob und in welcher Weise dieses Material in die positive Bestimmung der Trinitätslehre Cyrills eingegangen ist.

Cyrill strukturiert das trinitarische Problem durch zwei Anfragen. 1. Inwieweit ist der Begriff Vater eine uneigentliche Redeweise?[19] 2. Wie unterscheiden sich in der Sache Zeugen und Schaffen?[20] Die Probleme hängen zusammen. Wenn Gott darin begriffen wird, daß ihm keine Ursache vorausgeht und er der seinsetzende Grund ist, liegt die Rede von Vater und Sohn auf einer anderen sprachlichen Ebene und stellt so die Frage nach der Interpretation eines Begriffes wie Vater. Wenn Vater- und Schöpfer-Sein Gottes nicht Metaphern derselben seinsetzenden Tätigkeit sein sollen, muß eine Differenz fixierbar sein.

Die Abgrenzung von Zeugen und Schaffen ist bereits Thema in den Syllogismen des Thesaurus. Wenn Zeugen und Schaffen identisch seien, so Cyrill,

---

15 Dial. II,427.38ff., 428.21ff., Thes. II,29Cf., 33C.

16 Thes. II,28Cf., 29Bf., 32A.

17 Vgl. die Frage der Definition des Begriffs Zeugung bei Gregor von Nyssa, CE I,157.15ff. Cyrill steht in dieser Argumentation Ps. Basilius IV, 688 B-C nahe. Auf Bezüge hat bereits Liébaert hingewiesen, Liébaert, La doctrine christologique, a.a.O. S.58-61.

18 Siehe hierzu vor allem: R.M. Siddals, Logic and Christology in Cyril of Alexandria, in: JThS NS. 38 (1987), S.341-367. Auf die Bedeutung Aristoteles' für Cyrill haben bereits hingewiesen: J. de Gellinck, Quelques appréciations de la dialectique et d'Aristote durant les conflits Trinitaire de IVe siècle, in: RHE 26 (1930), S. 5-42; J.M., Labelle, Saint Cyrille d'Alexandrie témoin de la langue et de la pensée philosophiques au Ve siècle, in: RevSR 52 (1978), S.135-158, RevSR 53 (1979), S.23-42.

19 Dial. II,432.1f.

20 Dial. II,436.37ff.

und der Sohn selbst schaffe, folge daraus, daß der Sohn zugleich Vater sei. Der Sohn ist nicht Vater, also seien Zeugen und Schaffen nicht identisch.[21] Wenn das Geschaffene in der Tatsache, daß es geschaffen ist, sich gleiche und weiter das Geschaffene sich voneinander nicht unterscheide, der Sohn sich aber in allem von Schöpfung unterscheide, unterscheide er sich, so Cyrill, von der Schöpfung auch in der Sache des Entstehens.[22] Cyrill führt die Bedeutung der Fragestellung von bestimmten Prämissen her vor. Der Gedankengang basiert bereits hier auf zwei Grundentscheidungen. 1. Der Sohn ist nicht geschaffen. Cyrill argumentiert mit der Trennung zwischen Gott und Schöpfung. Er kann diese soteriologisch grundlegen. 2. Cyrill definiert Zeugen im Unterschied zu einem Wirken "von außen", ἔξωθεν, als ein unvermitteltes Aus-Sich-Heraussetzen.[23] In dieser Definition ist die trinitarische Verhältnisbestimmung bereits in bestimmter Weise angelegt. In den damit gesetzten Schwerpunkten unterscheidet sich Cyrill nicht von der nach-kappadokischen Form der Trinitätslehre.

Cyrill formuliert eine Analogie zwischen der Trennung von Gott und Schöpfung und der Unterscheidung zwischen Zeugen und Schaffen.[24] Inwieweit kann Cyrill hier Probleme lösen? Cyrill wiederholt den Dualismus Gott/Schöpfung.[25] Er versteht ihn in der Weise, daß in Gott und Schöpfung jeweils eine Natur, bzw. Gattung univok ausgesagt wird. Die Tatsache, daß Gattung nicht mehr oder weniger ausgesagt werden kann[26], verwendet Cyrill als Argument dafür, daß keine Mittelinstanz zwischen Gott und Schöpfung denkbar ist. Der Begriff des Geschöpflichen entspricht nach Cyrill einer Gattungsaussage. Sonne und Pferd beispielsweise seien in gleicher Weise Geschöpfe.[27] Entsprechend kann nach Cyrill auch der Begriff Gott keine Abstufungen enthalten.[28]

Das Gott-Sein des Sohnes führt Cyrill in der Kombination von drei Aussagen aus. Cyrill bezieht erstens den Dualismus von Gott/Schöpfung auf den Sohn. Der hieraus resultierenden Gottheit des Sohnes entspricht zweitens die ökonomische Aussage, d.h., das vom Sohn ausgesagte Wirken ist göttliches

---

21 Thes. XVIII,309A.
22 Thes. XVII,305A-B.
23 Thes. XVIII,309B-C. Cyrill ordnet entsprechend Schaffen und Zeugen der Energie bzw. der Natur zu, Thes. XVIII,312C.
24 Dial. II,440.32f.
25 Z.B. Dial. III,483.20-22, Dial. IV,528.42ff., 531.39ff.
26 Vgl. Aristoteles, cat.3b-4a, vgl. Ps.Basilius, ep.38,2-3, siehe hierzu K.2.2.3., S.99f.
27 Dial. IV,518.13ff.
28 Dial. IV,531.20ff.

Wirken. Dieser Satz geht drittens ein in das soteriologische Axiom, daß nur Gott Heil wirken kann. Diese drei Aussagen sind an einem Punkt zugespitzt darstellbar, dem Schöpfer-Sein des Sohnes.

Der Dualismus zwischen Gott und Schöpfung findet Ausdruck darin, daß der Sohn nicht Geschöpf, sondern nach Cyrill selbst Schöpfer ist. Gerade in dieser Fähigkeit und Tätigkeit überschreitet der Sohn das Geschöpfliche und weist sich selbst als Gott aus. In welcher Weise das Schöpfer-Sein des Sohnes zu verstehen ist, war umstritten. Schuf Gott zunächst ein Werkzeug, mittels dessen er dann schaffen konnte? Und was bedeutet ein Werkzeug, wenn Gott dieses benötigt?[29] Oder meint die Aussage des Sohnes als Schöpfer, daß Gott Vater in Untätigkeit versinkt und im Unterschied zum Sohn nur ein einziges Geschöpf, den Sohn, schaffen konnte?[30] In jedem Fall zeichnet auch hier den Sohn seine Schöpfermacht aus und unterscheidet ihn von geschöpflichen Fähigkeiten.

Cyrill formuliert einen Zusammenhang zwischen ἐνέργεια und φύσις. Identisches Wirken setzt nach Cyrill eine gemeinsame Natur voraus, d.h., aus dem göttlichen Wirken ist nach Cyrill auf die göttliche Natur zu schliessen.[31] Indem Cyrill das Wirken des Sohnes als göttliches an das soteriologische Axiom anbindet, entsteht ein geschlossener Gedankengang. In dem soteriologischen Bezug ist das Wirken des Sohnes notwendig göttlich definiert, da nach Cyrill nur Gott Heil wirken kann.[32] Insofern die soteriologische Tätigkeit Gottes in den Kategorien des Schöpfungshandelns als Neuschöpfung verstanden wird, wird noch einmal deutlich, daß nur der Sohn und zwar als Schöpfer dieses leisten konnte.[33]

In der Struktur der soteriologischen Aussage wiederholt sich der Dualismus Gott/Schöpfung. Belebt wird nach Cyrill das Sterbliche, da dieses das Leben nicht von Natur besitze. Belebtwerden ist Anteilhabe am Leben. Anteilgeben könne aber nur der, welcher nicht Leben oder Licht empfangen habe, sondern selbst Leben oder Licht sei. Auf der einen Seite ist nach Cyrill Leben erworben, hinzugekommen und möglicherweise verlierbar, auf der anderen natürliche Eigentümlichkeit.[34] Schaffen - Geschaffenwerden, Lebendigmachen - Belebtwerden, Erworben - Natürlich sind Darstellungsformen der Unterscheidung zwischen Gott und Schöpfung.

Die soteriologische Argumentation kann den Sohn als göttliches Subjekt belegen. Cyrill formuliert verschiedene Facetten der These, daß der Sohn

---

29 Dial. IV,536.27ff., vgl. Dial. IV,524.44ff.
30 Dial. IV,523.16ff.
31 Dial. III,467, 45ff., III,483.25ff.
32 Dial. IV,508.34ff.
33 Dial. VI,620.14ff.
34 Dial. III,482.23ff.

nicht geschaffen ist. Er entwickelt in diesem Ansatz aber nicht eine Differenzierung zwischen Schaffen und Zeugen. In welcher Weise wird Zeugen ausgesagt?

Zeugung ist Metapher der Konstitution wesentlicher Gemeinschaft. Sie basiert aber zudem darauf, daß Vater und Sohn hier eine Relation beschreiben, die eine besondere Unmittelbarkeit zum Ausdruck bringt.[35] Trotzdem geht der Vater dem Sohn als Ursache voraus. Nach Cyrill ist diese Tatsache zu interpretieren und beinhaltet in jedem Fall nicht, daß damit notwendig auf das Geschaffensein des Sohnes zu schließen sei. Indem Cyrill dieses als Gegenüber einer zu explizierenden Trinitätslehre wahrnimmt, gewinnt seine Darstellung einen Akzent, der auf die Ununterscheidbarkeit der trinitarischen Personen hinausläuft und als solcher für die Zeit Cyrills symptomatisch ist. Was meint Unmittelbarkeit?

Die Aussage der Unmittelbarkeit von Vater und Sohn ist orientiert an der Gegenthese von einem Abstand zwischen Vater und Sohn, der in der Vorstellung des Zeugens zeitlich, insofern der Vater früher als der Sohn ist[36], und räumlich, insofern Zeugung Trennung und Teilen impliziert[37], angelegt ist. Der Gedanke einer Unmittelbarkeit bleibt zeitlich-räumlichen Kategorien verhaftet, versucht aber die Überwindung dieser Kategorien zu formulieren. Cyrill legt die Unterscheidung zwischen Körper und Unkörperlich zugrunde[38] und schließt aus dieser Unterscheidung, daß Gott nicht den Kategorien von Ort, Größe und Quantität unterliegt.[39] Trennung aber setzt nach Cyrill eine Vorstellung von Raum voraus, Teilung bedinge Begrenzung, die wiederum nur in den genannten Kategorien meßbar werde. Trennung und Teilung also können nach Cyrill nur von Körpern ausgesagt werden und kennzeichnen Zeugung im Bereich der Körper, nicht aber im Bereich des Unkörperlichen. In Abgrenzung zu Trennung, Teilung, weiter zu Zeit und Leiden definiert Cyrill Zeugung im Bereich des Unkörperlichen, d.h. des Göttlichen durch: τῇ τοῦ γεννῶντος ὑπάρξει συνεπινοουμένου τε καὶ συνυφεστηκότος.[40] Cyrill expliziert dieses exemplarisch.

Der Sohn sei Bild des Vaters und als solches aufgrund einer umfassenden Ähnlichkeit untrennbar mit diesem verbunden.[41] Eine weitere Analogie liefert nach Cyrill der Akt des Sprechens.[42] Der Mensch erzeuge Worte ohne Tei-

---

35 Dial. II,431.33ff.
36 Dial. II,435.39ff.
37 Dial. II,443.7ff.
38 Dial. II.447.15ff.
39 Dial. II,446.33ff., besonders 447.7f.
40 Dial. II,449.35-37.
41 Dial. V,552.30ff, 553.40f.
42 Vgl. hier die Aussagen Theodorets, K.3.2.3.

lung und Leiden, ohne daß die geistige Tätigkeit früher wäre und das Wort vom Denken getrennt werden könne. Denken fordere Artikulation, und Rede würde ohne Gedanken sinnlos. Nus und Logos bedingen sich gegenseitig.[43] Der Hinweis Cyrills auf Wort und Geist zielt auf das Hervorbringen von Sprache und formuliert damit ein Modell von Zeugung, d.h. von dem Herkommen des Sohnes aus dem Vater.[44] In der Durchführung beinhaltet der Vorgang des Erzeugens hier nichts anderes als Abbilden. Das Wort komme, so Cyrill, aus dem Inneren des Geistes an die Oberfläche, indem es dieses abbilde und darstelle. Das bedeutet, so Cyrill, daß das Wort zwar vom Geist unterschieden ist, sich zu diesem aber insofern untrennbar verhalte, als es den Geist in sich habe, bzw. im Geist sei.[45]

Cyrill wiederholt diesen Sachverhalt anhand von weiteren Beispielen. Wie verhalten sich die Sonne und ihre Strahlen? Auch hier geschieht, so Cyrill, Erzeugung ohne Teilung, Trennung, Leiden und Verlust. Die Sonne gieße Licht aus, und indem sie es nach außen aus sich heraussetze, scheint sie es in Differenz zu entlassen. Die Unterscheidung zwischen Sonne und Licht sei aber nur begrifflich. Die Natur der Sonne werde erst im Licht sichtbar, wenn die Sonne Licht ausstrahlt. Die Sonne schüttet Licht aus, existiert in ihren Strahlen und hat zugleich das Licht vollständig in sich. Sonne und Strahlen beschreiben also eine ungetrennte Koexistenz.[46] Inwieweit aber führen solche Ausführungen über die Aussage des ungetrennten Seins hinaus auf die Ununterscheidbarkeit und Identität der Gegenstände hin?[47]

Cyrill nennt in Sonne und Strahlen ein Beispiel, in dem eine Differenz nur begrifflich besteht.[48] Der Hinweis auf Farbe und zugrundeliegende Substanz[49] zielt auf dieselbe Sache. Das Weiße ist weiß nur in einem weißen Gegenstand. Zwischen Farbe und Substanz könne, so Cyrill, theoretisch unterschieden werden, ohne daß aber diese Differenzierung zur Folge habe, daß Substanz früher als die Farbe sei. Der Vergleich gelingt im Hinblick darauf, daß diese Differenzierung nur bedingt eine logische Vorordnung einer der beiden Seiten beinhaltet. Wenn aber in diesem Beispiel Farben und zugrunde-

---

43 Dial. II,450.28ff.

44 Vgl. diesen Gedankengang bei Theodoret, K.3.2.3., S.127f.

45 Dial. II,452.10-15: Ὅτι λόγου μὲν ἡ ἐκ νοῦ πρὸς τὸ ἔξω φορὰ καὶ τὸ ἀπαθὲς τῆς γεννήσεως καὶ μὴν ὅτι τὸ γεννηθὲν οὐ διατετμήσεται, μενεῖ δὲ μᾶλλον αὐτό τε ἐν τῷ γεννήσαντι νῷ καὶ τὸν γεννήσαντα νοῦν ἕξει που πάντως ἐν ἑαυτῷ, διαρκέστατά τε μάλα σαφῶς ἐκδείξειεν ἄν, καὶ πρός γε δὴ τούτοις ὅτι συμφυᾶ τε ἀμέσως καὶ συνυφεστῶσαν ἔχει ταῖς ἐννοίαις τὴν ὕπαρξιν.

46 Zu diesen Aussagen bei den Kappadokiern vergleiche K.3.3., S.168f.

47 Dial. II,452.41- 453.25.

48 Vgl. Gregor von Nyssa, ep.38,7, hierzu: K.2.3, S.98ff.

49 Dial. II,451.27- 452.5.

liegende Substanz in gleicher Weise einen Gegenstand konstituieren und der notwendige innere Zusammenhang darin besteht, daß Farbe keine selbständige Existenz besitzt, nicht aus sich selbst besteht, sondern nur inhärierend weiß oder schwarz ist, wird die Übertragbarkeit der Aussage auf den trinitarischen Gegenstand fraglich.

Cyrill will einen konstitutiven Zusammenhang zwischen Vater und Sohn darstellen und tut dieses mittels von Vergleichen, die dadurch funktionieren, daß Strahlen oder Farben in explizit nicht-selbständiger Existenz begriffen werden. Verhalten sich also Vater und Sohn wie beispielsweise das Weiße zu seiner zugrundeliegenden Substanz? Das würde bedeuten, daß der Sohn zu einem Akzidenz des Vaters würde.

Akzidentien können nach Cyrill entweder natürliche untrennbare oder zufällige und trennbare Eigenschaften aussagen.[50] Der Satz Cyrills, daß grundsätzlich in Gott keine Akzidentien zu denken seien, bezieht sich auf das Akzidenz als eine zufällige, der Änderung unterworfene Beschaffenheit, die Cyrill Gott nicht zuschreiben will. Cyrill führt eine zweite Unterscheidung ein zwischen inhärent und selbständig, $\dot{\epsilon}\nu\acute{o}\nu\tau\alpha/\dot{\epsilon}\nu\upsilon\pi\acute{\alpha}\rho\chi o\nu\tau\alpha$ und $\dot{\epsilon}\nu\upsilon\pi o$-$\sigma\tau\acute{\alpha}\tau\omega\varsigma$.[51] Beide Definitionen haben anti-eunomianisch die Funktion, die Identifizierung von Ungezeugt mit dem Wesen Gottes zu lösen: Als selbständige Eigenschaft nämlich ist Ungezeugt von dem göttlichen Wesen unterschieden[52], und umgekehrt als inhärierend ist Ungezeugt nicht mit einem notwendig selbständig zu denkenden Wesen Gottes identisch.[53]

Der Begriff des Akzidenz hat eine Funktion in der Argumentation. Die Form, in der Cyrill das natürlich inhärierende Akzidenz einführt, macht deutlich, daß der Begriff Akzidenz nicht auf den Begriff der Hypostase hinführt. Cyrill unterscheidet die inhärierende und hypostatische Seinsweise. Die genannten Vergleiche basieren auf einem inhärierenden Verhältnis der Gegenstände und entsprechen damit dem Begriff des Akzidenz. Versteht also Cyrill den Sohn inhärierend und kann ihn damit nicht hypostatisch fassen? Cyrill läßt den Dialogpartner B im Dialog V das Problem formulieren, dieser knüpft an die Terminologie von Hebr.1,3 an. Wenn Bild, $\chi\alpha\rho\alpha\kappa\tau\acute{\eta}\rho$, keine selbständige Seinsweise bedeute, sondern in der Sache von seinem Gegenstand abhängig und, sofern es in der zugrundeliegenden Substanz gedacht werde, Akzidenz sei, folge daraus, daß der Sohn als $\chi\alpha\rho\alpha\kappa\tau\acute{\eta}\rho$ des Vaters ungetrennt, aber nicht in eigener Hypostase bestehe. Der Begriff des Bildes

---

50 Dial. II,421.17ff.
51 Dial. II,421.21ff, 433.31ff.
52 Dial. II,421.26ff.
53 Dial. II,434.6ff.

impliziere keine Hypostase.[54] Cyrill dementiert. Der Sohn sei nicht ein un-
selbständiger Charakter, ἀνυπόστατος χαρακτήρ[55], er sei nicht Akzidenz,
der Sohn sei Hypostase. Der Gedankengang ist in gleicher Weise bei
Theodoret und in den ps.-athanasianischen Texten belegt.[56]
    Cyrill beschreibt einen Sachverhalt, er definiert nicht den Begriff Hypo-
stase. Der Sohn ist nach Cyrill auf der einen Seite nicht von der Hypostase
des Vaters getrennt, auf der anderen Seite geht er nicht in dieser auf, sondern
ist selbst Hypostase. Die selbständige Existenz des Sohnes aber bestimmt
Cyrill lediglich darin, daß der Sohn nicht ἀνυπόστατος ist.[57] Wie sagt Cyrill
die Hypostase des Sohnes aus? Cyrill nähert sich dem Begriff durch Abgren
zung. Er unterscheidet die körperliche und unkörperliche Seinsweise. Der
Begriff der Hypostase unter den Bedingungen unkörperlicher Existenz bedeute, so Cyrill, keine getrennte Existenz, da diese Begrenzung und damit
die Kategorien von Ort, Größe und Quantität voraussetzen würde. Cyrill integriert also den Begriff der Hypostase in seine Vorstellung von einer ungetrennten und ungeteilten Existenz von Vater und Sohn.[58]
    Die Frage, was Vater und Sohn unterscheidet, wenn sie in nichts verschie-
den und also identisch sind, beantwortet Cyrill nicht. Die vollkommene
Gleichheit von Vater und Sohn bezieht Cyrill auf eine gemeinsame Natur.
Vater und Sohn unterscheiden sich, so Cyrill, genausowenig wie ein Mensch
vom Menschen. Cyrill ordnet die Frage nach Differenz als Ansatzpunkt für
ein mögliches Geschaffen-Sein des Sohnes ein. Die Rede von Größer oder
Geringer benutzt Cyrill für den Hinweis, daß Vergleichbarkeit grundsätzlich
eine Gleichartigkeit voraussetzt.[59] Allerdings, so Cyrill, stehe Gott jenseits
von Vergleichbarkeit, einmal, da ein möglicher Maßstab des Messens dem
Menschen nicht zugänglich ist, vor allem aber, weil Cyrill keinerlei Kategorien für Differenz erarbeitet. Damit ist festzuhalten, daß auch Cyrill sich in-

---

54 Dial. V,557.35-40: ὅ τινος, ὦ βέλτιστοι, χαρακτὴρ εἴη δήπου πάντως ἂν οὐκ ἐν
    ὑποστάσει τῇ καθ᾽ ἑαυτόν, ἀλλ᾽ οὐδ᾽ ἂν ἰδίαν ἔχοι τὴν ὕπαρξιν, νοοῖτο δ᾽ ἂν
    μᾶλλον ἐν ὑποκειμένῳ καὶ ὡς ἐν τάξει συμβεβηκότος ... Ἀνύπαρκτος οὖν ὁ
    Υἱός, εἴπερ ἐστὶ καθ᾽ ὑμᾶς ὡς χαρακτὴρ ἐν τῷ Πατρί.
55 Dial. V,558.39.
56 Vgl. K.3.3, S.168ff.
57 Diese Form der Aussage findet sich auch bei Theodoret, vgl. K.3.2.6., S.145f.
58 Dial. II,446.33-447.11. Cyrill führt dies im 7. Dialog dahingehend aus, daß die
    einfache göttliche Natur sich in die Dreiheit entfalte, sich zugleich aber auf die
    ungetrennte Identität zurückbeziehe, so daß jede der trinitarischen Personen das
    Ganze der göttlichen Natur repräsentiere. Der Vater sei in Sohn und Geist, Sohn
    und Geist seien im Vater und ineinander, Dial.VII,641.6-17.
59 Dial. V,573.22ff.

nerhalb der Trinitätslehre weder um eine Grundlegung noch um eine Einbindung des Konzepts der Hypostase bemüht.

Bleibt also die Zuordnung von Substanz und Akzidenz Interpretationsmodell für die Unterscheidung von Usie und Hypostase? Cyrill hätte kaum zustimmend geantwortet. Indem er aber die Unmittelbarkeit zwischen Vater und Sohn im Sinne einer inhärierenden Existenz des Sohnes im Vater darstellt, tangiert Cyrill hierin die Sache des Akzidenz. Festzuhalten ist, daß Cyrill den Hinweis auf Substanz und Akzidenz als eine Darstellungsform für das Verhältnis von Vater und Sohn aufnehmen kann. Cyrill arbeitet hier eklektisch. In den genannten Vergleichen fließt unterschiedliches Material ein: Der Sohn ist nach Cyrill im Vater als Akzidenz in der Substanz, als hörbar nach außen tretendes Wort des Nus, als Bild im Urbild. Cyrill benutzt bekannte Elemente des trinitarischen Aussagenkanons. Zu diesem gehört auch die Unterscheidung von Usie und Hypostase. Im Unterschied zu den Metaphern von Licht, Abglanz, Strahlen geht es hier nicht um das Verhältnis Vater - Sohn, sondern um die trinitarischen Personen und ihre gemeinsame Natur. Insofern Vater und Geist an keiner Stelle in der Struktur des Akzidenz erscheinen, ist deutlich, daß dieses Element aus der ontologischen Argumentation lediglich als Metapher in einem bestimmten Aussagentypos erscheint.

Insgesamt ergibt die Darstellung der Trinitätslehre durch Cyrill ein Bild, in das sich die Debatte um den Geist zwischen Theodoret und Cyrill sehr gut einordnen läßt. Ebensowenig wie Theodoret realisiert Cyrill den Geist als Hypostase. Cyrill spricht vom Geist "als dem Sohn eigen". Bereits in den Dialogen wird sichtbar, daß diese Wendung Reaktion auf adoptianische Vorstellungen ist.[60] In der Kontroverse um Nestorius beschränkt sich Cyrill auf die Ausführungen, soweit sie sich auf die Natureinheit Gottes zurückbeziehen lassen. Was bedeutet die Wendung ἴδιον τοῦ Υἱοῦ τὸ Πνεῦμα?[61] Cyrill schreibt, daß, wie in den Namen Petrus und Johannes deren Geist mitbezeichnet werde, sofern das ganze Wesen gemeint sei, ebenso davon auszugehen sei, daß auch Vater und Sohn einen Geist haben. Ein Unterschied besteht lediglich darin, daß der göttliche Geist nicht ein Teil etwa von Vater oder Sohn sei, sondern für sich existiere.[62] Bezieht man diese Passage auf die genannte Wendung, beinhaltet diese eine Bestimmung der Gottheit des Geistes ausgehend von Vater und Sohn. Der Ansatzpunkt bedeutet eine Unterordnung des Geistes, die ebenso deutlich in der Darstellung des Geistes als Bild des Sohnes zum Ausdruck kommt. Der Hinweis auf die Einwohnung Gottes als Geist im Menschen bzw. die Beschreibung des Wirkens des Geistes als

---

60 Dial. III,491.44ff.
61 Dial. III,492.4f.
62 Dial. VII,634.10-20.

Heiligung ist eine verbreitete Darstellungsform der Gottheit des Geistes. Heiligung meint die Rückführung des Menschen zu seiner ursprünglichen Ähnlichkeit mit dem Bild des Urbildes. Der Geist leistet sie nach Cyrill in der Weise, daß er selbst als Bild diese Ähnlichkeit mit dem Bild vermitteln kann, und ist so als Bild des Bildes definiert.[63] Cyrill bewegt sich in diesen Formulierungen an der Grenze der damaligen Normal-Orthodoxie, Theodoret macht darauf aufmerksam.

Sieht man von der logischen Schulung Cyrills und von einzelnen für Cyrill spezifischen Aspekten, wie beispielsweise die Beschreibung des Geistes, ab, bestätigt die bei Cyrill vorliegende Trinitätslehre die Darstellungsform der Trinitätslehre im 5.Jahrhundert in doppelter Weise. Die eunomianischen Anfragen sind sozusagen "Schulaufgaben" der Trinitätslehre geworden, ihre Beantwortung aber ist mit den Aussagen der Kappadokier nicht identisch. Von den Kappadokiern unterscheidet sich Cyrill durch Fragestellungen und damit durch die Funktion trinitarischer Argumente. Daß Cyrill hierin der nach-kappadokischen Theologie, wie sie im Umfeld der ps.-athanasianischen Texte fixierbar ist, nahesteht, läßt sich an einzelnen Punkten belegen. Zu verweisen ist auf die anti-pneumatomachische Argumentation im VII. Dialog, auf die Verwendung der Terminologie von Hebr. 1,3, auf die Bestimmung der Einheit Gottes. Das bedeutet, daß Theodoret und Cyrill auf dem Boden derselben Trinitätslehre argumentieren. Cyrills Darstellungsform der Trinitätslehre repräsentiert lediglich eine andere Facette desselben Typus. Es ist bezeichnend, daß der Anlaß des Streites um die Trinitätslehre zwischen Theodoret und Cyrill ein Gegenstand ist, der für Cyrill und seinen Hintergrund spezifisch ist.

4.1.2. Trinitätslehre und Christologie - die Differenz im Ansatz

Cyrill definiert die Trinitätslehre als die Beschreibung des göttlichen Wesens an sich, zurückversetzt in den Stand vor der Menschwerdung.[64] Trinitätslehre ist damit die Reflexion einer Sache aus einer bestimmten Perspektive, aus der sich infolgedessen auch andere Fragestellungen in bestimmter Weise darstellen.[65] Dies soll am Thema der Christologie durchgeführt werden. Innerhalb der Christologie Cyrills sind zwei Fragestellungen zu unterscheiden: die Aus-

---

63 Dial. VII,638.49ff.
64 Dial. I,397.20ff.
65 Bezüge der Trinitätslehre auf die Anthropologie wurden bereits von Diepen dargestellt. H.M. Diepen, La Christologie de S. Cyrille d'Alexandrie et l'anthropologie néoplatonicienne, in: ED 1956, S.20-63.

sage der Erniedrigung Gottes und die Frage der christologischen Einung.[66] Nur die erste ist an die trinitarische Argumentation angebunden.

Ausgehend von der Trinitätslehre, d.h. der Reflexion über das göttliche Wesen an sich, versteht Cyrill Menschwerdung als Erniedrigung Gottes. Insofern der Sohn in der Erniedrigung in seiner eigenen, d.h. göttlichen Natur bestehen bleibt und nicht verändert wird, müssen nach Cyrill hier Gottheit und Menschheit unterschieden werden. Cyrill bezieht sich auf diesen Gedankengang in den Schriften zur Trinitätslehre. Die Sache der Einung der Naturen liegt hier als Fragestellung nicht vor und ist von der Vorstellung der Erniedrigung unterschieden. Insofern der christologische Streit sich wesentlich auf die Frage nach der Einung und dem konstitutiven Subjekt konzentrierte, zeigt die Differenzierung der Fragestellungen bereits, daß eine unmittelbare Kontinuität in der Entfaltung von Trinitätslehre und Christologie nicht besteht.

In der Darstellung der Menschwerdung als Erniedrigung ist Cyrill in der Terminologie von Phil 2,5-11 abhängig. Der Begriff des Herabsteigens ist eine weitere Metapher für dieselbe Sache.[67] Cyrill stellt die natürliche, göttliche Identität des Sohnes dar und hebt von dieser die Menschwerdung und die ihr eigenen Kennzeichen ab. Wie sich die Gottheit des Sohnes zur Menschwerdung verhält, klärt Cyrill in diesem Zusammenhang nicht. Menschwerdung, verstanden als Erniedrigung, bedeutet nicht den Verlust göttlicher Identität, sondern erscheint vielmehr hier als etwas, das zur göttlichen Natur hinzukommt. Mit der Aussage, daß der Logos selbst ißt, schläft, ermattet von der Reise sich ausruht, macht Cyrill die Notwendigkeit einer Differenzierung evident.[68] Der Logos, so Cyrill, hänge nicht am Kreuz, zumindest nicht εἰς ἰδίαν φύσιν.[69] Sofern Gott unkörperlich ist, werde er nicht leiden, und sofern Gott unsterblich ist, sterbe er nicht.[70]

Auch Cyrill geht davon aus, daß Leiden der göttlichen Natur nicht eigentümlich ist und beispielsweise das Geheiligt-Werden dem von Natur aus Hei-

---

66 Vgl. besonders die Diffenzierung auf dem Hintergrund sprachlicher, grammatischer und logischer Überlegungen durch Norris. R.A. Norris, Christological Models in Cyril of Alexandria, in: StPatr 13 (1975/76, TU 115/116), S.255-268. Norris verbindet seine Beobachtungen mit einer grundsätzlichen Anfrage, inwieweit die Unterscheidung Logos/Fleisch und Logos/Mensch hilfreich sein kann. Demgegenüber arbeitet grundlegend mit dieser Unterscheidung Grillmeier. Siehe die Darstellung der Christologie Cyrills in: A. Grillmeier, a.a.O. S.673-686.
67 Z.B. Christus unus 742.14f, 27ff., ep.55, 13,53.28ff.
68 Dial. I,397.25ff.
69 Ep.46, 2,158.8ff,25f., Dial.VI,599.42ff..
70 Ep.4, 5,27.14ff., Christus unus, 769.1-14.

ligen nicht zukomme.[71] Leiden, Sterben und auch Geheiligt-Werden sind menschliche Erfahrungen und werden hier als solche wahrgenommen.[72] Die Einbindung dieser Aussagen in die Darstellung der Trinitätslehre hat die Funktion auf den göttlichen Gegenstand zurückzuverweisen. Trinitätslehre folgt nach Cyrill den Bedingungen des Gottesbegriffs und hat in der Christologie die Unterscheidung der Naturen zufolge. Diese Unterscheidung der Naturen formuliert Cyrill in Dialog I de trinitate: Ἀναθετέον δὴ οὖν ὡς Θεῷ τὰ τοῦ Θεοῦ καὶ ὡς καθ' ἡμᾶς γεγονότι τὰ καθ' ἡμᾶς, τουτέστι τὰ ἀνθρώπινα.[73] Wenn Cyrill im 4. Anathematismus genau dieses Vorgehen anathematisiert und fordert, daß die Eigentümlichkeiten nicht jeweils dem Menschen oder dem Logos zugeschrieben werden dürfen, zielt Cyrill auf einen anderen Aspekt der Aussage.[74]

Theodoret begreift die Nicht-Unterscheidung der Naturen bei Cyrill als arianisches Proprium, mit dem sich Cyrill in die Reihe der arianischen Mitstreiter einordne.[75] Theodoret argumentiert im Rahmen des bekannten, antiarianisch verstandenen Musters, das aber ebenso bei Cyrill vorliegt. Cyrill kennt eine Unterscheidung der Naturen[76], allerdings liegt diese in einer Modifikation vor.

Cyrill spricht in den Dialogen de trinitate nicht von zwei Naturen, sondern von zwei Zeiten, die nicht ontologisch im Sinn von Naturen definiert werden. Es stehen sich nicht die zwei Naturen Gottheit und Menschheit gegenüber, sondern die Zeiten vor und nach der Menschwerdung, die durch die Kontinuität des göttlichen Subjekts verbunden sind. Cyrill strukturiert seine Kategorien völlig entsprechend zu der Unterscheidung der Naturen und ordnet göttliche Prädikate und menschliche Erfahrung zu, allerdings jetzt auf der einen Seite spekulativ dem göttlichen Wesen an sich und auf der anderen Seite dem historischen Geschehen Menschwerdung.[77] Indem Cyrill Menschwerdung als Erniedrigung bzw. Entäußerung interpretiert, werden beide Aussagen auf Gott bzw. den Logos bezogen, insofern Entäußerung im Unter-

---

71 Dial. VI,589.12ff.
72 Das Thema des Leidens führt zu einer Differenzierung innerhalb der christologischen Bestimmungen, die auch in den Texten Cyrills aus der Zeit des christologischen Streites sichtbar wird: ep. 4, 5,27.14ff., besonders: Christus unus, 761.38ff. 766.31ff., vgl. ep.46, 2,158,8ff.
73 Dial. I,398.27f., vgl. 397.33ff.
74 Apol.Thdt.IV,120.24ff., vgl. Theotocon 3,20.13-15, 4, 20.19ff.
75. Apol.Thdt.IV,121.2ff..
76 Vgl. die Stellungnahme Cyrills zu der Unterscheidung der Naturen in der Auseinandersetzung mit Antiochien. Ep.44, ep.45 I,2,151.13ff., ep.40, 10f.,S.24. 29ff., 14-16, S.26.22ff.
77 Dial. V,547.9ff,44f.

schied zu der Erhöhung eines Menschen vom göttlichen Subjekt ausgeht.[78] Subjekt ist der Logos, der unter die Bedingungen menschlicher Existenz tritt, die als solche von ihm unterschieden bleiben.

Die Struktur der Aussage entspricht dem Interesse der Darstellung. Der Sohn entäußere sich nicht, so Cyrill, um erniedrigt zu bleiben, sondern um als Gott erkannt zu werden.[79] Entäußerung erscheint hier als Offenbarwerden Gottes, geht aber über dieses hinaus, insofern in der Entäußerung das göttliche Subjekt zugleich Heil wirkt.[80] Was ist Entäußerung? Cyrill unterscheidet nicht zwischen κένωσις und ταπείνωσις. Wenn er von κένωσις spricht, formuliert er dennoch, daß Gott auch in der Entäußerung Gott bleibe.[81] Der Begriff κένωσις hat konzeptionelle Bedeutung, ohne daß aber Cyrill den Begriff klärt. Die in dem Schreiben an Tiberius erhaltenen Anfragen belegen, daß es hier Rückfragen gab.[82] Cyrill verweist auf die Vorstellung des unkörperlichen Gottes und die Unangemessenheit räumlicher Kategorien. Der Herabstieg des Sohnes auf die Erde bedeute in jedem Fall, so Cyrill, keinen leeren Himmel und keine entleerte Hypostase des Sohnes.

In den Dialogen de trinitate ist die Frage nach der Einung der Naturen in Christus nicht angelegt. In der Weise, wie der Logos Gegenstand der Aussage ist und die Abgrenzung zu dem christologischen Modell des vergöttlichten Menschen Thema wird, bieten sie eine eigene Lösung, auf die Cyrill auch weiterhin zurückgreift.[83] Die Christologie ist hier über die Unterscheidung der Naturen an die Trinitätslehre angebunden. Indem Cyrill aber das christologische Problem auf das Thema der Entäußerung konzentriert, wird gerade hierin deutlich, daß nicht der Versuch einer konzeptionellen Integration vorliegt. Bereits die sprachliche Gestalt der Darstellung der Entäußerung als Element eines heilsgeschichtlichen Abrisses macht den Abstand deutlich, der zu einer Systematisierung des Problems in ontologischen Kategorien besteht.

---

78 Ep.55 15,54.36ff., Ep.4, 4,27.12ff.

79 Or.Theod.25,58.4ff.

80 A.a.O. 19,54.4ff, besonders: Christus unus 734.21ff., 753.21ff.

81 Christus unus 735.17ff., 742.8ff.

82 Resp.Tib.2,3,581-585.

83 Der Hinweis auf den bloßen oder erhöhten vergöttlichten Menschen ist fester Bestandteil in den Ausführungen gegen Nestorius und ebenso standardisiert wie das Stichwort der zwei Söhne als Charakteristikum einer irreführenden Christologie. Auf die darin berührte Frage nach dem Ansatzpunkt der christologischen Kontroverse zwischen Cyrill und Antiochien ist zu verweisen. Vgl. hierzu die Arbeiten von Liébaert: J. Liébaert., La doctrine christologique, a.a.O.; J. Liébaert, L'évolution de la christologie de saint Cyrille d'Alexandrie à partir de la controverse nestorienne, in: MSR 27 (1970), S. 27-48.

Eine Herübernahme von trinitarischen Strukturelementen in die Christologie ist in den Dialogen de trinitate nicht intendiert.

Einung ist das Zusammentreten verschiedener Elemente zu einer Verbindung. Der Vorgang wird zur Beschreibung des Verhältnisses von Gott und Mensch in Christus herangezogen, als deutlich wird, daß Gott und Mensch nicht nebeneinander stehen, sondern die Identität des Subjekts notwendig zu explizieren ist, insofern in dem Menschen Jesus das Heil vermittelt wird, das durch Gott gewirkt ist. Das Interesse an der christologischen Einung bei Cyrill ist soteriologisch motiviert. Einung richtet sich zum einen gegen jede tendenzielle "Zwei-Söhne-Lehre". D.h., Einung konstituiert nach Cyrill eine Einheit, in der derselbe zugleich Gott und Mensch ist, so daß das Geeinte nicht getrennt werden kann und die Eigentümlichkeiten von Menschheit und Gottheit nicht auf verschiedene Personen, bzw. zwei Söhne, verteilt werden können. Das Göttliche sei, so Cyrill, nicht mehr Gott und das Menschliche nicht mehr dem Menschen zuzuschreiben, sondern ein- und demselben Subjekt. Cyrill wiederholt diese Sätze, sie kennzeichnen sein Interesse. Auf der anderen Seite sind aber Gott und Mensch nicht dasselbe. Einung bedeutet nach Cyrill weder Mischung noch Veränderung. Cyrill spricht von einer ungetrennten Einung, ἕνωσις ἀδιάσπαστος oder ἀδιαιρέτως[84], und betont zugleich die bleibende Unterschiedenheit der Naturen.

Der Hinweis Cyrills, daß Einung keine Mischung und Veränderung beinhalte, erklärt sich auf dem Hintergrund der stoischen Mischungslehre und ihrer mittel- bzw. neuplatonischen Kritik.[85] Die Stoiker unterscheiden vier Stufen von Mischung: παράθεσις ist eine Anhäufung gesonderter Einzelteile, μίξις die Durchdringung körperlich gedachter Qualitäten, κρᾶσις die Vermischung von Flüssigkeiten. Die drei Stufen παράθεσις, μίξις, κρᾶσις beinhalten eine zunehmende Dichte der Mischung, wobei aber die Elemente ihre Eigentümlichkeiten behalten. Im Unterschied dazu entsteht durch σύγχυσις ein neuer Körper mit eigenen Eigentümlichkeiten.[86] Die konstituierenden Elemente unterliegen einer physikalischen Veränderung.[87] Die Kritik bezieht sich darauf, daß es Einung auch mit unkörperlichen Gegenständen gebe und daß hier Einung - diskutiert wird die Ebene der σύγχυσις - nicht notwendig

---

84 Ep. 46,II,3, 159.16, II,5, 161.23, ep.40, 11,26.3.
85 Diese wurde erarbeitet durch Dörrie. H. Dörrie, Porphyrios' "symmikta Zetemata". Ihre Stellung in System und Geschichte des Neuplatonismus nebst einem Kommentar zu den Fragmenten (Zetemata 20), München 1959.
86 A.a.O. S. 24ff.
87 Vgl. den bei Dörrie abgedruckten Nemesius-Text, Nemesius 126,4 §2, Dörrie, a.a.O. S.42: πάντα δὲ τὰ ἐνούμενα ἀλλοιοῦται καὶ οὐ μένει, ἃ πρότερον ἦν, ὡς ἐπὶ τῶν στοιχείων δειχθήσεται· ἐνωθέντα γὰρ ἄλλο τι γέγονε.

Veränderung bedeute, sofern die unkörperlichen Gegenstände ihren eigenen Gesetzen unterliegen.[88] Das Paradigma ist die Einung von Leib und Seele. Hier liegt eine ἕνωσις ohne σύγχυσις, d.h. ohne physikalische Veränderung vor.[89]

Die Struktur dieser Aussagen wird auf beiden Seiten der Kontroverse um die Christologie zugrundegelegt. Keine von beiden, auch nicht die Alexandriner, restaurieren die stoische Lehre von der σύγχυσις. Vielmehr beziehen beide die platonische Kritik an dieser Lehre in ihre Ausführungen ein. Bei Cyrill finden sich die drei konstitutiven Elemente der Argumentation. 1. Cyrill verwendet die Einung von Seele und Leib als Paradigma.[90] 2. Er stellt Vermischung (σύγχυσις/σύγκρασις) mit Veränderung (τροπή /ἀλλοίωσις) zusammen, worin das stoische Verständnis von σύγχυσις, die hier Veränderung bedeutet, nachwirkt.[91] 3. Die Einung von Gott und Mensch in Christus beinhaltet nach Cyrill deswegen keine Veränderung, weil die göttliche Natur ihre eigenen Gesetze hat, d.h., weil Gott unwandelbar ist und in der Einung bleibt. Der Hinweis auf die Unveränderlichkeit Gottes hat seinen festen Ort in der Argumentation.[92]

Die Sache der Einung ist im Konzept und im terminologischen Umfeld nicht kontrovers. Sie wird nur insofern in den Streit gezogen, als ihr Gegenstand nicht präzise genug gefaßt ist. Auf der einen Seite findet Theodoret in den Ausführungen Cyrills einen deutlichen Hinweis auf κρᾶσις und σύγχυσις, und dieses bedeute die Auflösung der jeweiligen natürlichen Identität der geeinten Elemente.[93] Cyrill nimmt umgekehrt das Problem in den trennenden Tendenzen wahr, die ebenso in der Struktur der ἕνωσις angelegt sind. Er grenzt ἕνωσις von συνάφεια ab.[94] Worin aber besteht die konzeptionelle Differenz zwischen ἕνωσις und συνάφεια, wenn ἕνωσις in der Tat nicht Mischung und Veränderung bedeutet, der Zahl nach zu unterscheidende

---

88 Vgl. Nemesius 129,9 §5, Dörrie, a.a.O. S.54: ἔλεγε γὰρ τὰ νοητὰ τοιαύτην ἔχειν φύσιν, ὡς καὶ ἐνοῦσθαι τοῖς δυναμένοις αὐτὰ δέξασθαι, καθάπερ τὰ συνεφθαρμένα, καὶ ἐνούμενα μένειν ἀσύγχυτα καὶ ἀδιάφθορα, ὡς τὰ παρακείμενα. ... ἐπὶ δὲ τῶν νοητῶν ἕνωσις μὲν γίνεται, ἀλλοίωσις δὲ οὐ παρακολουθεῖ.

89 Vgl. Nemesius 131,1 §7, Dörrie, a.a.O. S.62: Καὶ ἥνωται τοίνυν καὶ ἀσυγχύτως ἥνωται τῷ σώματι ἡ ψυχή.

90 Ep.17, 8,38.5ff., Or.Theod.26,58.30ff, Resp.Tib.,9, 591.13ff., ep. 45.7,154. 3ff.

91 Ep.45, 6,153.7ff., ep.46, 2,158.17, 3,159. 9ff., besonders: Christus unus 733.8ff., 735.36ff., 736.40ff., Apol.Thdt.I,112.17f., ep.55, 14,58.25ff.

92 Or.Theod.30,62.2ff, 44, 72.20ff., Theotocon 6,21.16ff.

93 Siehe Theodorets Antwort auf den 2. Anathematismus: Apol.Thdt.II,114.10ff.

94 Ep.17, 5,36.13ff, Christus unus 733.5ff.

Gegenstände eint und Einung nicht unter Verlust der jeweiligen Identität geschieht? Das Modell der ἕνωσις stellt bereits die Beurteilungsschemata zur Verfügung. Die Kontroverse befindet sich auf einer anderen Ebene.

Sie bezieht sich auf das ungelöste Problem, die bisher nicht vorliegende Kategorie, christologische Einheit zu beschreiben. Cyrill greift auf die aus der Trinitätslehre bekannte Begrifflichkeit zurück und spricht von πρόσωπον, ὑπόστασις, φύσις. Darin, daß Cyrill mit πρόσωπον, ὑπόστασις, φύσις denselben Gegenstand bezeichnet, wird erstens ersichtlich, wie wenig hier die Sache geklärt ist, und zweitens, daß ein Beitrag der trinitätstheologischen Lösungen in der christologischen Frage nicht vorliegt. Man wird lediglich auf eine Ontologisierung des Problems hinweisen können.

In der unmittelbaren Auseinandersetzung mit Nestorius führt Cyrill den Begriff ἕνωσις καθ᾽ ὑπόστασιν ein. Seine Verwendung ist beschränkt auf die Jahre 430-431.[95] Cyrill spricht gleichzeitig von ἕνωσις φυσικήν.[96] In der Friedensformel von 433 ist christologische Einheit durch ἓν πρόσωπον gekennzeichnet.[97] Cyrill nimmt dieses in der Schrift "Daß Christus einer ist" auf.[98] Nach 433 dominiert in den Schriften an Succensum, Acacius und Eulogius der Terminus μία φύσις.[99] Im Ergebnis zieht also Cyrill die Formel von der μία φύσις τοῦ λόγου σεσαρκωμένη[100] der Rede von der ἕνωσις καθ᾽ ὑπόστασιν vor. Cyrill formuliert hier Einheit als physische Einheit. Was meint ἕνωσις καθ᾽ ὑπόστασιν? Nach Theodoret ist die Wendung eine Neuerung, die als solche Anlaß zu Mißverständnis sei.[101] Möglicherweise geht der Terminus ἕνωσις καθ᾽ ὑπόστασιν in der Tat auf Cyrill zurück.[102] Auf Anfrage erklärt Cyrill[103]:

---

95 Siehe den 2. Anathematismus: Ep.17, 12,40.25-27, Apol. Thdt.114.6, 115.12, vgl. Expl.17f., ep.4, 3,26.27, 4,27.10f, ep.17, 4,36.26, 5,36.23f, 8,38.21ff.

96 Siehe den 3. Anathematismus, Apol.Thdt.III,118.21, 27f., 119.18f.

97 Ep.13, 5,17.19, vgl. ep.40, 15,27.12ff.

98 Christus unus 740.23f, 759.33, 778.10f.

99 Ep. 45, 6,153,23, ep.46, 3,159.11f., ep.83, ep.40, 12.26.8f, 13.26.31f.

100 Auf den apollinaristischen Kontext wurde hingewiesen, siehe Grillmeier, a.a.O. S. 673ff. Der Hinweis auf Apollinarius begegnet als Einwand gegen Cyrill bereits in den Briefen Cyrills, siehe ep.45, 5,152.24ff.

101 Theodoret, Apol.Thdt.II,114.10ff.

102 Zu berücksichtigen ist der Abschnitt PG26,1113B aus den ps.-athanasianischen Dialogen gegen Apollinarius, Richard hat auf diesen Text, der die Rede von der ἕνωσις καθ᾽ ὑπόστασιν enthält, aufmerksam gemacht. M. Richard, L'introduction du mot "hypostase" dans la théologie de l'incarnation, in: MSR 2 (1945), S. 250-252. Siehe hierzu die Interpretation von Lebourlier. J. Lebourlier, "Union selon l'hypostae", ébauche de la formule dans le premier livre pseudo-athanasien Contre Apollinaire, in: RSPT 44 (1969), S.470-476.

103 Apol.Thdt.II,115.12-16.

τοῦ καθ᾽ ὑπόστασιν οὐδὲν ἕτερον ὑποφαίνοντος πλὴν ὅτι μόνον ἡ τοῦ Λόγου
φύσις ἢ γοῦν ἡ ὑπόστασις, ὅ ἐστιν αὐτὸς ὁ Λόγος, ἀνθρωπείᾳ φύσει κατὰ
ἀλήθειαν ἑνωθεὶς τροπῆς τινος δίχα καὶ συγχύσεως ... εἷς νοεῖται καὶ ἔστιν
Χριστός, ὁ αὐτὸς θεὸς καὶ ἄνθρωπος.

Das Konzept der ἕνωσις καθ᾽ ὑπόστασιν gehört erst in die Wirkungsgeschichte Cyrills. Cyrill setzt mit dieser Wendung einen deutlichen Akzent.
Der Zusatz καθ᾽ ὑπόστασιν bedeutet aber nichts anderes als den betonten
Hinweis auf die Realität der Einung, κατὰ ἀλήθειαν ἑνωθείς. Eine Differenzierung zwischen ὑπόστασις und φύσις wird nicht sichtbar. Die Anbindung
an die Trinitätslehre erfolgt hier nicht, d.h., καθ᾽ ὑπόστασιν bezeichnet nicht
die zweite Hypostase als den Ort der Einung. Was die einheitstiftende Hypostase, Person oder Natur konstituiert, bleibt bei Cyrill offen. Von hier stellt
sich grundsätzlich die Frage nach der Angemessenheit ontologischer Kategorien für die Darstellung der Christologie Cyrills.

Die erste Runde des christologischen Streites wurde ohne die Hilfe der
Trinitätslehre geführt. Das bedeutet, daß die Entfaltung der Christologie im
Ansatz von der Trinitätslehre zu unterscheiden ist. Die Bedingungen der Tri-
nitätslehre wurden erst auf erste Ergebnisse aus der christologischen Kontroverse hin diskutiert. Cyrill reagiert hier auf Anfragen. Zwei Beispiele sind in
Cyrills Schrift an Tiberius enthalten: Wie verhält sich die Aussage des geeinten Subjekts aus Gott und Mensch zu der einen Gottheit und den drei Hypostasen? Wird die menschliche Seite Christi in die Trias aufgenommen?[104] Die
Fragen liegen auf der gleichen Ebene wie Theodorets Hinweis, daß eine
Trennung von Mensch und Gott eine Quaternität zufolge habe und somit
falsch sei. Diese Aussagen realisieren, daß das in der Menschwerdung
geeinte Subjekt und die zweite trinitarische Hypostase zu koordinieren sind,
und damit implizit die Hypostase als Kategorie der Einung. Aber genau diesen Schluß zieht Cyrill nicht. Die Sache ist noch nicht geklärt. Er antwortet
in dem vorgegebenen Rahmen. Der göttlichen Natur könne weder etwas
hinzugefügt werden, noch sei der Mensch mit Gott verwandt und als solcher
in die Trinität integriert. Die Trias sei, so Cyrill, unveränderlich, sie erleide
keinen Verlust, erfahre keinen Zusatz, und der Körper Christi werde infolgedessen nicht in göttliche Natur verwandelt.[105] In dieser Weise hat bereits
Athanasius auf die Anfragen Epictets geantwortet[106]. Cyrill entwickelt keine
neue Kategorie christologischer Einheit.

Die Aufnahme dieser Fragestellung belegt einen neuen Stand der Diskussion. Der Ansatz einer Diskussion der Trinitätslehre bezogen auf die Christo-

---

104 Resp.Tib. 6,587f., vgl. die Fragestellung in Frage und Antwort 2,581f.
105 Vgl. Christus unus 732.27ff.
106 Siehe: K.4.2.2.,S.204f.

logie ist damit gegeben, daß sich mittels der trinitarischen Bestimmungen die Unzulänglichkeiten in der Darstellung der Christologie fixieren lassen. Eine Klärung der christologischen Terminologie auf dem Hintergrund der Trinitätslehre wurde durch Cyrill nicht geleistet. Sie ist in der Trinitätslehre Cyrills nicht angelegt oder vorbereitet.

4.2. Theodoret von Cyrus

4.2.1. Gottesbegriff und Trinitätslehre - die Frage nach einer Argumentationsstruktur

A.v.Harnack entwickelt seinen Entwurf altkirchlicher Dogmengeschichte in der eigentümlichen Darstellung der Anfänge christlicher Theologiebildung.[1] Sie beinhalten, so Harnack, die Systematisierung christlicher Grundeinsichten mit den Mitteln griechischer Terminologie oder die Transformation religiöser Erfahrung in die Schemata ontologisierender Reflexion. Christliche Botschaft erscheint im griechischen Gewand, die "Hellenisirung des Christentums". Die spezifische Wertung dieses Prozesses durch Harnack im Sinne einer Deformation des Eigentlichen kann hier ausgeblendet bleiben.[2] Die Trinitätslehre reagiert auf bestimmte Probleme, die sich im Zuge der Hellenisirung stellten. Sie ist Ertrag interner kirchlicher Kontroversen, angeregt durch die Anfragen des Christen Arius. Ihre Aufgabe war der Ausweg aus der durch die Integration platonischer Ontologie veranlaßten Krise.[3] Leistet sie anderes als die Rahmung oder Strukturierung antiker Vorstellungen, d.h., als die Installation des griechischen Gottesbegriffs?

Das Stichwort der Hellenisirung macht gerade in Hinblick auf die Frage nach einem zugrundeliegenden Konstruktionsprinzip, das beispielsweise für die Christologie relevant wird, die Bedeutung des antiken Gottesbegriffs für

---

1 Siehe z.B.: A. v. Harnack, Lehrbuch der Dogmengeschichte, Bd.1, K.II. Fixirung und allmähliche Hellenisirung des Christentums als Glaubenslehre, Tübingen ⁴1909, S.496ff.

2 Siehe hierzu: W. Pannenberg, Die Aufnahme des philosophischen Gottesbegriffs als dogmatisches Problem der frühchristlichen Theologie, in: ZKG 79 (1959), S.1-45.

3 F. Ricken, Das Homousios von Nikaia als Krisis des altchristlichen Platonismus, in: ThPh 44, 1969, S.312-341, vgl. neuerdings: R. Williams, Arius: Heresy and Tradition, London 1987.

die Trinitätslehre deutlich. Sofern die Trinitätslehre im Unterschied zu platonischen "Hypostasenlehren" nicht den Weg Gottes in die Immanenz beschreibt, sondern die Wiederholung der kappadokischen Hypostasenformel mit dem Anspruch eines unhierarchischen und ungestuften Gottesbegriffs verbunden ist, besteht ein wesentlicher Teil der Trinitätslehre in der Darstellung von Transzendenz. Ist also Trinitätslehre reduzierbar auf den antiken Gottesbegriff?[4]

Die Trinitätslehre, wie Theodoret sie formuliert, ist eigentümliches Produkt des 5.Jahrhunderts. Es liegen Brüche vor, insofern die Einzelaussagen nicht auf ein kohärentes Ganzes bezogen werden, es liegen weiter Widersprüche vor, die als solche nicht wahrgenommen werden. Subordinatianische Aussagen beispielsweise werden gemieden, ein ungestufter Gottesbegriff mittels des Hypostasenmodells eingeführt, zugleich aber spricht Theodoret weiterhin von Abglanz und Abbild. Theodoret entfaltet das Ungetrennt-Sein Gottes, aus dem eine Selbstunterscheidung in Gott nicht abzuleiten ist, und fügt die hypostatische Existenz der trinitarischen Personen an. Wie Einheit und Differenz in Gott vorstellbar sind, entwickelt Theodoret nicht, er wiederholt die Unterscheidung von Usie und Hypostasen. Daß historische Anknüpfungspunkte einzelner Aussagen nicht mehr sichtbar sind, zeigt, in welchem Maß die Konkretheit der trinitarischen Fragestellung zunehmend verblaßt.

Theodoret konzipiert die Trinitätslehre auf die Einheit Gottes hin. Trinitätslehre beinhaltet die beiden Aspekte Wesen Gottes und Dreiheit in Vater, Sohn und Geist. Indem letzterer im Sinn einer Vorgabe gesetzt ist, konzentrieren sich die Ausführungen in der Tat auf das Wesen Gottes bzw. auf die Darstellung der Gottheit von Sohn und Geist.

Theodoret beschreibt die göttlichen Dinge in der Terminologie der intelligiblen Gegenstände.[5] Er spricht von den Noeta im Unterschied zu den sichtbaren, vorfindlichen Dingen, vom intelligiblen Licht und der sichtbaren Welt und von dem einen seienden Grund, ohne Anfang, unfaßbar, gut und einfach. Gott ist nach Theodoret unbegrenzt und infolgedessen unkörperlich und unsichtbar, er ist nicht in zeitlichen Grenzen zu messen und deshalb sowohl unvergänglich als auch ewig, als unbegrenzt ist er für den Menschen unbegreiflich und unerreichbar.[6] Die göttliche Natur wird in diesen vorwiegend negativen Eigenschaften darstellbar. Theodoret findet diese Prädikate bei den Griechen vor. Die Eigenschaften kennzeichnen die göttliche Natur und, da nach Theodoret diese mit dem trinitarischen Gott identisch ist, den Logos, den Vater und den Geist.

---

4 Vgl. z.B. die Definition in: Aetios I 7,31 (=Doxogr.304 a1b 23), Albinus, Did.X, Maximus von Tyrus, or.11.

5 Cur.I.77, II.1ff.

6 Vgl. z.B. Cur.II.98ff.

Die Tatsache, daß Theodoret in der Argumentation auf die Eigenschaften Gottes zurückgreift, daß Eigenschaften Darstellungsform der göttlicher Natur sind und auf diese Weise in die Trinitätslehre integriert werden, gibt den Eigenschaften eine Bedeutung, die schwer mit dem Zugang Theodorets zu diesem Thema zu vereinbaren ist. Theodoret setzt die Eigenschaften nicht in ein Verhältnis. Sie sind Darstellungsmittel in der Form, daß Theodoret sich mit einer Aneinanderreihung und Aufzählung begnügt.[7] Die Rede von "Nestern" kennzeichnet eigentümlich treffend das Vorkommen der Eigenschaften bei Theodoret.[8] Die Eigenschaften tauchen unvermittelt und gehäuft auf. Sie machen einen isolierten Eindruck, er besteht in doppelter Hinsicht, sowohl sprachlich als auch sachlich. Theodoret greift die Eigenschaften isoliert auf, ohne das sachliche Umfeld zu thematisieren. Er benutzt die sprachlichen Mittel der Platoniker, bewegt sich aber weitgehend auf einer sprachlichen Ebene, die dem biblischen Genus nahesteht und sich narrativ darstellt. Wenn Theodoret die innergöttliche Selbstkenntnis behandelt, bezieht er sich auf Mt.11,7 und hat nicht den sich selbst denkenden Nus aus Metaphysik Λ9 (Aristoteles) oder Albinus vor Augen.[9] Dies zeigt exemplarisch die Grenzen der sachlichen Auseinandersetzung und den terminologischen Abstand zu den genannten Konzepten. Dennoch entspricht die Eigenschaftenlehre einem wesentlichen Zug der Theologie Theodorets. Durch die Einbindung in die Trinitätslehre gestaltet Theodoret sie als grundlegend.

Ein wesentlicher Teil der Trinitätslehre Theodorets basiert auf dem Ansatz des ontologischen Dualismus Schöpfung/Nicht-Schöpfung.[10] Theodoret identifiziert Nicht-Schöpfung mit göttlicher Natur und bemüht sich, in wiederholten Ausführungen zu zeigen, daß Sohn und Geist nicht geschaffen, d.h. Gott sind. In der Argumentation steht die faktische biblische Gegebenheit im Vordergrund. Theodoret arbeitet mit biblischem Material im Sinne der dicta probantia, die in der Weise funktionieren, daß sie Sohn und Geist im Zusammenhang mit dem Vater nennen und so den Bereich von Nicht-Schöpfung

---

7 Theodoret stehen dabei die Prädikate in einer erstaunlichen Fülle zur Verfügung. Beispielsweise kennzeichnet er die Unbegreiflichkeit Gottes durch folgende acht Begriffe: ἀνέφικτος, ἀπερίληπτος, ἀπερινόητος, ἀπεριόριστος, ἀχώριστος, ἀκατάληπτον, ἀσχημάτιστος, ἀπερίγραφος.

8 Eine Aufreihung der Prädikate erscheint für Theodoret typisch. Sie liegt in allen dogmatischen Schriften Theodorets vor, mit Ausnahme der Schrift Expositio rectae fidei. Cur.II.100, De trin.28,1188C-D, Haer.F.C.V. 1,441C, Eran.III,197.16-18, vgl. weiter De trin.9,1157C, De inc.10,1432B, Eran.I,76.1-2, De inc.8,1425C.

9 De trin.11,1161A.

10 De trin.6,1153B, Exp.4,1212C (O373D).

fixieren.[11] Theodoret reflektiert nicht einen ontologischen Dualismus, sondern stellt ihn in einer bestimmten Metaphorik dar.

Die Bedeutung des Gottesgedankens geht aus der Struktur des Textes Haer.F.C.V.1-3 hervor.[12] Die Darstellung der Trinitätslehre ist hier an den drei Artikeln Vater, Sohn, Geist orientiert. Sie ist geprägt dadurch, daß der Abschnitt über den Vater der Ort ist, den Gottesgedanken zu explizieren, und daß Sohn und Geist sekundär auf diesen bezogen werden. Die Vorordnung des Vaters und die Gleichsetzung von Vater und Gott ist in der Trinitätslehre in bestimmter Weise angelegt. Die Anbindung des Gottesgedankens an die Person des Vaters wird beipielsweise durch die Vorstellung Gottes als des einen Grundes erleichtert, insofern der Begriff ἀρχή philosophisch reflektiert und biblisch vermittelbar ist. Festzuhalten ist, daß die Ausführungen über den Vater in diesem Text nichts anderes als eine biblische Kommentierung der Eigenschaften Gottes enthalten und daß Theodoret auf diese Weise den Gottesgedanken in die Trinitätslehre integriert.[13] Nach Theodoret (Haer.F.C.V.1) gibt es einen Ursprung, der wie die Schriften lehren, der Vater sei. Es folgt eine Aufzählung negativer Prädikate. Daß Gott unkörperlich, unsichtbar und unbegrenzt, unbegreiflich ist, belegt Theodoret biblisch. Der Duktus der Darstellung zeigt deutlich die bleibende unausgeglichene Spannung, die zwischen dem philosophischen Gottesbegriff und einer biblischen Darstellung besteht.

Wie bindet Theodoret den Gottesbegriff in die Trinitätslehre ein? Theodoret formuliert eine Einbindung des Gottesbegriffs ebenso deutlich in einem anderen Kontext. Die Zusammenfassung in De trinitate 28 arbeitet mit der Gegenüberstellung von Einheit und Dreiheit, der einen Natur und der Dreiheit der Eigentümlichkeiten oder Hypostasen. Wie sich das Konzept der μία φύσις zu dem platonisierenden Gottesbegriff verhält, wurde auch vor Theodoret nicht geklärt. Wenn Gott nicht zusammengesetzt, infolgedessen nicht in Substanz und Akzidenz zu fassen ist und so unbestimmt und ohne Qualität erscheint, wie sind die eine Physis und die drei Hypostasen hier vorstellbar? Theodoret leistet auch hier keine eigentliche Integration, er stellt zusammen: μία φύσις meint nichts anderes als unkörperlich, unveränderlich, ewig, unsterblich, unaussprechlich, unbegreiflich, unsichtbar, selbst Leben, Quelle der Güter ...[14]

---

11 Exp.4f.,1212Cff. (O 373Cff.), Haer.F.C.V.2,448Bff.

12 Haer.F.C.V.1-3,441C-460A.

13 Haer.F.C.V.1,441C-448A.

14 De trin.28,1188C-D: μίαν δὲ τῆς Τριάδος τὴν φύσιν ἀσώματον, ἄτρεπτον, ἀναλλοίωτον, ἀτελεύτητον, ἀθάνατον, ἄπειρον, ἄφθαρτον, ἀπερίγραπτον, ἀπερίληπτον, ἀόρατον, ἀσαφῆ, ἄρρητον, ἄφραστον, ἀκατάληπτον, ἀνέφικτον, ἀπερινόητον, αὐτοζωὴν, φῶς νοερὸν, πηγὴν ἀγαθῶν, θησαυρὸν σοφίας, δημιουργὸν τῶν ὅλων, κυβερνῶσαν τὰ πάντα, σοφίαν ἰθύνουσαν τὸ τῆς κτίσεως σκάφος.

Für den neuzeitlichen Leser bleiben Spannungen bestehen. Man kann darauf hinweisen, daß die platonisierenden Prädikate terminologisch Fremdkörper bleiben, daß die Integrationsleistung darin aufgeht, daß Theodoret den Gottesgedanken faktisch im Rahmen der Trinitätslehre verhandelt. Der Ertrag ist, daß Theodoret hierin einen Maßstab theologischer Formulierung entwickelt und diesen begrifflich in der Terminologie der göttlichen Eigenschaften fixiert. Das bedeutet, daß, wenn Trinitätslehre ein Konstruktionsprinzip aus sich heraussetzt, ein solches mit der Integration des Gottesbegriffs gegeben ist. Trinitätslehre zur Zeit Theodorets besteht in der Kombination verschiedenartiger Elemente. Theodoret greift in einer kontroversen Situation nicht einzelne dieser Elemente heraus, sondern bezieht sich auf den zugrundeliegenden Gottesbegriff. Die exkursartige Zusammenfassung der Trinitätslehre im ersten Dialog des Eranistes bestätigt dies.[15]

In der bei Theodoret vorliegenden Gestalt beinhaltet Trinitätslehre in der Tat die Restauration des antiken Gottesgedankens. Wenn die Trinitätslehre zunächst in dieser Weise relevant wurde, hat das Folgen für die Darstellung der christologischen Kontroverse.

4.2.2. Die Christologie auf dem Hintergrund der trinitarischen Bestimmungen - die Bedeutung und Funktion der Trinitätslehre

Die Darstellung der Christologie Theodorets durch Mc Namara[16] repräsentiert einen breiten Konsens. Mc Namara setzt mit dem Interesse Theodorets an der vollkommenen menschlichen Natur Christi ein, weist auf die Terminologie von dem einen πρόσωπον und den zwei φύσεις, ὑποστάσεις, οὐσίαι hin und stellt fest, daß Theodoret sich zwar beharrlich zur Einheit in Christus äußere, aber deutliche Schwierigkeiten bestehen, diese Intention mit der sprachlichen Form der Darstellung zu vereinen. Menschliche und göttliche Natur seien bei Theodoret Gegenstand von Prädikationen, was in den logischen Implikationen der Einheit der Person widerspreche. Theodoret entwickele, so Mc Namara, nicht ein ontologisches Konzept für eine Abhängigkeit der menschlichen Natur vom Subjekt des Logos, wenngleich "the idea of substantial unity of a rational being, if not the dominant one, is nevertheless certainly present".[17] Eine radikale Wandlung vollziehe Theodoret kaum. Sehr

---

15 Eran.I,63.26ff. Der Text hat die Funktion, das Prädikat ἄτρεπτος auf den Sohn zu beziehen, und bestimmt so wesentlich den Gedankengang.

16 K. Mc Namara, Theodoret of Cyrus and the unity of person in Christ, in: IThQ 24 (1957), S.313-348.

17 A.a.O. S.320.

spät realisiere er die Vorordnung des göttlichen Subjektes in Christus. Er beziehe die trinitarische Terminologie auf die christologische[18], darin aber, daß Theodoret die Person Christi nicht mit der trinitarischen Hypostase des Sohnes identifiziere, bestehe ein bleibendes Defizit.

An dieses Konzept sind drei Anfragen zu stellen. 1. Die Darstellung ist abhängig von der chalcedonisch/nachchalcedonischen Christologie. Hieraus resultiert eine thematische Engführung. Christologie beinhaltet eine Aussage zu dem Verhältnis von Einheit und Differenz. Chalcedonisch wird die Zuordnung der Aspekte durch die Einführung einer ontologischen Kategorie beschrieben. Interpretation ist, daß das einheitstiftende Subjekt nur in der ontologischen Kategorie der $\mu \acute{\iota} \alpha$ $\acute{\upsilon} \pi \acute{o} \sigma \tau \alpha \sigma \iota \varsigma$ gewährleistet ist. Damit wird die aus der Trinitätslehre bekannte Unterscheidung von Hypostase und Usie für die Christologie relevant. Die Frage nach einer Koordination von Trinitätslehre und Christologie ist identisch mit der Frage nach der Realisierung der einheitsetzenden Hypostase. Hier ergeben sich Rückfragen. Eine Übertragung dieser Aussagen auf Theodoret bleibt problematisch.

2. Die Tatsache, daß die Hypostase als einheitstiftende Kategorie der Naturen von Gott und Mensch bei Theodoret nicht vorliegt, ist ein historisches Ergebnis. Es geht nicht darum, dieses im Sinne eines Defizites zu interpretieren bzw. dessen Inhalt implizit zu vermuten. Vielmehr zeigt sich hier, daß bestimmte trinitarische Definitionen sich nicht automatisch zur Darstellung des christologischen Problems nahelegten. Daß die trinitarische Hypostase zur Klärung der Christologie nicht zur Verfügung stand, ist auf Schwierigkeiten in der Sache zu beziehen.

3. Die Vorstellung einer Entwicklung folgt einem bestimmten Vorverständnis, da sie an einem Gegenstand orientiert ist, der nicht von Theodoret entfaltet wurde. Inwieweit der Begriff einer "Entwicklung" zur Kennzeichnung der Christologie Theodorets hilfreich ist, ist offen.

Beispielsweise Richard konzentriert Entwicklung darauf - wenn er auch der erste war, der diese grundsätzlich hinterfragte, bleibt er dem Konzept einer Entwicklung verhaftet[19] - , daß Theodoret nach 437 konkrete Formulie-

---

18 Mc Namara bezieht sich hier auf M. Richard, La lettre de Théodoret à Jean d' Egées, in: SPT 2 (1941/42), S. 415-423 (= Richard, La lettre).

19 Richard überwindet die These einer dogmatischen Entwicklung Theodorets nicht eigentlich. Er beschreibt eine terminologische Änderung, bezieht sie auf das Thema der Kontroverse und stellt kritisch fest: "Le changement que nous étudions porte donc essentiellement sur une question de vocabulaire et n'implique pas nécessairement une modification profonde de la pensée de l'évêque de Cyrni, à plus forte raison, de sa foi.". M. Richard, Notes sur l'évolution doctrinale de Théodoret, in: RSPhTh 25 (1936), S.475. Vgl. Formulierungen wie: "Théodoret restera toujours fermement dyophysite, mais après le concile d'Éphèse, ses discussions avec Saint Cyrille l'amèneront vite à reconnaître les inconvenients d'une pareille division.", in: M. Richard, L' activité littéraire de Théodoret avant

rungen in der Christologie zurücknahm, d.h. durch abstrakte Begrifflichkeit ersetzt. In der Durchführung bedeutet dies, daß Theodoret zunächst die angenommene menschliche Natur konkret, d.h. als angenommenen Menschen fasse, im Unterschied dazu aber später den Begriff "Christus" auf die angenommene menschliche Natur und den annehmenden Logos beziehen könne.[20]

Man kann die Signifikanz dieser Gegenüberstellung verschieden beurteilen. Wenn nicht ein zufälliger Befund in den Mittelpunkt des Interesses gerückt werden soll, verlangt dies einen bewußten Prozeß auf der Seite Theodorets bzw. eine Diskussion, die in der Tat auf genau diesen Punkt, daß nur abstrakt Natur auf ein Subjekt aus zwei Naturen beziehbar ist, zielt. Theodoret äußert sich nicht entsprechend, sondern vielmehr im Sinne eines kontinuierlichen theologischen Arbeitens.[21] Sieht man von dieser Selbstwahrnehmung ab, ist die Fragestellung zurückverwiesen auf den Gegenstand der Diskussion sowie die Mittel bzw. Paradigmen der Auseinandersetzung. War die Alternative zwischen konkreter und allgemeiner Terminologie das Paradigma der christologischen Kontroverse und genauer die Form der Darstellung, mit der Theodoret sich in diese Auseinandersetzung einbrachte?

Berücksichtigt man die genannten drei Anfragen, ergibt sich die folgende Darstellung der Christologie Theodorets.

In den späten Briefen zwischen 448-50[22] äußert sich Theodoret wiederholt zur Christologie. Die christologische Argumentation ist hier auf sechs Elemente reduzierbar. 1. Theodoret grenzt sich von einer Zwei-Söhne-Lehre ab. Er trennt den einen Sohn nicht in zwei. 2. Dennoch sind die Eigentümlichkeiten der Naturen zu unterscheiden. Die Einung der Naturen von Gott und Mensch bedeutet 3. keine Mischung und 4. keine Wandlung. Die unvermischte Einung wird exemplarisch am Beispiel des Menschen aus Leib und Seele durchgeführt. Ob Theodoret beim "Mischen" oder "Wandeln" einsetzt, in jedem Fall kommt er 5. zu einer Differenzierung, die beinhaltet, daß der Leidensunfähige, Gott, nicht leidet. Menschliche und göttliche Natur werden 6. jeweils als vollkommen definiert.

Geht man von diesen Elementen aus, wird neben einem sachlichen Schwerpunkt vor allem die Kontinuität in den christologischen Äußerungen Theodorets sichtbar. Die genannten sechs Elemente bestimmen wie in den Briefen von 448-50 ebenso den Gedankengang in den Briefen[23] aus der Zeit

---

le concile d' Éphèse, in: RSPTh 24 (1935), S.91 (zitiert= Richard, L' activité littéraire)
20 Richard, L'activité littéraire, a.a.O. S.104f.
21 Vgl. ep.104, III 24.22f., 109, III 35.25f., besonders ep.143, III 156.19ff.
22 Ep.21, 83, 85, 101, 104, 131, 146.
23 Ep.151, (170), 171, 173, 177.

um Ephesus.[24] Sie wurden relevant in der Auseinandersetzung um die Anathematismen Cyrills. Die Anathematismen sind nichts anderes als ihre negative Folie.[25] Die Negation aller sechs Elemente ist identisch mit der Interpretation der Anathematismen durch Theodoret. Cyrill klagt nach Theodoret Nestorius einer Zwei-Söhne-Lehre an, er unterscheide nicht die Naturen, sondern mische und verwandele sie in seinen Aussagen. Gott leide infolgedessen, und die menschliche Natur Christi werde nicht vollständig in ihren Aspekten Leib und Seele erfaßt.

Die Darstellung von Position und Gegenposition ist von dem Konzept der unvermischten Einung abhängig. In der Sache und der Terminologie unberührt bleibt davon ein weiterer Aspekt der Christologie Theodorets.[26] Dieser wird in Anlehnung an die Erzählung des Lebens Jesu dargestellt.[27] Die sprachliche Form entspricht der sachlichen Gestaltung. Menschwerdung erhält hier ihren spezifischen Sinn, sofern sie zurückgebunden wird einerseits an die Idee der Gerechtigkeit Gottes und weiter an das Axiom des Gleichen zu Gleichem, das soteriologisch gewendet wird[28], d.h., Gerechtigkeit geschieht in dem exemplarischen Leben eines einzelnen, das als solches vermittelbar ist.[29]

Daß verschiedene Ebenen der Argumentation vorliegen, wird am Gottesbegriff deutlich. Das christologische Konzept der unvermischten Einung ist von dem Begriff der Unwandelbarkeit Gottes ableitbar und formuliert Einung unter den Bedingungen göttlicher Eigenschaften.[30] Die unvermischte Einung entspricht der negativen Theologie und formuliert somit die Unmöglichkeit einer Vermittlung transzendenter Wirklichkeit. Während also die Unterscheidung der Naturen notwendig wird aufgrund des Abstandes zwischen Gott und Mensch, erscheint Gott auf der anderen Seite als der Welt und den Menschen völlig zugewandt. Dem Gegenstand entspricht eine didaktische Anschaulichkeit: Gott ist Vater, Lehrer oder Arzt[31], er ist um seine Schöp-

---

24 Auf ep. 151 ist exemplarisch hinzuweisen. Zu ep.151 vgl.: A.de Alés, La lettre de Théodoret aux moines d'orient, in: EThL 7 (1931), S.412-421.

25 Dies wird besonders deutlich in ep.171,1484A-C.

26 De inc.11-15, Haer.F.C.V.11-13, Or.de prov.X.

27 Or.de prov.X,752Aff., De inc.24,1461B-63A.

28 Or.de prov.X,756B., Haer.F.C.V.11,493A.

29 De   inc.11,1436A-C,   12,1437A-B,   Haer.F.C.V.11,492,   Cur.   VI.77, Eran.III,205.28ff., 207.16ff.

30 Siehe besonders ep.145, III 162.25ff., Eranistes III, 194.24ff. Das Axiom der Unwandelbarkeit bzw. Unveränderlichkeit Gottes wird hier von dem Begriff der Allmacht her hinterfragt.

31 Or.de prov.X,748B, De inc.3,1421D, Cur.VI.74.

fung besorgt und läßt sie nicht zugrunde gehen.[32]

In derselben Weise, wie Gott sich hier der Schöpfung zuwendet[33], verhält sich die göttliche Seite zum angenommenen Menschen in Christus. Theodoret gestaltet diesen Aspekt paradigmatisch durchgeführt an der Versuchungsgeschichte (Mt.4,1-11; Lk.4, 1-13).[34] Gott setzt nach Theodoret den Menschen Jesus instand, das Unrecht zu überwinden bzw. - in der Sprache Theodorets - den notwendigen Kampf zu führen.[35] Theodoret bezeichnet Gott in der Metaphorik der antiken sportlichen Auseinandersetzung als Turnlehrer, der das Kämpfen lehrt, die Griffe zeigt, salbt, an dem Geschehen im Stadion in jeder Weise beteiligt ist, aber eben nicht selbst kämpft.[36] In die Wüste werde nicht der Logos, sondern der Mensch geführt.[37] Und nur insofern der Mensch den Versuchungen standhalte, sei, so Theodoret, dieser Kampf sinnvoll geführt, d.h. einerseits auf die menschliche Natur übertragbar und andererseits eine eigentliche Überwindung der Sache. Nicht durch ein machtvolles göttliches Wirken geschieht nach Theodoret Gerechtigkeit, sondern indem Gott Mensch, d.h. einer der Schuldigen und Bekämpften, wird und dieser die von den Menschen geschuldete Gerechtigkeit als Mensch einlöst.[38]

Indem dieser Mensch Gerechtigkeit tut, zeigt er nach Theodoret, daß es grundsätzlich für den Menschen möglich ist, gerecht zu leben. Theodoret schreibt: "So verurteilt er die Sünde im Fleisch, widerlegt dessen Schwäche, beendet die Tyrannei und lehrt die Menschen siegen."[39] Die Darstellung hat einen erheblichen ethischen Akzent. Die Teilhabe an der Gerechtigkeit des Menschgewordenen besteht in ihrem Nachvollzug.[40] Sie ist nachvollziehbar, da sie von einem Menschen geleistet wurde. Damit aber ein Mensch sie leisten konnte, mußte Gott Mensch werden. Wie hier die göttliche Natur in dem Gedanken einer unterstützenden Tätigkeit Gottes bzw. in der Vorstellung

---

32 Diese Unterscheidung hat Dörrie als "zwei unterschiedliche Haltungen gegenüber dem platonischen Erbe" erarbeitet. Dörrie, Logos-Religion? oder Nous-Theologie? Die hauptsächlichen Aspekte des kaiserzeitlichen Platonismus, in: Kephalaion. Studies in Greek Philosophy and its contination offeresdto Professor C.J. de Vogel, hrsg.v. J. Mansfeld/ L.M. de Rijk, Assen 1975, S.123-127.

33 De inc.33,1374C-76A.

34 De inc.13-15, Or.de prov.X.

35 Or.de prov.X,752B, De inc.11,1429C-D.

36 De inc.15,1444B.

37 De inc.13,1437D-40A.

38 De inc.11,1433C.

39 De inc.10,1429B: οὕτως κατέκρινε τὴν ἁμαρτίαν ἐν τῇ σαρκὶ, τὸ ἀσθενὲς αὐτῆς ἐλέγξας, καὶ τὴν τυραννίδα παύσας, καὶ νικᾶν οὕτω τοὺς ἀνθρώπους διδάξας. Vgl. De inc.29,1469B.

40 De inc.16,1444Dff.

vom Verhüllen und Verbergen Gottes verstanden wird und sich zu der Realisierung des Menschseins Jesu verhält, ist in diesem Zusammenhang nicht
Thema. Der Ort, an dem die hier bestehenden Unsicherheiten Ausdruck finden, ist die Zögerlichkeit des Teufels, der den Logos nicht angreifen will und
schließlich doch meine, daß es sich um einen Menschen handele. Geschah
dieses genauso irrtümlich, wie die Bestrafung des Gerechten zuunrecht mit
dem Tod?[41]

Die Darstellung hat ein deutliches Interesse an dem realen Mensch-Sein
Jesu und damit einen Bezugspunkt, aus dem die Aussagen nicht gelöst werden sollten. Aus den drei Elementen - die eingeforderte Gerechtigkeit, der
Hinweis, daß unter der Bedingung, daß Gott diese leistet, diese Leistung
nicht unmittelbar auf den Menschen übertragbar sei, und drittens die ethischen Implikationen - ist die Definition des angenommenen Menschen als
"vollkommenen Menschen" ableitbar. In der Durchführung sind diese Ausführungen anti-apollinaristisch gewendet. Sie haben nicht die Funktion, eine
Verhältnisbestimmung der Naturen von Gottheit und Menschheit in Christus
zu entfalten, sondern sie formulieren eine Grundeinstellung. Inwieweit diese
für die Präzision anderer christologischer Aspekte relevant wurde, ist offen,
sofern man nicht deren Kongruenz einfach voraussetzt. Wie also stellt sich
auf dem Hintergrund der skizzierten Aussagen das christologische Interesse
Theodorets dar?

In den Briefen 171-74 nimmt Theodoret Stellung zu dem Brief Cyrills an
Johannes von Antiochien. Er sieht den Fehler der Ägypter in der Mischung
der Naturen. Die Nichtrealisierung der Unterschiedenheit der Naturen, die
mangelnde Unterscheidung der natürlichen Eigentümlichkeiten und exemplarisch das Leiden Gottes beziehen sich auf dieselbe Sache. Die Formulierungen Theodorets erscheinen als Reaktion auf ein Fehlurteil. Was ist der Maßstab der Beurteilung? Die Äußerungen, auf die sich Theodoret bezieht, sind
nicht vereinbar mit dem Interesse an dem vollständigen Menschsein des
Menschgewordenen und zweitens nicht vereinbar mit bestimmten Aussagen
des Gottesbegriffs. Vorausgesetzt ist, daß Mischung die Identität der konstituierenden Elemente auflöst, bzw. anders formuliert, daß eine Natur nicht
gegensätzliche Eigenschaften enthalten kann.

Das beständige Insistieren auf der Unterscheidung der Naturen hat seine
Funktion als Korrektiv, ist zugleich aber eingebunden in das christologische
Konzept der unvermischten Einung. Unvermischte Einung bedeutet, daß es
eine Einung unkörperlicher und körperlicher Gegenstände gibt, ohne daß
Einung zu einer Änderung der natürlichen Eigenschaften führt.[42]

---

41 De inc.11,1429Df., 13,1440A-B, Or.de prov.X,752B-C.
42 Vgl. die Ausführungen Cyrills, siehe hierzu K.4.1.2., S.187ff.

Die unvermischte Einung wurde nicht an der Christologie entwickelt. Sie stellt aber ein Modell zur Verfügung, das in einer ungewöhnlichen Schärfe das christologische Problem erfaßt. Berücksichtigt man die kritischen Stellungnahmen Theodorets zu der ontologischen Terminologie[43], die von Cyrill und später Eutyches in die Diskussion eingeführt wurde, ist deutlich, daß Theodoret nicht diese Terminologie als Paradigma christologischer Darstellung aufnimmt, sondern mit dem Konzept der unvermischten Einung operiert.

Theodoret spricht von κρᾶσις, definiert diese als σύγχυσις und damit als τροπή.[44] Mischung bedeutet Veränderung. Theodoret nennt als Beispiele den Sand, der mit Feuer zusammen zu Glas wird, die Weintrauben, die Wein und dann Essig werden.[45] Eine Mischung, die natürliche Veränderung impliziert, ist nach Theodoret nicht Gegenstand der Christologie. Daß eine ungemischte Einung vorstellbar ist, macht Theodoret exemplarisch deutlich. Die Luft nehme Licht auf, ohne die Natur des Lichtes zu zerstören. Luft bleibe Luft auch in der Verbindung mit den Eigenschaften kalt, warm, feucht, trocken. Gold und Eisen treffen mit Feuer zusammen, nehmen die Eigenschaften des Feuers an, ohne ihre Natur zu ändern.[46] Die Beispiele beziehen sich auf die bleibende Unterschiedenheit der Naturen und sind eine Annäherung an die unvermischte Einung. Diese ist definiert durch das Zusammentreten von ungleichen Elementen und gewinnt gerade darin Modellcharakter für die Christologie. Diskutiert wurde die unvermischte Einung am Beispiel des Menschen, insofern hier die unsterbliche Seele und der sterbliche Körper ein Lebewesen konstituieren. Das Beispiel kommt von hier in die christologische Argumentation. Es geht nicht um anthropologische Grundgegebenheiten, sondern um das Paradigma der unvermischten Einung.

Theodorets Interpretation des Abendmahls enthält in diesem Zusammenhang keine neuen Aspekte.[47] Als Symbole haben Brot und Wein Verweischarakter, so Theodoret, ohne daß das Bild in das Urbild gewandelt werde. Brot und Wein treten nicht aus ihrer Gestalt und Form heraus. Das bedeutet, daß nach Theodoret auch im Abendmahl nicht der Modellfall einer Wandlung vorliegt. Theodoret bestreitet eine Analogiebildung, nach der, wie Brot und Wein in Leib und Blut gewandelt werden, so der Körper Christi in göttliches Wesen gewandelt werde[48], ohne eine neue Analogie zu formulieren. Wenn

---

43 Theodoret,Apol.Thdt.II,114.10f., III,116.10ff., siehe weiter: Eran.I,62.1ff., II,132.21ff.
44 Theodoret, Apol.Thdt.II,114.13ff., De inc.32,1472D-73A.
45 Eran.I,67.17ff.
46 Ep.146,II,196.14ff, Eran.II,144.14ff.
47 Eran.I,78.21ff., II,151.23ff.
48 Eran.II,152.9-12.

das Abendmahl sinnvoll auf den Körper Christi verweist, ist nach Theodoret dieser nicht in göttliches Wesen verwandelt. Die Passagen zum Abendmahl und besonders der Text der Expositio zeigen, daß das christologische Problem noch in sehr verschiedenen Variablen darstellbar ist. In der Expositio rectae fidei findet sich folgende Fragestellung: Worin unterscheidet sich das Geeinte von den konstituierenden Naturen? Der Mensch bestehe aus Körper und Seele, sei aber nicht Körper und Seele, sondern ein Drittes.[49] Ist Einung eine konzentrierte Form der Gegenwart beispielsweise des Lichtes in der Sonne?[50]

Diese Formulierungen der Expositio rectae fidei nimmt Theodoret nicht (wieder) auf. Entscheidend ist, daß Theodoret in den Mitteln seiner Darstellung der Christologie die Bedingungen der unvermischten Einung nicht verläßt. Das bedeutet, daß auch die Rede von "dem einen Prosopon und den zwei Naturen" auf dem Hintergrund der unvermischten Einung einzuordnen und nicht mit der Gegenüberstellung von der einen Hypostase und den zwei Naturen identisch ist.

Diese Einordnung ist dem argumentativen Zusammenhang zu entnehmen. Theodoret klärt die Zuordnung der Aspekte von christologischer Einheit in der Person und der bleibenden Unterschiedenheit der Naturen im Kontext der unvermischten Einung.[51] Der Begriff der Person beinhaltet nach Theodoret nichts anderes als eine Übertragung aus dem Beispiel Mensch.[52] Der aus Körper und Seele bestehende Mensch ist als Person konstituiert. Unter dem Aspekt der Person fügen sich die Naturen Seele und Körper zusammen. Die Eigentümlichkeiten der Naturen Körper/Seele bzw. Gottheit/Menschheit werden nach Theodoret infolgedessen von der einen Person ausgesagt, ohne aber die Mischung der Naturen zu implizieren.[53] Das bedeutet, daß hier das eine Prosopon als Gegenstand der unvermischten Einung nicht in den damals vorfindlichen ontologischen Kategorien gefaßt wird. Die Anmerkungen Theodorets zum dritten Anathematismus sind durchaus als grundsätzliche Kritik an der ontologischen Kategorie als unangemessen in Hinblick auf die christologische Sache zu begreifen.[54] Theodoret spricht von zwei Naturen - die Differenz zwischen φύσις und ὑπόστασις ist in diesem Zusammenhang noch nicht geklärt[55] - , er führt aber für das eine Prosopon keine ontologische Kategorie ein.

---

49 Exp.11,1225B-C (O 382Cf.), besonders: 1228B (O 383Bf.).
50 Exp.12,1229Aff (O 384Bff.).
51 De inc.31f.,1471Cff.
52 Eran.II,137.28-140.6., weiter: Theodoret, Apol.Thdt. III,117.15ff.
53 Eran.III,202.8ff., besonders III,226.27ff.
54 Theodoret, Apol.Thdt.III,116.17ff.
55 Theodoret, Apol.Thdt.III,117.12ff., vgl. De inc.10, 1429D. Ein einziger Beleg läßt sich möglicherweise dahingehend interpretieren, daß Theodoret ὑπόστασις synonym mit πρόσωπον gebraucht: Eran.III,209.21ff. Diesen Beleg verwendet

Die Rede von Person und Natur hat einen anderen Ansatzpunkt als die Unterscheidung von Hypostase und Usie. Von hier erklärt sich, daß Theodoret zwar die Definition von Hypostase und Usie kennt, daß diese aber im Umfeld der Unterscheidung von Person und Natur nicht erscheint. Theodoret stellt beide Unterscheidungen am Beispiel Mensch dar, nur zielt der Vergleich einmal auf Art und Individuum Mensch und zum anderen auf den Menschen aus Leib und Seele. Die Ebenen des Vergleichs berühren sich nicht. Vielmehr formuliert Theodoret explizit Vorbehalte gegenüber einem physischen Konzept der Einung.[56] Μία φύσις, καθ᾽ ὑπόστασιν ἡνῶσθαι, καθ᾽ ἕνωσιν φυσικήν werden konsequent im Sinne einer Mischung der Naturen interpretiert und infolgedessen von Theodoret an keiner Stelle positiv in seine Ausführungen integriert.[57] Theodoret zeigt exemplarisch, daß das trinitarische Hypostasenmodell für die Entwicklung der christologischen Terminologie keine Bedeutung gehabt hat. Das bedeutet, daß die Klärung der trinitarischen Frage von der Entfaltung der Christologie im Ansatz zu unterscheiden sind.

Das Modell der unvermischten Einung deckt den Aspekt des Ungeteilt-Seins der Person nicht ab. Theodoret schreibt, daß die Gottheit von der Menschheit nicht getrennt sei, weder am Kreuz noch im Grab[58], ohne diese

---

Richard in: L'introduction du mot "hypostase" dans la théologie de l'incarnation, in: MSR 2 (1945), S.255.

56 Hier ist Theodorets Kritik an dem Theotokos-Begriff einzuordnen. Die Problematik des Theotokos-Begriffs ist identisch mit den theologischen Fehlern der Anathematismen. Der Begriff ist in gleicher Weise eine cyrillische Metapher für christologische Einung wie καθ᾽ ὑπόστασιν ἡνῶσθαι oder καθ᾽ ἕνωσιν φυσικήν. Theodoret charakterisiert die Fehldeutung sprachlich in derselben Weise, als Wandlung und Mischung Gottes.

Theodoret bezieht sich fünfmal auf den Begriff Theotokos: Antwort auf Anathematismus I, Apol.Thdt.I,109. 17,28, De inc.35,1477A-B, ep.16,II,58.11-25, ep.83,II, 212.2f., ep.151,1429A-C. Nach Theodoret bestehen zwei Möglichkeiten der Argumentation. Man kann entweder den Sachverhalt dadurch beschreiben, daß man den Begriff Theotokos durch Anthropotokos ergänzt oder den Begriff Theotokos erklärt (ep.16). In der Sache besteht kein Unterschied. Maria wird Gottesgebärerin genannt, weil der Mensch, den sie geboren hat, mit Gott geeint ist (Antwort auf Anathematismus I, vgl. ep. 83). Insofern Christus beides ist, Gott und Mensch, wird Maria als Gottes- und Menschengebärerin bezeichnet (De inc.35, ep.151).

57 Siehe Theodoret zu den Anathematismen 1-3, Apol.Thdt. I,108.26ff., II,114.10ff., III,116.14ff., Eran. Appendix 257.10ff

58 Eran.III,209.26ff., Haer.F.C.V.15,504D, De inc.29, 1469B.

Aussage konzeptionell zu integrieren. Genau an dieser Stelle erhält die Trinitätslehre eine Funktion.

Die Trias in der Abgrenzung zu einer Vierheit ist Darstellungsmittel christologischer Einheit.[59] Vierheit bedeutet eine Vermehrung, die Theodoret mit dem sogenannten zweiten Sohn, d.h. einer verselbständigten menschlichen Natur, identifiziert. Die Aussage zielt aber nicht darauf, mit dem Stichwort der Vierheit die Rede von den zwei Söhnen ad absurdum zu führen, sondern umgekehrt mit der Nicht-Vierheit, also der Trias, eine hieraus resultierend notwendige christologische Einheit darzustellen. Wie sich aber trinitarische Differenz und christologische Einheit zueinander verhalten, bleibt völlig offen. Theodoret formuliert, daß der Menschgewordene kein anderer als die zweite trinitarische Person sei, ohne aber auszuformulieren, was die Einheit der Person meint.[60] Es folgen keine weiteren Ausführungen.

Theodoret überträgt eine bekannte Terminologie auf das vorgegebene Problem. Sie liegt bei Athanasius im 1. Brief an Epictet vor. Zwei Interpretationen von Trias und Tetras werden hier vorgeführt. Athanasius hat mit Gegnern zu tun, nach denen der Körper Christi mit der Gottheit des Logos wesensgleich und mitewig ist.[61] In diesem Zusammenhang beinhaltet Trias die drei Personen einschließlich dem wesensgleichen Körper, während die Vierheit durch die Einführung eines fremden Elementes entsteht.[62] Nach Athanasius ist umgekehrt der Körper, gerade wenn er wesensgleich wäre, als ein Viertes zu zählen, insofern Wesensgleichheit nicht Identität bedeutet und das trinitarische Verhältnis von Einheit und Differenz hier anzuwenden ist. Wie Vater, Sohn und Geist wesensgleich, aber unterschieden sind, wäre aber auch der Körper als wesensgleich nicht mit dem Logos identisch, sondern unterschieden als ein Viertes zu zählen. Demgegenüber gewährleistet nach Athanasius die Unterscheidung von Körper und Logos die Trias ohne Zuwachs und Verminderung.[63]

Der Brief an Epictet ist für Theodoret als bekannt vorauszusetzen.[64] Während aber bei Athanasius der Hinweis auf die Tetras mit einer notwendigen Unterscheidung der Naturen verbunden ist, hat der gleiche Hinweis bei Theodoret die Funktion christologische Einheit zu formulieren. Theodoret ist

---

59 Ep.126,III,100.5ff, ep.143,III,156.22ff., ep.144,III, 160.2ff, ep. 146, III, 196. 9ff.
60 Ep. 147,III,202.18ff, 206.16ff.
61 Ep.Epict.2,1052C-53A.
62 A.a.O. 2,1053A, 8,1064B-C.
63 A.a.O. 9,1064C-65B.
64 In den Florilegien des Eranistes liegen wesentliche Textabschnitte vor: ep.Epict.2,1052C-53B, 6,1060C, 7,1061B, 8,1061D-64A, 9,1065A-B, 10,1065-68A.

nicht an der These von einem dem Logos wesensgleichen Körper interessiert. Wie aber versteht er den Bezug auf christologische Einheit?

Der Athanasius-Text hat eine Fortführung in dem ps.-athanasianischen Text Contra Apollinarium. Der Autor bezieht sich wie Athanasius auf die Bezeichnung des Körpers als ὁμοούσιος und interpretiert jetzt, daß christologische Einung hier auf der falschen Ebene begriffen werde, nämlich κατὰ φύσιν und nicht καθ' ὑπόστασιν, und hieraus resultiere die Vierheit, also eine vierte Hypostase.[65]

In der Diskussion um die Christologie Theodorets geht es um die Einführung genau dieser Terminologie. Die Gegenüberstellung zu diesem Text zeigt deutlich, daß die Art und Weise, in der Theodoret christologisch auf die Trias Bezug nimmt, ontologische Kategorien nicht intendiert. Theodorets Rede von der Vierheit hängt nicht an ontologischen Voraussetzungen. Theodoret fragt nicht, was die Vierheit konstituiert und wie hier gezählt wird. Das hat zufolge, daß die Aussagen Theodorets in der Struktur denen der Athanasius-Gegner im Epictet-Brief entsprechen. Im Unterschied zu der athanasianischen Variante des Problems sind diese Aussagen auf eine Einbindung der trinitarischen Struktur von Einheit und Differenz nicht angelegt und damit von der genannten christologischen Differenzierung erheblich entfernt.

Die Bezogenheit auf die Trias ist eine neue Metapher christologischer Einung in der Darstellung Theodorets. Der hierin bezeichnete Ort der Einung ist zu notieren. Die Anbindung an die Trias geschieht nicht auf dem Hintergrund einer spezifischen trinitarischen Aussage. Die Leistung des Gedankens besteht nicht darin, die trinitarische Hypostasenformel in die Christologie einzuführen.

Was würde eine identische Definition von Hypostase und Usie bzw. Physis in Trinitätslehre und Christologie bedeuten? In der Trinitätslehre ist die Hypostase darin definiert, daß sie sich von der Usie unterscheidet, sofern diese von der Zahl nach verschiedenen Gegenständen ausgesagt wird. Das eine Wesen bezieht sich auf mehrere wesensgleiche Hypostasen. Wenn umgekehrt in der Christologie sich eine Hypostase auf mehrere ungleiche Naturen bezieht, liegt keine strukturgleiche Aussage vor. Daß die eine Hypostase, die sich als das Besondere zu einer Art oder Natur verhält, jetzt als Individuation von zwei Naturen erscheint, ist in der Ableitung des Besonderen aus dem Allgemeinen nicht angelegt und leuchtet nicht unmittelbar ein.

---

65 Con.Apol.I,12,1113B-C, vgl. 9,1109A. Zu der Interpretation und Einordnung dieses Textes siehe weiter: J. Lebourlier, "Union selon l'hypostase", ébauche de la   formule dans le premier livre pseudo-athanasien Contre Apollinaire, in: RSPhTh 44 (1969), S.470-476.

In welcher Weise ist die trinitarische Definition von Hypostase für die Christologie hilfreich? Hypostase hat in der Trinitätslehre die Funktion, Differenz auszusagen, und zwar auf der Ebene zahlenmäßiger Unterschiedenheit. Eine christologische Hypostase bezeichnet nicht die Differenz wesensgleicher Individuen, sondern hat als einheitsstiftende Kategorie eine völlig andere Funktion. Sie wird Bezugspunkt einer Synthese von ungleichen Naturen. Die Verschiedenartigkeit der Aussagen wird am Beispiel des Menschen deutlich. Einmal steht die charakteristische Individualität des einzelnen im Vergleich zur Art Menschheit im Vordergrund, auf der anderen Seite die Konstitution des Menschen aus den differenten Naturen von Leib und Seele. Während aber in diesem Bild die Konstitution aus verschiedenen Naturen auf die eine Art rückbeziehbar bleibt, laufen die trinitarische und christologische Aussage nicht in vergleichbarer Weise zusammen.

Damit ist deutlich, daß der christologische Satz von der einen Hypostase und den zwei Naturen interpretationsbedürftig ist. Im Neuchalcedonismus wird die Theorie einer gestuften Individuation entwickelt. Das bedeutet, daß beispielsweise Johannes Grammaticus zwischen ἰδικόν und καθ' ἑαυτόν, dem Individuell-Sein und dem Für-Sich-Sein unterscheidet.[66] Die neuchalcedonischen Überlegungen führen zu einer erheblichen Präzision des Problems. Inwieweit der Versuch, die eine Hypostase der zwei Naturen zu bestimmen, überzeugend gelingt, ist hier nicht Thema.

Es ist festzuhalten, daß Trinitätslehre und Christologie sich auf die Zuordnung von Einheit und Vielheit beziehen und infolgedessen eine terminologische Angleichung möglich wird, daß aber deutlich Schwierigkeiten bestehen, diese Terminologie auf ein einheitliches ontologisches Konzept zu beziehen. Die sachlichen Schwierigkeiten zeigen die trinitarische und die christologische Fragestellung als jeweils geschlossene Systeme, die eine Korrespondenz nicht unmittelbar aus sich heraussetzen. Die Synthese von Christologie und Trinitätslehre liegt damit für Theodoret nicht im Bereich von Verfügbarkeit. Der Neuchalcedonismus legt diese Synthese vor. Sie bedingt einen Klärungsprozeß, der bei Theodoret nicht zu erwarten, aber auch nicht angelegt ist.

Von Richard[67] und Moeller[68] wurde die These in die Diskussion gebracht, daß Theodoret in die Vorgeschichte des Chalcedonismus bzw. Neuchalcedo-

---

66 K.H. Uthemann, Das anthropologische Modell der hypostatischen Union. Ein Beitrag zu den philosophischen Voraussetzungen und zur innerchalcedonenischen Transformation eines Paradigmas, Kl. XIV 1982 (1985), S. 230ff.

67 Richard, La lettre, a.a.O.

68 Moeller, Un représentant de la christologie néochalcédonienne au début du sixième siècle en orient: Nephalius d'Alexandrie, in: RHE 40 (1944/45), S.110ff.; ders., Le chalcédonisme et le néo-chalcédonisme en Orient du 451 à la fin du VIe siècle, in: Das Konzil von Chalcedon I, hrsg.v. A. Grillmeier, H. Bacht,

nismus einzuordnen ist und die Arbeit der Theologen des 6.Jahrhunderts in Grundzügen vorwegnimmt - ein Neuchalcedonier in nuce. Moeller schreibt: "Théodoret est le premier en date des néochalcédoniens au sens strict".[69] Die These vom Neuchalcedonismus Theodorets hängt von der Definition des Begriffs Neuchalcedonismus ab. Neuchalcedonismus beinhaltet nach Richard und Moeller zwei Elemente: 1. eine Differenzierung der ontologischen Begrifflichkeit, d.h., Hypostase und Physis werden nicht mehr synonym verwendet, sondern Hypostase erscheint als Äquivalent für Prosopon; 2. die Verwendung der trinitarischen Terminologie in der Christologie. Die These, daß Theodoret in diesen beiden Punkten den für die weitere Debatte entscheidenden Impuls erstmals formuliert, ist Interpretation eines einzigen Textes. Richard und von ihm abhängig Moeller beziehen sich auf den Brief Theodorets an Johannes von Aegaea. Er liegt in zwei syrischen Zitaten bei Severus von Antiochien und einem Text von Johannes Philoponus bei Michael dem Syrer[70] vor. Die Diskussion konzentriert sich auf das erste Zitat, es lautet in der Übersetzung von Nau:

"De Théodoret. De sa réponse à Jean: ceux donc qui font mention de deux natures et de l'union sans confusion, les reconnaissent encore en une hypostase, qui n'est ni essence, ni nature, mais personne. Et plus loin: Le saint concile a placé une hypostase, non pas, comme je l'ai dit, que par hypostase il ait entendu la nature, mais la personne. [Et en effet c'est ce que montre le symbole lui-même]; car l'hypostase [y] suit la personne."[71]

Richard interpretiert den Text auf die genannten Punkte hin. Hypostase erscheint hier im christologischen Zusammenhang nicht mehr identisch mit Physis. Die Angaben von Severus, daß Theodoret Zitate von Nestorius und Gregor von Nazianz benutze, kombiniert Richard mit dem Vorkommen der trinitarischen Terminologie. Im Ergebnis geht die Trinitätslehre kappadokischer Provenienz in die Christologie Theodorets ein. Man gewinnt den Eindruck der konstruktiven Leistung einer Synthese von Christologie und Trinitätslehre. Für die Präsenz der Hypostasenformel ist der Umweg über Nestorius und Gregor von Nazianz nicht nötig. Aber handelt es sich um einen trinitarischen Bezug?

Theodoret verwendet in dem Brief an Johannes von Aegaea die Begriffe Hypostase, Usie und Physis und grenzt Hypostasis von Usie und Physis ab.

Würzburg 1951, S.658f.

69 Moeller, Nephalius, a.a.O. S.117.

70 J.-B. Chabot (ed.), Chronique de Michel le syrien II, Paris 1901, S. 225,227, übers.: S.103, 106.

71 F. Nau (ed.), Documents pour servir à l'histoire de l'église nestorienne, Patrologia Orientalis 13, Paris 1919, S. 188-191, zitiert nach: Richard, La lettre, a.a.O. S.416.

Damit liegt die aus der Trinitätslehre bekannte Gegenüberstellung vor. Diese Gegenüberstellung benutzt Theodoret ebenfalls im ersten Dialog des Eranistes[72]; zu fragen ist, in welcher Funktion sie vorliegt. Die Arbeit mit einem rein terminologischen Befund bleibt unbefriedigend, sofern auf die sachliche Einbindung nicht geschlossen werden kann. Wie ein Neuchalcedonismus in nuce aussieht, ist mit dem Verweis auf das Vorkommen des Begriffs Hypostase nicht geklärt.

Gray hat in kritischer Auseinandersetzung mit der Interpretation des Briefes an Johannes von Aegaea durch Richard bereits darauf hingewiesen, daß nirgends sichtbar wird, daß Theodoret die Rede von der einen Hypostase positiv in der Christologie verarbeitet und dieses besonders in der nachchalcedonischen Schrift Haereticarum Fabulorum Compendium bemerkenswert sei.[73] Entscheidend ist, daß Theodoret die Trinitätslehre als Darstellungsmittel christologischer Einheit einführt, die Trinitätslehre also, wie von Richard entwickelt, in der Bezogenheit auf christologische Einheit erscheint, aber gerade an dieser Stelle eine Übertragung der Hypostasenformel in die Christologie offensichtlich nicht vorliegt.[74] Die Anbindung an die Trinitätslehre bedeutet nicht, daß eine christologische Hypostase aus der trinitarischen Definition entliehen wird.

Der Rekurs auf die Trinitätslehre in ep.147 ist der reflektierende Nachvollzug einer in Frömmigkeit und Doxologie vorgegebenen Realität. Wenn hierin die ontologische Differenzierung der Trinitätslehre nicht verwendet wird, bedeutet das, daß die Voraussetzung, um die Christologie Theodorets an der Darstellung der Naturen in konkreter bzw. allgemeiner Begrifflichkeit zu entwickeln, nicht vorliegt. Die Hinwendung von der konkreten zur allgemeinen Begrifflichkeit impliziert die Umsetzung einer Zuordnung der Naturen zur Hypostase und eine Fragestellung, die an der ontologischen Unterscheidung zwischen Natur und Hypostase orientiert ist. Vorausgesetzt ist, daß sich Gott und Mensch nur als ein Allgemeines auf eine einheitsetzende Kategorie beziehen können. Die eine aus zwei allgemein seienden Wirklichkeiten konstituierte Hypostase aber ist Ertrag ontologischer Überlegungen, zu denen es erst auf die Einführung des Begriffs Hypostase in die Christologie hin kam, die aber nicht das Thema Theodorets sind und dem Brief an Johannes von Aegaea nicht zu entnehmen sind. Die Christologie ist also nicht als eine mehr oder weniger gelungene Realisierung ontologischer Distinktionen darstellbar. Die Trinitätslehre hat nicht die Funktion, diese zu liefern.

---

72 Eran.I,63-65.
73 P.T.R. Gray, Theodoret on the "One Hypostasis". An Antiochene Reading of Chalcedon, in: StPatr 15 (1984), S.302.
74 Ep. 147,III,202.18ff, 206.16ff.

An dieser Stelle fügt sich das Fragment aus dem Brief an Johannes von Aegaea ein. Theodoret führt hier nicht den Begriff der Hypostase ein, sondern er interpretiert einen vorgegebenen Begriff. Er bezieht sich auf Anfrage von Johannes von Aegaea auf den in der Formel von Chalcedon verwendeten Begriff Hypostase und interpretiert ihn im Sinne der unvermischten Einung. Das Vorgehen ist für die weitere Entwicklung signifikant. Die Unterscheidung zwischen Hypostase und Physis gelangt vermittelt in die Christologie, und zwar durch das Konzept der unvermischten Einung. Es handelt sich also um eine sekundäre Angleichung zwischen der aus der unvermischten Einung resultierenden Formel von der einen Person und den zwei Naturen und der aus der Trinitätslehre bekannten ontologischen Differenzierung zwischen Hypostase und Natur bzw. Wesen. Das bedeutet, daß Trinitätslehre und Christologie nicht in kohärenter Folge entwickelt wurden, und umgekehrt, daß die Einführung der Terminologie erst über das Konzept der unvermischten Einung verständlich wird. In dieser Weise hat der Text eine Funktion in der Vorgeschichte der Formel von der einen Hypostase und den zwei Naturen.

Das Fragment enthält eine Interpretation des chalcedonischen Begriffs der Hypostase und beinhaltet somit nicht notwendig, daß Theodoret sich den Begriff der christologischen Hypostase zu eigen macht. Der Text bestätigt vielmehr die Bedeutung der unvermischten Einung als das christologische Grundschema Theodorets. Die unvermischte Einung ist der Gegenstand des christologischen Hauptwerkes Theodorets, dem Eranistes. Die Frage nach der Bedeutung der Trinitätslehre für die Christologie ist primär in diesem Zusammenhang zu beantworten. Trinitarische Bezüge bedeuten hier die vermittelte Inanspruchnahme der Gottesprädikate für die christologische Argumentation.[75] Die Beschreibung unkörperlicher Existenz gehört zu den notwendigen Bestandteilen der unvermischten Einung. In der Anwendung auf die Christologie werden Prädikate wie unwandelbar, unvermischt und ohne Leiden vermittelt durch das gemeinsame göttliche Wesen der Trias eingeführt.

Wenn darüber hinausgehend Trinitätslehre als christologischer Bezugspunkt erscheint, charakterisiert dies die theologische Situation. Die Herstellung eines Zusammenhangs ist bei Theodoret ein Darstellungsmittel, ohne argumentativ nachvollzogen zu werden, und bei Cyrill die Reaktion auf eine Anfrage.[76] Daß die Frage, wie sich die Aussagen zur Einheit der Naturen zu den trinitarischen Grundsätzen verhält, präsent ist, kennzeichnet den historischen Augenblick, der bei Theodoret und Cyrill in gleicher Weise sichtbar wird. Die Einbindung der Christologie in die Trinitätslehre durch die identi-

---

75 Z.B. Eran.I,66.4ff.
76 Resp.Tib.6,587f.

sche Terminologie von Hypostase und Usie aber leisten weder Cyrill noch Theodoret. Es bleibt eine unspezifische Sensibilität oder metaphorische Wahrnehmung einer neuen Fragestellung.

Schluß

Die innerhalb der kappadokischen Trinitätslehre angelegte Entwicklung beinhaltet eine Schwerpunktverlagerung, die in den nach-kappadokischen Entwürfen nachwirkte.

Basilius formuliert ein Modell, wie das gleiche und ungestufte Gott-Sein von Vater, Sohn und Geist vorstellbar ist, indem er nach dem Ansatz einer Selbstunterscheidung in Gott fragt. Er löst die Frage, indem Einheit und Differenz auf verschiedenen ontologischen Ebenen ausgesagt werden. Die Unterscheidung zwischen Usie und Hypostase ist ein Entwurf, der sehr präzise Differenz in Gott bestimmen kann und so versucht, die Einheit Gottes zu entfalten. Ein Entwurf, der in vergleichbarer Geschlossenheit die Aspekte von Einheit und Differenz umfaßt, gelingt nach Basilius nicht mehr. Der heuristische Wert der Unterscheidung von Usie und Hypostase verblaßt in einer beständig wiederholten Formel.

Es bleibt ein Problem zurück, insofern göttliche Einheit bzw. Natur hier als ein abgeleitetes Allgemeines konstituiert ist, das sich erst in den Hypostasen realisiert. Infolgedessen stellt sich die trinitarische Frage für Gregor von Nazianz und Gregor von Nyssa in umgekehrter Richtung. Die trinitarische Aufgabe wird jetzt in der Ableitung der Einheit Gottes gesehen. Die Selbstunterscheidung Gottes in drei Hypostasen wird axiomatisch behandelt, d.h. die Frage, wie Differenz in Gott denkbar ist, tritt in den Hintergrund. Trinitätslehre beinhaltet das Bemühen, ein Prinzip göttlicher Einheit zu formulieren. In diesem Zusammenhang steht die Integration von Elementen aus der Negativen Theologie. Darin, daß göttliche Einheit durchaus vielfältig darstellbar ist, zugleich aber die Aussagen des Hypostasenmodells wiederholt werden, ist die eklektizistische Arbeitsweise der Nach-Kappadokier angelegt.

Die ps.-athanasianischen Schriften kennzeichnen ein Umfeld, in dem man sich in bestimmter, typischer Weise auf die Trinitätslehre bezieht. Dieses Phänomen habe ich als nach-kappadokische Trinitätslehre beschrieben. Theodoret ist in dieses Umfeld einzuordnen. Trinitätslehre setzt hier die Arbeit der Kappadokier voraus, ohne aber mit ihren Entwürfen identisch zu sein. Es wird ein Typos sichtbar, der durchaus spezifisch beschreibbar ist. Es handelt sich um eine bestimmte fixierte bzw. standardisierte Argumentation. Auf die

Entfaltung des Gedankengangs hat die anti-pneumatomachische Argumentation wesentlichen Einfluß genommen.

Daß die Trinitätslehre Theodorets in diesem Kontext steht, beinhaltet, daß
Theodoret sie auf den Punkt göttlicher Einheit hin konzipiert. Göttliche Einheit aber bedeutet einheitliches Gott-Sein. Theodoret versteht die trinitarische
Frage noch einmal als grundsätzliche Frage nach dem Gott-Sein von Sohn
und Geist, das in den göttlichen Eigenschaften darstellbar ist. Aus der vorliegenden Gestalt der Trinitätslehre ergibt sich, daß Cyrill und Theodoret auf
der gleichen Basis argumentieren, und zweitens, daß im 5. Jahrhundert Trinitätslehre und Christologie im Ansatz unterschieden sind. Negativ bedeutet
dies, daß Theodoret die Christologie nicht auf die in der Trinitätslehre definierte Unterscheidung zwischen Usie und Hypostase hin entwickelt und
Theodorets Christologie infolgedessen nicht in ontologischen Kategorien angemessen darstellbar ist.

In der fraglichen Koordination von Christologie und Trinitätslehre wiederholt sich eine Arbeitsweise, die ebenso kennzeichnend für die Trinitätslehre
ist. Die Theologen der Alten Kirche reagieren auf einzelne Fragen mit bestimmten Antworten. In den verschiedenen Ansätzen - christologisch in der
unvermischten Einung, trinitarisch in dem Dualismus von Geschaffen und
Ungeschaffen, der Kennzeichnung des Sohnes in der Unmittelbarkeit des
Aus-dem-Vater-Sein oder dem Hypostasenmodell - liegen spezifische Lösungen vor, die erst sekundär verknüpft wurden. Daraus, daß bei Theodoret
ebensowenig wie in seinem Umfeld ein genuines trinitarisches System vorliegt, resultieren Insuffizienzen, die in der Unausgeglichenheit der differenten
ontologischen Vorgaben besonders deutlich werden. Die ontologischen Prämissen des Hypostasenmodells sind weder identisch mit denen, die der Dualismus von Geschaffen und Ungeschaffen oder das platonisierende Abbilden
fordern, noch in die Christologie übertragbar.

Bleibt also Trinitätslehre ein Gefüge unabhängiger Tatsachen? Die unaus-
weichlichen Paradoxien einer ungleichen Gleichung gehen in der Alten Kirche nicht auf. Trinitätslehre nach Theodoret ist Thema und Variation.

Literaturverzeichnis[1]

1. Antike Autoren

ALBINUS/ALCINOOS
  -Did. = Didaskalikon, in: Alkinoos. Enseignement des doctrines de Platon, ed. J. Whittaker, P. Louis, (Belles Lettres) Paris 1990.
AMPHILOCHIUS
  -Amphilochii Iconiensis Opera, ed. C. Datema, CChr, Ser.Graec.3, 1978.
  -Amphilochii Iconensis Iambi ad Seleucum, ed. E. Oberg, PTS 9, Berlin 1969.
ARISTOTELES
  -cat. = in: Categoriae et liber de interpretatione, ed. L. Minio-Paluello, Oxford 1949.
  -met. = Metaphysica, ed. W. Jaeger, Oxford 1957.
  -Liber de interpretatione, in: Categoriae et liber de interpretatione, ed. L. Minio-Paluello, Oxford 1949.
ATHANASIUS
  -Con.Ar. = Orationes contra Arianos I-III, PG26,12-468.
  -decr. = De decretis Nicaenae Synodi, PG25,416-176.
  -ep.Serap. = Ep. ad Serapionem I-IV, PG26,529-648.
  -ep.Ad. = Ep.ad Adelphium, PG26,1072-1084.
  -syn. = De synodis, PG26,681-793.
  -Tom.Ant. = Tomos ad Antiochenos, PG26,796-809.
PSEUDO-ATHANASIUS
  -Contra Apollinarium I, PG 26,1093-1132.
  -Con.Ar. = Oratio contra Arianos IV, PG26,468-625.
  -Contra Sabellianos, PG28,96-121.
  -dial.trin. = Dialogi de trinitate I-V, PG28,1115-1286.
  -dial.mac. = Ps. Atanasio, Dialoghi contro i Macedoniani, ed. E. Cavalcanti, Torino 1983.

---

1 Die verwendeten Abkürzungen entsprechen: Theologische Realenzyklopädie. Abkürzungsverzeichnis, zusammengestellt von Siegfried Schwertner, Berlin/New York 1976.

-dial.mont.- in: G. Ficker, Widerlegung eines Montanisten, in: ZNW 26 (1905), S. 447-463.

-Sermo maior de Fide, ed. E. Schwartz (SBAW 1924/6) München 1926.

ATTICUS

-Fr. = Fragments, ed. É. des Places, (Belles Lettres) Paris 1977.

BASILIUS VON CAESAREA

-CE = Contre Eunome, ed. B. Sesboué, G.-M. de Durand, L. Doutreleau, (SC 299) 1982, (SC305) 1983.

-DSS = Sur le Saint-Esprit, ed. B. Pruche, (SC 17bis) 1968.

-De fide, PG31,676-692.

-ep.27, 30, 34, 48, 95, 96, 99, 100, 127, 128, 135 136, 141, 145, 162, 168, 177,181, 183, 198, 214, 236, 237, 239, 241, 244, in: Saint Basile, Lettre, ed. Y. Courtonne, I, (Belles Lettres) Paris 1957; II,Paris 1961; III, Paris 1966.

-hom.15 = Homilie XV, De fide, PG31,464-472.

-hom.16 = Homilie XVI, In illud, "in principio erat Verbum", PG31,472-481.

-hom.24 = Homilie XXIV Contra Sabellianos et Arium et Anomoeos, PG31,600-617.

PSEUDO-BASILIUS

-CE = Contra Eunomium, Lib.IV-V, PG29,671-774.

-Homilia de spiritu sancto, PG31,1429-1437.

-DS = De Spiritu, PG29,68-217.

CHALDÄISCHE ORAKEL

-Oracles chaldaïques avec un choix de commentaires anciens, ed. Ed. des Places, (Belles Lettres) Paris 1971.

CHRONICON PASCHALE

-PG92,69-1146.

CYRILL VON ALEXANDRIEN

-Apol.Or. = Apologia XII capitulorum contra Orientales, ACO I,1,7, S.33-65.

-Apol.Thdt. = Apologia XII anathematismorum contra Theodoretum, ACO I,1,6, S.110-146.

-Christus unus = Quod unus sit Christus, in: G.M. de Durand (ed.), Deux dialogues christologiques, (SC97) Paris 1964, S.302-514.

-CN = Contra Nestorium I-V, ACO I,1,6, S.13-106.

-Dial. = De sancta trinitate dialogi VII = Cyrille d'Alexandrie. Dialogues sur la Trinité, ed. G.-M. de Durand, Bd. I (Dialog 1-2), SC231, Paris 1976, Bd. II (Dialog 3-5), SC 237, Paris 1977, Bd. III (Dialog 6,7), SC246, Paris 1978.

-ep. = Epistulae

-ep.2 = Ad Nestorium, ACO I,1,1, S.23-25.

-ep.4 = Ad Nestorium, ACO I,1,1, S.25-28.

-ep.13 = Ad Johannem Antiochenum, ACO I,1,1, S.92f.

-ep.17 = Ad Nestorium, ACO I,1,1, S.33-42.

-ep.39 = Ad Johannem Antiochenum (de pace), ACO I,1,4, S.15-110.

-ep.40 = Ad Acacium Melitenum, ACO I,1,4, S.20-31.

-ep.44 = Commonitorium ad Eulogium, ACO I,1,4, S.35-37.

-ep.45-46 =Ad Successum I-II, ACO I,1,6, S.151-162.

-ep.55 = ep. de symbolo, ACO I,1,4, S.49-61.

-ep.83 = Ad Calosyrium, in: P.E. Pusey, Cyrilli archiepiscopi Alexandrini in D. Joannis evangelium, III,   Oxford 1872, S. 603-607.

-Expl. = Explanatio XII capitulorum, ACO I,1,5, S.15-25.

-or.Theod. = Oratio ad Theodosium imp. de recta fide, ACO I,1,1, S.42-72.

-Resp.Tib. = Responsiones ad Tiberium, in: P.E. Pusey, Cyrilli archiepiscopi Alexandrini in D. Joannis evangelium, III, Oxford 1872, S.577-602.

-Theotocon = Contra eos qui Theodocon nolunt confiteri, ACO I,1,7, S.19-32.

-Thes. = Thesaurus de sancta et consubstantiali trinitate, PG75,9-656.

DAMASCIUS

-De Principiis = Traité des premiers principes, ed. L.G. Westerink, J. Combès, I, (Belles Lettres) Paris 1986; II, Paris 1989.

-In Parmenidem, ed.C.É. Ruelle, Damscii sucessoris dubitationes et solutiones, Bd.2, Paris 1899, S.5-322.

DEXIPPUS

-In Aristotelem categorias commentarium, ed. A. Busse, (Commentaria in Aristotelem Graeca 4.2) Berlin 1888.

PSEUDO-DIDYMUS

-De Trinitate libri tres, PG39,270-992.

DIODOR VON TARSUS

-Diodori Tarsensis Commentarii in Psalmos I, ed. J.M. Olivier, Corpus Christianorum, Ser. Graec.6, 1980.

DIOGENES LAERTIUS

-Vitae Philosophorum, ed. H.S.Long, 2 Bde., Oxford 1964

ELIAS

-In Prophyrii isagogem, ed. A. Busse, (Commentaria in Aristotelem Graeca 18.1) Berlin 1900.

EPIPHANIUS

Adv.Haeres. = Adversus Haereses, PG41,156-1200, PG42,9-832.

K. Holl, Epiphanius I. Ancoratus und Panarion, (haer.1-33), GCS 25, Leipzig 1915, S.153-464; II. Panarion (haer.34-64), GCS 31, 1922; III. Panarion (Haer.65-68), GCS 37, 1933.

EUNOMIUS CYZICENUS

-Apol. = Liber Apologeticus, in: The Extant Works. Text and Translation by R.P. Vaggione, Oxford 1987.

EUSEB VON CÄSAREA

-PE = Praeparatio evangelica Lib.XI, PG21, 841-947.

EUSTATHIUS VON ANTIOCHIEN

-Fr. = Fragments, ed. M. Spannaut, Recherches sur les Écrits d'Eustathe d'Antioche avec une édition nouvelle des fragments dogmatiques et exégetiques, Lille 1948.

GREGOR VON NAZIANZ

-ep. 101-Grégoire de Nazianze, Lettres Théologiques, ed. P. Gallay, (SC 208) Paris 1974.

-ep. = Gregor von Nazianz. Briefe, ed. P. Gallay, (GCS) Berlin 1969.

-or. = Discours 1-3, ed. Jean Bernadi, (SC247) Paris 1978.

-Discours 20-23, ed. J. Mossay, (SC270) Paris 1980

-Discours 24-26, ed. J.Mossay (SC 284) Paris 1981.

-Discours 27-31 (Discours Théologiques), ed. P. Gallay, (SC250) Paris 1978.

-Discours 32-37, ed. C. Moreschini, (SC 318) Paris 1985

-Discours 38-41, ed. C. Moreschini, P. Gallay, (SC 358) Paris 1990.

-or.6, PG35, 722-752.

-or.13, PG35, 852-856.

-or.18, PG35, 981-1044.

-or.42, PG36, 453-492.

-or.43, PG36, 493-606.

-or.45, PG36, 622-664.

-Carmina I, Poemata Dogmatica, PG37, 398-522.

GREGOR VON NYSSA

-CE = Contra Eunomium libri I-III, ed. W. Jaeger, Gregorii Nysseni opera (GNO), vol. I, II, Leiden 1960, entspricht: lib.I dem lib.I PG 45, 248-464, lib.II dem lib.XIIB PG45, 909-1121, lib.III den lib. III-XII PG45,572-908

-comm.not. = Ad Graecos ex communibus notionibus, ed. F. Müller, GNO III,I. Opera dogmatica minora, Leiden 1958,S.19-33.

-De vita Moysis, ed. H. Musurillo, GNO VII,I, Leiden 1964.

-ep.38 (Basilius), PG32,325-340.

-fid. = Ad Simplicius de fide, ed. F. Müller, GNO III,I. Opera dogmatica minora, Leiden 1958, S.61-67.

-ref.Eun. = Refutatio confessionis Eunomii, ed. W. Jaeger, GNO II, ed. W. Jaeger, Leiden 1960, S.312-410 (PG45,465-572).

-Maced. = Adversus Macedonianos de spiritu sancto, ed. F. Müller, GNO III,I. Opera dogmatica minora, Leiden 1958,S.89-115.

-Melet. = Oratio funebris in Meletium episcopum, ed. A.Spira, GNO IX, Leiden 1967,S.441-457

-or.cat. = Oratio catechetica magna, PG45,11-105.

-tres dei = Ad Ablabium quod non sint tres dei, ed. F. Müller, GNO III,I. Opera dogmatica minora, Leiden 1958,S.37-57.

-trin. = Ad Eustathium de sancta trinitate, ed. F. Müller, GNO III,I. Opera dogmatica minora, Leiden 1958,S.3-16.

HIERONYMUS

-ep. = S.Eusebii Hieronymi epistulae, pars I, ep.1-70, ed. I. Hilberg, (CSEL 54) Leipzig 1910.

-vir.ill. = Liber de viris illustribus, PL23,601-720.

JAMBLICHUS

-De Mysteriis, ed. E.des Places, (Belles Lettres) Paris 1966.

JOHANNES CHRYSOSTOMUS

-Homilia I-XXI,De Statuis. Ad Populum Antiochenum habitae, PG49,15-222.

-De Meletio Antiocheno, PG50,515-520.

-Laus diodori episcopi, PG52,761-766.

-Laudatio in S.Eustathium Antiochenum, PG50,597-606.

JOHANNES DAMASCENUS

-Oratio pro sacris imaginibus III, PG94,1317-1420.

JOHANNES PHILOPONUS

-In Aristotelis analytica priora commentaria, ed. M. Wallies, (Commentaria in Aristotelem Graeca 13.2), Berlin 1905.

-In Aristotelis de anima libros commentaria, ed. M. Hayduck, (Commentaria in Aristotelem Graeca 15) Berlin 1887.

-In Aristotelis physicorum libros commentaria, ed. L. Vitelli, (Commentaria in Aristotelem Graeca 16,17) Bd. 16, Berlin 1887, Bd. 17, 1888.

JULIAN

-ep. = L'empereur Julien complètes, I,2, Lettres et fragments, ed. J. Bidez, (Belles Lettres) Paris ²1960.

-Misopogon - in: Giuliano Imperatore. Alla Madre degli dei e altri discorsi, ed. C. Prato, D. Micalella, [Mailand] 1987, S.176-251.

PS.-JUSTIN
-Theodoret, Quaestiones et Responsiones, ed. A. Papadopulos-Kerameus, Petersburg 1895, ND in: Subsidia Byzantina, Bd.13, hrsg. G.Chr. Hansen, Leipzig 1975.

LIBANIUS
-or.1 = Libanios. Discours, I.1, Autobiographie, ed. J. Martin, P.Petit, (Belles Lettres) Paris 1979.
-or.15 - in: Opera Libanii, ed R. Foerster, Bd 2, Orationes XII-XXV, (Teubneriana) Leipzig 1904, S.(114)120-154.
-or.18 - in: a.a.O. S.(222)236-371.
-or.19 - in: a.a.O. S.(372)385-414.
-or.20 - in: a.a.O. S.(415)421-444.
-or.30 - in: Opera Libanii, ed R. Foerster, Bd 3, Orationes XXVI L, (Teubneriana) Leipzig 1906, S.(80)87-118.
-or.47 (oratio de patrociniis) - in: a.a.O. S.(401)404-422.
-or.48 (oratio ad senatum antiochenum) - in: a.a.O. S.(425) 428-449.
-or.49 (oratio ad Theodosium pro curis) - in: a.a.O. S.(450) 452-468
-or.50 (oratio ad denatum antiochenum) - in: a.a.O. S.(469) 471-487.

MARCELL VON ANCYRA
- Fragmente, in: E. Klostermann/G.C. Hansen (ed.), Eusebius Werke IV. Gegen Markell. Über die kirchliche Orthodoxie. Die Fragmente Marcells, (GCS) Berlin 1972[2].

NESTORIUS
-Nestoriana. Die Fragmente des Nestorius gesammelt, untersucht und herausgegeben von F. Loofs, Halle 1905.
-Le livre d'Héraclide de Damas, ed. P. Bedjan, avec plusieurs appendices, Paris/Leipzig 1910.
-Le livre d' Héraclide de Damas, trad. F. Nau avec le concours du P. Bedjan et de M. Brière suivi du texte homélies de Nestorius sur les tentations du N.S., et de trois appendices, Paris 1910.
-The Bazaar of Heracleides, transl. G.R. Driver, L. Hodgson, Oxford 1925.

NUMENIUS
-Fr. = Fragments, ed. É. des Places, (Belles Lettres) Paris 1973.

PALLADIUS
-Dialogus de vita S. Joannes Chrysostomi, PG47,5-83.

PHILOSTORGIUS
-KG = Philostorgius. Kirchengeschichte, ed. J. Bidez, F. Winkelmann, (GCS) Berlin [2]1972.

PHOTIUS
-Bibliothèque, I (Cod.1-84), ed. R. Henry, (Belles Lettres) Paris 1959.

PLATON
-Platonis opera, ed. J. Burnet, 5 Bde, Oxford 1900-1907 (ND 1961-1962)

PLOTIN
-Enneades, Plotini Opera, ed. P. Henry, H.-R. Schwytzer, 3 Bde., Oxford 1964-1982.

PORPHYRIUS
-Eisag. = Porphyrii Isagoge et in Aristotelis Categorias commentarium, ed. A.Busse, (Commentaria in Aristotelem Graeca, Vol.4,pars1) Berlin 1887.

SIMPLICIUS
-In Aristotelis categorias commentarium, ed. K. Kalbfleisch, (Commentaria in Aristotelem Graeca 8) Berlin 1907.

SOCRATES SCHOLASTICUS
-KG = Historia ecclesiastica, PG 67,29-841.

SOZOMENUS
-KG = Sozomenus. Kirchengeschichte, ed. J.Bidez, G.Chr. Hansen, Berlin ²1960.

STOISCHE FRAGMENTE
-Stoicorum veterum fragmenta (SVF), ed. J. v.Arnim, 3 Bde., Leipzig 1903-1905.
-Die Fragmente zur Dialektik der Stoiker (FDS), ed. K. Hülser, 4Bde., Stuttgart 1987-1988.

THEODOR VON MOPSUESTIA
-hom.cat. = Les Homélies Catéchétiques de Théodore de Mopsueste. Reproduction Phototypique du MS. Mingana Syr.561, ed. R. Tonneau, R. Devreesse, (studi e testi) Città del Vaticana 1949

THEODORET VON CYRUS
-Ad quaesita magorum (fragmentum), in: M. Brok, Le livre contre les mages de Théodoret de Cyr, in: MRS 10 (1953), S. 181-194.
-Apol.Thdt. = Impugnatio XII anathematismorum Cyrilli, in: Cyrill, Apologia XII anathematismorum contra Theodoretum, ACO I,1,6, S.110-146.
-Contra Judaeos (Fragment), in: M. Brok, Le livre contre les mages de Théodoret de Cyr, in: MSR 10 (1953), S.181-194.
-Cur. = Graecarum affectionum curatio, in: Théodoret de Cyr, Thérapeutique des maladies helléniques, ed. P. Canivet, (SC57, 2.Bde.) Paris 1958
-De inc. = De incarnatione domini, PG75,1420-1477.
-De trin. = De sancta trinitate, PG75,1148-1189.
-Epistulae

-Collectio Patmensis: Y. Azéma, Théodoret de Cyr. Correspondance I (SC 40), Paris 1955.

-Collectio Sirmondiana = ep.1-147: Y. Azéma, Théodoret de Cyr. Correspondance II (SC 98), Paris1964, III (SC111), Paris 1965.

-Collectio conciliaris (Garnerius) = ep.147-181: PG83,1409-1494.

-Eran. = G.H. Ettlinger, Theodoret of Cyrus. Eranistes, Oxford 1975.

-Ex sermone Chalcedone contra Cyrillum habito, ACO IV,1, S. 132f.

-Ex alio sermone ibidem contra Cyrillum habito, ACO IV,1, S. 133.

-Ex sermone ibidem, cum essent abituri, habito, ACO I,1,7, S.82-83.

-Ex allocutio Antiochiae dicta, ACO I,5, S.173/ ACO IV,1, S.136.

-Ex alia allocutio ibidem dicta, ACO IV,1, S.136.

-Exp. = -Expositio rectae fidei, PG6,1208-1240.

 -in. Corpus apologetarum christianorum saeculi secundi, ed. J.T.C.Otto, IV, Jena ³1880, S.1-66.

-Haer.F.C. = Haereticarum fabularum compendium, PG83,336-556.

-hm. = Théodoret de Cyr. L' histoire des moines de Syrie, ed. P. Canivet, A. Leroy-Molinghen, I (SC 234), Paris 1977, II (SC257, beinhaltet: Sur la charité), Paris 1979.

-In Cant. = Explanatio in Canticum Canticorum, PG81,28-213.

-In Dan. = Interpretatio in Danielem, PG81,1256-1546.

-In Ez. = Interpretatio in Ezechielem, PG81,808-1256.

-In Is. = Interpretatio in Isaiam = Théodoret de Cyr, Commentaire sur Isaïe, ed. J.-N. Guinot, Bd. I (SC276) Paris 1980, Bd. II (SC295) 1982, Bd. III (SC315) 1984.

-In Jer. = Interpretatio in Ieremiam, PG81,496-805.

-In Ps. = Interpretatio in Psalmos, PG80,857-1997.

-Interpretatio in XII epistulas s. Pauli, PG82,36-877 (Abkürzungen: In I Cor., In II Cor., In Gal., In Hebr., In Rom.)

-Interpretatio in XII prophetas minores, PG81,1545-1988 (Abkürzungen: In Hab., In Joel, In Mal.).

-KG = Theodoret. Kirchengeschichte, ed. L. F. Scheidweiler, (GCS 44), Leipzig 1911.

-Libri V contra Cyrillum et concilium Ephesinum (Pentalogus), Fragmenta, in: PG84,65-88.

-or.de prov. = De Providentia orationes X, PG83,555-774.

-Quaestiones in Octateuchum, PG80,76-528 (Abkürzungen: Qu.Gen., Qu.Ex.).

-Qu.Reg. = Quaestiones in libros Regnorum et Paralipomenon, PG80,528-858.

-Quod unicus filius sit dominus noster Jesus Christus, PG83, 1433-1440.

-Sermones quinque in Johannem Chrysostomum, PG84,48-53.

2. Moderne Autoren

ABRAMOWSKI, L., Der Streit um Diodor und Theodor zwischen den beiden ephesinischen Konzilien, in: ZKG 67 (1955/56), S.252-282.

ABRAMOWSKI, L., Reste von Theodorets Apologie für Diodor und Theodor, in: StPatr I, 1957 (TU 63), S.61-69.

ABRAMOWSKI, L., Untersuchungen zum Liber Heraclidis des Nestorius, (Corpus Scriptorum Christianorum Orientalium, Vol.242, Tom.22) Louvain 1963.

ABRAMOWSKI, L., Peripatetisches bei späten Antiochenern, in: ZKG 79 (1968), S.358-362.

ABRAMOWSKI, L., Trinitarische und christologische Hypostasenformeln, in: ThPh 54 (1979), S.38-49.

ABRAMOWSKI, L., ΣΥΝΑΦΕΙΑ und ΑΣΥΓΧΥΤΟΣ ΕΝΩΣΙΣ als Bezeichnungen für trinitarische und christologische Einheit, in: dies., Drei christologische Modelle, Berlin/New York 1981, S.63-109.

ABRAMOWSKI, R., Untersuchungen zu Diodor von Tarsus, in: ZNW 30 (1931), S.234-262.

ALÉS, A. DE, La lettre de Théodoret aux moines d'orient, in: EThL 7 (1931), S. 413-421.

ALÉS, A. DE, Le symbole d' union de 433, in: RevSR 21 (1931), S.257-268.

ALTENBURGER,M., MANN, F., Bibliographie zu Gregor von Nyssa. Editionen - Übersetzungen - Literatur, Leiden 1988.

AMANN, É., Mélece d' Antioche, in: DThC 10,1 (1928), Sp.520-531.

ANASTOS, M.V., Basil's Κατὰ Εὐνομίου. A Critical Analysis, in: Basil of Caesarea. Christian, Humanist, Ascetic. Anniversary Symposium, hrsg.v. P.J. Fedwick, Bd. 1, Toronto 1981, S.67-136

ANDRESEN, C., Zur Entstehung und Geschichte des trinitarischen Personbegriffs, in: ZNW 52 (1961), S.1-39.

ANTIOCH ON THE ORONTES, publ. by the Department of Art and Archeology of Princeton University, (Publication of the Committee for the Excavation of Antioch and its Vicinity) Princeton 1934-1972.

ANTON, J., Some Logical Aspects of the Concept of Hypostasis in Plotinus, in: The Structure of Being: A Neoplatonic Approach, hrsg.v. R.B. Harris, Albany NY 1982, S.24-33.

ARMSTRONG, A.H., The Architecture of the Intelligible Universe in the Philosophy of Plotinus. An Analytical and Historical Study, Cambridge 1940.

ARMSTRONG, A.H., The Background of the Doctrine "That the Intelligibles are not Outside the Intellect", in: Entretiens sur l'Antiquité 5 (1957), S.393-413, ND in: ders., Plotinian and Christian Studies, IV, London 1979, übers. in: Die Philosophie des Neuplatonismus, hrsg.v. C. Zintzen, Darmstadt 1977, S.38-57

ARTZER, J.J., The Imagery in the "De Providentia" and the "Graecarum Affectionem Curatio" of Theodoret of Cyr, (Diss.) Catholic University of America 1970.

ASHBY, G.W., Theodoret of Cyrus on Marriage, in: Theol 72 (1969), S.482-491.

ASHBY, G.W., A Text in Theodoret, in: Theol 76 (1973), S.97-98.

ASHBY, G.W., The Hermeneutic Approach of Theodoret of Cyrrhus to the Old Testament, in: StPatr XV (1984), S.131-135.

ATKINSON, M., Plotinus: Ennead V.1. On the Three Principal Hypostases. A Commentary with Translation, (Oxford classical and philosophical monographs) Oxford 1983.

AX, W., Laut, Stimme und Sprache. Studien zu drei Grundbegriffen der antiken Sprachtheorie, Göttingen 1986.

AZÉMA, Y., La date de la morte de Théodoret de Cyr, in: Pallas 31 (1984), S.192-193.

BALTHASAR, H.-U. v., Présence et pensée. Essai sur la philosophie religieuse de Grégoire de Nysse, Paris 1942.

BARDENHEWER, O., Geschichte der Altkirchlichen Literatur, Bd.3, Das 4.Jahrhundert mit Ausschluß der Schriftsteller syrischer Zunge, Freiburg ³1912, Bd.4, Das fünfte Jahrhundert mit Einschluß der syrischen Literatur des 4.Jahrhunderts, Freiburg ⁴1924.

BARDY, G., Le concile d'Antioche (379), in: RBén 45 (1933), S.196-213.

BARDY, G., La littérature patristique des "Quaestiones et Responsiones" sur l'Écriture Sainte, in: RB 41 (1941), S.210-236.

BARDY, G., Théodoret, in: DThC 15,1 (1946), Sp.299-325.

BARTELINK, G.J.M., Homère dans les oeuvres de Théodoret de Cyr, in: Orph.NS.2 (1981), S.6-28.

BARWICK, K., Probleme der stoischen Sprachlehre und Rhetorik, (ASAW Philolog.-hist. Klasse 49.3) Berlin 1957.

BAUR, CHR., Johannes und seine Zeit. Bd.1 Antiochien, München 1929.

BAUR, F.CHR., Die christliche Lehre von der Menschwerdung und Dreieinigkeit Gottes, Bd.1, Leipzig 1841.

BAUR, F.CHR., Lehrbuch der christlichen Dogmengeschichte, Leipzig ³1867 (ND Darmstadt 1979).

BAYER, J., Gregors von Nyssa Gottesbegriff, (Diss.) Gießen 1935.

BELLINI, E., Il dogma trinitario nei primi discorsi di Gregorio Nazianzo, in: Aug.13 (1973), S.525-534.

BELLINI, E., Struttura letteraria e teologia nella lettera CI di Gregorio Nazianzeno, in: ScC 103 (1975), S.464-474.

BERNADI, J., La prédication des Pères Cappadociens. Le prédicateur et son auditoire, Montpellier 1968.

BERTRAM, A., Theodoreti episcopi Cyrensis, doctrina christologica, quam ex ejus operibus composuit, Hildesheim 1883.

BETHUNE-BAKER, J.F., Nestorius and his Teaching, Cambridge 1908.

BIDEZ, J., Le philosophe Jamblique et son école, in: REG 32 (1919), S.29-40, übers. in: Die Philosophie des Neuplatonismus, hrsg.v. C. Zintzen, Darmstadt 1977, S.281-293.

BIZER, Chr., Studien zu den pseudathanasianischen Dialogen. Der Orthodoxos und Aetios, (Diss.) Bonn 1967.

BOCHENSKI, J. M., Formale Logik, Freiburg/München 1956.

BOUCHET J.R, Le vocabulaire de l'union et du rapport des natures chez saint Grégoire de Nysse, in: RThom 68 (1968), S.533-582.

BREKLE, H.E., Sprachtheorie und Grammatik bei den Stoikern, in: ders. (Hrsg.), Einführung in die Geschichte der Sprachwissenschaft, Darmstadt 1985, S.44-67.

BRENNECKE, H.-C., Studien zur Geschichte der Homöer. Der Osten bis zum Ende der homöischen Reichskirche, (Beiträge zur historischen Theologie 73) Tübingen 1988.

BRENNECKE, H.-C., Erwägungen zu den Anfängen des Neunizänismus, in: Oecumenica et Patristica. FS W. Schneemelcher, hrsg.v. D. Papandreou u.a., Stuttgart 1989, S.241-257.

BREYDY, M., Le Adversus Eunomium IV-V ou bien le Péri Arkon de S. Basile?, in: OrChr 70 (1986), S.67-85.

BROK, M., The date of Theodoret's expositio rectae fidei, in: JThS NS.2 (1951), S.178-183.

BROWN, P., The Rise and Function of the Holy Man in Late Antiquity, in: JRS 61 (1971), S.80-101.

BUSSANICH, J., The One and its Relation to Intellect in Plotinus: a Commentary on Selected Texts, (philosophia antiqua 49) Leiden 1988.

CALLAHAN, J.F., Greek Philosophy and Cappadocian Cosmology, DOP 12 (1958), S.29-57.

CAMELOT, P.-T., De Nestorius à Eutyche. L' opposition de deux christologies, in: Das Konzil von Chalcedon, Bd.1, hrsg.v. A. Grillmeier, H. Bacht, Würzburg 1951, S.213-242.

CANIVET, P., Précisions sur la date de la "Curatio" de Théodoret de Cyr, in: RevSR 36 (1949), S.585-593.

CANIVET, P., Histoire d'une entreprise apologetique au Ve siècle, Paris 1957.

CANIVET, P., Art. Theodoretos, in: 2LThK, Bd.10 (1966), Sp.32-35.

CANIVET, P., Catégories sociales et titulature laïque et ecclésiastique dans l'Histoire Philothée de Théodoret de Cyr, in: Byz 39 (1969), S.209-250.

CANIVET, P., L' apôtre Pierre dans les écrits de Théodoret de Cyr, in: Epektasis. Mélanges patristiques offerts au Cardinal Jean Daniélou, hrsg.v. J. Fontaine, C. Kannengiesser, Paris 1972, S.29-46.

CANIVET, P., Contributions archéologiques à l'histoire des moines de Syrie (IVe - Ve s.). A propos de l'Histoire Philothée de Théodoret (444env.), in: StPatr 13, 1976 (TU 117), S.444-460.

CANIVET, P., Le Monachisme Syrien selon Théodoret de Cyr, Paris 1976.

CAVALCANTI, E., Teologia trinitaria e teologia della storia in alcuni testi di Gregorio di Nissa, Aug.16 (1976), S.117-124.

CAVALCANTI, E., I dialoghi pseudatanasiani contro i Macedoniani, texte critique, introduction, traduction et commentaire, Torino 1983.

CAVALLERA, F., Le Schisme d'Antioche (IVe-Ve Siècle), Paris 1905.

CHADWICK, H., Eucharist and Christology in the Nestorian Controversy, in: JThS NS.2 (1951), S.145-164.

CHADWICK, H., The Fall of Eustathius of Antioch, in: JThS 49 (1948), S.27-35

CHARLIES, N., Le "Thesaurus de Trinitate" de saint Cyrille d'Alexandrie, in: RHE 45 (1950), S.25-81.

CHARLIES, N., La doctrine sur le Saint Esprit dans le "Thesaurus" de saint Cyrille d'Alexandrie, in: StPatr II, (TU 64) 1957, S.187-193.

CHERNISS, H.F., The Platonism of Gregory of Nyssa, in: UCPCP 11 (1930), S. 1-92.

CHESNUT, R.C., The Two Prosopa in Nestorius' Bazaar of Heraclides, in: JThS NS.29 (1978), S.392-409.

COSERIU, E., Die Geschichte der Sprachphilosophie von der Antike bis zur Gegenwart, Bd.1, Tübingen 1975.

COURCELLE, P., Grégoire de Nysse lecteur de Porhyre, in: REG 80 (1967), S.402-406.

CROKE, B., Dating Theodoret's Church History and Commentary on the Psalms, in: Byz 54 (1984), S.59-74.

CROSS, F.L., Pseudo-Justin's Expositio Rectae Fidei. A Further Note on the Ascription, in: JThS 47 (1946), S.57-58.

DANIÉLOU, J., Platonisme et théologie mystique. Doctrine spirituelle de Saint Grégoire de Nysse, Paris 1944.

DANIÉLOU, J., Grégoire de Nysse et Plotin, in: Association G. Budé. Actes du congrès de Tours et Poitiers 1953, Paris 1954, S.159-62.

DANIÉLOU, J., Eunome l'arien et l'exégèse néo-platonicienne du Cratyle, in: REG 69 (1956), S.412-432.

DANIÉLOU, J., Grégoire de Nysse à travers les lettres de saint Basile et de saint Grégoire de Nazianze, in: VigChr 19 (1965), S.31-41.

DANIÉLOU, J., La chronologie des oeuvres de Grégoire de Nysse, in: StPatr VII, 1966 (TU 92), S.159-169.

DANIÉLOU, J., Grégoire de Nysse et le néoplatonisme de l'école d'Athènes, in: REG 80 (1967), S.395-401.

DANIÉLOU, J., Grégoire de Nysse et la philosophie, in: Gregor von Nyssa und die Philosophie, Zweites internationales Kolloqium über Gregor von Nyssa (18.-23.9.1972), hrsg.v. H. Dörrie u.a., Leiden 1976, S.3-18.

DEHNHARD, H., Das Problem der Abhängigkeit des Basilius von Plotin, Berlin 1964.

DERBOLAV, J., Platons Sprachphilosophie in Kratylos und in den späten Schriften, Darmstadt 1972.

DEVOS, P., La structure de l'histoire philothée de Théodoret de Cyr. Le nombre de chapitres, in: AnBoll 97 (1979), S.319-336.

DEVREESSE, R., Le patriarcat d'Antioche depuis la paix de l'église jusqu'à la conquête Arabe. Études Palestiniennes et Orientales, Paris 1945.

DEVREESSE, R., Essai sur Théodore de Mopsueste, Rom 1948.

DIEKAMP, F., Die Gotteslehre des heiligen Gregor von Nyssa. Ein Beitrag zur Dogmengeschichte der patristischen Zeit. 1. Theil, (Diss.) Münster 1895.

DIEKAMP,F., Literargeschichtliches zur Eunomianischen Kontroverse, in: BZ 18 (1909), S. 1-13.

DIEPEN, H.M., La Christologie de S. Cyrille d'Alexandrie et l'anthropologie néoplatonicienne, in: ED 1956, S.20-63.

DIEPEN, H.M., Daniélou, J., Théodoret de Cyr et le dogme d'Éphèse, in: RSR 44 (1956), S.243-48.

DÖRRIE, H., Zum Ursprung der neuplatonischen Hypostasenlehre, in: Hermes 82 (1954), S.331-342.

DÖRRIE, H., Ὑπόστασις. Wort- und Bedeutungsgeschichte, in: NAWG phil.-hist.Klasse 1955, Nr.3, S.35-92, ND in: ders.: Platonica Minora, München 1976, S.12-69.

DÖRRIE, H., Die Frage nach dem Transzendenten im Mittelplatonismus, in: Entretiens sur l'Antiquité Classique 5 (1957), S.193-223, ND in: ders., Platonica minora, München 1976, S.211-228.

DÖRRIE, H., Porphyrios' "symmikta Zetemata". Ihre Stellung in System und Geschichte des Neuplatonismus nebst einem Kommentar zu den Fragmenten (Zetemata 20), München 1959.

DÖRRIE, H., Logos-Religion? oder Nous-Theologie? Die hauptsächlichen Aspekte des kaiserzeitlichen Platonismus, in: Kephalaion. Studies in Greek Philosophy and its Continuation offered to Professor C.J. de Vogel, hrsg.v. J. Mansfeld/ L.M. de Rijk, Assen 1975, S.115-136.

DÖRRIE, H., Gregors Theologie auf dem Hintergrund der neuplatonischen Metaphysik, in: ders. (Hrsg.), Gregor von Nyssa und die Philosophie. Zweites internationales Kolloqium über Gregor von Nyssa (18.-23.9.1972), Leiden 1976, S.21-42.

DÖRRIES, H., De spiritu sancto. Der Beitrag des Basilius zum Abschluß des trinitarischen Dogmas, Göttingen 1956.

DORNER, A., Grundriß der Dogmengeschichte, Berlin 1899.

DOUTRELEAU,L., Le "De Trinitate" est-il l'oeuvre de Didyme l'Aveugle? in: RSR 45 (1957), S.514-557.

DOWNEY, G., A History of Antioch in Syria from Seleucus to the Arab Conquest, Princeton 1961.

DRÄSEKE, J., Apollinarios von Laodicea. Sein Leben und seine Schriften. Nebst einem Anhang: Apollinarii Laodiceni quae supersunt dogmatica, in: TU VII,3,4, Leipzig 1892.

DRÄSEKE, J., Neuplatonisches in des Gregorios von Nazianz Trinitätslehre, in: BZ 15 (1906), S.141-160.

DRIJVERS, H.J.W., Edessa, in: TRE 9 (1982), S.277-288.

EGLI, U., Zur stoischen Dialektik, (Diss.) Basel 1967.

EGLI, U., Sprachwissenschaft in hellenistischer Zeit, in: Neuere Forschungen zur Wortbildung und Historiographie der Sprachwissenschaft, FS E. Brekle, hrsg.v. B. Asbach-Schnitker, J. Roggenhofer, Tübingen 1987, S.261-269.

EHRHARD, A., Die Cyrill von Alexandrien zugeschriebene Schrift περὶ τοῦ Κυρίου ἐνανθρωπήσεως, ein Werk des Theodoret von Cyrus, in: ThQ 70 (1888), S.179-243, 406-450.

ELTESTER, W., Die Kirchen Antiochias im 4.Jahrhundert, in: ZNW 36 (1937/39), S.251-86.

ETTLINGER, G.H., Some Problems Encountered in the Edition of Patristic Text with Special Reference to the Eranistes of Theodoret of Cyrus, in: StPatr 12, 1975 (TU 115), S.25-29.

FEDWICK, P. J., A Commentary of Gregor of Nyssa or the 38th Letter of Basil of Caesarea, in: OrChr P 44 (1978), S.31-51.

FEDWICK, P.J., The Translations of St. Basil before 1400, in: ders. (Hrsg.), Basil of Caesarea. Christian, Humanist, Ascetic. Anniversary Symposium, Bd. 2, Toronto 1981, S.439-512.

FESTUGIÈRE, A.J., Antioche paienne et chrétienne. Libanius, Chrysostome et les moines de Syrie, Paris 1959.

FINDLAY, J.N., The Three Hypostases of Plotinism, in: RMet 28 (1975), S.660-680.

FOREST, P. Un évêque du Vᵉ siècle, in: L'Université Cath. NS. 37 (1901), S.161-183.

FORTMAN, ED., The Triune God. A Historical Study of the Doctrine of the Trinity, Hutchinson 1972.

FRAIGNEAU-JULIEN, B., L'inhabitation de la sainte Trinité dans l'âme selon Saint Cyrille d'Alexandrie, in: RevSR 30 (1956), S.135-156.

FREDE, M., Die stoische Logik, (AAWG Phil-hist. Kl.3.88) Göttingen 1974.

FRÉZOULS, E., Recherches historiques et archéologiques sur la ville de Cyrrhus, in: AASy IV-V 1954, S.89-128.

FUNK, F.X., Die zwei letzten Bücher der Schrift Basilius' des Gr. gegen Eunomius, in: ders., Kirchengeschichtliche Abhandlungen und Untersuchungen, Bd.2, Paderborn 1899, S.291-329.

FUNK, F.X., Pseudo-Justin und Diodor von Tarsus, in: ders., Kirchengeschichtliche Abhandlungen und Untersuchungen, Bd.3, Paderborn 1907, S.323-350.

GAISER, K., Name und Sache in Platons "Kratylos", Heidelberg 1974.

GALTIER, P., Les anathématismes de saint Cyrille et le concile de Chalcedon, in: RSR 23 (1933), S.45-57.

GARNERIUS, J., Dissertatio III, in: PG 83, S.393-456.

GELLINCK, J.DE, Quelques appréciations de la dialectique et d'Aristote durant les conflits Trinitaire de IVe siècle, in: RHE 26 (1930), S.5-42

GENTINETTA, P.M., Zur Sprachbetrachtung bei den Sophisten und in der stoisch-hellenistischen Zeit, (Diss.) Winterthur 1961.

GOLDSCHMIDT, V., ὙΠΑΡΧΕΙΝ et ὙΦΙΣΤΑΝΑΙ dans la philosophie stoicienne, in: REG 85 (1972), S.331-344.

GOMES DE CASTRO, M., Die Trinitätslehre des heiligen Gregor von Nyssa, Freiburg 1938.

GOTTWALD, R., De Gregorio Nazianzeno Platonico, (Diss.) Breslau 1906.

GRANT, R.M., Greek Literature in the Treatise De Trinitate and Cyril Contra Julianum, in: JThS. NS.15 (1964), S.265-279.

GRAY, P.T.R., Theodoret on the "One Hypostasis". An Antiochene Reading of Chalcedon, in: StPatr 15 (1984), S.301-304.

GRIBOMONT, J., Théodoret et les Vies des Pères, in: RSLR 17 (1981), S.45-48.

GRIBOMONT, J., L'état actuel de la recherche basilienne, in: Basilio di Cesarea la sua età la sua opera e il Basilianesimo in Sicilia. Atti del congresso internazionale Messina, Bd. 1, Messina 1983, S. 21-51.

GRILLMEIER, A., Das scandalum oecumenicum des Nestorius in kirchlich-dogmatischer und theologiegeschichtlicher Sicht, in: Schol 36 (1961), S.321-356.

GRILLMEIER, A., Jesus Christus im Glauben der Kirche. Band 1: Von der Apostolischen Zeit bis zum Konzil von Chalcedon (451), Freiburg 1979

GRONAU, C., De Basilio, Gregorio Nazianzeni Nyssenoque Platonis imitatoribus, (Diss.) Göttingen 1908.

GUILLET, J., Les exégéses d'Alexandrie et d'Antioche. Conflit ou malentendu?, in: RSR 34 (1947), S.257-302.

GUINOT, J.N., La cristallisation d'un différend. Zorobabel dans l'exégèse de Théodore de Mopsueste et de Théodoret de Cyr, in: Aug. 24 (1984), S.527-546.

GUINOT, J.N., L'importance de la dette de Thédoret de Cyr á l'égard de l'exégèse de Théodore de Mopsueste, in: Orph.5 (1984), S.68-109.

GUINOT, J.N., Théodoret a-t-il lu les homélies d'Origène sur l'Ancien Testament?, in: VetChr 21 (1984), S.285-312.

GUINOT, J.N., La Christologie de Théodoret de Cyr dans son Commentaire sur le Cantique, in: VigChr 39 (1985), S.256-272.

GÜLDENPFENNIG, A., Die Kirchengeschichte des Theodoret von Kyrrhos. Eine Untersuchung ihrer Quellen, Halle 1889.

GÜNTHER, K., Theodoret von Cyrus und die Kämpfe in der orientalischen Kirche vom Tode Cyrills bis zur Einberufung des sogenannten Räuberkonzils, Aschaffenburg 1913.

GÜNTHÖR, A., Die sieben pseudathanasianischen Dialoge, ein Werk Didymus des Blinden von Alexandrien, (Studia Anselmiana 11) Roma 1941.

HADDAD, G., Aspects of Social Life in Antioch in the Hellenistic-Roman Period, New York 1949.

HADOT, P., Zur Vorgeschichte des Begrifs "Existenz", ΥΠΑΡΧΕΙΝ bei den Stoikern, in: ABG 13.2 (1969), S.115-127.

HAGER, F.P., Der Geist und das Eine. Untersuchungen zum Problem der Wesensbestimmung des höchsten Prinzips als Geist oder als Eines in der griechischen Philosophie, (Noctes Romanae 12) Bern 1970.

HALLEUX, A. DE, Cyrille, Théodoret et le "Filioque", in: RHE 74 (1979), S.597-625.

HALLEUX, A. DE, "Hypostase" et "persone" dans la formation du dogme trinitaire ca. 375-391, in: RHE 79 (1984), S.314-369.

HARKIANAKIS, S., Die Trinitätslehre Gregors von Nazianz, in: Kl.1 (1969), S.83-102.

HARNACK, A.v., Lehrbuch der Dogmengeschichte, 3Bde., Tübingen (1886-1889) ⁴1909.

HARNACK, A.v., Diodor von Tarsus. Vier pseudojustinische Schriften als Eigenthum Diodors nachgewiesen, in: TU 21,4, Leipzig 1901.

HAUSCHILD, W.-D., Die Pneumatomachen. Eine Untersuchung zur Dogmengeschichte des 4. Jahrhunderts, (Diss.) Hamburg 1967.

HAUSCHILD, W.-D., Basilius von Cäsarea, in: TRE 5 (1980), S.301-313.

HERON, A., The Two Pseudo Athanasian Dialogues against the Anomoeans, in: JThS N.S. XXIV (1973), S.101-122.

HOLL, K., Amphilochius von Ikonium in seinem Verhältnis zu den grossen Kappadoziern, Tübingen/Leipzig 1904.

HOLL, K., Über die Gregor von Nyssa zugeschriebene Schrift "Adversus Arium et Sabellium", in: ZKG 25 (1904), S.380-398.

HÜBNER, R.M., Gregor von Nyssa und Markell von Ankyra, in: Écriture et culture philosophique dans la pensée de Grégoire de Nyssa, hrsg.v. M. Harl, Leiden 1971, S.199-229

HÜBNER, R.M., Gregor von Nyssa als Verfasser der sog. ep.38 des Basilius. Zum unterschiedlichen Verständnis der οὐσία bei den kappadokischen Brüdern, in: Epektasis. Mélanges patristiques offerts au Cardinal Jean Daniélou, hrsg.v. J. Fontaine, C. Kannengiesser, Paris 1972, S.463-490.

HÜBNER, R.M., Soteriologie, Trinität, Christologie. Von Markell von Ancyra zu Apollinaris von Laodicea, in: Im Gespräch mit dem dreieinen Gott. Elemente einer trinitarischen Theologie, FS W. Breuning, hrsg.v. M. Böhnke, H. Heinz, Düsseldorf 1985, S.175-96.

HÜBNER, R.M., Die Schrift des Apolinarius von Laodicea gegen Photin (Pseudo-Athanasius, Contra Sabellianos) und Basilius von Cäsarea, (PTS 30) Berlin 1989.

IRMSCHER, J., Geschichtsschreiber der Iustinianischen Zeit, in: WZ(R) 18 (1969), S.469-474.

JAEGER, W., Basilius und der Abschluß des trinitarischen Dogmas, in: ThLZ 83 (1958), S.255-257.

JAHN, A., Basilius Magnus Plotinizans, Bern 1838.

JÜLICHER, A., Textkritische Studien. Defensio trium capitulorum des Bischof Facundus von Hermiane in Verbindung mit Gregors Schriften Contra Eunomium, in: ThLZ 47 (1922), S.398-400.

JÜSSEN, K., Die Christologie des Theodoret von Cyrus nach seinem neuveröffentlichten Isaiaskommentar, in: ThGl 27 (1935), S.438-452.

KAHNIS, K.F.A., Der Kirchenglaube, historisch, genetisch dargestellt, Leipzig 1864.

KANNENGIESSER, CH., L'infinité divine chez Grégoire de Nyssa, in: RevSR 55 (1967), S.55-65.

KIRSTEN, E., Edessa, in: RAC 4 (1959), Sp.552-597.

KLAUSER, TH., Gottesgebärerin (θεοτόκος), in: RAC 11 (1981), Sp.1071-1103.

KLEIN, R., Die Sklavenfrage bei Theodoret von Kyrrhos. Die 7. Rede des Bischofs über die Vorsehung, in: Romanitas -Christianitas. Untersuchungen zur Geschichte und Literatur der römischen Kaiserzeit, FS J. Straub, hrsg.v. G. Wirth, Berlin 1982, S.586-633.

KOBUSCH, Th., Zu den sprachphilosophischen Grundlagen in der Schrift Contra Eunomium des Gregor von Nyssa, in: El "Contra Eunomium I" en la producción literaria de Gregorio de Nisa. VI Coloquio Internacional sobre Gregorio de Nisa (Univeridad de Navarra, Colección Teológica 59), hrsg.v. L.F. Mateo-Seco, J.L. Bastero, Pamplona 1988, S.247-268.

KOCH, G., Strukturen und Geschichte des Heils in der Theologie des Theodoret von Kyros. Eine dogmen- und theologiegeschichtliche Untersuchung, Frankfurt 1974.

KÖSTERS, L., Zur Datierung von Theodorets Ἑλληνικῶν θεραπευτικὴ παθημάτων, in: ZKTh 30 (1906), S.349-356.

KRAELING, C.H., The Jewish Community at Antioch, in: JBL 51 (1932), S.130-160.

KRÄMER, H. J., Der Ursprung der Geistmetaphysik. Untersuchungen zur Geschichte des Platonismus zwischen Platon und Plotin, Amsterdam 1964.

KRETSCHMAR, G., Studien zur frühchristlichen Trinitätstheologie, (Beiträge zur historischen Theologie 21) Tübingen 1956.

KRETSCHMAR, G., Der heilige Geist in der Geschichte. Grundzüge frühchristlicher Pneumatologie, in: Gegenwart des Geistes. Aspekte der Pneumatologie, hrsg.v. W. Kasper, Freiburg 1979, S.92-130.

KRETSCHMAR, G., Die Theologie der Kappadokier und die asketischen Bewegungen in Kleinasien im 4. Jh., in: Unser ganzes Leben Christus unserem Gott überantworten. Studien zur ostkirchlichen Spiritualität, FS F.V. Lilienfeld, hrsg.v. P. Hauptmann, Göttingen 1982, S.102-133.

KRETSCHMAR, G., Die Heiligen Israels im Gottesdienst der Kirche, in: Heiligenverehrung - ihr Sitz im Leben des Glaubens und ihre Aktualität im ökumenischen Gespräch, hrsg.v. Gerhard L. Müller, München/Zürich 1986, S.31-63.

KRETSCHMAR, G., Die Wahrheit der Kirche im Streit der Theologen. Überlegungen zum Verlauf des Arianischen Streites, in: Vernunft und Glaube. Wissenschaft und kirchliche Lehre, FS W. Pannenberg, hrsg.v. J. Rohls, G.Wenz, Göttingen 1988, S.289-321.

KRÜGER, [G.], Acacius von Beröa, in: ³RE 1 (1896), S.124f.

LABELLE, L.M., Saint Cyrille d'Alexandrie témoin de la langue et de la pensée philosophique au Vᵉ siècle, in: RevSR 52 (1978), S.135-158, RevSR 53 (1979), S.23-42.

LEBON, J., Autour de la définition de la foi au concile d'Éphèse, in: EThL 7 (1930), S. 393-411.

LEBON, J., Restitution à Théodoret de Cyr, in: RHE 26 (1930), S.523-550.

LEBON, J., Le Pseudo-Basile (Adv. Eunom. IV-V) est bien Didyme d'Alexandrie, in: Le Muséon 50 (1937), S.61-83.

LEBON, J., Le sort du "consubstantiel" nicéen II, in: RHE 48 (1953), S.633-682.

LEBOURLIER, J., "Union selon l'hypostase", ébauche de la formule dans le premier livre pseudo-athanasien Contre Apollinaire, in: RSPhTh 44 (1969), S.470-476.

LEBRETON, J., Histoire de la trinité des origenes jusqu'au concile de Nicée, 2 Bde., Paris 1927-28.

LIÉBAERT, J., La doctrine christologique de saint Cyrille d'Alexandrie avant la querelle nestorienne, Lille 1951.

LIÉBAERT, J., L'évolution de la christologie de saint Cyrille d'Alexandrie à partir de la controverse nestorienne, in: MSR 27 (1970), S. 27-48.

LIEBESCHUETZ,J., Antioch, Oxford 1972.

LIENHARD, J.T., The Exegesis of 1 Cor 15,24-28 from Marcell of Ancyra to Theodoret of Cyrus, in: VigChr 37 (1983), S.340-359.

LLOYD, A.C., Plontinus on the Genesis of Thought and Existence, in: Oxford Studies in Ancient Philosophy 5 (1987), S.155-186

LÖHR, W., Die Entstehung der homöischen und homöusianischen Kirchenparteien - Studien zur Synodalgeschichte des 4.Jahrhunderts, (Diss.) Bonn 1986.

LOOFS, F., Eustathius von Sebaste und die Chronologie der Basilius-Briefe. Eine patristische Studie, Halle 1898.

LOOFS, F., Flavianus von Antiochien, in: ³RE 6 (1899), S.93-95.

LOOFS, F., Die Trinitätslehre Marcell's von Ancyra und ihr Verhältnis zur älteren Tradition, in: SPAW 1902.1, S.764-781.

LOOFS, Macedonius, in: ³RE, Bd.12 (1903), S.41-48.

LOOFS, F., Meletius von Antiochien, in: ³RE 12 (1905), S.552-558.

LOOFS, F., Nestorius and his Place in the History of Christian Doctrine, Cambridge 1914.

LOOFS, F., Zwei macedonische Dialoge, in: SPAW 1914.1, S.526-551.

LOOFS, F., Rezension von Nestorius, The Bazaar, transl. Driver, Hodgson, in: ThLZ 51 (1926), Sp.193-201.

LORENZ, R., Die Eustathius von Antiochien zugeschriebene Schrift gegen Photin, in: ZNW 71 (1980), S.108-128.

LYNCH, J.J., ΠΡΟΣΩΠΟΝ and the Dogma of the Trinity. A Study of the Background of Conciliar Use of the Word in the Writings of Cyril of Alexandria and Leontius of Byzantium, (Diss.) Forham Univ. 1974.

MAAS, M., Die Maccabäer als christliche Heilige, MGWJ 44 (1900), S.145-156.

MAHÉ, Les anathématismes de Saint Cyrille d'Alexandrie et les évêques orientaux du patriarchat d'Antioche, in: RHE 7 (1906), S.505-542.

MANDAC, M., L'union christologique dans les oeuvres de Théodret ante-rieures au concile d'Ephèse, in: ETHL 47 (1971), S.64-96.

MARTLAND, T. R., A Study of Cappadocian and Augustinian Trinitarien Methodology, AThR 47 (1965), S.252-263.

MATES, B., Stoic Logic, Berkeley/Los Angeles 1953.

MAU, J., Stoische Logik. Ihre Stellung gegenüber der Aristotelischen Syllo-gistik und dem modernen Aussagenkalkül, in: Hermes 85 (1957), S. 147-158.

MAY, G., Gregor von Nyssa und der Abschluß des trinitarischen Dogmas, (Diss.) Wien 1964.

MAY, G., Gregor von Nyssa in der Kirchenpolitik seiner Zeit, in: JÖBG 15 (1966), S.105-109.

MAY, G., Die Chronologie des Lebens und der Werke des Gregor von Nyssa, in: Écriture et culture philosophique dans la pensée de Gré-goire de Nysse. Actes du colloque Chevetogne (22.-26.9.1969), hrsg.v. M. Harl, Leiden 1971, S.51-66.

MAY, G., Die großen Kappadozier und die staatliche Kirchenpolitik von Valens bis Theodosius, Darmstadt 1976.

MAZZARINO, P.C., La dottrina di Teodoreto di Ciro sull' unione ipostatica delle due nature in Cristo, Rom 1941.

MC NAMARA, K., Theodoret of Cyrus and the Unity of Person in Christ, in: IThQ 24 (1957), S.313-328.

MEEKS, W.A., WILKEN, R.L., Jews and Christians in Antioch in the First Four Centuries of the Common Era (SBibSt 13), Missoula 1978.

MEIJERING, E.P., Cyril of Alexandria on the Platonists and the Trinity, in: Ders., God Being History. Studies in Patristic Philosophy, Amster-dam/Oxford 1975, S.114-129.

MEIJERING,E.P., The Doctrine of Will and of the Trinity in the Orations of Gregory of Nazianz, in: Ders., God Being History. Studies in Patristic Philosophy, Amsterdam/Oxford 1975, S.103-113.

MEINHOLD, P., Pneumatomachoi, in: RECA 21,1 (1951), Sp.1066-1101.

MEREDITH, A., Traditional Apologetic in the "Contra Eunomium" of Gre-gory of Nyssa, in: StPatr 14, 1976 (TU 117), S.315-319.

MEREDITH, A., Gregor of Nyssa and Plotinus, StPatr 17.3 (1982), S.1120-1126.

MERLAN, Ph., From Platonismus to Neoplatonism, The Hague ³1968.

MEYENDORFF, J., Ἐφ᾽ ᾧ (Rom 5,12) chez Cyrille d'Alexandrie et Théo-doret, in: StPatr IV, 1961 (TU 79), S.157-161.

MEYER, W. (Wilhelm), Die Gotteslehre des Gregor von Nyssa. Eine philo-sophische Studie aus der Patristik, (Diss. Jena) Halle 1894.

MOELLER, CH., Un représentant de la christologie néo-chalcédonienne au début du sixième siècle en orient: Nephalius d'Alexandrie, in: RHE 40 (1944/45), S.73-140.

MOELLER, Ch., Le chalcédonisme et le néo-chalcédonisme en Orient du 451 à la fin du VIe siècle, in: Das Konzil von Chalcedon I, hrsg.v. A. Grillmeier, H. Bacht, Würzburg 1951, S.637-720.

MONTALVERNE, J., Theodoreti Cyrensis doctrina antiquior de Verbo "inhumanato", (Studia Antoniana 1) Rom 1948.

MORESCHINI, C., Il platonismo cristiano di Gregorio Nazianzeno, in: ASNSP IV,4 (1974), S.1347-1392.

MORESCHINI, C., Influenze di Origene su Gregorio di Nazianzeno, in: Atti e Memorie. Dell' Accademia Toscana di scienze e lettere. La Colombaria, 44 (1979), S.35-57.

MORTLEY, R., From Word to Silence I, The Rise and Fall of Logos, II, The Way of Negation, Christian and Greek, Bonn 1986.

MOSSHAMMER, A.A., The Created and the Uncreated in Gregory of Nyssa, Contra Eunomium I, 105-113, in: El "Contra Eunomium I" en la producción literaria de Gregorio de Nisa. VI Coloquio Internacional sobre Gregorio de Nisa, hrsg.v. L.F. Mateo-Seco, J.L. Bastero, (Univeridad de Navarra, Colección Teológica 59) Pamplona 1988, S.353-379.

MÜHLENBERG, G., Die Unendlichkeit Gottes bei Gregor von Nyssa, Göttingen 1966.

MÜHLENBERG, E., Die philosophische Bildung Gregors in den Büchern Contra Eunomium, in: Écriture et culture philosophique dans la pensée de Grégoire de Nyssa, hrsg.v. M. Harl, Leiden 1971, S. 230-244.

MÜLLER, C.W.(Carl Werner), Gleiches zu Gleichem. Ein Prinzip frühgriechischen Denkens, (KPS 31) Wiesbaden 1965.

NAGER, F., Die Trinitätslehre des heiligen Basilius des Großen. Eine dogmengeschichtliche Studie, Paderborn 1912.

NÉDONCELLE, M., Prosopon et persona dans l'antiquité classique, in: RevSR 22 (1948), S. 277-299.

NITZSCH, F., Grundriß der christlichen Dogmengeschichte, Bd.1, Die patristische Periode, Berlin 1870.

NOBBS, A. E., Digressions in the Ecclesiastical Histories of Socrates, Sozomenes and Theodoret, in: JRH 14 (1986) S. 1-11.

NORRIS, R.A., Manhood and Christ. A Study in the Christology of Theodore of Mopsuestia, Oxford 1963.

NORRIS, R.A., Christological Models in Cyril of Alexandria, in: StPatr 13, 1975/76 (TU 115/116), S.255-268.

O'MEARA, D.J., Being in Numenius and Plotinus. Some Points of Comparison, in: Phron. 21 (1976), S.120-129.

OPITZ, H.-G., Das syrische Corpus Athanasianum, in: ZNW 33 (1934), S.18-31.

OPITZ, H.G., Theodoretos, in: RECA II,5 (1934), Sp.1791-1801.

OPITZ, H.G., Untersuchungen zur Überlieferung der Schriften des Athanasius, Berlin/Leipzig 1935.

OTIS, B., Cappadocian Thought as a Coherent System, DOP 12 (1958), S.95-124.

PANNENBERG, W., Die Aufnahme des philosophischen Gottesbegriffs als dogmatisches Problem der frühchristlichen Theologie, in: ZKG 79 (1959), S.1-45.

PANNENBERG, W., Systematische Theologie, Bd.1, Göttingen 1988.

PARMENTIER, L.(ed.), Einleitung, in: Theodoret, Kirchengeschichte, in: GCS, Leipzig 1911, S.LXXIII-XCVII.

PARMENTIER, M., A Syriac Commentary on Gregory of Nyssa's Contra Eunomium, in: Bijdr. 49 (1988), S. 2-17.

PARMENTIER, M., A Letter from Theodoret of Cyrus to the Exiled Nestorius (CPG 6270) in an Syriac Version, in: Bijdr. 51 (1990), S.234-245.

PINAULT, H., Le platonisme de Saint Grégoire de Nazianze. Essai sur les relations du christianisme et de l'hellenisme dans son oeuvre théologique, La Roche-sur-Yon 1925.

PINBORG, J., Das Sprachdenken der Stoa und Augustins Dialektik, in: CM 23 (1962), S.148-177.

POHLENZ, Max, Die Stoa. Geschichte einer geistigen Bewegung, Bd.I, II, Göttingen ⁴1970-72.

PRAECHTER, K., Richtungen und Schulen im Neuplatonismus, in: Genethliakon für Carl Robert, Berlin 1910, S.105-156, ND in: ders.: Kleine Schriften, Hildesheim 1973, S.165-216.

RATZINGER, J., Emanation, in: RAC 4 (1957), Sp.1219-1228.

RICHARD, M., Les citations de Théodoret conservées dans la chaîne de Nicétas sur l'Évangile selon Luc, in: RBibl. 43 (1934), S.88-96, ND in: ders., Opera minora (43), Turnhout 1977.

RICHARD, M., L'activité littéraire de Théodoret avant le concile d'Éphèse, in: RSPhTh 24 (1935), S.83-106, ND in: ders., Opera minora (45), Turnhout 1977.

RICHARD, M., Notes sur l'évolution doctrinale de Théodoret, in: RSPhTh 25 (1936), S.459-81, ND in: ders., Opera minora (46), Turnhout 1977.

RICHARD, M., La lettre de Théodoret à Jean d'Égees, in: SPT 2 (1941/42), S. 415-423, ND in: ders., Opera minora (48), Turnhout 1977.

RICHARD, M., L'introduction du mot "hypostase" dans la théologie de l'incarnation, in: MSR 2 (1945), S. 5-32, 243-270, ND in: ders., Opera minora (42), Turnhout 1977.

RICHARD, M., Les traités de Cyrille d' Alexandrie contre Diodore de Tarse et Théodore de Mopsueste et les fragments dogmatiques de Diodore de Tarse, in: Mélanges dédiés à la mémoire de Felix Grat, I Paris 1946, S.99-116, ND in: ders., Opera minora (51), Turnhout 1977.

RICHARD, M., Les florilèges diphysites du VIe et du VIe siècle, in: Das Konzil von Chalcedon, Bd.1, hrsg.v. A. Grillmeier, H. Bacht, Würzburg 1951, S.721-748.

RICHARD, M., Théodoret, Jean d'Antioche et les moines d'Orient, in: ders., Opera minora (47), Turnhout 1977, S. 147-156.

RICKEN, F., Das Homousios von Nikaia als Krisis des altchristlichen Platonismus, in: ThPh 44 (1969), S.312-341, ND in: Zur Frühgeschichte der Christologie, hrsg.v. H. Schlier u.a., Freiburg 1970, S.74-99.

RICKEN, F., Zur Rezeption der platonischen Ontologie bei Eusebios von Kaisarea, Areia und Athanasios, in: ThPh 1978, S.321-351.

RIEDMATTEN, H. DE, Les fragments d'Apolinaire à l'"Eranistes", in: Das Konzil von Chalcedon, Bd.1, hrsg.v. A. Grillmeier, H. Bacht, Würzburg 1951, S.203-212.

RIEDMATTEN, H., DE, La christologie d'Apollinaire de Laodicée, in: StPatr 2, 1957 (TU 64), S.208-234.

RIST, R.M., Basil's Neoplatonism: Its Background and Nature, in: Basil of Caesarea. Christian, Humanist, Ascetic. Anniversary Symposium, hrsg.v. P.J. Fedwick, Bd.1, Toronto 1981, S.137-219.

RITTER, A. M., Das Konzil von Konstantinopel und sein Symbol, Studien zur Geschichte und Theologie des II. Ökumenischen Konzils, Göttingen 1965.

RITTER, A. M., Dogma und Lehre in der Alten Kirche, in: Handbuch der Dogmen- und Theologiegeschichte, Bd. 1, Die Lehrentwicklung im Rahmen der Katholizität, hrsg.v. C. Andresen, Göttingen 1982, S.99-283.

ROOS, C., De Theodoreto Clementis et Eusebii compilatiore, Halle 1883.

SALTET, L., Les sources de l'Ἐρανιστής de Théodoret, in: RHE 6 (1905), S.289-303.

SANNA, I., Spirito e grazia nel "Commento alla lettra ai romani" di Teodoreto di Ciro e sua dipendenza, in quest' opera, da Giovanni Crisostomo e Teodoro di Mopsuetia, in: Lat. 48 (1982). S.238-260.

SAXER, V., Le "Juste Crucifie" de Platon à Théodoret, in: RSLR 19 (1983), S. 189-215.

SCHÄUBLIN, Ch. Untersuchungen zu Methode und Herkunft der antiochenischen Exegese, Köln-Bonn 1974.

SCHEIDWEILER, F., Ein Glaubensbekenntnis des Eustathius von Antiochien?, in: ZNW 44 (1952/53), S.237-249.

SCHERMANN, T., Die Gottheit des heiligen Geistes nach den griechischen Kirchenvätern des 4. Jahrhunderts. Eine dogmengeschichtliche Studie, (Straßburger theologische Studien 4) Freiburg 1901.

SCHERMANN, T., Die Geschichte der dogmatischen Florilegien vom V.-VIII. Jahrhundert, in: TU, NF. XIII, Leipzig 1905.

SCHMID, H., Lehrbuch der Dogmengeschichte, Nördlingen (1860) ³1877.

SCHMIDT, R.T., Die Grammatik der Stoiker (1838), übers. und hrsg.v. K. Hülser, Braunschweig 1979.

SCHULTE, J., Theodoret von Cyrus als Apologet, Wien 1904.

SCHULTZE, V., Altchristliche Städte und Landschaften III. Antiochia, Gütersloh 1930.

SCHWARTZ, E., I. Die sogenannten Gegenanathematismen des Nestorius, II. Zur Schriftstellerei Theodorets, (SBAW Philos. philol.hist. Kl.) München 1922.

SCHWARTZ, E., Der s.g. Sermo maior de fide des Athanasius, (SBAW Philos. philol.hist. Kl.1924,6) München 1925.

SCHWARTZ, E., Cyrill und der Mönch Viktor, (SBAW. phil.-hist.Kl. 208,4) Wien 1928.

SCHWARTZ, E., Publizistische Sammlungen zum Acacianischen Schisma, (ABAW phil.-hist.Abt. N.F., Heft 10) München 1934.

SCHWARTZ, E., Zur Kirchengeschichte des vierten Jahrhunderts, in: ZNW 34 (1936), S.129-213, ND in: Gesammelte Schriften, Bd. 4, hrsg.v. W. Eltester, H.D. Altendorf, Berlin 1960, S. 1-110.

SCHWYZER, H.-R., Plotinos, in: RECA 21,1 (1951), Sp.471-592, Supplementband 15 (1978), Sp.310-328.

SCIPIONE, L. I., Nestorio e il concilio di Efeso. Storia, dogma, critica, (Studia Patristica Mediolanensia 1) Milano 1974.

SEIDER, A., Allgemeine Einleitung, in: K. Gutberlet(Übers.), Des Bischofs Theodoret von Cyrus Mönchsgeschichte (BKV), München 1926, S.I-IC.

SELLERS, R.V., Eustathius of Antioch and his Place in the Early History of Christian Doctrine, Cambridge 1928.

SELLERS, R. V., Two Ancient Christologies. A Study in the Christological Thought of the School of Alexandria and Antioch in the Early History of Christian Doctrin, London 1940.

SELLERS, R.V., Pseudo-Justin's Expositio Rectae Fidei. A Work of Theodoret of Cyrus, in: JThS 45 (1944), S.145-160.

SIDDALS, R.M., Logic and Christology in Cyril of Alexandria, in: JThS NS. 38 (1987), S.341-367.

SIMONETTI, M., La crisi ariana nel IV seculo, Studia ephemeridis Augustianum 11, Rom 1975.

SIMONETTI, M., Genesi e sviluppo della dottrina trinitaria di Basilio di Cesarea, in: Basilio di Cesarea la sua età, la sua opera e il basilianiesimo in Sicilia. Atti del Congresso internazionale (Messina 3.-6. XCII 1979), Bd.1, Messina 1983, S.169-198.

SIMONETTI, M., La tecnica esegetica di Teodoreto nel Commento ai Salmi, in: VetChr 23 (1986), S.81-116.

SLEEMAN, J.H., Pollet, G., Lexicon Plotininum, Leiden/Leuven 1980.

SLEZAK, T.A., Platon und Aristoteles in der Nuslehre Plotins, Basel/Stuttgart 1979.

SPANNEUT, Eunomius, in: DHGE 15 (1963), Sp.1399-1405.

SPECHT, F.A., Der exegetische Standpunkt des Theodor von Mopsuestia und Theodoret von Kyros in der Auslegung Messianischer Weissagungen, München 1871.

STEAD, G.C., Ontology and Terminology in Gregory of Nyssa, in: Gregor von Nyssa und die Philosophie, Zweites internationales Kolloqium über Gregor von Nyssa (18.-23.9.1972), hrsg.v. H. Dörrie u.a, Leiden 1976, S.107-127.

STEAD, G.C., Logic and Application of Names of God, in: El "Contra Eunomium I" en la producción literaria de Gregorio de Nisa. VI Coloquio Internacional sobre Gregorio de Nisa, hrsg.v. L.F. Mateo-Seco,J.L. Bastero, (Univeridad de Navarra, Colección Teológica 59) Pamplona 1988, S.303-320.

STEAD, G.C., Why not Three Gods? The Logic of Gregory of Nyssa's Trinitarian Doctrine, in: Studien zu Gregor von Nyssa und der christlichen Spätantike, hrsg.v. H.R. Drobner, Chr.Klock, (Supplents to Vigilae Christianae Bd.12), Leiden 1990, S.149-164.

STEWARDSON, J.L., The Christology of Theodoret of Cyrus according to his Eranistes, (Diss.) Northwestern University 1972

STRIZKY, M.-B. von, Beobachtungen zur Verbindung zwischen Gregor von Nyssa und Augustin, VigChr 28 (1974), S.176-185.

STUDER, B., Der Person-Begriff in der frühen kirchenamtlichen Trinitätslehre, ThPh 57 (1982), S.161-177.

STUDER, B., Meletius von Antiochien, der erste Präsident des Kozils von Konstantinopel 381 nach der Trauerrede Gregors von Nyssa, in: The Biographical Works of Gregory of Nyssa. Proceeding of the Fifth International Colloqium on Gregory of Nyssa, hrsg. A. Spira, Chr. Klock, Cambridge (Mass.) 1984, S.121-144.

SULLIVAN, F., The Christology of Theodore of Mopsuestia, (AnGr 82) Rom 1956.

TCHALENKO, G., Villages antiques de la Syrie du Nord. Le massif du Bélus à l'époque romaine, (Bibliothèque archéologique et historique 50,1.2) Paris 1953.

TETZ, M., Zum Streit zwischen Orthodoxie und Häresie an der Wende des 4. zum 5. Jahrhundert, in: EvTh 21 (1961),S.355-368.

TETZ, M., Zur Theologie des Marcell von Ancyra I-III, in: ZKG 75 (1964), S.217-270;79 (1968), S.3-42; 83 (1972), S.145-194.

TETZ, M., Über nikänische Orthodoxie. Der sog. Tomos ad Antiochenos des Athanasius von Alexandrien, in: ZNW 66 (1975), S.194-222.

TETZ, M., Zum altrömischen Bekenntnis. Ein Beitrag des Marcellus von Ancyra, in: ZNW 75 (1984), S.107-127.

THEILER, W., Die Vorbereitung des Neuplatonismus, Teil 1: Die vor-neuplatonische Schultradition, Berlin ²1964 (1934).

THOMASIUS, G., Die christliche Dogmengeschichte, Erlangen 1874.

TILLEMONT, L.S. LE NAIN DE, Mémoires pour servir à l'histoire ecclésiastique des six premiers siècles, Vol. XV, Paris 1711.

TIXERONT, J., Histoire des dogmes dans l'antiquité chrétienne. III La fin de l'age patristique (430-800), Paris 1912..

UTHEMANN, K.-H., Das anthropologische Modell der hypostatischen Union. Ein Beitrag zu den philosophischen Voraussetzungen und zur innerchalcedonensischen Transformation eines Paradigmas, Kl.XIV 1982 (1985), S.215-312.

VAGGIONE, R.P., Some Neglected Fragments of Theodore of Mopsuestia's Contra Eunomium, in: JThS NS.31 (1980), S.403-470.

VAGGIONE, R.P., Eunomius. The Extant Works, (Oxford Early Christian Texts) Oxford 1987.

VANDENBUSSCHE, E., La part de la dialectique dans la théologie d'Eunomius "Le Technologue", in: RHE 40 (1944/1945), S.47-72.

VERHEES, J., Mitteilbarkeit Gottes in der Dynamik von Sein und Wirken nach der Trinitätstheologie des Basilius des Großen, in: OstKSt.27 (1978), S.3-24.

VITEAU, J., Julien l'Apostat, in: DThC 8,2 (1925), Sp.1942-1971.

VIVIANO, A., Christologische Deutung von Röm 8,19-22 bei Gregor von Nyssa und Theodoret von Kyros, in: Studien zu Gregor von Nyssa und der christlichen Spätantike, hrsg.v. H.R. Drobner, Chr. Klock, (Supplements to Vigiliae Christianae Bd.12) Leiden 1990, S.191-204.

VOGEL, C.J. DE, On the Neoplatonic Character of Platonism and the Plato-nic Character of Neoplatonism, in: Mind. N.S.62 (1953), S.43-64.

VOGEL, C.J., DE, La théorie de l'ἄπειρον chez Platon et dans la tradition platonicienne, in: RPFE 149 (1959), S.21-40.

VÖLKER, W., Gregor von Nyssa als Mystiker, Wiesbaden 1955.

VÖLKER, W., Zur Gotteslehre Gregors von Nyssa, VigChr 9 (1959), S. 103-128.

WALLACE-HADRILL, D.S., Christian Antioch, Cambridge 1982.

WHITTAKER, J., Neoplatonism and Negative Theology, in: SO 44 (1969), S.109-125.

WHITTAKER, J., Neopythagoreism and the Transzendent Absolute, in: SO 48 (1973), S.77-86;

WICKHAM, L.R., The Date of Eunomius' Apology. A Reconsideration, in: JTS 20 (1969), 238f.

WICKHAM, L.R., The Syntagmation of Aetios the Anhomoean, in: JThS.NS.19 (1969), S.532-569.

WICKHAM, L.R., Aetius and the Doctrine of Divine Ingeneracy, in: StPatr XI, 1972 (TU 108), S.259-263.

WILKEN, R.L., John Chrysostom and the Jews. Rhetoric and Reality in the Late 4th Century, (The Transformation of the Classical Heritage 4), London 1983.

WILLIAMS, R., Arius. Heresy and Tradition, London 1987.

WINKELMANN, F., Geschichtsschreibung in Byzanz, in: WZ(R) 18 (1969), S.177-209.

WINKELMANN, F., Die Kirchengeschichtswerke im oströmischen Reich, in: BySl 37 (1975), S.1-10, 177-209.

WINSLOW, D. F., Christology and Exegesis in the Cappadocians, in: ChH 40 (1971), S.389-396.

WOLFSON, H. A., Albinus and Plotinus on Divine Attributes, HThR 45 (1952), S.115-130.

WOLFSON, H.A., Negative Attributes in the Church Fathers and the Gnostic Basilides, in: HThR 50 (1957), S.145-156.

WOLFSON, H.A., The Philosophy of the Church Fathers. Faith-Trinity-Incarnation, Cambridge (Mass.) [3]1970.

ZAHN, Th., Marcellus von Ancyra, Gotha 1867.

Register

2. Moderne Personen